Goethe

Italienische Reise

Italienische Reise

von

Goethe

Mit 80 Tafeln nach alten Kupfern
herausgegeben von Alfred Kuhn

München
im Verlag F. Bruckmann A.-G.
1925

Unveränderter Reprint der 1925 erschienenen Ausgabe

ISBN 3-8307-0655-3

Auch ich in Arkadien!

Vorwort

In jenem berühmten Brief vom 23. August 1794, von dem wir die Freundschaft der beiden Dichter datieren, schrieb Schiller an den Olympier: „Wären Sie als ein Grieche, ja nur als ein Italiener geboren worden, und hätte schon von der Wiege an eine auserlesene Natur und eine idealisierende Kunst Sie umgeben, so wäre Ihr Weg unendlich verkürzt, vielleicht ganz überflüssig gemacht worden. Schon in die erste Anschauung der Dinge hätten Sie dann die Form des Notwendigen aufgenommen, und mit Ihren ersten Erfahrungen hätte sich der große Stil in Ihnen entwickelt. Nun, da Sie ein Deutscher geboren sind, da Ihr griechischer Geist in diese nordische Schöpfung geworfen wurde, so blieb Ihnen keine andere Wahl, als entweder selbst zum nordischen Künstler zu werden, oder Ihrer Imagination das, was ihr die Wirklichkeit vorenthielt, durch Nachhilfe der Denkkraft zu ersetzen, und so gleichsam von innen heraus und auf einem rationalen Wege ein Griechenland zu gebären. In derjenigen Lebensepoche, wo die Seele sich aus der äußeren Welt ihre innere bildet, von mangelhaften Gestalten umringt, hatten Sie schon eine wilde und nordische Natur in sich aufgenommen, als Ihr siegendes, seinem Material überlegenes Genie diesen Mangel von innen entdeckte, und von außen her durch die Bekanntschaft mit der griechischen Natur davon vergewissert wurde. Jetzt mußten Sie die alte, Ihrer Einbildungskraft schon aufgedrungene schlechtere Natur nach dem besseren Muster, das Ihr bildender Geist sich erschuf, korrigieren, und das kann nun freilich nicht anders als nach leitenden Begriffen von statten gehen. Aber diese logische Richtung, welche der Geist bei der Reflexion zu nehmen genötigt ist, verträgt sich nicht wohl mit der ästhetischen, durch welche allein er bildet. Sie hatten also eine Arbeit mehr: denn so wie Sie von der Anschauung zur Abstraktion übergingen, so mußten sie nun rückwärts Begriffe wieder in Intuitionen umsetzen, und Gedanken in Gefühle verwandeln, weil nur durch diese das Genie hervorbringen kann."

Mit diesen Worten, die Goethe dankbar als eine „mit freundschaftlicher Hand" gezogene Summe seiner Existenz empfand, ist jener Prozeß bewußter Wandlung gezeichnet, den die italienische Reise abschließt, nicht hervorbrachte, wie dies oftmals irrtümlich ausgesprochen worden.

Als ein Siebenunddreißigjähriger, als ein Gereifter brach Goethe nach Italien auf. Die Jugend war abgebraust. Nicht leidenschaftliches Erleben suchte er, der wenige Jahre vorher schon über Oeser geschrieben, er sei glücklich, mit einem Menschen umzugehen, der keine „superlunarischen Aufschwünge" nötig habe, das Dasein zu genießen. „Tiefe Stille" empfand er als das Beste für sich. Vorüber war die Zeit des Herderschen Einflusses, der überschäumenden Begeisterung für deutsche Baukunst, für Meister Erwin, für die „Karackteristische" Kunst Albrecht Dürers. Nicht das Gefühl selbst wurde mehr als wesentlich empfunden, sondern seine Bändigung, nicht die Natur als ein überwältigendes Schauspiel, sondern die Erkenntnis ihrer Gesetzmäßigkeit, nicht das Individuelle in der Bildung des Menschen, sondern das Absolute. Ausgehend von den Gegebenheiten der Natur, die ruhigen Blutes festgestellt wurden, wünschte Goethe emporzusteigen zur Einsicht in die Prinzipien ihrer Existenz. Die letzte Formel suchte er zu finden.

Dies auch ist sein Weg zur Klassizität. Hier ist er der echte Sohn des 18. Jahrhunderts, das bei der naturwissenschaftlichen Erforschung der Welt sich nicht genügen ließ mit einfacher Konstatierung des Tatsächlichen im Sinne des folgenden Jahrhunderts, sondern immer wieder zur Feststellung von Prinzipien strebte, wie sich dies nicht anders bei Winckelmann aufzeigen läßt, dem die Griechen als Erforscher der menschlichen Figur erschienen, die zuerst und allein die Formel für sie gefunden und künstlerisch gestaltet.

Darüber hinaus jedoch entspricht die Haltung Goethes sowohl als auch die Winckelmanns der menschlichen Natur in einem bestimmten Punkte des Daseins schlechthin. Angekommen auf der Mittagshöhe des Lebens, strebt der Mann nach rationaler Beherrschung der Welt, nachdem er sich ihr bislang gläubig zu eigen gegeben. In diesem Augenblick ist die weiteste Entfernung vom Mutterschoß der Natur erreicht. Das Nurtriebhafte tritt zurück, die Bewußtheit ist erstarkt. Diese gemeinsam mit der vollen Vitalität eines zur ganzen Entfaltung gelangten Körpers geben das Bild höchster Männlichkeit, das heißt gebändigter Kraft, bewußten Willens prädominierender Vernunft.

In diesem Sinne ist Goethes Reise nach Italien weit über den Einzelfall seines persönlichen Erlebnisses hinaus symbolisch. Indem Goethe die unruhigen Tage seiner stürmenden Jugend verlassen, ein bürgerliches Amt erhalten, Hausvater geworden, das Genialische seiner frühen Produktion hinter sich getan, verlangt er Rechenschaft von sich und den Dingen. An die Stelle des Vegetativen tritt das Rationale.

Gewiß, wäre er ein Mediterrane gewesen, wäre er „als ein Grieche", wie Schiller sagt, „ja nur als ein Italiener geboren worden", so wäre seine Entwicklung einfacher gewesen. Er hätte sich nicht genötigt gesehen, „auf einem rationalen Weg ein Griechenland zu gebären", das etwas Gewaltsame der Übergangskur wäre vermieden worden. So aber stellten sich für ihn der germanische und der antikische Mensch in voller Gegensätzlichkeit einander gegenüber, von denen der erstere als verkümmertes Produkt eines unwirtlichen Himmels, als eine zu überwindende Spezies empfunden wurde. Indem Goethe ihn mit vollster Bewußtheit im eigenen Selbst erstickte, am Anblick von Bildern und Gebilden des Südens in sich einen neuen erzog,

mußte ihm die Empfindung kommen, nur in einem sonnigen Land selbst zur völligen Ausbildung gelangen zu können. Was Dürer nach Italien zog, trieb auch ihn, die Sehnsucht nach der Rätsellösung der großen Form und darüber hinaus nach dem Anblick eines in sich ruhenden freien Menschentums.
Immer wieder bietet sich uns das Exemplarische, das Symbolhafte solcher Sehnsucht. Seitdem im Humanismus und der Reformation, der einzigen Art von Renaissance, die Deutschland haben konnte, das Wissen um das eigene Ich in die Menschen des Nordens gekommen, kennen wir den romantisch-schmerzhaften Trieb nach dem Süden. Die Barbaren der Völkerwanderung sind in dumpftäppischem Instinkt über die Alpen gezogen, begierig nach mühelos geernteten Früchten, nach fetter Erde, nach warmer Sonne. Ihre Nachkommen hatten den nagenden Schmerz der Erkenntnis im Herzen. Sie fühlten sich gefesselt unter den Trollen und Hexen ihrer nebeldurchzogenen Wälder, verstrickt in die Grübeleien ihrer endlosen Winternächte, ausgeliefert lähmender Depression. So hat Dürer die Melancholie geschildert, wohl geborgen im Gehäuse, umgeben von vielartigem Gerät nützlichen Tuns, aber unfähig vor sich hinstarrend mit lässigen Händen. Als „eine Flucht" empfindet Goethe die Reise „vor all den Unbilden, die er unter dem 51. Grad erlitten". „Was Tag ist, wissen wir Cimmerer kaum. In ewigem Nebel und Trübe ist es uns einerlei, ob es Tag oder Nacht ist", und in Venedig schreibt er vor einem Gemälde des Paolo Veronese: „Wir, die wir auf einem bald schmutzkotigen, bald staubigen, farblosen, die Widerscheine verdüsternden Boden, und vielleicht gar in engen Gemächern leben, können einen solchen Frohblick aus uns selbst nicht entwickeln". Nur langsam löst sich von seiner Seele der Druck. Da, am 12. Oktober, schreibt er aufatmend nach Hause: „Könnte ich nur den Freunden einen Hauch dieser leichtern Existenz hinübersenden. Hätte ich nicht den Entschluß gefaßt, den ich jetzt ausführe, so wäre ich rein zugrunde

gegangen." Und endlich am 16. Oktober: „Wenn ich nur wie Dido so viel Klima mit Riemen umspannen könnte, um unsere Wohnungen damit einzufassen. Es ist denn doch ein ander Sein." —

Lesen wir solche Worte, so verschmilzt unser eigenes Erlebnis mit jenem Goethes. Wohl ist unser Streben nicht mehr gerichtet auf die Erforschung des Rätsels der großen Form, aber die Sehnsucht nach wunschbefreiter Existenz, nach einem Sein im Lichte ist uns geblieben. Die letzten Jahrzehnte haben unseren Blick weggelenkt von Italien nach dem fernen Osten, hin, wo ungeheure Götterbilder in eherner Ruhe und Gelassenheit Jahrtausende überdauern, wo von allen Qualen des Lebens unberührte Weisen das Wort der Erlösung gesprochen. Trotzdem ist bis zur Stunde Italien das Land für alle jene geblieben, denen es nicht vergönnt ist, in jene Weiten hinaus zu fahren. Für sie ist es noch immer das, was es ihren Ahnen gewesen, das Land großer Formen, heiterer Würde, zweckbefreiten, wunschlosen Seins.

Alfred Kuhn.

Erster Teil

Karlsbad bis auf den Brenner

Den 3. September 1786

Früh drei Uhr stahl ich mich aus Karlsbad, weil man mich sonst nicht fortgelassen hätte. Die Gesellschaft, die den achtundzwanzigsten August, meinen Geburtstag, auf eine sehr freundliche Weise feiern mochte, erwarb sich wohl dadurch ein Recht, mich festzuhalten; allein hier war nicht länger zu säumen. Ich warf mich, ganz allein, nur einen Mantelsack und Dachsranzen aufpackend, in eine Postchaise und gelangte halb acht Uhr nach Zwoda, an einem schönen stillen Nebelmorgen. Die obern Wolken streifig und wollig, die untern schwer. Mir schienen das gute Anzeichen. Ich hoffte nach einem so schlimmen Sommer einen guten Herbst zu genießen. Um zwölf in Eger, bei heißem Sonnenschein; und nun erinnerte ich mich, daß dieser Ort dieselbe Polhöhe habe wie meine Vaterstadt, und ich freute mich, wieder einmal bei klarem Himmel unter dem funfzigsten Grade zu Mittag zu essen.

In Bayern stößt einem sogleich das Stift Waldsassen entgegen — köstliche Besitztümer der geistlichen Herrn, die früher als andere Menschen klug waren. Es liegt in einer Teller-, um nicht zu sagen Kesseltiefe, in einem schönen Wiesengrunde, rings von fruchtbaren, sanften Anhöhen umgeben. Auch hat dieses Kloster im Lande weit umher Besitzungen. Der Boden ist aufgelöster Tonschiefer. Der Quarz, der sich in dieser Gebirgsart befindet und sich nicht auflöst noch verwittert, macht das Feld locker und durchaus fruchtbar. Bis gegen Tirschenreuth steigt das Land noch. Die Wasser fließen einem entgegen, nach der Eger und Elbe zu. Von Tirschenreuth an fällt es nun südwärts ab, und die Wasser laufen nach der Donau. Mir gibt es sehr schnell einen Begriff von jeder Gegend, wenn ich bei dem kleinsten Wasser forsche, wohin es läuft, zu welcher Flußregion es gehört. Man findet alsdann, selbst in Gegenden, die man nicht übersehen kann, einen Zusammenhang der Berge und Täler gedankenweise. Vor gedachtem Ort beginnt die treffliche Chaussee von Granitsand;

es läßt sich keine vollkommenere denken: denn da der aufgelöste Granit aus Kiesel- und Tonerde besteht, so gibt das zugleich einen festen Grund und ein schönes Bindungsmittel, die Straße glatt wie eine Tenne zu machen. Die Gegend, durch die sie geführt ist, sieht desto schlechter aus: gleichfalls Granitsand, flachliegend, moorig, und der schöne Weg desto erwünschter. Da nun zugleich das Land abfällt, so kommt man fort mit unglaublicher Schnelle, die gegen den böhmischen Schneckengang recht absticht. Beiliegendes Blättchen benennt die verschiedenen Stationen. Genug, ich war den andern Morgen um zehn Uhr in Regensburg und hatte also diese vierundzwanzig und eine halbe Meile in einunddreißig Stunden zurückgelegt. Da es anfing, Tag zu werden, befand ich mich zwischen Schwandorf und Regenstauf, und nun bemerkte ich die Veränderung des Ackerbodens ins Bessere. Es war nicht mehr Verwitterung des Gebirgs, sondern aufgeschwemmtes gemischtes Erdreich. Den Regenfluß herauf hatte in uralten Zeiten Ebbe und Flut aus dem Donautal in alle die Täler gewirkt, die gegenwärtig ihre Wasser dorthin ergießen, und so sind diese natürlichen Polder entstanden, worauf der Ackerbau begründet ist. Diese Bemerkung gilt in der Nachbarschaft aller größeren und kleineren Flüsse, und mit diesem Leitfaden kann der Beobachter einen schnellen Aufschluß über jeden der Kultur geeigneten Boden erlangen.

Regensburg liegt gar schön. Die Gegend mußte eine Stadt herlocken; auch haben sich die geistlichen Herrn wohl bedacht. Alles Feld um die Stadt gehört ihnen, in der Stadt steht Kirche gegen Kirche und Stift gegen Stift. Die Donau erinnert mich an den alten Main. Bei Frankfurt haben Fluß und Brücke ein besseres Ansehn, hier aber nimmt sich das gegenüberliegende Stadt-am-Hof recht artig aus. Ich verfügte mich gleich in das Jesuitenkollegium, wo das jährliche Schauspiel durch Schüler gegeben ward, sah das Ende der Oper und den Anfang des Trauerspiels. Sie machten es nicht schlimmer als eine angehende Liebhabertruppe und waren recht schön, fast zu prächtig gekleidet. Auch diese öffentliche Darstellung hat mich von der Klugheit der Jesuiten aufs neue überzeugt. Sie verschmähten nichts, was irgend wirken konnte, und wußten es mit Liebe und Aufmerksamkeit zu behandeln. Hier ist nicht Klugheit, wie man sie sich in Abstracto denkt, es ist eine Freude an der Sache dabei, ein Mit- und Selbstgenuß, wie er aus dem Gebrauche des Lebens entspringt. Wie diese große geistliche Gesellschaft Orgelbauer, Bildschnitzer und Vergulder unter sich hat, so sind gewiß auch einige, die sich des Theaters mit Kenntnis und Neigung annehmen, und wie durch gefälligen Prunk sich ihre Kirchen auszeichnen, so bemächtigen sich die einsichtigen Männer hier der weltlichen Sinnlichkeit durch ein anständiges Theater.

Heute schreibe ich unter dem neunundvierzigsten Grade. Er läßt sich gut an. Der Morgen war kühl, und man klagt auch hier über Nässe und Kälte des Sommers; aber es entwickelte sich ein herrlicher, gelinder Tag. Die milde Luft, die ein großer Fluß mitbringt, ist ganz was Eigenes. Das Obst ist nicht sonderlich. Gute Birnen hab' ich gespeist; aber ich sehne mich nach Trauben und Feigen.

Der Jesuiten Tun und Wesen hält meine Betrachtungen fest. Kirchen, Türme, Gebäude haben etwas Großes und Vollständiges in der Anlage, das allen Menschen insgeheim Ehrfurcht einflößt. Als Dekoration ist nun Gold, Silber, Metall, geschliffene Steine in solcher Pracht und Reichtum gehäuft, der die Bettler aller Stände blenden muß. Hier und da fehlt es auch nicht an etwas Abgeschmacktem, damit die Menschheit versöhnt und angezogen werde. Es ist dieses überhaupt der Genius des katholischen äußeren Gottesdienstes; noch nie habe ich es aber mit so viel Verstand, Geschick und Konsequenz ausgeführt gesehen als bei den Jesuiten. Alles trifft darin überein, daß sie nicht wie andere Ordensgeistliche eine alte, abgestumpfte Andacht fortsetzten, sondern sie, dem Geist der Zeit zuliebe, durch Prunk und Pracht wieder aufstutzten.

Ein sonderbar Gestein wird hier zu Werkstücken verarbeitet, dem Scheine nach eine Art Totliegendes, das jedoch für älter, für ursprünglich, ja für porphyrartig gehalten werden muß. Es ist grünlich, mit Quarz gemischt, löcherig, und es finden sich große Flecke des festesten Jaspis darin, in welchen sich wieder kleine, runde Flecken von Breccienart zeigen. Ein Stück war gar zu instruktiv und appetitlich, der Stein aber zu fest, und ich habe geschworen, mich auf dieser Reise nicht mit Steinen zu schleppen.

München, den 6. September.

Den fünften September halb ein Uhr Mittag reiste ich von Regensburg ab. Bei Abach ist eine schöne Gegend, wo die Donau sich an Kalkfelsen bricht, bis gegen Saal. Es ist der Kalk wie der bei Osteroda am Harz, dicht, aber im ganzen löcherig. Um sechs Uhr morgens war ich in München, und nachdem ich mich zwölf Stunden umgesehen, will ich nur weniges bemerken. In der Bildergalerie fand ich mich nicht einheimisch; ich muß meine Augen erst wieder an Gemälde gewöhnen. Es sind treffliche Sachen. Die Skizzen von Rubens, von der Luxemburger Galerie, haben mir große Freude gemacht.

Hier steht auch das vornehme Spielwerk, die Trajanische Säule in Modell. Der Grund Lapis Lazuli, die Figuren verguldet. Es ist immer ein schön Stück Arbeit, und man betrachtet es gern.

Im Antikensaale konnte ich recht bemerken, daß meine Augen auf diese Gegenstände nicht geübt sind; deswegen wollte ich nicht verweilen und Zeit verderben. Vieles sprach mich gar nicht an, ohne daß ich sagen könnte, warum. Ein Drusus erregte meine Aufmerksamkeit, zwei Antonine gefielen mir, und so noch einiges. Im ganzen stehen die Sachen auch nicht glücklich, ob man gleich mit ihnen hat aufputzen wollen und der Saal oder vielmehr das Gewölbe ein gutes Ansehn hätte, wenn es nur reinlicher und besser unterhalten wäre. Im Naturalienkabinett fand ich schöne Sachen aus Tirol, die ich in kleinen Musterstücken schon kenne, ja besitze.

Es begegnete mir eine Frau mit Feigen, welche als die ersten vortrefflich schmeckten. Aber das Obst überhaupt ist doch für den

achtundvierzigsten Grad nicht besonders gut. Man klagt hier durchaus über Kälte und Nässe. Ein Nebel, der für einen Regen gelten konnte, empfing mich heute früh vor München. Den ganzen Tag blies der Wind sehr kalt vom Tiroler Gebirg. Als ich vom Turm dahinsah, fand ich es bedeckt und den ganzen Himmel überzogen. Nun scheint die Sonne im Untergehen noch an den alten Turm, der mir vor dem Fenster steht. Verzeihung, daß ich so sehr auf Wind und Wetter acht habe: der Reisende zu Lande, fast so sehr als der Schiffer, hängt von beiden ab, und es wäre ein Jammer, wenn mein Herbst in fremden Landen so wenig begünstigt sein sollte als der Sommer zu Hause.
Nun soll es gerade auf Innsbruck. Was laß ich nicht alles rechts und links liegen, um den einen Gedanken auszuführen, der fast zu alt in meiner Seele geworden ist!

Mittenwald, den 7. September, abends.

Es scheint, mein Schutzgeist sagt Amen zu meinem Kredo, und ich danke ihm, der mich an einem so schönen Tage hierhergeführt hat. Der letzte Postillion sagte mit vergnüglichem Ausruf, es sei der erste im ganzen Sommer. Ich nähre meinen stillen Aberglauben, daß es so fortgehen soll, doch müssen mir die Freunde verzeihen, wenn wieder von Luft und Wolken die Rede ist.
Als ich um fünf Uhr von München wegfuhr, hatte sich der Himmel aufgeklärt. An den Tiroler Bergen standen die Wolken in ungeheuern Massen fest. Die Streifen der untern Regionen bewegten sich auch nicht. Der Weg geht auf den Höhen, wo man unten die Isar fließen sieht, über zusammengeschwemmte Kieshügel hin. Hier wird uns die Arbeit der Strömungen des uralten Meeres faßlich. In manchem Granitgeschiebe fand ich Geschwister und Verwandte meiner Kabinettstücke, die ich Knebeln verdanke.
Die Nebel des Flusses und der Wiesen wehrten sich eine Weile, endlich wurden auch diese aufgezehrt. Zwischen gedachten Kieshügeln, die man sich mehrere Stunden weit und breit denken muß,

das schönste, fruchtbarste Erdreich, wie im Tale des Regenflusses. Nun muß man wieder an die Isar und sieht einen Durchschnitt und Abhang der Kieshügel, wohl hundertundfünfzig Fuß hoch. Ich gelangte nach Wolfratshausen und erreichte den achtundvierzigsten Grad. Die Sonne brannte heftig; niemand traut dem schönen Wetter, man schreit über das böse des vergehenden Jahres, man jammert, daß der große Gott gar keine Anstalt machen will. Nun ging mir eine neue Welt auf. Ich näherte mich den Gebirgen, die sich nach und nach entwickelten.

Benediktbeuern liegt köstlich und überrascht beim ersten Anblick. In einer fruchtbaren Fläche ein lang und breites weißes Gebäude und ein breiter, hoher Felsrücken dahinter. Nun geht es hinauf zum Kochelsee; noch höher ins Gebirge zum Walchensee. Hier begrüßte ich die ersten beschneiten Gipfel, und auf meine Verwunderung, schon so nahe bei den Schneebergen zu sein, vernahm ich, daß es gestern in dieser Gegend gedonnert, geblitzt und auf den Bergen geschneit habe. Aus diesen Meteoren wollte man Hoffnung zu besserem Wetter schöpfen und aus dem ersten Schnee eine Umwandlung der Atmosphäre vermuten. Die Felsklippen, die mich umgeben, sind alle Kalk, von dem ältesten, der noch keine Versteinerungen enthält. Diese Kalkgebirge gehen in ungeheuern, ununterbrochenen Reihen von Dalmatien bis an den St. Gotthard und weiter fort. Hacquet hat einen großen Teil der Kette bereist. Sie lehnen sich an das quarz- und tonreiche Urgebirge.

Nach Walchensee gelangte ich um halb fünf. Etwa eine Stunde von dem Orte begegnete mir ein artiges Abenteuer: ein Harfner mit seiner Tochter, einem Mädchen von elf Jahren, ging vor mir her und bat mich, das Kind einzunehmen. Er trug das Instrument weiter; ich ließ sie zu mir sitzen und sie stellte mir eine große, neue Schachtel sorgfältig zu ihren Füßen. Ein artiges, ausgebildetes Geschöpf, in der Welt schon ziemlich bewandert. Nach Maria Einsiedeln war sie mit ihrer Mutter zu Fuß gewallfahrtet, und beide wollten eben die größere Reise nach St. Jago von

Compostell antreten, als die Mutter mit Tode abging und ihr Gelübde nicht erfüllen sollte. Man könne in der Verehrung der Mutter Gottes nie zu viel tun, meinte sie. Nach einem großen Brande habe sie selbst gesehen ein ganzes Haus niedergebrannt bis auf die untersten Mauern, und über der Türe, hinter einem Glase, das Muttergottesbild, Glas und Bild unversehrt, welches denn doch ein augenscheinliches Wunder sei. All ihre Reisen habe sie zu Fuß gemacht, zuletzt in München vor dem Kurfürsten gespielt und sich überhaupt vor einundzwanzig fürstlichen Personen hören lassen. Sie unterhielt mich recht gut. Hübsche, große, braune Augen, eine eigensinnige Stirn, die sich manchmal ein wenig hinaufwärts faltete. Wenn sie sprach, war sie angenehm und natürlich, besonders wenn sie kindisch laut lachte; hingegen wenn sie schwieg, schien sie etwas bedeuten zu wollen und machte mit der Oberlippe eine fatale Miene. Ich sprach sehr viel mit ihr durch, sie war überall zu Hause und merkte gut auf die Gegenstände. So fragte sie mich einmal, was das für ein Baum sei? Es war ein schöner, großer Ahorn, der erste, der mir auf der ganzen Reise zu Gesichte kam. Den hatte sie doch gleich bemerkt und freute sich, da mehrere nach und nach erschienen, daß sie auch diesen Baum unterscheiden könne. Sie gehe, sagte sie, nach Bozen auf die Messe, wo ich doch wahrscheinlich auch hinzöge. Wenn sie mich dort anträfe, müsse ich ihr einen Jahrmarkt kaufen, welches ich ihr denn auch versprach. Dort wolle sie auch ihre neue Haube aufsetzen, die sie sich in München von ihrem Verdienst habe machen lassen. Sie wolle mir solche im voraus zeigen. Nun eröffnete sie die Schachtel, und ich mußte mich des reichgestickten und wohlbebänderten Kopfschmuckes mit ihr erfreuen.

Über eine andere frohe Aussicht vergnügten wir uns gleichfalls zusammen. Sie versicherte nämlich, daß es gut Wetter gäbe. Sie trüge ihren Barometer mit sich, und das sei die Harfe. Wenn sich der Diskant hinaufstimme, so gebe es gutes Wetter, und das habe er heute getan. Ich ergriff das Omen, und wir schieden im besten Humor in der Hoffnung eines baldigen Wiedersehns.

Italienische Reise I

Auf dem Brenner, den 8. September, abends.

Hier gekommen, gleichsam gezwungen, endlich an einen Ruhepunkt, an einen stillen Ort, wie ich ihn mir nur hätte wünschen können. Es war ein Tag, den man jahrelang in der Erinnerung genießen kann. Um sechs Uhr verließ ich Mittenwald, den klaren Himmel reinigte ein scharfer Wind vollkommen. Es war eine Kälte, wie sie nur im Februar erlaubt ist. Nun aber, bei dem Glanze der aufgehenden Sonne, die dunkeln, mit Fichten bewachsenen Vordergründe, die grauen Kalkfelsen dazwischen und dahinter die beschneiten höchsten Gipfel auf einem tieferen Himmelsblau, das waren köstliche, ewig abwechselnde Bilder.

Bei Scharnitz kommt man ins Tirol. Die Grenze ist mit einem Walle geschlossen, der das Tal verriegelt und sich an die Berge anschließt. Es sieht gut aus: an der einen Seite ist der Felsen befestigt, an der andern steigt er senkrecht in die Höhe. Von Seefeld wird der Weg immer interessanter, und wenn er bisher, seit Benedikt-Bayern herauf, von Höhe zu Höhe stieg und alle Wasser die Region der Isar suchten, so blickt man nun über einen Rücken in das Inntal, und Jezingen liegt vor uns. Die Sonne war hoch und heiß, ich mußte meine Kleidung erleichtern, die ich bei der veränderlichen Atmosphäre des Tages oft wechsele.

Bei Zirl fährt man ins Inntal herab. Die Lage ist unbeschreiblich schön, und der hohe Sonnenduft machte sie ganz herrlich. Der Postillion eilte mehr, als ich wünschte: er hatte noch keine Messe gehört und wollte sie in Inspruck — es war eben Marientag — um desto andächtiger zu sich nehmen. Nun rasselte es immer an dem Inn hinab, an der Martinswand vorbei, einer steil abgehenden ungeheuern Kalkwand. Zu dem Platze, wohin Kaiser Maximilian sich verstiegen haben soll, getraute ich mir wohl ohne Engel hin und her zu kommen, ob es gleich immer ein frevelhaftes Unternehmen wäre.

Inspruck liegt herrlich in einem breiten reichen Tale, zwischen hohen Felsen und Gebirgen. Erst wollte ich dableiben, aber es ließ

Verona, Porta del Palio — Nach Maffei

Verona, Amphitheater *Anonym*

mir keine Ruhe. Kurze Zeit ergötzte ich mich an dem Sohne des Wirts, einem leibhaftigen Söller. So begegnen mir nach und nach meine Menschen. Das Fest Mariä Geburt zu feiern, ist alles geputzt. Gesund und wohlhäbig, zu Scharen, wallfahrten sie nach Wilden, einem Andachtsorte, eine Viertelstunde von der Stadt gegen das Gebirge zu. Um zwei Uhr, als mein rollender Wagen das muntere, bunte Gedränge teilte, war alles in frohem Zug und Gang.

Von Inspruck herauf wird es immer schöner, da hilft kein Beschreiben. Auf den gebahntesten Wegen steigt man eine Schlucht herauf, die das Wasser nach dem Inn zu sendet, eine Schlucht, die den Augen unzählige Abwechselungen bietet. Wenn der Weg nah am schroffsten Felsen hergeht, ja in ihn hineingehauen ist, so erblickt man die Seite gegenüber sanft abhängig, so daß noch kann der schönste Feldbau darauf geübt werden. Es liegen Dörfer, Häuser, Häuschen, Hütten, alles weiß angestrichen, zwischen Feldern und Hecken auf der abhängenden hohen und breiten Fläche. Bald verändert sich das Ganze: das Benutzbare wird zur Wiese, bis sich auch das in einen steilen Abhang verliert.

Zu meiner Welterschaffung habe ich manches erobert, doch nichts ganz Neues und Unerwartetes. Auch habe ich viel geträumt von dem Modell, wovon ich so lange rede, woran ich so gern anschaulich machen möchte, was in meinem Innern herumzieht und was ich nicht jedem in der Natur vor Augen stellen kann.

Nun wurde es dunkler und dunkler, das einzelne verlor sich, die Massen wurden immer größer und herrlicher; endlich, da sich alles nun wie ein tiefes, geheimes Bild vor mir bewegte, sah ich auf einmal wieder die hohen Schneegipfel, vom Mond beleuchtet, und nun erwarte ich, daß der Morgen diese Felsenkluft erhelle, in der ich auf der Grenzscheide des Südens und Nordens eingeklemmt bin.

Ich füge noch einige Bemerkungen hinzu über die Witterung, die mir vielleicht eben deswegen so günstig ist, weil ich ihr so viele

Betrachtungen widme. Auf dem flachen Lande empfängt man gutes und böses Wetter, wenn es schon fertig geworden, im Gebirge ist man gegenwärtig, wenn es entsteht. Dieses ist mir nun so oft begegnet, wenn ich auf Reisen, Spaziergängen, auf der Jagd, Tag' und Nächte lang in den Bergwäldern, zwischen Klippen verweilte, und da ist mir eine Grille aufgestiegen, die ich auch für nichts anders geben will, die ich aber nicht loswerden kann, wie man denn eben die Grillen am wenigsten los wird. Ich sehe sie überall, als wenn es eine Wahrheit wäre; und so will ich sie denn auch aussprechen, da ich ohnehin die Nachsicht meiner Freunde so oft zu prüfen im Falle bin.

Betrachten wir die Gebirge näher oder ferner und sehen ihre Gipfel bald im Sonnenscheine glänzen, bald vom Nebel umzogen, von stürmenden Wolken umsaust, von Regenstrichen gepeitscht, mit Schnee bedeckt, so schreiben wir das alles der Atmosphäre zu, da wir mit Augen ihre Bewegungen und Veränderungen gar wohl sehen und fassen. Die Gebirge hingegen liegen vor unserm äußeren Sinn in ihrer herkömmlichen Gestalt unbeweglich da. Wir halten sie für tot, weil sie erstarrt sind; wir glauben sie untätig, weil sie ruhen. Ich aber kann mich schon seit längerer Zeit nicht entbrechen, einer innern, stillen, geheimen Wirkung derselben die Veränderungen, die sich in der Atmosphäre zeigen, zum großen Teile zuzuschreiben. Ich glaube nämlich, daß die Masse der Erde überhaupt, und folglich auch besonders ihre hervorragenden Grundfesten, nicht eine beständige, immer gleiche Anziehungskraft ausüben, sondern daß diese Anziehungskraft sich in einem gewissen Pulsieren äußert, so daß sie sich durch innere notwendige, vielleicht auch äußere zufällige Ursachen bald vermehrt, bald vermindert. Mögen alle anderen Versuche, diese Oszillation darzustellen, zu beschränkt und roh sein, die Atmosphäre ist zart und weit genug, um uns von jenen stillen Wirkungen zu unterrichten. Vermindert sich jene Anziehungskraft im geringsten, alsobald deutet uns die verringerte Schwere, die verminderte Elastizität der Luft diese

Wirkung an. Die Atmosphäre kann die Feuchtigkeit, die in ihr chemisch und mechanisch verteilt war, nicht mehr tragen: Wolken senken sich, Regen stürzen nieder, und Regenströme ziehen nach dem Lande zu. Vermehrt aber das Gebirg seine Schwerkraft, so wird alsobald die Elastizität der Luft wieder hergestellt, und es entspringen zwei wichtige Phänomene. Einmal versammeln die Berge ungeheuere Wolkenmassen um sich her, halten sie fest und starr, wie zweite Gipfel über sich, bis sie, durch innern Kampf elektrischer Kräfte bestimmt, als Gewitter, Nebel und Regen niedergehen; sodann wirkt auf den Überrest die elastische Luft, welche nun wieder mehr Wasser zu fassen, aufzulösen und zu verarbeiten fähig ist. Ich sah das Aufzehren einer solchen Wolke ganz deutlich: sie hing um den steilsten Gipfel, das Abendrot beschien sie. Langsam, langsam sonderten ihre Enden sich ab, einige Flocken wurden weggezogen und in die Höhe gehoben; diese verschwanden, und so verschwand die ganze Masse nach und nach und ward vor meinen Augen wie ein Rocken von einer unsichtbaren Hand ganz eigentlich abgesponnen.

Wenn die Freunde über den ambulanten Wetterbeobachter und dessen seltsame Theorien gelächelt haben, so gebe ich ihnen vielleicht durch einige andere Betrachtungen Gelegenheit zum Lachen; denn ich muß gestehen, da meine Reise eigentlich eine Flucht war, vor allen den Unbilden, die ich unter dem einundfunfzigsten Grade erlitten, daß ich Hoffnung hatte, unter dem achtundvierzigsten ein wahres Gosen zu betreten. Allein ich fand mich getäuscht, wie ich früher hätte wissen sollen: denn nicht die Polhöhe allein macht Klima und Witterung, sondern die Bergreihen, besonders jene, die von Morgen nach Abend die Länder durchschneiden. In diesen ereignen sich immer große Veränderungen, und nordwärts liegende Länder haben am meisten darunter zu leiden. So scheint auch die Witterung für den ganzen Norden diesen Sommer über durch die große Alpenkette, auf der ich dieses schreibe, bestimmt worden zu sein. Hier hat es die letzten Monate her immer geregnet, und

Südwest und Südost haben den Regen durchaus nordwärts geführt. In Italien sollen sie schön Wetter, ja zu trocken gehabt haben.
Nun von dem abhängigen, durch Klima, Berghöhe, Feuchtigkeit auf das mannigfaltigste bedingten Pflanzenreich einige Worte. Auch hierin habe ich keine sonderliche Veränderung, doch Gewinn gefunden. Äpfel und Birnen hängen schon häufig vor Inspruck in dem Tale, Pfirschen und Trauben hingegen bringen sie aus Welschland oder vielmehr aus dem mittägigen Tirol. Um Inspruck bauen sie viel Türkisch- und Heidekorn, das sie Blende nennen. Den Brenner herauf sah ich die ersten Lärchenbäume, bei Schönberg den ersten Zirbel. Ob wohl das Harfnermädchen hier auch nachgefragt hätte?
Die Pflanzen betreffend, fühl' ich noch sehr meine Schülerschaft. Bis München glaubt ich wirklich nur die gewöhnlichen zu sehen. Freilich war meine eilige Tag- und Nachtfahrt solchen feinern Beobachtungen nicht günstig. Nun habe ich zwar meinen Linné bei mir, und seine Terminologie wohl eingeprägt; wo aber soll Zeit und Ruhe zum Analysieren herkommen, das ohnehin, wenn ich mich recht kenne, meine Stärke niemals werden kann? Daher schärf ich mein Auge aufs Allgemeine, und als ich am Walchsee die erste Gentiana sah, fiel mir auf, daß ich auch bisher zuerst am Wasser die neuen Pflanzen fand.
Was mich noch aufmerksamer machte, war der Einfluß, den die Gebirgshöhe auf die Pflanzen zu haben schien. Nicht nur neue Pflanzen fand ich da, sondern Wachstum der alten verändert; wenn in der tieferen Gegend Zweige und Stengel stärker und mastiger waren, die Augen näher aneinander standen und die Blätter breit waren, so wurden höher ins Gebirg hinauf Zweige und Stengel zarter, die Augen rückten auseinander, so daß von Knoten zu Knoten ein größerer Zwischenraum stattfand und die Blätter sich lanzenförmiger bildeten. Ich bemerkte dies bei einer Weide und einer Gentiana und überzeugte mich, daß es nicht etwa verschiedene Arten

wären. Auch am Walchsee bemerkte ich längere und schlankere Binsen als im Unterlande.

Die Kalkalpen, welche ich bisher durchschnitten, haben eine graue Farbe und schöne, sonderbare, unregelmäßige Formen, ob sich gleich der Fels in Lager und Bänke teilt. Aber weil auch geschwungene Lager vorkommen und der Fels überhaupt ungleich verwittert, so sehen die Wände und Gipfel seltsam aus. Diese Gebirgsart steigt den Brenner weit herauf. In der Gegend des oberen Sees fand ich eine Veränderung desselben. An dunkelgrünen und dunkelgrauen Glimmerschiefer, stark mit Quarz durchzogen, lehnte sich ein weißer, dichter Kalkstein, der an der Ablösung glimmerig war und in großen, obgleich unendlich zerklüfteten Massen anstand. Über demselben fand ich wieder Glimmerschiefer, der mir aber zärter als der vorige zu sein schien. Weiter hinauf zeigt sich eine besondere Art Gneis oder vielmehr eine Granitart, die sich dem Gneis zubildet, wie in der Gegend von Ellbogen. Hier oben, gegen dem Hause über, ist der Fels Glimmerschiefer. Die Wasser, die aus dem Berge kommen, bringen nur diesen Stein und grauen Kalk mit.

Nicht fern muß der Granitstock sein, an den sich alles anlehnt. Die Karte zeigt, daß man sich an der Seite des eigentlichen großen Brenners befindet, von dem aus die Wasser sich ringsum ergießen.

Vom Äußern des Menschengeschlechts habe ich so viel aufgefaßt. Die Nation ist wacker und gerade vor sich hin. Die Gestalten bleiben sich ziemlich gleich: braune wohlgeöffnete Augen und sehr gut gezeichnete schwarze Augenbraunen bei den Weibern; dagegen blonde und breite Augenbraunen bei den Männern. Diesen geben die grünen Hüte zwischen den grauen Felsen ein fröhliches Ansehn. Sie tragen sie geziert mit Bändern oder breiten Schärpen von Taft mit Fransen, die mit Nadeln gar zierlich aufgeheftet werden. Auch hat jeder eine Blume oder eine Feder auf dem Hut. Dagegen verbilden sich die Weiber durch weiße, baumwollene, zottige, sehr weite Mützen, als wären es unförmliche Mannesnachtmützen. Das

gibt ihnen ein ganz fremdes Ansehn, da sie im Auslande die grünen Mannshüte tragen, die sie sehr schön kleiden.
Ich habe Gelegenheit gehabt, zu sehen, welchen Wert die gemeinen Leute auf Pfauenfedern legen, und wie überhaupt jede bunte Feder geehrt wird. Wer diese Gebirge bereisen wollte, müßte dergleichen mit sich führen. Eine solche am rechten Orte angebrachte Feder würde statt des willkommensten Trinkgeldes dienen.
Indem ich nun diese Blätter sondere, sammele, hefte und dergestalt einrichte, daß sie meinen Freunden bald einen leichten Überblick meiner bisherigen Schicksale gewähren können, und daß ich mir zugleich, was ich bisher erfahren und gedacht, von der Seele wälze, betrachte ich dagegen mit einem Schauer manche Pakete, von denen ich ein kurz und gutes Bekenntnis ablegen muß: sind es doch meine Begleiter, werden sie nicht viel Einfluß auf meine nächsten Tage haben!
Ich hatte nach Karlsbad meine sämtlichen Schriften mitgenommen, um die von Göschen zu besorgende Ausgabe schließlich zusammenzustellen. Die ungedruckten besaß ich schon längst in schönen Abschriften, von der geschickten Hand des Sekretär Vogel. Dieser wackere Mann begleitete mich auch diesmal, um mir durch seine Fertigkeit beizustehen. Dadurch ward ich in den Stand gesetzt, die vier ersten Bände, unter der treusten Mitwirkung Herders, an den Verleger abzusenden, und war im Begriff, mit den vier letzten das gleiche zu tun. Diese bestanden teils aus nur entworfenen Arbeiten, ja aus Fragmenten, wie denn meine Unart, vieles anzufangen und bei vermindertem Interesse liegen zu lassen, mit den Jahren, Beschäftigungen und Zerstreuungen allgemach zugenommen hatte.
Da ich nun diese Dinge sämtlich mit mir führte, so gehorchte ich gern den Anforderungen der Karlsbader geistreichen Gesellschaft und las ihr alles vor, was bisher unbekannt geblieben, da man sich denn jedesmal über das Nichtvollbringen derjenigen Dinge, an denen man sich gern länger unterhalten hätte, bitterlich beschwerte.

Die Feier meines Geburtstages bestand hauptsächlich darin, daß ich mehrere Gedichte erhielt, im Namen meiner unternommenen aber vernachlässigten Arbeiten, worin sich jedes nach seiner Art über mein Verfahren beklagte. Darunter zeichnete sich ein Gedicht im Namen der Vögel aus, wo eine an Treufreund gesendete Deputation dieser muntern Geschöpfe inständig bat, er möchte doch das ihnen zugesagte Reich nunmehr auch gründen und einrichten. Nicht weniger einsichtig und anmutig waren die Äußerungen über meine andern Stückwerke, so daß sie mir auf einmal wieder lebendig wurden und ich den Freunden meine gehabten Vorsätze und vollständigen Pläne mit Vergnügen erzählte. Dies veranlaßte dringende Forderungen und Wünsche und gab Herdern gewonnen Spiel, als er mich zu überreden suchte, ich möchte diese Papiere nochmals mit mir nehmen, vor allen aber Iphigenien noch einige Aufmerksamkeit schenken, welche sie wohl verdiene. Das Stück, wie es gegenwärtig liegt, ist mehr Entwurf als Ausführung; es ist in poetischer Prosa geschrieben, die sich manchmal in einen jambischen Rhythmus verliert, auch wohl andern Silbenmaßen ähnelt. Dieses tut freilich der Wirkung großen Eintrag, wenn man es nicht sehr gut liest und durch gewisse Kunstgriffe die Mängel zu verbergen weiß. Er legte mir dieses so dringend ans Herz, und da ich meinen größeren Reiseplan ihm wie allen verborgen hatte, so glaubte er, es sei nur wieder von einer Bergwanderung die Rede, und weil er sich gegen Mineralogie und Geologie immer spöttisch erwies, meinte er, ich sollte, anstatt taubes Gestein zu klopfen, meine Werkzeuge an diese Arbeit wenden. Ich gehorchte so vielen wohlgemeinten Andrängen; bis hierher aber war es nicht möglich, meine Aufmerksamkeit dahin zu lenken. Jetzt sondere ich Iphigenien aus dem Paket und nehme sie mit in das schöne, warme Land als Begleiterin. Der Tag ist so lang, das Nachdenken ungestört, und die herrlichen Bilder der Umwelt verdrängen keineswegs den poetischen Sinn, sie rufen ihn vielmehr, von Bewegung und freier Luft begleitet, nur desto schneller hervor.

Vom Brenner bis Verona

Trient, den 11. September 1786, früh.

Nachdem ich völlig funfzig Stunden am Leben und in steter Beschäftigung gewesen, kam ich gestern abend um acht Uhr hier an, begab mich bald zur Ruhe und finde mich nun wieder imstande, in meiner Erzählung fortzufahren. Am neunten, abends, als ich das erste Stück meines Tagebuchs geschlossen hatte, wollte ich noch die Herberge, das Posthaus auf dem Brenner, in seiner Lage zeichnen; aber es gelang nicht, ich verfehlte den Charakter und ging halb verdrießlich nach Hause. Der Wirt fragte mich, ob ich nicht fort wollte: es sei Mondenschein und der beste Weg, und ob ich wohl wußte, daß er die Pferde morgen früh zum Einfahren des Grummets brauchte und bis dahin gern wieder zu Hause hätte, sein Rat also eigennützig war, so nahm ich ihn doch, weil er mit meinem innern Triebe übereinstimmte, als gut an. Die Sonne ließ sich wieder blicken, die Luft war leidlich; ich packte ein, und um sieben Uhr fuhr ich weg. Die Atmosphäre ward über die Wolken Herr und der Abend gar schön.

Der Postillion schlief ein, und die Pferde liefen den schnellsten Trab bergunter, immer auf dem bekannten Wege fort; kamen sie an ein eben Fleck, so ging es desto langsamer. Der Führer wachte auf und trieb wieder an, und so kam ich sehr geschwind, zwischen hohen Felsen, an dem reißenden Etschfluß hinunter. Der Mond ging auf und beleuchtete ungeheuere Gegenstände. Einige Mühlen zwischen uralten Fichten über dem schäumenden Strom waren völlige Everdingen.

Als ich um neun Uhr nach Sterzingen gelangte, gab man mir zu verstehen, daß man mich gleich wieder wegwünsche. In Mittelwald Punkt zwölf Uhr fand ich alles in tiefem Schlafe, außer dem Postillion, und so ging es weiter auf Brixen, wo man mich wieder gleichsam entführte, so daß ich mit dem Tage in Colman ankam. Die Postillions fuhren, daß einem Sehen und Hören verging; und so leid es mir tat, diese herrlichen Gegenden mit der entsetzlichsten

Vicenza, Piazza dei Signori *Aus einem alten Führer von 1779*

Vicenza, La Rotonda von Palladio *Nach Scamozzi*

Schnelle und bei Nacht wie im Fluge zu durchreisen, so freuete es mich doch innerlich, daß ein günstiger Wind hinter mir herblies und mich meinen Wünschen zujagte. Mit Tagesanbruch erblickte ich die ersten Rebhügel. Eine Frau mit Birnen und Pfirschen begegnete mir; und so ging es auf Teutschen los, wo ich um sieben Uhr ankam und gleich weiter befördert wurde. Nun erblickte ich endlich, bei hohem Sonnenschein, nachdem ich wieder eine Weile nordwärts gefahren war, das Tal, worin Botzen liegt. Von steilen, bis auf eine ziemliche Höhe angebauten Bergen umgeben, ist es gegen Mittag offen, gegen Norden von den Tiroler Bergen gedeckt. Eine milde, sanfte Luft füllte die Gegend. Hier wendet sich die Etsch wieder gegen Mittag. Die Hügel am Fuße der Berge sind mit Wein bebaut. Über lange, niedrige Lauben sind die Stöcke gezogen, die blauen Trauben hängen gar zierlich von der Decke herunter und reifen an der Wärme des nahen Bodens. Auch in der Fläche des Tals, wo sonst nur Wiesen sind, wird der Wein in solchen eng aneinander stehenden Reihen von Lauben gebaut, dazwischen das türkische Korn, das nun immer höhere Stengel treibt, Ich habe es oft zu zehn Fuß hoch gesehen. Die zaselige männliche Blüte ist noch nicht abgeschnitten, wie es geschieht, wenn die Befruchtung eine Zeitlang vorbei ist.

Bei heiterm Sonnenschein kam ich nach Botzen. Die vielen Kaufmannsgesichter freuten mich beisammen. Ein absichtliches, wohlbehagliches Dasein drückt sich recht lebhaft aus. Auf dem Platze saßen Obstweiber mit runden, flachen Körben, über vier Fuß im Durchmesser, worin die Pfirschen nebeneinander lagen, daß sie sich nicht drücken sollten. Ebenso die Birnen. Hier fiel mir ein, was ich in Regensburg am Fenster des Wirtshauses geschrieben sah:

Comme les pêches et les mélons
Sont pour la bouche d'un baron,
Ainsi les verges et les bâtons
Sont pour les fous, dit Salomon.

Daß ein nordischer Baron dieses geschrieben, ist offenbar, und daß er in diesen Gegenden seine Begriffe ändern würde, ist auch natürlich.

Die Botzner Messe bewirkt einen starken Seidenvertrieb; auch Tücher werden dahin gebracht, und was an Leder aus den gebirgigen Gegenden zusammengeschafft wird. Doch kommen mehrere Kaufleute hauptsächlich, um Gelder einzukassieren, Bestellungen anzunehmen und neuen Kredit zu geben, dahin. Ich hatte große Lust, alle die Produkte zu beleuchten, die hier auf einmal zusammen gefunden werden; doch der Trieb, die Unruhe, die hinter mir ist, läßt mich nicht rasten, und ich eile sogleich wieder fort. Dabei kann ich mich trösten, daß in unsern statistischen Zeiten dies alles wohl schon gedruckt ist und man sich gelegentlich davon aus Büchern unterrichten kann. Mir ist jetzt nur um die sinnlichen Eindrücke zu tun, die kein Buch, kein Bild gibt. Die Sache ist, daß ich wieder Interesse an der Welt nehme, meinen Beobachtungsgeist versuche und prüfe, wie weit es mit meinen Wissenschaften und Kenntnissen geht, ob mein Auge licht, rein und hell ist, wie viel ich in der Geschwindigkeit fassen kann, und ob die Falten, die sich in mein Gemüt geschlagen und gedrückt haben, wieder auszutilgen sind. Schon jetzt, daß ich mich selbst bediene, immer aufmerksam, immer gegenwärtig sein muß, gibt mir diese wenigen Tage her eine ganz andere Elastizität des Geistes; ich muß mich um den Geldkurs bekümmern, wechseln, bezahlen, notieren, schreiben, anstatt daß ich sonst nur dachte, wollte, sann, befahl und diktierte.

Von Botzen auf Trient geht es neun Meilen weg in einem fruchtbaren und fruchtbareren Tale hin. Alles, was auf den höheren Gebirgen zu vegetieren versucht, hat hier schon mehr Kraft und Leben, die Sonne scheint heiß, und man glaubt wieder einmal an einen Gott.

Eine arme Frau rief mich an, ich möchte ihr Kind in den Wagen nehmen, weil ihm der heiße Boden die Füße verbrenne. Ich übte diese Mildtätigkeit zu Ehren des gewaltigen Himmelslichtes. Das Kind war sonderbar geputzt und aufgeziert, ich konnte ihm aber in keiner Sprache etwas abgewinnen.

Die Etsch fließt nun sanfter und macht an vielen Orten breite Kiese. Auf dem Lande, nah am Fluß, die Hügel hinauf, ist alles so enge an und ineinander gepflanzt, daß man denkt, es müsse eins das andere ersticken: Weingeländer, Mais, Maulbeerbäume, Äpfel, Birnen, Quitten und Nüsse. Über Mauern wirft sich der Attich lebhaft herüber, Efeu wächst in starken Stämmen die Felsen hinauf und verbreitet sich weit über sie; die Eidechse schlüpft durch die Zwischenräume; auch alles, was hin und her wandelt, erinnert einen an die liebsten Kunstbilder. Die aufgebundenen Zöpfe der Frauen, der Männer bloße Brust und leichte Jacken, die trefflichen Ochsen, die sie vom Markt nach Hause treiben, die beladenen Eselchen, alles bildet einen lebendigen, bewegten Heinrich Roos. Und nun, wenn es Abend wird, bei der milden Luft wenige Wolken an den Bergen ruhen, am Himmel mehr stehen als ziehen, und gleich nach Sonnenuntergang das Geschrille der Heuschrecken laut zu werden anfängt, da fühlt man sich doch einmal in der Welt zu Hause und nicht wie geborgt oder im Exil. Ich lasse mir's gefallen, als wenn ich hier geboren und erzogen wäre und nun von einer Grönlandsfahrt, von einem Walfischfange zurückkäme. Auch der vaterländische Staub, der manchmal den Wagen umwirbelt, von dem ich so lange nichts erfahren habe, wird begrüßt. Das Glocken- und Schellengeläute der Heuschrecken ist allerliebst, durchdringend und nicht unangenehm. Lustig klingt es, wenn mutwillige Buben mit einem Feld solcher Sängerinnen um die Wette pfeifen; man bildet sich ein, daß sie einander wirklich steigern. Auch der Abend ist vollkommen milde, wie der Tag.

Wenn mein Entzücken hierüber jemand vernähme, der in Süden wohnte, von Süden herkäme, er würde mich für sehr kindisch halten. Ach, was ich hier ausdrücke, habe ich lange gewußt, so lange als ich unter einem bösen Himmel dulde; und jetzt mag ich gern diese

Freude als Ausnahme fühlen, die wir als eine ewige Naturnotwendigkeit immer fort genießen sollten.

Trient, den 10. September, abends.

Ich bin in der Stadt herumgegangen, die uralt ist und in einigen Straßen neue wohlgebaute Häuser hat. In der Kirche hängt ein Bild, wo das versammelte Konzilium einer Predigt des Jesuitengenerals zuhört. Ich möchte wohl wissen, was er ihnen aufgebunden hat. Die Kirche dieser Väter bezeichnet sich gleich von außen durch rote Marmorpilaster an der Fassade; ein schwerer Vorhang schließt die Türe, den Staub abzuhalten. Ich hob ihn auf und trat in eine kleine Vorkirche; die Kirche selbst ist durch ein eisernes Gitter geschlossen, doch so, daß man sie ganz übersehen kann. Es war alles still und ausgestorben, denn es wird hier kein Gottesdienst mehr gehalten. Die vordere Türe stand nur auf, weil zur Vesperzeit alle Kirchen geöffnet sein sollen.

Wie ich nun so dastehe und der Bauart nachdenke, die ich den übrigen Kirchen dieser Väter ähnlich fand, tritt ein alter Mann herein, das schwarze Käppchen sogleich abnehmend. Sein alter schwarzer, vergrauter Rock deutete auf einen verkümmerten Geistlichen; er kniet vor dem Gitter nieder und steht nach einem kurzen Gebet wieder auf. Wie er sich umkehrt, sagt er halblaut für sich: Da haben sie nun die Jesuiten herausgetrieben, sie hätten ihnen auch zahlen sollen, was die Kirche gekostet hat; ich weiß wohl, was sie gekostet hat und das Seminarium, wie viele Tausende. Indessen war er hinaus und hinter ihm der Vorhang zugefallen, den ich lüftete und mich still hielt. Er war auf der obern Stufe stehen geblieben und sagte: Der Kaiser hat es nicht getan, der Papst hat es getan. Mit dem Gesicht gegen die Straße gekehrt und ohne mich zu vermuten, fuhr er fort: Erst die Spanier, dann wir, dann die Franzosen; Abels Blut schreit über seinen Bruder Kain! Und so ging er die Treppe hinab, immer mit sich redend, die Straße hin. Wahrscheinlich ist es ein Mann, den die Jesuiten erhielten und der über den ungeheuren Fall des Ordens den Verstand verlor und nun täglich kommt, in dem leeren Gefäß die alten Bewohner zu suchen und nach einem kurzen Gebet ihren Feinden den Fluch zu geben.

Ein junger Mann, den ich um die Merkwürdigkeiten der Stadt fragte, zeigte mir ein Haus, das man des Teufels Haus nennt, welches der sonst allzeitfertige Zerstörer in einer Nacht mit schnell herbeigeschafften Steinen erbaut haben soll. Das eigentliche Merkwürdige daran bemerkte der gute Mensch aber nicht, daß es nämlich das einzige Haus von gutem Geschmack ist, das ich in Trient gesehen habe, in einer älteren Zeit gewiß von einem guten Italiener aufgeführt.

Abends um fünf Uhr reiste ich ab; wieder das Schauspiel von gestern abend und die Heuschrecken, die gleich bei Sonnenuntergang zu schrillen anfangen. Wohl eine Meile weit fährt man zwischen Mauern, über welche sich Traubengeländer sehen lassen; andere Mauern, die nicht hoch genug sind, hat man mit Steinen, Dornen und sonst zu erhöhen gesucht, um das Abrupfen der Trauben den Vorbeigehenden zu wehren. Viele Besitzer bespritzen die vordersten Reihen mit Kalk, der die Trauben ungenießbar macht, dem Wein aber nichts schadet, weil die Gärung alles wieder heraustreibt.

Den 11. September, abends.

Hier bin ich nun in Roveredo, wo die Sprache sich abschneidet; oben herein schwankt es noch immer vom Deutschen zum Italienischen. Nun hatte ich zum erstenmal einen stockwelschen Postillion, der Wirt spricht kein Deutsch, und ich muß nun meine Sprachkünste versuchen. Wie froh bin ich, daß nunmehr die geliebte Sprache lebendig, die Sprache des Gebrauchs wird.

Torbole, den 12. September, nach Tische.

Wie sehr wünschte ich meine Freunde einen Augenblick neben mich, daß sie sich der Aussicht freuen könnten, die vor mir liegt.

Heute abend hätte ich können in Verona sein, aber es lag mir noch eine herrliche Naturwirkung an der Seite, ein köstliches Schauspiel, der Gardasee; den wollte ich nicht versäumen, und bin herrlich für meinen Umweg belohnt. Nach fünfen fuhr ich von Roveredo fort, ein Seitental hinauf, das seine Wasser noch in die Etsch gießt. Wenn man hinauf kommt, liegt ein ungeheurer Felsriegel hinten vor, über den man nach dem See hinunter muß. Hier zeigten sich die schönsten Kalkfelsen zu malerischen Studien. Wenn man hinab kommt, liegt ein Örtchen am nördlichen Ende des Sees, und ist ein kleiner Hafen oder vielmehr Anfahrt daselbst; es heißt Torbole. Die Feigenbäume hatten mich schon den Weg herauf häufig begleitet, und indem ich in das Fels-Amphitheater hinabstieg, fand ich die ersten Ölbäume voller Oliven. Hier traf ich auch zum erstenmal die weißen kleinen Feigen als gemeine Frucht, welche mir die Gräfin Lanthieri verheißen hatte.

Aus dem Zimmer, in dem ich sitze, geht eine Türe nach dem Hof hinunter; ich habe meinen Tisch davor gerückt und die Aussicht mit einigen Linien gezeichnet. Man übersieht den See beinah in seiner ganzen Länge, nur am Ende links entwendet er sich unsern Augen. Das Ufer, auf beiden Seiten von Hügeln und Bergen eingefaßt, glänzt von unzähligen kleinen Ortschaften.

Nach Mitternacht bläst der Wind von Norden nach Süden: wer also den See hinab will, muß zu dieser Zeit fahren; denn schon einige Stunden vor Sonnenaufgang wendet sich der Luftstrom und zieht nordwärts. Jetzo, Nachmittag, wehet er stark gegen mich und kühlt die heiße Sonne gar lieblich. Zugleich lehrt mich Volkmann, daß dieser See ehemals Benacus geheißen, und bringt einen Vers des Virgil, worin dessen gedacht wird:

Fluctibus et fremitu resonans Benace marino.

Der erste lateinische Vers, dessen Inhalt lebendig vor mir steht und der in dem Augenblicke, da der Wind immer stärker wächst und der See höhere Wellen gegen die Anfahrt wirft, noch heute so wahr ist als vor vielen Jahrhunderten. So manches hat sich

verändert, noch aber stürmt der Wind in dem See, dessen Anblick eine Zeile Virgils noch immer veredelt.
Geschrieben unter dem fünfundvierzigsten Grade funfzig Minuten.
In der Abendkühle ging ich spazieren und befinde mich nun wirklich in einem neuen Lande, in einer ganz fremden Umgebung. Die Menschen leben ein nachlässiges Schlaraffenleben: erstlich haben die Türen keine Schlösser; der Wirt aber versicherte mir, ich könne ganz ruhig sein, und wenn alles, was ich bei mir hätte, aus Diamanten bestünde; zweitens sind die Fenster mit Ölpapier statt Glasscheiben geschlossen; drittens fehlt eine höchst nötige Bequemlichkeit, so daß man dem Naturzustande hier ziemlich nahe kommt. Als ich den Hausknecht nach einer gewissen Gelegenheit fragte, deutete er in den Hof hinunter: Qui abasso puo servirsi! Ich fragte: Dove? — Da per tutto, dove vuol! antwortete er freundlich. Durchaus zeigt sich die größte Sorglosigkeit, doch Leben und Geschäftigkeit genug. Den ganzen Tag verführen die Nachbarinnen ein Geschwätz, ein Geschrei, und haben alle zugleich etwas zu tun, etwas zu schaffen. Ich habe noch kein müßiges Weib gesehn.
Der Wirt verkündigte mir mit italienischer Emphase, daß er sich glücklich finde, mir mit der köstlichsten Forelle dienen zu können. Sie werden bei Torbole gefangen, wo der Bach vom Gebirge herunter kommt und der Fisch den Weg hinauf sucht. Der Kaiser erhält von diesem Fange zehntausend Gulden Pacht. Es sind keine eigentlichen Forellen, groß, manchmal funfzig Pfund schwer, über den ganzen Körper bis auf den Kopf hinauf punktiert; der Geschmack zwischen Forelle und Lachs, zart und trefflich.
Mein eigentlich Wohlleben aber ist in Früchten, in Feigen, auch Birnen, welche da wohl köstlich sein müssen, wo schon Zitronen wachsen.

Den 13. September abends.

Heute früh um drei Uhr fuhr ich von Torbole weg, mit zwei Ruderern. Anfangs war der Wind günstig, daß sie die Segel brauchen konnten. Der Morgen war herrlich, zwar wolkig, doch bei der Dämmrung still. Wir fuhren bei Limona vorbei, dessen Berggärten, terrassenweise angelegt und mit Zitronenbäumen bepflanzt, ein reiches und reinliches Ansehen geben. Der ganze Garten besteht aus Reihen von weißen viereckigen Pfeilern, die in einer gewissen Entfernung voneinander stehen und stufenweis den Berg hinaufrücken. Über diese Pfeiler sind starke Stangen gelegt um im Winter die dazwischen gepflanzten Bäume zu decken. Das Betrachten und Beschauen dieser angenehmen Gegenstände ward durch eine langsame Fahrt begünstigt, und so waren wir schon an Malsesine vorbei, als der Wind sich völlig umkehrte, seinen gewöhnlichen Tagweg nahm und nach Norden zog. Das Rudern half wenig gegen die übermächtige Gewalt, und so mußten wir im Hafen von Malsesine landen. Es ist der erste venezianische Ort an der Morgenseite des Sees. Wenn man mit dem Wasser zu tun hat, kann man nicht sagen: ich werde heute da oder dort sein. Diesen Aufenthalt will ich so gut als möglich nutzen, besonders das Schloß zu zeichnen, das am Wasser liegt und ein schöner Gegenstand ist. Heute im Vorbeifahren nahm ich eine Skizze davon.

Den 14. September.

Der Gegenwind, der mich gestern in den Hafen von Malsesine trieb, bereitete mir ein gefährliches Abenteuer, welches ich mit gutem Humor überstand und in der Erinnerung lustig finde. Wie ich mir vorgenommen hatte, ging ich morgens beizeiten in das alte Schloß, welches ohne Tore, ohne Verwahrung und Bewachung, jedermann zugänglich ist. Im Schloßhofe setzte ich mich dem alten, auf und in den Felsen gebauten Turm gegenüber; hier hatte ich zum Zeichnen ein sehr bequemes Plätzchen gefunden: neben einer drei, vier Stufen erhöhten verschlossenen Türe im Türgewände ein verziertes steinernes Sitzchen, wie wir sie wohl bei uns in alten Gebäuden auch noch antreffen.

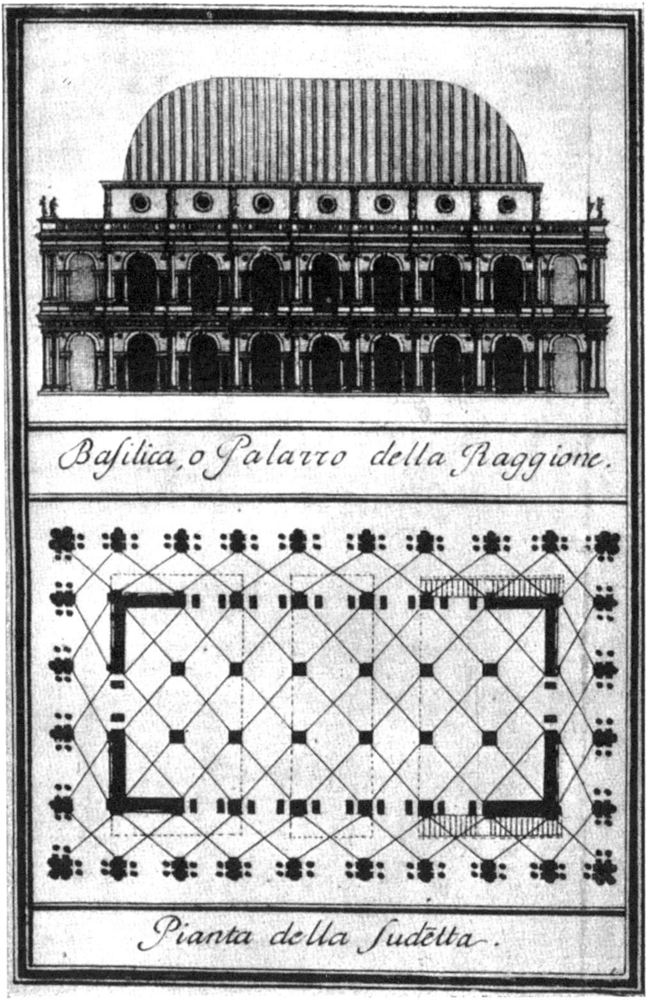

Vicenza, Basilica von Palladio *Aus einem alten Führer von 1779*

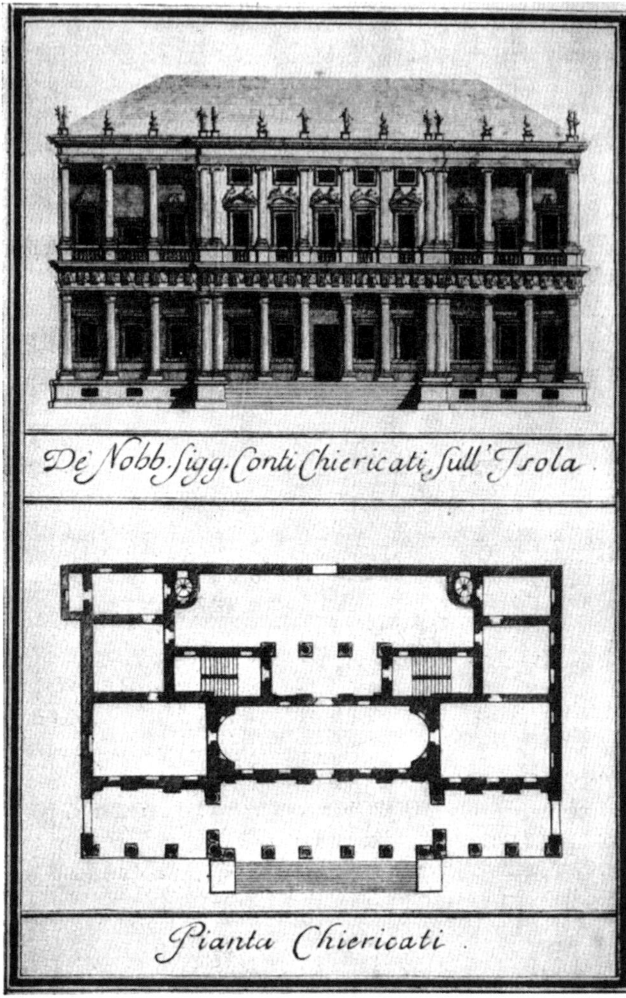

Vicenza, Palazzo Chiericati — Aus einem alten Führer von 1779

Ich saß nicht lange, so kamen verschiedene Menschen in den Hof herein, betrachteten mich und gingen hin und wieder. Die Menge vermehrte sich, blieb endlich stehen, so daß sie mich zuletzt umgab. Ich bemerkte wohl, daß mein Zeichnen Aufsehen erregt hatte; ich ließ mich aber nicht stören und fuhr ganz gelassen fort. Endlich drängte sich ein Mann zu mir, nicht von dem besten Ansehen, und fragte, was ich da mache. Ich erwiderte ihm, daß ich den alten Turm abzeichne, um mir ein Andenken von Malsesine zu erhalten. Er sagte darauf, es sei dies nicht erlaubt, und ich sollte es unterlassen. Da er dieses in gemeiner venezianischer Sprache sagte, so daß ich ihn wirklich kaum verstand, so erwiderte ich ihm, daß ich ihn nicht verstehe. Er ergriff darauf mit wahrer italienischer Gelassenheit mein Blatt, zerriß es, ließ es aber auf der Pappe liegen. Hierauf konnt ich einen Ton der Unzufriedenheit unter den Umstehenden bemerken, besonders sagte eine ältliche Frau, es sei nicht recht! man solle den Podesta rufen, welcher dergleichen Dinge zu beurteilen wisse. Ich stand auf meinen Stufen, den Rücken gegen die Türe gelehnt, und überschaute das immer sich vermehrende Publikum. Die neugierigen starren Blicke, der gutmütige Ausdruck in den meisten Gesichtern, und was sonst noch alles eine fremde Volksmasse zu charakterisieren mag, gab mir den lustigsten Eindruck. Ich glaubte das Chor der Vögel vor mir zu sehen, das ich als Treufreund auf dem Ettersburger Theater oft zum besten gehabt. Dies versetzte mich in die heiterste Stimmung, so daß, als der Podesta mit seinem Aktuarius herankam, ich ihn freimütig begrüßte und auf seine Frage, warum ich ihre Festung abzeichnete, ihm bescheiden erwiderte, daß ich dieses Gemäuer nicht für eine Festung anerkenne. Ich machte ihn und das Volk aufmerksam auf den Verfall dieser Türme und dieser Mauern, auf den Mangel von Toren, kurz auf die Wehrlosigkeit des ganzen Zustandes, und versicherte, ich habe hier nichts als eine Ruine zu sehen und zu zeichnen gedacht.

Man entgegnete mir: wenn es eine Ruine sei, was denn dran wohl merkwürdig scheinen könne? Ich erwiderte darauf, weil ich Zeit und Gunst zu gewinnen suchte, sehr umständlich, daß sie wüßten, wie viele Reisende nur um der Ruinen willen nach Italien zögen, daß Rom, die Hauptstadt der Welt, von den Barbaren verwüstet, voller Ruinen stehe, welche hundert- und aber hundertmal gezeichnet worden, daß nicht alles aus dem Altertum so erhalten sei wie das Amphitheater zu Verona, welches ich denn auch bald zu sehen hoffte.

Der Podesta, welcher vor mir, aber tiefer stand, war ein langer, nicht gerade hagerer Mann von etwa dreißig Jahren. Die stumpfen Züge seines geistlosen Gesichts stimmten ganz zu der langsamen und trüben Weise, womit er seine Fragen hervorbrachte. Der Aktuarius, kleiner und gewandter, schien sich in einen so neuen und seltnen Fall auch nicht gleich finden zu können. Ich sprach noch manches dergleichen, man schien mich gern zu hören, und indem ich mich an einige wohlwollende Frauengesichter wendete, glaubte ich Beistimmung und Billigung wahrzunehmen.

Als ich jedoch des Amphitheaters zu Verona erwähnte, das man im Lande unter dem Namen Arena kennt, sagte der Aktuarius, der sich unterdessen besonnen hatte, das möge wohl gelten, denn jenes sei ein weltberühmtes, römisches Gebäude; an diesen Türmen aber sei nichts Merkwürdiges, als daß es die Grenze zwischen dem Gebiete Venedigs und dem östreichischen Kaiserstaate bezeichne und deshalb nicht ausspioniert werden solle. Ich erklärte mich dagegen weitläufig, daß nicht allein griechische und römische Altertümer, sondern auch die der mittlern Zeit Aufmerksamkeit verdienten. Ihnen sei freilich nicht zu verargen, daß sie an diesem von Jugend auf gekannten Gebäude nicht so viele malerische Schönheiten als ich entdecken könnten. Glücklicherweise setzte die Morgensonne Turm, Felsen und Mauern in das schönste Licht, und ich fing an, ihnen dieses Bild mit Enthusias-

mus zu beschreiben. Weil aber mein Publikum jene belobten Gegenstände im Rücken hatte und sich nicht ganz von mir abwenden wollte, so drehten sie auf einmal, jenen Vögeln gleich, die man Wendehälse nennt, die Köpfe herum, dasjenige mit Augen zu schauen, was ich ihren Ohren anpries, ja der Podesta selbst kehrte sich, obgleich mit etwas mehr Anstand, nach dem beschriebenen Bilde hin. Diese Szene kam mir so lächerlich vor, daß mein guter Mut sich vermehrte und ich ihnen nichts, am wenigsten den Efeu schenkte, der Fels und Gemäuer auf das reichste zu verzieren schon Jahrhunderte Zeit gehabt hatte.
Der Aktuarius versetzte drauf, das lasse sich alles hören, aber Kaiser Joseph sei ein unruhiger Herr, der gewiß gegen die Repubik Venedig noch manches Böse im Schilde führe, und ich möchte wohl sein Untertan, ein Abgeordneter sein, um die Grenzen auszuspahen.
Weit entfernt, rief ich aus, dem Kaiser anzugehören, darf ich mich wohl rühmen, so gut als ihr, Bürger einer Republik zu sein, welche zwar an Macht und Größe dem erlauchten Staat von Venedig nicht verglichen werden kann, aber doch auch sich selbst regiert und an Handelstätigkeit, Reichtum und Weisheit ihrer Vorgesetzten keiner Stadt in Deutschland nachsteht. Ich bin nämlich von Frankfurt am Main gebürtig, einer Stadt, deren Name und Ruf gewiß bis zu euch gekommen ist.
Von Frankfurt am Main! rief eine hübsche junge Frau: da könnt Ihr gleich sehen, Herr Podesta, was an dem Fremden ist, den ich für einen guten Mann halte; laßt den Gregorio rufen, der lange daselbst konditioniert hat, der wird am besten in der Sache entscheiden können.
Schon hatten sich die wohlwollenden Gesichter um mich her vermehrt, der erste Widerwärtige war verschwunden, und als nun Gregorio herbeikam, wendete sich die Sache ganz zu meinem Vorteil. Dieser war ein Mann etwa in den Funfzigen, ein braunes italienisches Gesicht, wie man sie kennt. Er sprach und betrug sich

als einer, dem etwas Fremdes nicht fremd ist, erzählte mir sogleich, daß er bei Bolongaro in Diensten gestanden und sich freue, durch mich etwas von dieser Familie und von der Stadt zu hören, an die er sich mit Vergnügen erinnere. Glücklicherweise war sein Aufenthalt in meine jüngeren Jahre gefallen, und ich hatte den doppelten Vorteil, ihm genau sagen zu können, wie es zu seiner Zeit gewesen, und was sich nachher verändert habe. Ich erzählte ihm von den sämtlichen italienischen Familien, deren mir keine fremd geblieben; er war sehr vergnügt, manches einzelne zu hören, zum Beispiel, daß der Herr Allesina im Jahr 1774 seine goldene Hochzeit gefeiert, daß darauf eine Medaille geschlagen worden, die ich selbst besitze; er erinnerte sich recht wohl, daß die Gattin dieses reichen Handelsherrn eine geborene Brentano sei. Auch von den Kindern und Enkeln dieser Häuser mußte ich ihm zu erzählen, wie sie herangewachsen, versorgt, verheiratet worden und sich in Enkeln vermehrt hätten.

Als ich ihm nun die genauste Auskunft fast über alles gegeben, um was er mich befragt, wechselten Heiterkeit und Ernst in den Zügen des Mannes. Er war froh und gerührt; das Volk erheiterte sich immer mehr und konnte unserm Zwiegespräch zuzuhören nicht satt werden, wovon er freilich einen Teil erst in ihren Dialekt übersetzen mußte.

Zuletzt sagte er: Herr Podesta, ich bin überzeugt, daß dieses ein braver, kunstreicher Mann ist, wohlerzogen, welcher herumreist, sich zu unterrichten. Wir wollen ihn freundlich entlassen, damit er bei seinen Landsleuten Gutes von uns rede und sie aufmuntere, Malsesine zu besuchen, dessen schöne Lage wohl wert ist, von Fremden bewundert zu sein.

Ich verstärkte diese freundlichen Worte durch das Lob der Gegend, der Lage und der Einwohner, die Gerichtspersonen als weise und vorsichtige Männer nicht vergessend.

Dieses alles ward für gut erkannt, und ich erhielt die Erlaubnis, mit Meister Gregorio nach Belieben den Ort und die Gegend zu besehen. Der Wirt, bei dem ich eingekehrt war, gesellte sich nun zu uns und freute sich schon auf die Fremden, welche auch ihm zuströmen würden, wenn die Vorzüge Malsesines erst recht ans Licht kämen. Mit lebhafter Neugierde betrachtete er meine Kleidungsstücke, besonders aber beneidete er mich um die kleinen Terzerole, die man so bequem in die Tasche stecken konnte. Er pries diejenigen glücklich, die so schöne Gewehre tragen dürften, welches bei ihnen unter den peinlichsten Strafen verboten sei. Diesen freundlich Zudringlichen unterbrach ich einigemal, meinem Befreier mich dankbar zu erweisen.

Dankt mir nicht, versetzte der brave Mann, mir seid Ihr nichts schuldig. Verstünde der Podesta sein Handwerk, und wäre der Aktuar nicht der eigennützigste aller Menschen, Ihr wäret nicht so losgekommen. Jener war verlegner als Ihr, und diesem hätte Eure Verhaftung, die Berichte, die Abführung nach Verona auch nicht einen Heller eingetragen. Das hat er geschwind überlegt, und Ihr wart schon befreit, ehe unsere Unterredung zu Ende war.

Gegen Abend holte mich der gute Mann in seinen Weinberg ab, der den See hinabwärts sehr wohlgelegen war. Uns begleitete sein funfzehnjähriger Sohn, der auf die Bäume steigen und mir das beste Obst brechen mußte, indessen der Alte die reifsten Weintrauben aussuchte.

Zwischen diesen beiden weltfremden, wohlwollenden Menschen, in der unendlichen Einsamkeit dieses Erdwinkels ganz allein, fühlte ich denn doch, wenn ich die Abenteuer des Tages überdachte, auf das lebhafteste, welch ein wunderliches Wesen der Mensch ist, daß er dasjenige, was er mit Sicherheit und Bequemlichkeit in guter Gesellschaft genießen könnte, sich oft unbequem und gefährlich macht, bloß aus der Grille, die Welt und ihren Inhalt sich auf seine besondere Weise zuzueignen.

Gegen Mitternacht begleitete mich mein Wirt an die Barke, das Fruchtkörbchen tragend, welches mir Gregorio verehrt hatte, und so schied ich, mit günstigem Wind, von dem Ufer, welches mir lästrygonisch zu werden gedroht hatte.

Nun von meiner Seefahrt! Sie endete glücklich, nachdem die Herrlichkeit des Wasserspiegels und des daran liegenden brescianischen Ufers mich recht im Herzen erquickt hatte. Da, wo an der Abendseite das Gebirge aufhört, steil zu sein, und die Landschaft flächer nach dem See fällt, liegen in einer Reihe, in einer Länge von ungefähr anderthalb Stunden, Garignano, Bojaco, Cecina, Toscolano, Maderno, Salò, alle auch wieder meist in die Länge gezogen. Keine Worte drücken die Anmut dieser so reich bewohnten Gegend aus. Früh um zehen Uhr landete ich in Bartolino, lud mein Gepäck auf ein Maultier und mich auf ein anderes. Nun ging der Weg über einen Rücken, der das Tal der Etsch von der Seevertiefung scheidet. Die Urwasser scheinen hier von beiden Seiten gegeneinander in ungeheuern Strömungen gewirkt und diesen kolossalen Kieseldamm aufgeführt zu haben. Fruchtbares Erdreich ward in ruhigern Epochen darüber geschlemmt; aber der Ackersmann ist doch stets aufs neue von denen immer wieder hervordringenden Geschieben geplagt. Man sucht so viel als möglich ihrer los zu werden, baut sie reihen- und schichtenweise übereinander und bildet dadurch am Wege hin sehr dicke Quasimauern. Die Maulbeerbäume stehen, wegen Mangel an Feuchtigkeit, nicht fröhlich auf dieser Höhe. An Quellen ist nicht zu denken. Von Zeit zu Zeit trifft man Pfützen zusammengeleiteten Regenwassers, woraus die Maultiere, auch wohl die Treiber, ihren Durst löschen. Unten am Flusse sind Schöpfräder angebracht, um die tiefer liegenden Pflanzungen nach Gefallen zu wässern.

Nun aber kann die Herrlichkeit der neuen Gegend, die man beim Herabsteigen übersieht, durch Worte nicht dargestellt werden. Es ist ein Garten, Meilen lang und breit, der am Fuße hoher Gebirge und schroffer Felsen, ganz flach, in der größten Reinlichkeit daliegt. Und so kam ich denn am 10. September, gegen ein Uhr, hier in Verona an, wo ich zuerst noch dieses schreibe, das zweite Stück meines Tagebuchs schließe und hefte und gegen Abend mit freudigem Geiste das Amphitheater zu sehen hoffe.

Von der Witterung dieser Tage her melde ich folgendes. Die Nacht vom neunten auf den zehnten war abwechselnd hell und bedeckt, der Mond behielt immer einen Schein um sich. Morgens, gegen fünf Uhr, überzog sich der ganze Himmel mit grauen, nicht schweren Wolken, die mit dem wachsenden Tage verschwanden. Je tiefer ich hinabkam, desto schöner war das Wetter. Wie nun gar in Botzen der große Gebirgsstock mitternächtlich blieb, zeigte die Luft eine ganz andere Beschaffenheit: man sah nämlich an den verschiedenen Landschaftsgründen, die sich gar lieblich durch ein etwas mehr oder weniger Blau voneinander absonderten, daß die Atmosphäre voll gleich ausgeteilter Dünste sei, welche sie zu tragen vermochte und die daher weder als Tau oder Regen niederfielen, noch als Wolken sich sammelten. Wie ich weiter hinabkam, konnte ich deutlich bemerken, daß alle Dünste, die aus dem Botzner Tal, alle Wolkenstreifen, die von den mittägigern Bergen aufsteigen, nach den höhern mitternächtigen Gegenden zu zogen, sie nicht verdeckten, aber in eine Art Höherauch einhüllten. In der weitesten Ferne, über dem Gebirg, konnte ich eine sogenannte Wassergalle bemerken. Von Botzen südwärts haben sie den ganzen Sommer das schönste Wetter gehabt, nur von Zeit zu Zeit ein wenig Wasser (sie sagen acqua, um den gelinden Regen auszudrücken) und dann sogleich wieder Sonnenschein. Auch gestern fielen von Zeit zu Zeit einige Tropfen, und die Sonne schien immer dazu. Sie haben lange kein so gutes Jahr gehabt; es gerät alles; das Üble haben sie uns zugeschickt.

Das Gebirge, die Steinarten erwähne ich nur kürzlich; denn Ferbers Reisen nach Italien und Hacquets durch die Alpen unterrichten uns genugsam von dieser Wegstrecke. Eine Viertelstunde vom Brenner ist ein Marmorbruch, an dem ich in der Däm-

merung vorbeifuhr. Er mag und muß, wie der an der andern Seite, auf Glimmerschiefer aufliegen. Diesen fand ich bei Collman, als es Tag ward; weiter hinab zeigten sich Porphyre an. Die Felsen waren so prächtig und an der Chaussee die Haufen so gätlich zerschlagen, daß man gleich Voigtische Kabinettchen daraus hätte bilden und verpacken können. Auch kann ich ohne Beschwerde jeder Art ein Stück mitnehmen, wenn ich nur Augen und Begierde an ein kleineres Maß gewöhne. Bald unter Collman fand ich einen Porphyr, der sich in regelmäßige Platten spaltet, zwischen Branzoll und Neumarkt einen ähnlichen, dessen Platten jedoch sich wieder in Säulen trennen. Ferber hielt sie für vulkanische Produkte; das war aber vor vierzehn Jahren, wo die ganze Welt in den Köpfen brannte. Hacquet schon macht sich darüber lustig.
Von den Menschen wüßte ich nur weniges und wenig Erfreuliches zu sagen. Sobald mir vom Brenner Herunterfahrenden der Tag aufging, bemerkte ich eine entschiedene Veränderung der Gestalt, besonders mißfiel mir die bräunlich-bleiche Farbe der Weiber. Ihre Gesichtszüge deuteten auf Elend; Kinder waren ebenso erbärmlich anzusehen, Männer ein wenig besser; die Grundbildung übrigens durchaus regelmäßig und gut. Ich glaube die Ursache dieses krankhaften Zustandes in dem häufigen Gebrauch des türkischen und Heidekorns zu finden. Jenes, das sie auch gelbe Blende nennen, und dieses, schwarze Blende genannt, werden gemahlen, das Mehl in Wasser zu einem dicken Brei gekocht und so gegessen. Die jenseitigen Deutschen rupfen den Teig wieder auseinander und braten ihn in Butter auf; der welsche Tiroler hingegen ißt ihn so weg, manchmal Käse darauf gerieben, und das ganze Jahr kein Fleisch. Notwendig muß das die ersten Wege verleimen und verstopfen, besonders bei den Kindern und Frauen, und die kachektische Farbe deutet auf solches Verderben. Außerdem essen sie auch noch Früchte und grüne Bohnen, die sie in Wasser absieden und mit Knoblauch und Öl

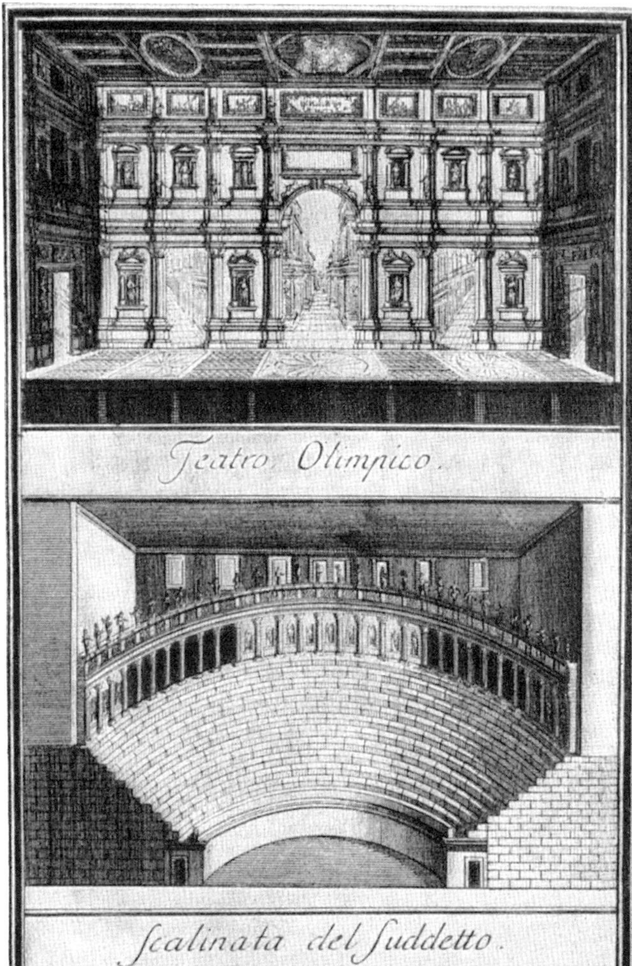

Vicenza, Olympisches Theater von Palladio Aus einem alten Führer von 1779

Padua, Sta. Giustina — *Nach Canale*

anmachen. Ich fragte, ob es nicht auch reiche Bauern gäbe. — Ja freilich. — Tun sie sich nichts zugute? essen sie nicht besser? — Nein, sie sind es einmal so gewohnt. — Wo kommen sie denn mit ihrem Gelde hin? was machen sie sonst für Aufwand? — O, die haben schon ihre Herren, die es ihnen wieder abnehmen. — Das war die Summa des Gesprächs mit meiner Wirtstochter in Botzen.

Ferner vernahm ich von ihr, daß die Weinbauern, die am wohlhabendsten scheinen, sich am übelsten befinden; denn sie sind in den Händen der städtischen Handelsleute, die ihnen bei schlechten Jahren den Lebensunterhalt vorschießen und bei guten den Wein um ein geringes an sich nehmen. Doch das ist überall dasselbe.

Was meine Meinung wegen der Nahrung bestätigt, ist, daß die Stadtbewohnerinnen immer wohler aussehen. Hübsche, volle Mädchengesichter, der Körper für ihre Stärke und für die Größe der Köpfe etwas zu klein, mitunter aber recht freundlich entgegenkommende Gesichter. Die Männer kennen wir durch die wandernden Tiroler. Im Lande sehen sie weniger frisch aus als die Weiber, wahrscheinlich weil diese mehr körperliche Arbeiten, mehr Bewegung haben, die Männer hingegen als Krämer und Handwerksleute sitzen. Am Gardasee fand ich die Leute sehr braun und ohne den mindesten rötlichen Schein der Wangen, aber doch nicht ungesund, sondern ganz frisch und behaglich aussehend. Wahrscheinlich sind die heftigen Sonnenstrahlen, denen sie am Fuße ihrer Felsen ausgesetzt sind, hievon die Ursache.

Verona bis Venedig.

Verona, den 16. September 1786.

Das Amphitheater ist also das erste bedeutende Monument der alten Zeit, das ich sehe, und so gut erhalten! Als ich hinein trat, mehr noch aber, als ich oben auf dem Rande umher ging, schien es mir seltsam, etwas Großes und doch eigentlich nichts zu sehen. Auch will es leer nicht gesehen sein, sondern ganz voll von Menschen, wie man es neuerer Zeit Joseph dem Ersten und Pius dem Sechsten zu Ehren veranstaltet. Der Kaiser, der doch auch Menschenmassen vor Augen gewohnt war, soll darüber erstaunt sein. Doch nur in der frühesten Zeit tat es seine ganze Wirkung, da das Volk noch mehr Volk war, als es jetzt ist. Denn eigentlich ist so ein Amphitheater recht gemacht, dem Volk mit sich selbst zu imponieren, das Volk mit sich selbst zum besten zu haben.

Wenn irgend etwas Schauwürdiges auf flacher Erde vorgeht und alles zuläuft, suchen die Hintersten auf alle mögliche Weise sich über die Vordersten zu erheben: man tritt auf Bänke, rollt Fässer herbei, fährt mit Wagen heran, legt Bretter hinüber und herüber, besetzt einen benachbarten Hügel, und es bildet sich in der Geschwindigkeit ein Krater.

Kommt das Schauspiel öfter auf derselben Stelle vor, so baut man leichte Gerüste für die, so bezahlen können, und die übrige Masse behilft sich, wie sie mag. Dieses allgemeine Bedürfnis zu befriedigen, ist hier die Aufgabe des Architekten. Er bereitet einen solchen Krater durch Kunst, so einfach als nur möglich, damit dessen Zierat das Volk selbst werde. Wenn es sich so beisammen sah, mußte es über sich selbst erstaunen; denn da es sonst nur gewohnt, sich durcheinander laufen zu sehen, sich in einem Gewühle ohne Ordnung und sonderliche Zucht zu finden, so sieht das vielköpfige, vielsinnige, schwankende, hin und her irrende Tier sich zu einem edlen Körper vereinigt, zu einer Einheit bestimmt, in eine Masse verbunden und befestigt, als e i n e Gestalt, von e i n e m Geiste belebt. Die Simplizität des Oval ist jedem Auge auf die angenehmste Weise fühlbar, und jeder Kopf dient zum Maße, wie ungeheuer das Ganze sei. Jetzt, wenn man es leer sieht, hat man keinen Maßstab, man weiß nicht, ob es groß oder klein ist.

Wegen der Unterhaltung dieses Werks müssen die Veroneser gelobt werden. Es ist von einem rötlichen Marmor gebaut, den die Witterung angreift; daher stellt man der Reihe nach die ausgefressenen Stufen immer wieder her, und sie scheinen fast alle ganz neu. Eine Inschrift gedenkt eines Hieronymus Maurigenus und seines auf dieses Monument verwendeten unglaublichen Fleißes. Von der äußern Mauer steht nur ein Stück, und ich zweifele, ob sie je ganz fertig geworden. Die untern Gewölbe, die an den großen Platz, Il Brà genannt, stoßen, sind an Handwerker vermietet, und es sieht lustig genug aus, diese Höhlungen wieder belebt zu sehen.

Verona, den 16. September.

Das schönste, aber immer geschlossene Tor heißt Porta stuppa oder del Pallio. Als Tor und in der großen Entfernung, aus der man es schon gewahr wird, ist es nicht gut gedacht; denn erst in der Nähe erkennt man das Verdienst des Gebäudes. Sie geben allerlei Ursachen an, warum es geschlossen sei. Ich habe jedoch eine Mutmaßung. Die Absicht des Künstlers ging offenbar dahin, durch dieses Tor eine neue Anlage des Korso verursachen; denn auf die jetzige Straße steht es ganz falsch. Die linke Seite hat lauter Baracken, und die winkelrechte Linie der Mitte des Tores geht auf ein Nonnenkloster zu, das notwendig hätte niedergelegt werden müssen. Das sah man wohl ein, auch mochten die Vornehmen und Reichen nicht Lust haben, sich in dem entfernten Quartier anzubauen. Der Künstler starb vielleicht, und so schloß man das Tor, wodurch die Sache nun auf einmal geendigt war.

Das Portal des Theatergebäudes, von sechs großen ionischen Säulen, nimmt sich anständig genug aus. Desto kleinlicher erscheint über der Türe, vor einer gemalten Nische, die von zwei korinthischen Säulen getragen wird, die lebensgroße Büste des Marchese Maffei in einer großen Perücke. Der Platz ist ehrenvoll, aber um sich gegen die Größe und Tüchtigkeit der Säulen einigermaßen zu halten, hätte die Büste kolossal sein müssen. Jetzt steht sie kleinlich auf einem Kragsteinchen, unharmonisch mit dem Ganzen.

Auch die Galerie, die den Vorhof einfaßt, ist kleinlich, und die kannelierten dorischen Zwerge nehmen sich neben den glatten ionischen Riesen armselig aus. Doch wollen wir das verzeihen in Betracht der schönen Anstalt, welche unter diesen Säulenlauben angelegt ist. Hier hat man die Antiquitäten, meist in und um Verona gegraben, gesammelt aufgestellt. Einiges soll sogar sich im Amphitheater gefunden haben. Es sind etrurische griechische, römische, bis zu den niedern Zeiten und auch neuere. Die Basreliefs sind in die Wände eingemauert und mit den Nummern versehen, die ihnen Maffei gab, als er sie in seinem Werke Verona illustrata beschrieb. Altäre, Stücke von Säulen und dergleichen Reste. Ein ganz trefflicher Dreifuß von weißem Marmor, worauf Genien, die sich mit den Attributen der Götter beschäftigen. Raffael hat dergleichen in den Zwickeln der Farnesine nachgeahmt und verklärt.

Der Wind, der von den Gräbern der Alten herweht, kommt mit Wohlgerüchen wie über einen Rosenhügel. Die Grabmäler sind herzlich und rührend und stellen immer das Leben her. Da ist ein Mann, der neben seiner Frau aus einer Nische wie zu einem Fenster heraussieht. Da stehen Vater und Mutter, den Sohn in der Mitte, einander mit unaussprechlicher Natürlichkeit anblickend. Hier reicht sich ein Paar die Hände. Hier scheint ein Vater, auf seinem Sofa ruhend, von der Familie unterhalten zu werden. Mir war die unmittelbare Gegenwart dieser Steine höchst rührend. Von späterer Kunst sind sie, aber einfach, natürlich und allgemein ansprechend. Hier ist kein geharnischter Mann auf den Knien, der eine fröhliche Auferstehung erwartet. Der Künstler hat mit mehr oder weniger Geschick nur die einfache Gegenwart der Menschen hingestellt, ihre Existenz dadurch fortgesetzt und bleibend gemacht. Sie falten nicht die Hände, schauen nicht gen Himmel, sondern sie sind hienieden, was sie waren und was sie sind. Sie stehen beisammen, nehmen Anteil aneinander, lieben sich; und das ist in den Steinen, sogar mit einer gewissen Handwerksunfähigkeit, allerliebst ausgedrückt. Ein sehr reich verzierter marmorner Pfeiler gab mir auch neue Begriffe.

So löblich diese Anstalt ist, so sieht man ihr doch an, daß der edle Erhaltungsgeist, der sie gegründet, nicht mehr in ihr fortlebt. Der kostbare Dreifuß geht nächstens zugrunde, weil er frei steht, gegen Westen der Witterung ausgesetzt. Mit einem hölzernen Futteral wäre dieser Schatz leicht zu erhalten.

Der angefangene Palast des Proveditore, wäre er fertig geworden, hätte ein schön Stück Baukunst gegeben. Sonst bauen die Nobili noch viel, leider aber ein jeder auf den Platz, wo seine ältere Wohnung stand, also oft in engen Gassen. So baut man jetzt eine prächtige Fassade eines Seminariums in einem Gäßchen der entferntesten Vorstadt.

Als ich mit meinem zufällig aufgegriffenen Begleiter vor einem großen ernsthaften Tore eines wunderbaren Gebäudes vorüberging, fragte er mich gutmütig, ob ich nicht einen Augenblick in den Hof treten wolle. Es war der Palast der Justiz, und wegen Höhe der Gebäude erschien der Hof doch nur als ein ungeheurer Brunnen. Hier werden, sagte er, alle die Verbrecher und Verdächtigen verwahrt. Ich sah umher, und durch alle Stockwerke gingen, an zahlreichen Türen hin, offene mit eisernen Geländern versehene Gänge. Der Gefangene, wie er aus seinem Kerker heraustrat, um zum Verhör geführt zu werden, stand in der freien Luft, war aber auch den Blicken aller ausgesetzt; und weil nun mehrere Verhörstuben sein mochten, so klapperten die Ketten bald über diesem, bald über jenem Gange durch alle Stockwerke. Es war ein verwünschter Anblick, und ich leugne nicht, daß der gute Humor, womit ich meine Vögel abgefertigt hatte, hier doch einen etwas schweren Stand würde gefunden haben.

Ich ging auf der Kante des amphitheatralischen Kraters bei Sonnenuntergang, der schönsten Aussicht genießend über Stadt und Gegend. Ich war ganz allein, und unten auf den breiten Steinen des Brà gingen Mengen von Menschen, Männer von allen Ständen, Weiber vom Mittelstande spazieren. Diese letztern nehmen sich in ihren schwarzen Überkleidern, aus dieser Vogelperspektive, gar mumienhaft aus.

Der Zendale und die Veste, die dieser Klasse statt aller Garderobe dient, ist übrigens eine Tracht, ganz eingerichtet für ein Volk, das nicht immer für Reinlichkeit sorgen und doch immer öffentlich erscheinen, bald in der Kirche, bald auf dem Spaziergange sein will. Veste ist ein schwarztaffeter Rock, der über andere Röcke geworfen wird. Hat das Frauenzimmer einen reinlichen weißen darunter, so versteht sie den schwarzen an der einen Seite in die Höhe zu heben. Dieser wird so angegürtet, daß er die Taille abschneidet und die Lippen des Korsetts bedeckt, welches von jeglicher Farbe sein kann. Der Zendale ist eine große Kappe, mit langen Bärten, die Kappe selbst durch ein Drahtgestell hoch über den Kopf gehalten, die Bärte aber wie eine Schärpe um den Leib geknüpft, so daß die Enden hinterwärts herunterfallen.

Als ich heute wieder von der Arena wegging, kam ich einige tausend Schritte davon zu einem modernen öffentlichen Schauspiel. Vier edle Veroneser schlugen Ball gegen vier Vicentiner. Sie treiben dies sonst unter sich das ganze Jahr, etwa zwei Stunden vor Nacht; diesmal, wegen der fremden Gegner, lief das Volk unglaublich zu. Es können immer vier- bis fünftausend Zuschauer gewesen sein. Frauen sah ich von keinem Stande.

Vorhin, als ich vom Bedürfnis der Menge in einem solchen Falle sprach, hab' ich das natürliche zufällige Amphitheater schon beschrieben, wie ich das Volk hier übereinander gebaut sah. Ein lebhaftes Händeklatschen hört' ich schon von weiten,

jeder bedeutende Schlag war davon begleitet. Das Spiel aber geht so vor sich: In gehöriger Entfernung voneinander sind zwei gelind abhängige Breterflächen errichtet. Derjenige, der den Ball ausschlägt, steht, die Rechte mit einem hölzernen breiten Stachelringe bewaffnet, auf der obersten Höhe. Indem nun ein anderer von seiner Partei ihm den Ball zuwirft, so läuft er herunter dem Ball entgegen und vermehrt dadurch die Gewalt des Schlages, womit er denselben zu treffen weiß. Die Gegner suchen ihn zurückzuschlagen, und so geht es hin und wieder, bis er zuletzt im Felde liegen bleibt. Die schönsten Stellungen, wert, in Marmor nachgebildet zu werden, kommen dabei zum Vorschein. Da es lauter wohlgewachsene, rüstige, junge Leute sind, in kurzer, knapper, weißer Kleidung, so unterscheiden sich die Parteien nur durch ein farbiges Abzeichen. Besonders schön ist die Stellung, in welche der Ausschlagende gerät, indem er von der schiefen Fläche herunter läuft und den Ball zu treffen ausholt; sie nähert sich der des Borghesischen Fechters.
Sonderbar kam es mir vor, daß sie diese Übung an einer alten Stadtmauer, ohne die mindeste Bequemlichkeit für die Zuschauer, vornehmen; warum sie es nicht im Amphitheater tun, wo so schöner Raum wäre!

Den 17. September.

Was ich von Gemälden gesehen, will ich nur kurz berühren und einige Betrachtungen hinzufügen. Ich mache diese wunderbare Reise nicht, um mich selbst zu betrügen, sondern um mich an den Gegenständen kennen zu lernen; da sage ich mir denn ganz aufrichtig, daß ich von der Kunst, von dem Handwerk des Malers wenig verstehe. Meine Aufmerksamkeit, meine Betrachtung kann nur auf den praktischen Teil, auf den Gegenstand und auf die Behandlung desselben im allgemeinen gerichtet sein.

San Giorgio ist eine Galerie von guten Gemälden, alle Altarblätter, wo nicht von gleichem Wert, doch durchaus merkwürdig. Aber die unglückselgen Künstler, was mußten die malen! und für wen! Ein Mannaregen, vielleicht dreißig Fuß lang und zwanzig hoch! das Wunder der fünf Brote zum Gegenstück! was war daran zu malen? Hungrige Menschen, die über kleine Körner herfallen, unzählige andere, denen Brot präsentiert wird. Die Künstler haben sich die Folter gegeben, um solche Armseligkeiten bedeutend zu machen. Und doch hat, durch diese Nötigung gereizt, das Genie schöne Sachen hervorgebracht. Ein Künstler, der die heilige Ursula mit den eilftausend Jungfrauen vorzustellen hatte, zog sich mit großem Verstand aus der Sache. Die Heilige steht im Vordergrunde, als habe sie siegend das Land in Besitz genommen; sie ist sehr edel, amazonenhaft-jungfräulich, ohne Reiz gebildet; in der alles verkleinernden Ferne hingegen sieht man ihre Schar aus den Schiffen steigen und in Prozession herankommen. Die Himmelfahrt Mariä im Dom, von Tizian, ist sehr verschwärzt, der Gedanke lobenswert, daß die angehende Göttin nicht himmelwärts, sondern herab nach ihren Freunden blickt.

In der Galerie Gherardini fand ich sehr schöne Sachen von Orbetto und lernte diesen verdienten Künstler auf einmal kennen. In der Entfernung erfährt man nur von den ersten Künstlern, und oft begnügt man sich mit ihren Namen; wenn man aber diesem Sternenhimmel näher tritt und die von der zweiten und dritten Größe nun auch zu flimmern anfangen und jeder auch als zum ganzen Sternbild gehörend hervortritt, dann wird die Welt weit und die Kunst reich. Den Gedanken eines Bildes muß ich hier loben. Nur zwei Halbfiguren. Simson ist eben im Schoße der Delila eingeschlafen, sie greift leise über ihn hinweg nach einer Schere, die auf dem Tisch neben der Lampe liegt. Die Ausführung ist sehr brav. Im Palast Canossa war mir eine Danae bemerklich.

Venedig, Markusplatz

Nach Antonio Canale

Venedig, Bibliothek von Sansovino — *Nach Antonio Canale*

Der Palast Berilacqua enthält die köstlichsten Sachen. Ein sogenanntes Paradies von Tintorett, eigentlich aber die Krönung der Maria zur Himmelskönigin in Gegenwart aller Erzväter, Propheten, Apostel, Heiligen, Engel usw., eine Gelegenheit, den ganzen Reichtum des glücklichsten Genies zu entwickeln. Leichtigkeit des Pinsels, Geist, Mannigfaltigkeit des Ausdrucks, dies alles zu bewundern und sich dessen zu erfreuen, müßte man das Stück selbst besitzen und es zeitlebens vor Augen haben. Die Arbeit geht ins Unendliche, ja die letzten in der Glorie verschwindenden Engelsköpfe haben noch Charakter. Die größten Figuren mögen einen Fuß hoch sein, Maria und Christus, der ihr die Krone aufsetzt, etwa vier Zoll. Die Eva ist doch das schönste Weibchen auf dem Bilde und noch immer von alters her ein wenig lüstern.

Ein paar Porträte von Paul Veronese haben meine Hochachtung für diesen Künstler nur vermehrt. Die Antikensammlung ist herrlich, ein hingestreckter Sohn der Niobe köstlich, die Büsten, ungeachtet ihrer restaurierten Nasen, meistens höchst interessant, ein August mit der Bürgerkrone, ein Caligula und andere.

Es liegt in meiner Natur, das Große und Schöne willig und mit Freuden zu verehren, und diese Anlage an so herrlichen Gegenständen Tag für Tag, Stunde für Stunde auszubilden, ist das seligste aller Gefühle.

In einem Lande, wo man des Tages genießt, besonders aber des Abends sich erfreut, ist es höchst bedeutend, wenn die Nacht einbricht. Dann hört die Arbeit auf, dann kehrt der Spaziergänger zurück, der Vater will seine Tochter wieder zu Hause sehen, der Tag hat ein Ende; doch was Tag sei, wissen wir Cimmerier kaum. In ewigem Nebel und Trübe ist es uns einerlei, ob es Tag oder Nacht ist; denn wie viel Zeit können wir uns unter freiem Himmel wahrhaft ergehen und ergötzen? Wie hier die Nacht eintritt, ist der Tag entschieden vorbei, der aus Abend und Morgen bestand; vierundzwanzig Stunden sind verlebt, eine neue Rechnung geht an, die Glocken läuten, der Rosenkranz wird gebetet, mit brennender Lampe tritt die Magd in das Zimmer und spricht: Felicissima notte! Diese Epoche verändert sich mit jeder Jahreszeit, und der Mensch, der hier lebendig lebt, kann nicht irre werden, weil jeder Genuß seines Daseins sich nicht auf die Stunde, sondern auf die Tageszeit bezieht. Zwänge man dem Volke einen deutschen Zeiger auf, so würde man es verwirrt machen, denn der seinige ist innigst mit seiner Natur verwebt. Anderthalb Stunden, eine Stunde vor Nacht fängt der Adel an, auszufahren; es geht auf den Brà, die lange breite Straße nach der Porta nuova zu, das Tor hinaus, an der Stadt hin, und wie es Nacht schlägt, kehrt alles um. Teils fahren sie an die Kirchen, das Ave Maria della sera zu beten, teils halten sie auf dem Brà; die Kavaliers treten an die Kutschen, unterhalten sich mit den Damen, und das dauert eine Weile, ich habe das Ende niemals abgewartet; die Fußgänger bleiben weit in die Nacht. Heute war gerade so viel Regen niedergegangen, um den Staub zu löschen; es war wirklich ein lebendiger, munterer Anblick.

Um mich ferner in einem wichtigen Punkte der Landesgewohnheit gleichzustellen, habe ich mir ein Hilfsmittel erdacht, wie ich ihre Stundenrechnung mir leichter zu eigen machte. Nebenstehendes Bild kann davon einen Begriff geben. Der innere Kreis bedeutet unsere vierundzwanzig Stunden, von Mitternacht zu Mitternacht, in zweimal zwölf geteilt, wie wir zählen und unsere Uhren sie zeigen. Der mittlere Kreis deutet an, wie die Glocken in der jetzigen Jahreszeit hier schlagen, nämlich gleichfalls zweimal bis zwölf in vierundzwanzig Stunden, allein dergestalt, daß es eins schlägt, wenn es bei uns acht schlüge, und so fort, bis zwölfe voll sind. Morgens acht Uhr nach unserm Zeiger schlägt es wieder eins usw. Der oberste Kreis zeigt nun endlich, wie bis vierundzwanzig im Leben gezählt wird.

Vergleichungskreis

der italienischen und deutschen Uhr, auch der italienischen Zeiger für die zweite Hälfte des Septembers.

Mittag.

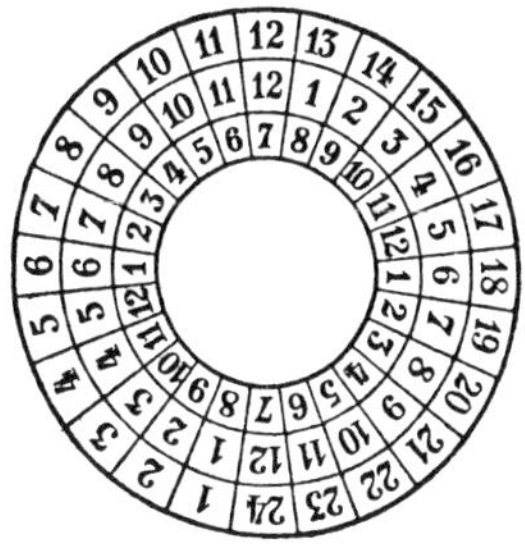

Mitternacht.

Die Nacht wächst mit jedem halben Monat eine halbe Stunde.

Monat.	Tag.	Wird Nacht nach unserm Zeiger.	Ist Mitternacht alsdann um:
August	1	8 1/2	3 1/2
"	15	8	4
September	1	7 1/2	4 1/2
"	15	7	5
Oktober	1	6 1/2	5 1/2
"	15	6	6
November	1	5 1/2	6 1/2
"	15	5	7

Von da an bleibt die Zeit stehen und ist

	Nacht	Mitternacht
Dezember } Januar	5	7

Der Tag wächst mit jedem halben Monat eine halbe Stunde.

Monat.	Tag.	Wird Nacht nach unserm Zeiger.	Ist Mitternacht alsdann um:
Februar	1	5 1/2	6 1/2
"	15	6	6
März	1	6 1/2	5 1/2
"	15	7	6
April	1	7 1/2	4 1/2
"	15	8	4
Mai	1	8 1/2	3 1/2
"	15	9	3

Von da an bleibt die Zeit stehen und ist

	Nacht	Mitternacht
Juni } Juli	9	3

Ich höre z. B. in der Nacht sieben schlagen und weiß, daß Mitternacht um fünf ist, so ziehe ich diese Zahl von jener ab und habe also zwei Uhr Nachmitternacht. Hör ich am Tage sieben schlagen und weiß, daß auch Mittag um fünf Uhr ist, so verfahre ich ebenso und habe zwei Uhr Nachmittag. Will ich aber die Stunden nach hiesiger Weise aussprechen, so muß ich wissen, daß Mittag siebenzehn Uhr ist; hiezu füge ich noch die zwei und sage neunzehn Uhr. Wenn man dies zum erstenmal hört und überdenkt, so scheint es höchst verworren und schwer durchzuführen; man wird es aber gar bald gewohnt und findet diese Beschäftigung unterhaltend, wie sich auch das Volk an dem ewigen Hin- und Widerrechnen ergötzt, wie Kinder an leicht zu überwindenden Schwierigkeiten. Sie haben ohnedies immer die Finger in der Luft, rechnen alles im Kopfe und machen sich gern mit Zahlen zu schaffen. Ferner ist dem Inländer die Sache so viel leichter, weil er sich um Mittag und Mitternacht eigentlich nicht bekümmert und nicht, wie der Fremde in diesem Lande tut, zwei Zeiger miteinander vergleicht. Sie zählen nur von Abend die Stunden, wie sie schlagen; am Tag addieren sie die Zahl zu der ihnen bekannten abwechselnden Mittagszahl. Das weitere erläutern die der Figur beigefügten Anmerkungen.

Das Volk rührt sich hier sehr lebhaft durcheinander; besonders in einigen Straßen, wo Kaufläden und Handwerksbuden aneinander stoßen, sieht es recht lustig aus. Da ist nicht etwa eine Tür vor dem Laden oder Arbeitszimmer, nein, die ganze Breite des Hauses ist offen, man sieht bis in die Tiefe und alles, was darin vorgeht. Die Schneider nähen, die Schuster ziehen und pochen alle halb auf der Gasse; ja die Werkstätten machen einen Teil der Straße. Abends, wenn Lichter brennen, sieht es recht lebendig.

Auf den Plätzen ist es an Markttagen sehr voll. Gemüse und Früchte unübersehlich, Knoblauch und Zwiebeln nach Herzenslust. Übrigens schreien, schäkern und singen sie den ganzen Tag, werfen und balgen sich, jauchzen und lachen unaufhörlich. Die milde Luft, die wohlfeile Nahrung läßt sie leicht leben. Alles, was nur kann, ist unter freiem Himmel.

Nachts geht nun das Singen und Lärmen recht an. Das Liedchen von Marlborough hört man auf allen Straßen, dann ein Hackebrett, eine Violine. Sie üben sich, alle Vögel mit Pfeifen nachzumachen. Die wunderlichsten Töne brechen überall hervor. Ein solches Übergefühl des Daseins verleiht ein mildes Klima auch der Armut, und der Schatten des Volks scheint selbst noch ehrwürdig.

Die uns so sehr auffallende Unreinlichkeit und wenige Bequemlichkeit der Häuser entspringt auch daher: sie sind immer draußen, und in ihrer Sorglosigkeit denken sie an nichts. Dem Volk ist alles recht und gut; der Mittelmann lebt auch von einem Tag zum andern; der Reiche und Vornehme schließt sich in seine Wohnung, die eben auch nicht so wohnlich ist wie in Norden. Ihre Gesellschaften halten sie in öffentlichen Versammlungshäusern. Vorhöfe und Säulengänge sind alle mit Unrat besudelt, und es geht ganz natürlich zu. Das Volk fühlt sich immer vor. Der Reiche kann reich sein, Paläste bauen, der Nobile darf regieren, aber wenn er einen Säulengang, einen Vorhof anlegt, so bedient sich das Volk dessen zu seinem Bedürfnis, und es hat kein dringenderes, als das so schnell wie möglich loszuwerden, was es so häufig als möglich zu sich genommen hat. Will einer das nicht leiden, so muß er nicht den großen Herrn spielen, d. h. er muß nicht tun, als wenn ein Teil seiner Wohnung dem Publikum angehöre; er macht seine Türe zu, und so ist es auch gut. An öffentlichen Gebäuden läßt sich das Volk sein Recht nun gar nicht nehmen, und das ist's, worüber der Fremde durch ganz Italien Beschwerde führt.

Ich betrachtete heut, auf mancherlei Wegen durch die Stadt, die Tracht und die Manieren besonders des Mittelstandes, der

sich sehr häufig und geschäftig zeigt. Sie schlenkern im Gehen alle mit den Armen. Personen von einem höhern Stande, die bei gewissen Gelegenheiten einen Degen tragen, schlenkern nur mit einem, weil sie gewohnt sind, den linken still zu halten.
Obgleich das Volk seinen Geschäften und Bedürfnissen sehr sorglos nachgeht, so hat es doch auf alles Fremde ein scharfes Auge. So konnt' ich die ersten Tage bemerken, daß jedermann meine Stiefeln betrachtete, da man sich derselben als einer teuern Tracht nicht einmal im Winter bedient. Jetzt, da ich Schuh und Strümpfe trage, sieht mich niemand mehr an. Aber merkwürdig war mir's, daß heute früh, da sie alle mit Blumen, Gemüse, Knoblauch und so vielen andern Markterzeugnissen durcheinander liefen, ihnen der Zypressenzweig nicht entging, den ich in der Hand trug. Einige grüne Zapfen hingen daran, und daneben hielt ich blühende Kapernzweige. Sie sahen alle, groß und klein, mir auf die Finger und schienen wunderliche Gedanken zu haben.
Diese Zweige bracht' ich aus dem Garten Giusti, der eine treffliche Lage und ungeheure Zypressen hat, die alle pfriemenartig in die Luft stehen. Wahrscheinlich sind die spitz zugeschnittenen Taxus der nordischen Gartenkunst Nachahmungen dieses herrlichen Naturprodukts. Ein Baum, dessen Zweige von unten bis oben, die ältesten wie die jüngsten, gen Himmel streben, der seine dreihundert Jahre dauert, ist wohl der Verehrung wert. Der Zeit nach, da der Garten angelegt worden, haben diese schon ein so hohes Alter erreicht.

Vicenza, den 19. September.

Der Weg von Verona hieher ist sehr angenehm: man fährt nordostwärts an den Gebirgen hin und hat die Vorderberge, die aus Sand, Kalk, Ton, Mergel bestehen, immer linker Hand; auf den Hügeln, die sie bilden, liegen Orte, Schlösser, Häuser. Rechts verbreitet sich die weite Fläche, durch die man fährt. Der gerade, gut unterhaltene, breite Weg geht durch fruchtbares Feld; man blickt in tiefe Baumreihen, an welchen die Reben in die Höhe gezogen sind, die sodann, als wären es luftige Zweige, herunterfallen. Hier kann man sich eine Idee von Festonen bilden! Die Trauben sind zeitig und beschweren die Ranken, die lang und schwankend niederhängen. Der Weg ist voll Menschen aller Art und Gewerbes; besonders freuten mich die Wagen mit niedrigen, tellerartigen Rädern, die, mit vier Ochsen bespannt, große Kufen hin und wieder führen, in welchen die Weintrauben aus den Gärten geholt und gestampft werden. Die Führer standen, wenn sie leer waren, drinnen; es sah einem Bacchischen Triumphzug ganz ähnlich. Zwischen den Weinreihen ist der Boden zu allerlei Arten Getreide, besonders zu Türkischkorn und Sörgel benutzt.

Kommt man gegen Vicenza, so steigen wieder Hügel von Norden nach Süden auf — sie sind vulkanisch, sagt man — und schließen die Ebene. Vicenza liegt an ihrem Fuße und, wenn man will, in einem Busen, den sie bilden.

Vor einigen Stunden bin ich hier angekommen, habe schon die Stadt durchlaufen, das Olympische Theater und die Gebäude des Palladio gesehen. Man hat ein sehr artiges Büchelchen mit Kupfern zur Bequemlichkeit der Fremden herausgegeben, mit einem kunstverständigen Texte. Wenn man nun diese Werke gegenwärtig sieht, so erkennt man erst den großen Wert derselben: denn sie sollen ja durch ihre wirkliche Größe und Körperlichkeit das Auge füllen und durch die schöne Harmonie ihrer Dimensionen nicht nur in abstrakten Aufrissen, sondern mit dem ganzen perspektivischen Vordringen und Zurückweichen den Geist befriedigen; und so sag' ich vom Palladio: er ist ein recht innerlich und von innen heraus großer Mensch gewesen. Die höchste Schwierigkeit, mit der dieser Mann, wie alle neuern Architekten, zu kämpfen hatte, ist die schickliche Anwendung der Säulenordnungen in der bürgerlichen Baukunst: denn Säulen und Mauern zu verbinden, bleibt doch immer ein Widerspruch. Aber wie er das untereinander gearbeitet hat, wie er durch die Gegenwart seiner Werke imponiert und vergessen macht, daß er nur überredet! Es ist wirklich etwas Göttliches in seinen Anlagen, völlig wie die Form des großen Dichters, der aus Wahrheit und Lüge ein Drittes bildet, dessen erborgtes Dasein uns bezaubert.

Das Olympische Theater ist ein Theater der Alten, im kleinen realisiert, und unaussprechlich schön, aber gegen die unsrigen kömmt mir's vor wie ein vornehmes, reiches, wohlgebildetes Kind gegen einen klugen Weltmenschen, der, weder so vornehm noch so reich, noch wohlgebildet, besser weiß, was er mit seinen Mitteln bewirken kann.

Betrachtet man nun hier am Orte die herrlichen Gebäude, die jener Mann aufführte, und sieht, wie sie schon durch das enge schmutzige Bedürfnis der Menschen entstellt sind, wie die Anlagen meist über die Kräfte der Unternehmer waren, wie wenig diese köstlichen Denkmale eines hohen Menschengeistes zu dem Leben der übrigen passen, so fällt einem denn doch ein, daß es in allem andern ebenso ist: denn man verdient wenig Dank von den Menschen, wenn man ihr inneres Bedürfnis erhöhen, ihnen eine große Idee von ihnen selbst geben, ihnen das Herrliche eines wahren edlen Daseins zum Gefühl bringen will. Aber wenn man die Vögel belügt, Märchen erzählt, von Tag zu Tag ihnen forthelfend sie verschlechtert, da ist man ihr Mann, und darum gefällt sich die neuere Zeit in so viel Abgeschmacktem. Ich sage das nicht, um meine Freunde herunterzusetzen, ich sage nur, daß sie so sind und daß man sich nicht verwundern muß, wenn alles ist, wie es ist.

Wie sich die Basilika des Palladio neben einem alten, mit ungleichen Fenstern übersäten, kastellähnlichen Gebäude aus-

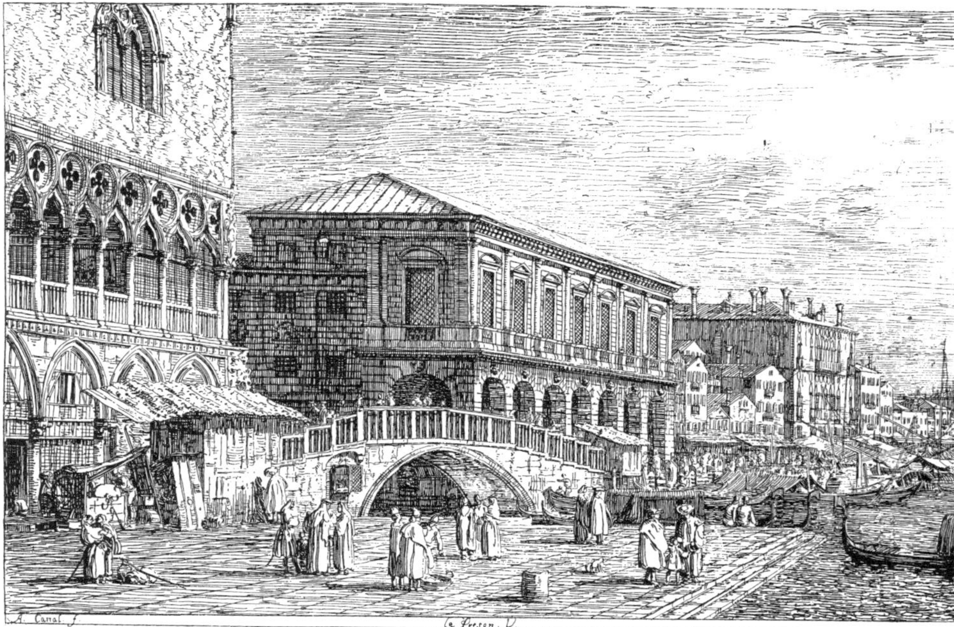

Venedig, Seufzerbrücke und Gefängnisse

Nach Antonio Canale

Venedig, Einfahrt in den Canal — *Nach Antonio Canale*

nimmt, welches der Baumeister zusamt dem Turm gewiß weggedacht hat, ist nicht auszudrücken, und ich muß mich schon auf eine wunderliche Weise zusammenfassen: denn ich finde auch hier — leider gleich! — das, was ich fliehe und suche, nebeneinander.

Den 20. September.

Gestern war Oper, sie dauerte bis nach Mitternacht, und ich sehnte mich zu ruhen. "Die drei Sultaninnen" und "Die Entführung aus dem Serail" haben manche Fetzen hergegeben, woraus das Stück mit weniger Klugheit zusammengeflickt ist. Die Musik hört sich bequem an, ist aber wahrscheinlich von einem Liebhaber; kein neuer Gedanke, der mich getroffen hätte. Die Ballette dagegen sind allerliebst. Das Hauptpaar tanzte eine Allemande, daß man nichts Zierlicheres sehen konnte.

Das Theater ist neu, lieblich, schön, modest-prächtig, alles uniform, wie es einer Provinzialstadt geziemt; jede Loge hat ihren übergeschlagenen, gleichfarbigen Teppich, die des Capitan Grande ist nur durch einen etwas längern Überhang ausgezeichnet.

Die erste Sängerin, vom ganzen Volke sehr begünstigt, wird, wie sie auftritt, entsetzlich beklatscht, und die Vögel stellen sich vor Freuden ganz ungebärdig, wenn sie etwas recht gut macht, welches sehr oft geschieht. Es ist ein natürlich Wesen, hübsche Figur, schöne Stimme, ein gefällig Gesicht und von einem recht honetten Anstand; in den Armen könnte sie etwas mehr Grazie haben. Indessen komme ich denn doch nicht wieder; ich fühle, daß ich zum Vogel verdorben bin.

Den 21. September.

Heute besuchte ich Dr. Turra; wohl fünf Jahre hat er sich mit Leidenschaft auf die Pflanzenkunde gelegt, ein Herbarium der italienischen Pflanzenkunde gesammelt, unter dem vorigen Bischof einen botanischen Garten eingerichtet. Das ist aber alles hin. Medizinische Praxis vertrieb die Naturgeschichte, das Herbarium wird von Würmern gespeist, der Bischof ist tot, und der botanische Garten wieder, wie billig, mit Kohl und Knoblauch bepflanzt.

Dr. Turra ist ein gar feiner guter Mann. Er erzählte mir mit Offenheit, Seelenreinheit und Bescheidenheit seine Geschichte und sprach überhaupt sehr bestimmt und gefällig, hatte aber nicht Lust, seine Schränke aufzutun, die vielleicht in keinem präsentablen Zustande sein mochten. Der Diskurs kam bald ins Stocken.

Abends.

Ich ging zum alten Baumeister Scamozzi, der des Palladio Gebäude herausgegeben hat und ein wackerer, leidenschaftlicher Künstler ist. Er gab mir einige Anleitung, vergnügt über meine Teilnahme. Unter den Gebäuden des Palladio ist eins, für das ich immer eine besondere Vorliebe hatte, es soll seine eigne Wohnung gewesen sein; aber in der Nähe ist es weit mehr, als man im Bilde sieht. Ich möchte es gezeichnet und mit den Farben illuminiert haben, die ihm das Material und das Alter gegeben. Man muß aber nicht denken, daß der Baumeister sich einen Palast errichtet habe. Es ist das bescheidenste Haus von der Welt, hat nur zwei Fenster, die durch einen breiten Raum, der das dritte Fenster vertrüge, abgesondert sind. Wollte man es zum Gemälde nachbilden, so daß die Nachbarhäuser mit vorgestellt würden, so wäre auch das vergnüglich anzusehen, wie es zwischen sie eingeschaltet ist. Das hätte Canalett malen sollen.

Heute besuchte ich das eine halbe Stunde von der Stadt auf einer angenehmen Höhe liegende Prachthaus, die Rotonda genannt. Es ist ein viereckiges Gebäude, das einen runden, von oben erleuchteten Saal in sich schließt. Von allen vier Seiten steigt man auf breiten Treppen hinan und gelangt jedesmal in eine Vorhalle, die von sechs korinthischen Säulen gebildet wird.

Vielleicht hat die Baukunst ihren Luxus niemals höher getrieben. Der Raum, den die Treppen und Vorhallen einnehmen, ist viel größer als der des Hauses selbst; denn jede einzelne Seite würde als Ansicht eines Tempels befriedigen. Inwendig kann man es wohnbar, aber nicht wöhnlich nennen. Der Saal ist von der schönsten Proportion, die Zimmer auch; aber zu den Bedürfnissen eines Sommeraufenthalts einer vornehmen Familie würden sie kaum hinreichen. Dafür sieht man es auch in der ganzen Gegend, von allen Seiten, sich auf das herrlichste darstellen. Die Mannigfaltigkeit ist groß, in der sich seine Hauptmasse zugleich mit den vorspringenden Säulen vor dem Auge der Umherwandelnden bewegt, und die Absicht des Besitzers ist vollkommen erreicht, der ein großes Fideikommißgut und zugleich ein sinnliches Denkmal seines Vermögens hinterlassen wollte. Und wie nun das Gebäude von allen Punkten der Gegend in seiner Herrlichkeit gesehen wird, so ist die Aussicht von daher gleichfalls die angenehmste. Man sieht den Bachilione fließen, Schiffe von Verona herab gegen die Brenta führend; dabei überschaut man die weiten Besitzungen, welche Marchese Capra unzertrennt bei seiner Familie erhalten wollte. Die Inschriften der vier Giebelseiten, die zusammen eine ganze ausmachen, verdienen wohl aufgezeichnet zu werden:

Marcus Capra Gabrielis filius
qui aedes has
arctissimo primogeniturae gradui subjecit
una cum omnibus
censibus agris vallibus et collibus
citra viam magnam
memoriae perpetuae mandans haec
dum sustinet ac abstinet.

Der Schluß besonders ist seltsam genug: ein Mann, dem so viel Vermögen und Wille zu Gebote stand, fühlt noch, daß er dulden und entbehren müsse. Das kann man mit geringerm Aufwand lernen.

Den 22. September.

Heute abend war ich in einer Versammlung, welche die Akademie der Olympier hielt. Ein Spielwerk, aber ein recht gutes; es erhält noch ein bißchen Salz und Leben unter den Leuten. Ein großer Saal neben dem Theater des Palladio, anständig erleuchtet, der Capitan und ein Teil des Adels zugegen, übrigens durchaus ein Publikum von gebildeten Personen, viele Geistliche, zusammen ungefähr fünfhundert.

Die von dem Präsidenten für die heutige Sitzung aufgegebene Frage war: ob Erfindung oder Nachahmung den schönen Künsten mehr Vorteil gebracht habe? Der Einfall war glücklich genug; denn wenn man die in der Frage liegende Alternative trennt, so läßt sich hundert Jahre hinüber und herüber sprechen. Auch haben sich die Herrn Akademiker dieser Gelegenheit weidlich bedient und in Prosa und Versen mancherlei hervorgebracht, worunter viel Gutes.

Sodann ist es das lebendigste Publikum. Die Zuhörer riefen bravo, klatschten und lachten. Wenn man auch vor seiner Nation so stehen und sie persönlich belustigen dürfte! Wir geben unser Bestes schwarz auf weiß: jeder kauzt sich damit in eine Ecke und knopert daran, wie er kann.

Es läßt sich denken, daß Palladio auch diesmal an allen Orten und Enden war, es mochte vom Erfinden oder Nachahmen die Rede sein. Zuletzt, wo immer das Scherzhafteste gefordert wird, hatte einer den glücklichen Einfall, zu sagen: die andern hätten ihm den Palladio weggenommen, er wolle dagegen den Franceschini loben, den großen Seidenfabrikanten. Nun fing er an, zu zeigen, was die Nachahmung der Lyoner und Florintiner Stoffe diesem tüchtigen Unternehmer und durch ihn der Stadt Vicenza für Vorteil gebracht habe, woraus erfolge, daß die Nachahmung weit über die Erfindung erhaben sei. Und dies geschah mit so gutem Humor, daß ein ununterbrochenes Gelächter erregt ward. Überhaupt fanden die, welche für die Nachahmung sprachen, mehr Beifall; denn sie sagten lauter Dinge, wie sie der Haufen denkt und denken kann. Einmal gab das Publikum mit großem Händeklatschen einem recht groben Sophism seinen herzlichen Beifall, da es viele gute, ja treffliche Sachen zu Ehren der Erfindung nicht gefühlt hatte. Es freut mich sehr, auch dieses erlebt zu haben, und dann ist es höchst erquickend, den Palladio nach so viel Zeit immer noch als Polarstern und Musterbild von seinen Mitbürgern verehrt zu sehen.

Vicenza, den 23. September.

Heute früh war ich in Tiene, das nordwärts gegen die Gebirge liegt, wo ein neu Gebäude nach einem alten Risse aufgeführt wird, wobei wenig zu erinnern sein möchte. So ehrt man hier alles aus der guten Zeit und hat Sinn genug, nach einem geerbten Plan ein frisches Gebäude aufzuführen. Das Schloß liegt ganz trefflich in einer großen Plaine, die Kalkalpen ohne Zwischengebirg hinter sich. Vom Gebäude her, neben der schnurgeraden Chaussee, fließt zu beiden Seiten lebendiges Wasser dem Kommenden entgegen und wässert die weiten Reisfelder, durch die man fährt.

Ich habe nun erst die zwei italienischen Städte gesehen und mit wenig Menschen gesprochen, aber ich kenne meine Italiener schon gut. Sie sind wie Hofleute, die sich fürs erste Volk in der Welt halten und bei gewissen Vorteilen, die man ihnen nicht leugnen kann, sich's ungestraft und bequem einbilden können. Mir erscheinen die Italiener als eine recht gute Nation: man muß nur die Kinder und die gemeinen Leute sehen, wie ich sie jetzt sehe und sehen kann, da ich ihnen immer ausgesetzt bin und mich ihnen immer aussetze. Und was das für Figuren und Gesichter sind!

Besonders muß ich die Vicentiner loben, daß man bei ihnen die Vorrechte einer großen Stadt genießt. Sie sehen einen nicht an, man mag machen, was man will; wendet man sich jedoch an sie, dann sind sie gesprächig und anmutig, besonders wollen mir die Frauen sehr gefallen. Die Veroneserinnen will ich nicht schelten, sie haben eine gute Bildung und entschiedene Profile; aber meistens bleich, und der Zendal tut ihnen Schaden, weil man unter der schönen Tracht auch etwas Reizendes sucht. Hier aber finde ich gar hübsche Wesen, besonders eine schwarzlockige Sorte, die mir ein eigenes Interesse einflößt. Es gibt auch noch eine blonde, die mir aber nicht so behagen will.

Padua, den 26. September abends.

In vier Stunden bin ich heute von Vicenza herübergefahren, auf ein einsitziges Chaischen, Sediola genannt, mit meiner ganzen Existenz gepackt. Man fährt sonst bequem in vierthalb Stunden; da ich aber den köstlichen Tag gern unter freiem Himmel genießen wollte, so war es mir angenehm, daß der Vetturin hinter seiner Schuldigkeit zurückblieb. Man fährt in der fruchtbarsten Ebene immer südostwärts, zwischen Hecken und Bäumen, ohne weitere Aussicht, bis man endlich die schönen Gebirge, von Osten gegen Süden streichend, zur rechten Hand sieht. Die Fülle der Pflanzen- und Fruchtgehänge, über Mauern und Hecken, an Bäumen herunter, ist unbeschreiblich. Kürbisse beschweren die Dächer, und die wunderlichsten Gurken hängen an Latten und Spalieren.
Die herrliche Lage der Stadt konnte ich vom Observatorium aufs klarste überschauen. Gegen Norden Tiroler Gebirge, beschneit, in Wolken halb versteckt, an die sich in Nordwest die Vicentinischen anschließen, endlich gegen Westen die näheren Gebirge von Este, deren Gestalten und Vertiefungen man deutlich sehen kann. Gegen Südost ein grünes Pflanzenmeer, ohne eine Spur von Erhöhung, Baum an Baum, Busch an Busch, Pflanzung an Pflanzung, unzählige weiße Häuser, Villen und Kirchen aus dem Grünen hervorblickend. Am Horizont sah ich ganz deutlich den Markusturm zu Venedig und andere geringere Türme.

Padua, den 27. September.

Endlich hab' ich die Werke des Palladio erlangt, zwar nicht die Originalausgabe, die ich in Vicenza gesehen, deren Tafeln in Holz geschnitten sind, aber eine genaue Kopie, ja ein Faksimile in Kupfer, veranstaltet durch einen vortrefflichen Mann, den ehemaligen englischen Konsul Smith in Venedig. Das muß man den Engländern lassen, daß sie von lange her das Gute zu schätzen wußten und daß sie eine grandiose Art haben, es zu verbreiten.

Bei Gelegenheit dieses Ankaufs betrat ich einen Buchladen, der in Italien ein ganz eigenes Ansehen hat. Alle Bücher stehen geheftet umher, und man findet den ganzen Tag über gute Gesellschaft. Was von Weltgeistlichen, Edelleuten, Künstlern einigermaßen mit der Literatur verwandt ist, geht hier auf und ab. Man verlangt ein Buch, schlägt nach, liest und unterhält sich, wie es kommen will. So fand ich etwa ein halb Dutzend beisammen, welche sämtlich, als ich nach den Werken des Palladio fragte, auf mich aufmerksam wurden. Indes der Herr des Ladens das Buch suchte, rühmten sie es und gaben mir Notiz von dem Originale und der Kopie; sie waren mit dem Werke selbst und dem Verdienst des Verfassers sehr wohl bekannt. Da sie mich für einen Architekten hielten, lobten sie mich, daß ich vor allen andern zu den Studien dieses Meisters schritte; er leiste zu Gebrauch und Anwendung mehr als Vitruv selbst, denn er habe die Alten und das Altertum gründlich studiert und es unsern Bedürfnissen näher zu führen gesucht. Ich unterhielt mich lange mit diesen freundlichen Männern, erfuhr noch einiges, die Denkwürdigkeiten der Stadt betreffend, und empfahl mich.

Da man denn doch einmal den Heiligen Kirchen gebaut hat, so findet sich auch wohl darin ein Platz, wo man vernünftige Menschen aufstellen kann. Die Büste des Kardinals Bembo steht zwischen ionischen Säulen, ein schönes, wenn ich so sagen soll mit Gewalt in sich gezogenes Gesicht und ein mächtiger Bart; die Inschrift lautet:

Petri Bembi Card. imaginem Hier. Guerinus Ismeni f. in publico ponendam curavit ut cujus ingenii monumenta aeterna sint ejus corporis quoque memoria ne a posteritate desideretur.

Das Universitätsgebäude hat mich mit aller seiner Würde erschreckt. Es ist mir lieb, daß ich darin nichts zu lernen hatte. Eine solche Schulenge denkt man sich nicht, ob man gleich als Studiosus deutscher Akademien auf den Hörbänken hat auch manches leiden müssen. Besonders ist das anatomische Theater ein Muster, wie man Schüler zusammenpressen soll. In einem spitzen hohen Trichter sind die Zuhörer übereinander geschichtet. Sie sehen steil herunter auf den engen Boden, wo der Tisch steht, auf den kein Licht fällt; deshalb der Lehrer bei Lampenschein demonstrieren muß. Der botanische Garten ist desto artiger und munterer. Es können viele Pflanzen auch den Winter im Lande bleiben, wenn sie an Mauern oder nicht weit davon gesetzt sind. Man überbaut alsdann das Ganze zu Ende des Oktobers und heizt die wenigen Monate. Es ist erfreuend und belehrend, unter einer Vegetation umherzugehen, die uns fremd ist. Bei gewohnten Pflanzen, sowie bei andern längst bekannten Gegenständen, denken wir zuletzt gar nichts; und was ist Beschauen ohne Denken? Hier in dieser neu mir entgegentretenden Mannigfaltigkeit wird jener Gedanke immer lebendiger, daß man sich alle Pflanzengestalten vielleicht aus e i n e r entwickeln könne. Hierdurch würde es allein möglich werden, Geschlechter und Arten wahrhaft zu bestimmen, welches, wie mich dünkt, bisher sehr willkürlich geschieht. Auf diesem Punkte bin ich in meiner botanischen Philosophie stecken geblieben, und ich sehe noch nicht, wie ich mich entwirren will. Die Tiefe und Breite dieses Geschäfts scheint mir völlig gleich.

Der große Platz, Prato della Valle genannt, ist ein sehr weiter Raum, wo der Hauptmarkt im Juni gehalten wird. Hölzerne Buden in seiner Mitte geben freilich nicht das vorteilhafteste Ansehen, die Einwohner aber versichern, daß man auch bald

Venedig, Rialtobrücke *Nach Antonio Canale*

Venedig, Canale Grande *Nach Antonio Canale*

hier eine Fiera von Stein, wie die zu Verona, sehen werde. Hiezu gibt freilich schon jetzt die Umgebung des Platzes gegründete Hoffnung, welche einen sehr schönen und bedeutenden Anblick gewährt.

Ein ungeheures Oval ist ringsum mit Statuen besetzt, alle berühmte Männer vorstellend, welche hier gelehrt und gelernt haben. Einem jeden Einheimischen und Fremden ist erlaubt, irgend einem Landsmann oder Verwandten hier eine Bildsäule von bestimmter Größe zu errichten, sobald das Verdienst der Person und der akademische Aufenthalt zu Padua bewiesen ist.

Um das Oval umher geht ein Wassergraben. Auf den vier Brücken, die hinaufführen, stehen Päpste und Dogen kolossal; die übrigen, kleiner, sind von Zünften, Partikuliers und Fremden gesetzt. Der König von Schweden ließ Gustav Adolfen hinstellen, weil man sagt, derselbe habe einmal in Padua eine Lektion angehört. Der Erzherzog Leopold erneuerte das Andenken Petrarchs und Galileis. Die Statuen sind in einer braven modernen Manier gemacht, wenige übermanieriert, einige recht natürlich, sämtlich im Kostüm ihrer Zeit und Würden. Die Inschriften sind auch zu loben. Es findet sich nichts Abgeschmacktes oder Kleinliches darunter.

Auf jeder Universität wäre der Gedanke sehr glücklich gewesen, auf dieser ist er am glücklichsten, weil es sehr wohl tut, eine völlige Vergangenheit wieder hervorgerufen zu sehen. Es kann ein recht schöner Platz werden, wenn sie die hölzerne Fiera wegschaffen und eine von Stein erbauen, wie der Plan sein soll.

In dem Versammlungsorte einer dem heiligen Antonius gewidmeten Brüderschaft sind ältere Bilder, welche an die alten Deutschen erinnern, dabei auch einige von Tizian, wo schon der große Fortschritt merklich ist, den über den Alpen niemand für sich getan hat. Gleich darauf sah ich einiges von den Neusten. Diese Künstler haben, da sie das hohe Ernste nicht mehr erreichen konnten, das Humoristische sehr glücklich getroffen. Die Enthauptung Johannes' von Piazetta ist, wenn man des Meisters Manier zugibt, in diesem Sinne ein recht braves Bild. Johannes kniet, die Hände vor sich hinfaltend, mit dem rechten Knie an einen Stein. Er sieht gen Himmel. Ein Kriegsknecht, der ihn hinten gebunden hält, biegt sich an der Seite herum und sieht ihm ins Gesicht, als wenn er über die Gelassenheit erstaunte, womit der Mann sich hingibt. In der Höhe steht ein anderer, der den Streich vollführen soll, hat aber das Schwert nicht, sondern macht nur mit den Händen die Gebärde, wie einer, der den Streich zum voraus versuchen will. Das Schwert zieht unten ein dritter aus der Scheide. Der Gedanke ist glücklich, wenn auch nicht groß, die Komposition frappant und von der besten Wirkung.

In der Kirche der Eremitaner habe ich Gemälde von Mantegna gesehen, einem der älteren Maler, vor dem ich erstaunt bin. Was in diesen Bildern für eine scharfe, sichere Gegenwart dasteht! Von dieser ganz wahren, nicht etwa scheinbaren, effektlügenden, bloß zur Einbildungskraft sprechenden, sondern derben, reinen, lichten, ausführlichen, gewissenhaften, zarten, umschriebenen Gegenwart, die zugleich etwas Strenges, Emsiges, Mühsames hatte, gingen die folgenden Maler aus, wie ich an Bildern von Tizian bemerkte, und nun konnte die Lebhaftigkeit ihres Genies, die Energie ihrer Natur, erleuchtet von dem Geiste ihrer Vorfahren, auferbaut durch ihre Kraft, immer höher und höher steigen, sich von der Erde heben und himmlische, aber wahre Gestalten hervorbringen. So entwickelte sich die Kunst nach der barbarischen Zeit.

Der Audienzsaal des Rathauses, mit Recht durch das Augmentativum „Salone" betitelt, das ungeheuerste abgeschlossene Gefäß, das man sich nicht vorstellen, auch nicht einmal in der nächsten Erinnerung zurückrufen kann. Dreihundert Fuß lang, hundert Fuß breit und bis in das der Länge nach ihn deckende Gewölbe hundert Fuß hoch. So gewohnt sind diese Menschen, im Freien zu leben, daß die Baumeister einen Marktplatz zu überwölben fanden.

Und es ist keine Frage, daß der ungeheuere überwölbte Raum eine eigene Empfindung gibt. Es ist ein abgeschloßnes Unendliches, dem Menschen analoger als der Sternhimmel. Dieser reißt uns aus uns selbst hinaus, jener drängt uns, auf die gelindeste Weise, in uns selbst zurück.

So verweil ich auch gern in der Kirche der heiligen Justine. Diese ist vierhundertfünfundachzig Fuß lang, verhältnismäßig hoch und breit, groß und einfach gebaut. Heut' abend setzt' ich mich in einen Winkel und hatte meine stille Betrachtung. Da fühlt' ich mich recht allein, denn kein Mensch in der Welt, der in dem Augenblick an mich gedacht hätte, würde mich hier gesucht haben.

Nun wäre auch hier wieder einmal eingepackt; morgen früh geht es zu Wasser auf der Brenta fort. Heute hat's geregnet, nun ist's wieder ausgehellt, und ich hoffe, die Lagunen und die dem Meer vermählte Herrscherin bei schöner Tageszeit zu erblicken und aus ihrem Schoß meine Freunde zu begrüßen.

Venedig.

So stand es denn im Buche des Schicksals auf meinem Blatte geschrieben, daß ich 1786 den achtundzwanzigsten September, abends, nach unserer Uhr um fünfe, Venedig zum erstenmal, aus der Brenta in die Lagunen einfahrend, erblicken und bald darauf diese wunderbare Inselstadt, diese Biberrepublik, betreten und besuchen sollte. So ist denn auch, Gott sei Dank, Venedig mir kein bloßes Wort mehr, kein hohler Name, der mich so oft, mich, den Todfeind von Wortschällen, geängstiget hat. Als die erste Gondel an das Schiff anfuhr — es geschieht, um Passagiere, welche Eil' haben, geschwinder nach Venedig zu bringen — erinnerte ich mich eines frühen Kinderspielzeuges, an das ich vielleicht seit zwanzig Jahren nicht mehr gedacht hatte. Mein Vater besaß ein schönes mitgebrachtes Gondelmodell; er hielt es sehr wert, und mir ward es hoch angerechnet, wenn ich einmal damit spielen durfte. Die ersten Schnäbel von blankem Eisenblech, die schwarzen Gondelkäfige, alles grüßte mich wie eine alte Bekanntschaft, ich genoß einen langentbehrten freundlichen Jugendeindruck.

Ich bin gut logiert in der Königin von England, nicht weit vom Markusplatze, und dies ist der größte Vorzug des Quartiers; meine Fenster gehen auf einen schmalen Kanal zwischen hohen Häusern, gleich unter mir eine einbogige Brücke, und gegenüber ein schmales, belebtes Gäßchen. So wohne ich, und so werde ich eine Zeitlang bleiben, bis mein Paket für Deutschland fertig ist und bis ich mich am Bilde dieser Stadt satt gesehen habe. Die Einsamkeit, nach der ich oft so sehnsuchtsvoll geseufzt, kann ich nun recht genießen; denn nirgends fühlt man sich einsamer als im Gewimmel, wo man sich, allen ganz unbekannt, durchdrängt. In Venedig kennt mich vielleicht nur ein Mensch, und der wird mir nicht gleich begegnen.

Venedig, den 28. September 1786.

Wie es mir von Padua hierher gegangen, nur mit wenig Worten: Die Fahrt auf der Brenta, mit dem öffentlichen Schiffe, in gesitteter Gesellschaft, da die Italiener sich voreinander in acht nehmen, ist anständig und angenehm. Die Ufer sind mit Gärten und Lusthäusern geschmückt; kleine Ortschaften treten bis ans Wasser, teilweise geht die belebte Landstraße daran hin. Da man schleusenweis den Fluß hinabsteigt, gibt es öfters einen kleinen Aufhalt, den man benutzen kann, sich auf dem Lande umzusehen und die reichlich angebotenen Früchte zu genießen. Nun steigt man wieder ein und bewegt sich durch eine bewegte Welt voll Fruchtbarkeit und Leben.

Zu so viel abwechselnden Bildern und Gestalten gesellte sich noch eine Erscheinung, die, obgleich aus Deutschland abstammend, doch hier ganz eigentlich an ihrem Platze war, zwei Pilger nämlich, die ersten, die ich in der Nähe sah. Sie haben das Recht, mit dieser öffentlichen Gelegenheit umsonst weiter gebracht zu werden; allein weil die übrige Gesellschaft ihre Nähe scheut, so sitzen sie nicht mit in dem bedeckten Raume, sondern hinten bei dem Steuermann. Als eine in der gegenwärtigen Zeit seltene Erscheinung wurden sie angestaunt und, weil früher unter dieser Hülle manch Gesindel umhertrieb, wenig geachtet. Als ich vernahm, daß es Deutsche seien, keiner andern Sprache mächtig, gesellte ich mich zu ihnen und vernahm, daß sie aus dem Paderbornischen herstammten. Beides waren Männer schon über funfzig, von dunkler, aber gutmütiger Physiognomie. Sie hatten vor allem das Grab der heiligen drei Könige zu Cöln besucht, waren sodann durch Deutschland gezogen und nun auf dem Wege, zusammen bis Rom und sodann ins obere Italien zurückzugehen, da denn der eine wieder nach Westfalen zu wandern, der andere aber noch den heiligen Jakob zu Compostell zu verehren gedachte.

Ihre Kleidung war die bekannte, doch sahen sie aufgeschürzt viel besser aus, als wir sie in langen Taffetkleidern auf unsern Redouten vorzustellen pflegen. Der große Kragen, der runde Hut, der Stab und die Muschel, als das unschuldigste Trinkgeschirr, alles hatte seine Bedeutung, seinen unmittelbaren Nutzen; die Blechkapsel enthielt ihre Pässe. Das Merkwürdigste aber waren ihre kleinen rotsaffianen Brieftaschen; in diesen befand sich alles kleine Geräte, was nur irgend einem einfachen Bedürfnis abzuhelfen geeignet sein mochte. Sie hatten dieselben hervorgezogen, indem sie an ihren Kleidern etwas zu flicken fanden.

Der Steuermann, höchst zufrieden, daß er einen Dolmetscher fand, ließ mich verschiedene Fragen an sie tun; dadurch vernahm ich manches von ihren Ansichten, besonders aber von ihrer Reise. Sie beklagten sich bitterlich über ihre Glaubensgenossen, ja Weltpriester und Klostergeistliche. Die Frömmigkeit, sagten sie, müsse eine sehr seltene Sache sein, weil man an die ihrige nirgends glauben wolle, sondern sie fast durchaus, ob sie gleich die ihnen vorgeschriebene geistliche Marschroute und die bischöflichen Pässe vorgezeigt, in katholischen Landen wie Landstreicher behandle. Sie erzählten dagegen mit Rührung, wie gut sie von den Protestanten aufgenommen worden, besonders von einem Landgeistlichen in Schwaben, vorzüglich aber von seiner Frau, welche den einigermaßen widerstrebenden Mann dahin vermocht, daß sie ihnen reichliche Erquickung zuteilen dürfen, welche ihnen sehr not getan. Ja beim Abschiede habe sie ihnen einen Konventionstaler geschenkt, der ihnen sehr zustatten gekommen, sobald sie das katholische Gebiet wieder betreten. Hierauf sagte der eine mit aller Erhebung, deren er fähig war: Wir schließen diese Frau aber auch täglich in unser Gebet ein und bitten Gott, daß er ihre Augen öffne, wie er ihr Herz für uns geöffnet hat, daß er sie, wenn auch spät, aufnehme in den Schoß der alleinseligmachenden Kirche; und so hoffen wir gewiß, ihr dereinst im Paradies zu begegnen.

Von diesem allen erklärte ich, was nötig und nützlich war, auf der kleinen Steige sitzend, die auf das Verdeck führt, dem Steuermanne und einigen andern Personen, die sich aus der Kajüte in den engen Raum gedrängt hatten. Den Pilgern wurden einige ärmliche Erquickungen gereicht, denn der Italiener liebt nicht zu geben. Sie zogen hierauf kleine geweihte Zettel hervor, worauf zu sehen das Bild der heiligen drei Könige, nebst lateinischen Gebeten zur Verehrung. Die guten Menschen baten mich, die kleine Gesellschaft damit zu beschenken und ihr den hohen Wert dieser Blätter begreiflich zu machen. Dieses gelang mir auch ganz gut, denn als die beiden Männer sehr verlegen schienen, wie sie in dem großen Venedig das zur Aufnahme der Pilger bestimmte Kloster ausfinden sollten, so versprach der gerührte Steuermann, wenn sie landeten, wollte er einem Burschen sogleich einen Dreier geben, damit er sie zu jenem entfernt gelegenen Orte geleitete. Sie würden zwar, setzte er vertraulich hinzu, sie würden dort wenig Trost finden: die Anstalt, sehr groß angelegt, um ich weiß nicht wie viel Pilger zu fassen, sei gegenwärtig ziemlich zusammengegangen, und die Einkünfte würden eben anders verwendet.

So unterhalten, waren wir die schöne Brenta heruntergekommen, manchen herrlichen Garten, manchen herrlichen Palast hinter uns lassend, wohlhabende, belebte Ortschaften an der Küste mit flüchtigem Blick beschauend. Als wir nun in die Lagunen einfuhren, umschwärmten mehrere Gondeln sogleich das Schiff. Ein Lombard, in Venedig wohl bekannt, forderte mich auf, ihm Gesellschaft zu leisten, damit wir geschwinder drinnen wären und der Doganenqual entgingen. Einige, die uns abhalten wollten, wußte er mit einem mäßigen Trinkgeld zu beseitigen, und so schwammen wir, bei einem heitern Sonnenuntergang, schnell unserm Ziel entgegen.

Den 29. September, Michaelistag abends.

Von Venedig ist schon viel erzählt und gedruckt, daß ich mit Beschreibung nicht umständlich sein will; ich sage nur, wie es mir entgegenkommt. Was sich mir aber vor allem andern aufdringt, ist abermals das Volk, eine große Masse, ein notwendiges unwillkürliches Dasein.

Dieses Geschlecht hat sich nicht zum Spaß auf diese Inseln geflüchtet; es war keine Willkür, welche die Folgenden trieb, sich mit ihnen zu vereinigen: die Not lehrte sie ihre Sicherheit in der unvorteilhaftesten Lage suchen, die ihnen nachher so vorteilhaft ward und sie klug machte, als noch die ganze nördliche Welt im Düstern gefangen lag; ihre Vermehrung, ihr Reichtum war notwendige Folge. Nun drängten sich die Wohnungen enger und enger, Sand und Sumpf wurden durch Felsen ersetzt; die Häuser suchten die Luft, wie Bäume, die geschlossen stehen: sie mußten an Höhe zu gewinnen suchen, was ihnen an Breite abging. Auf jede Spanne des Bodens geizig und gleich anfangs in enge Räume gedrängt, ließen sie zu Gassen nicht mehr Breite, als nötig war, eine Hausreihe von der gegenüberstehenden zu trennen und dem Bürger notdürftige Durchgänge zu erhalten. Übrigens war ihnen das Wasser statt Straße, Platz und Spaziergang. Der Venezianer mußte eine neue Art von Geschöpf werden, wie man denn auch

Venedig nur mit sich selbst vergleichen kann. Der große schlangenförmig gewundene Kanal weicht keiner Straße in der Welt, dem Raum vor dem Markusplatze kann wohl nichts an die Seite gesetzt werden: ich meine den großen Wasserspiegel, der diesseits von dem eigentlichen Venedig im halben Mond umfaßt wird. Über der Wasserfläche sieht man links die Insel San Giorgio Maggiore, etwas weiter rechts die Giudecca und ihren Kanal, noch weiter rechts die Dogane und die Einfahrt in den Canal Grande, wo uns gleich ein paar ungeheuere Marmortempel entgegenleuchten. Dies sind mit wenigen Zügen die Hauptgegenstände, die uns in die Augen fallen, wenn wir zwischen den zwei Säulen des Markusplatzes hervortreten. Die sämtlichen Aus- und Ansichten sind so oft in Kupfer gestochen, daß die Freunde davon sich gar leicht einen anschaulichen Begriff machen können.

Nach Tische eilte ich, mir erst einen Eindruck des Ganzen zu versichern, und warf mich, ohne Begleiter, nur die Himmelsgegenden merkend, ins Labyrinth der Stadt, welche, obgleich durchaus von Kanälen und Kanälchen durchschnitten, durch Brücken und Brückchen wieder zusammenhängt. Die Enge und Gedrängtheit des Ganzen denkt man nicht, ohne es gesehen zu haben. Gewöhnlich kann man die Breite der Gasse mit ausgereckten Armen entweder ganz oder beinahe messen, in den engsten stößt man schon mit den Ellbogen an, wenn man die Hände in die Seite stemmt; es gibt wohl breitere, auch hie und da ein Plätzchen, verhältnismäßig aber kann alles enge genannt werden.

Ich fand leicht den großen Kanal und die Hauptbrücke Rialto; sie besteht aus einem einzigen Bogen von weißem Marmor. Von oben herunter ist es eine große Ansicht: der Kanal gesäet voll Schiffe, die alles Bedürfnis vom festen Lande herbeiführen und hier hauptsächlich anlegen und ausladen; dazwischen wimmelt es von Gondeln. Besonders heute, als am Michaelifeste, gab es einen Anblick wunderschön lebendig; doch um diesen einigermaßen darzustellen, muß ich etwas weiter ausholen.

Venedig, Der Dogenpalast — *Nach Domenico Louisa*

Venedig, Redentore-Kirche *Nach Domenico Louisa*

Die beiden Hauptteile von Venedig, welche der große Kanal trennt, werden durch die einzige Brücke Rialto miteinander verbunden, doch ist auch für mehrere Kommunikation gesorgt, welche, in offenen Barken, an bestimmten Überfahrtspunkten geschieht. Nun sah es heute sehr gut aus, als die wohlgekleideten, doch mit einem schwarzen Schleier bedeckten Frauen sich, viele zusammen, übersetzen ließen, um zu der Kirche des gefeierten Erzengels zu gelangen. Ich verließ die Brücke und begab mich an einen solchen Überfahrtspunkt, die Aussteigenden genau zu betrachten. Ich habe sehr schöne Gesichter und Gestalten darunter gefunden.

Nachdem ich müde geworden, setzte ich mich in eine Gondel, die engen Gassen verlassend, und fuhr, mir das entgegengesetzte Schauspiel zu bereiten, den nördlichen Teil des großen Kanals durch, um die Insel der heiligen Klara, in die Lagunen, den Kanal der Giudecca herein, bis gegen den Markusplatz, und war nun auf einmal ein Mitherr des Adriatischen Meeres, wie jeder Venezianer sich fühlt, wenn er sich in seine Gondel legt. Ich gedachte dabei meines guten Vaters in Ehren, der nichts Besseres wußte, als von diesen Dingen zu erzählen. Wird mir's nicht auch so gehen? Alles, was mich umgibt, ist würdig, ein großes respektables Werk versammelter Menschenkraft, ein herrliches Monument, nicht eines Gebieters, sondern eines Volks. Und wenn auch ihre Lagunen sich nach und nach ausfüllen, böse Dünste über dem Sumpfe schweben, ihr Handel geschwächt, ihre Macht gesunken ist, so wird die ganze Anlage der Republik und ihr Wesen nicht einen Augenblick dem Beobachter weniger ehrwürdig sein. Sie unterliegt der Zeit, wie alles, was ein erscheinendes Dasein hat.

Den 30. September.

Gegen Abend verlief ich mich wieder, ohne Führer, in die entferntesten Quartiere der Stadt. Die hiesigen Brücken sind alle mit Treppen angelegt, damit Gondeln und auch wohl größere Schiffe bequem unter den Bogen hinfahren. Ich suchte mich in

und aus diesem Labyrinthe zu finden, ohne irgend jemand zu fragen, mich abermals nur nach der Himmelsgegend richtend. Man entwirrt sich wohl endlich, aber es ist ein unglaubliches Gehecke ineinander, und meine Manier, sich recht sinnlich davon zu überzeugen, die beste. Auch habe ich mir, bis an die letzte bewohnte Spitze, der Einwohner Betragen, Lebensart, Sitte und Wesen gemerkt; in jedem Quartiere sind sie anders beschaffen. Du lieber Gott! was doch der Mensch für ein armes, gutes Tier ist!
Sehr viele Häuserchen stehen unmittelbar in den Kanälen; doch gibt es hie und da schön gepflasterte Steindämme, auf denen man zwischen Wasser, Kirchen und Palästen gar angenehm hin und wieder spaziert. Lustig und erfreulich ist der lange Steindamm an der nördlichen Seite, von welchem die Inseln, besonders Murano, das Venedig im kleinen, geschaut werden. Die Lagunen dazwischen sind von vielen Gondeln belebt.

Abends.

Heute habe ich abermals meinen Begriff von Venedig erweitert, indem ich mir den Plan verschaffte. Als ich ihn einigermaßen studiert, bestieg ich den Markusturm, wo sich dem Auge ein einziges Schauspiel darstellt. Es war um Mittag und heller Sonnenschein, daß ich ohne Perspektiv Nähen und Fernen genau erkennen konnte. Die Flut bedeckte die Lagunen, und als ich den Blick nach dem sogenannten Lido wandte—es ist ein schmaler Erdstreif, der die Lagunen schließt—sah ich zum erstenmal das Meer und einige Segel darauf. In den Lagunen selbst liegen Galeeren und Fregatten, die zum Ritter Emo stoßen sollten, der den Algierern den Krieg macht, die aber wegen ungünstiger Winde liegen bleiben. Die Paduanischen und Vicentinischen Berge und das Tiroler Gebirge schließen, zwischen Abend und Mitternacht, das Bild ganz trefflich schön.

Den 1. Oktober.

Ich ging und besah mir die Stadt in mancherlei Rücksichten, und da es eben Sonntag war, fiel mir die große Unreinlichkeit der

Straßen auf, worüber ich meine Betrachtungen anstellen mußte. Es ist wohl eine Art von Polizei in diesem Artikel: die Leute schieben den Kehricht in die Ecken; auch sehe ich große Schiffe hin und wieder fahren, die an manchen Orten stille liegen und das Kehricht mitnehmen, Leute von den Inseln umher, welche des Düngers bedürfen; aber es ist in diesen Anstalten weder Folge noch Strenge und desto unverzeihlicher die Unreinlichkeit der Stadt, da sie ganz zur Reinlichkeit angelegt worden, so gut als irgend eine holländische.

Alle Straßen sind geplattet, selbst die entferntesten Quartiere wenigstens mit Backsteinen auf der hohen Kante ausgesetzt, wo es nötig, in der Mitte ein wenig erhaben, an der Seite Vertiefungen, das Wasser aufzufassen und in bedeckte Kanäle zu leiten. Noch andere architektonische Vorrichtungen der ersten wohlüberdachten Anlage zeugen von der Absicht trefflicher Baumeister, Venedig zu der reinsten Stadt zu machen, wie sie die sonderbarste ist. Ich konnte nicht unterlassen, gleich im Spaziergehen eine Anordnung deshalb zu entwerfen und einem Polizeivorsteher, dem es Ernst wäre, in Gedanken vorzuarbeiten. So hat man immer Trieb und Lust, vor fremden Türen zu kehren.

Den 2. Oktober.

Vor allem eilte ich in die Carità: ich hatte in des Palladio Werken gefunden, daß er hier ein Klostergebäude angegeben, in welchem er die Privatwohnung der reichen und gastfreien Alten darzustellen gedachte. Der sowohl im ganzen als in seinen einzelnen Teilen trefflich gezeichnete Plan machte mir unendliche Freude, und ich hoffte ein Wunderwerk zu finden; aber ach! es ist kaum der zehnte Teil ausgeführt; doch auch dieser Teil seines himmlischen Genius würdig, eine Vollkommenheit in der Anlage und eine Genauigkeit in der Ausführung, die ich noch nicht kannte. Jahrelang sollte man in Betrachtung so eines Werks zubringen. Mich dünkt, ich habe nichts Höheres, nichts Vollkommneres gesehen, und glaube, daß ich mich nicht irre. Denke man sich aber auch den trefflichen Künstler, mit dem innern Sinn fürs Große und Gefällige geboren, der erst mit unglaublicher Mühe sich an den Alten heranbildet, um sie alsdann durch sich wiederherzustellen. Dieser findet Gelegenheit, einen Lieblingsgedanken auszuführen, ein Kloster, so vielen Mönchen zur Wohnung, so vielen Fremden zur Herberge bestimmt, nach der Form eines antiken Privatgebäudes aufzurichten. Die Kirche stand schon; aus ihr tritt man in ein Atrium von korinthischen Säulen, man ist entzückt und vergißt auf einmal alles Pfaffentum. An der einen Seite findet man die Sakristei, an der andern ein Kapitelzimmer, daneben die schönste Wendeltreppe von der Welt, mit offener weiter Spindel, die steinernen Stufen in die Wand gemauert und so geschichtet, daß eine die andere trägt; man wird nicht müde, sie auf und ab zu steigen; wie schön sie geraten sei, kann man daraus abnehmen, daß sie Palladio selbst für wohlgeraten angibt. Aus dem Vorhof tritt man in den innern großen Hof. Von dem Gebäude, das ihn umgeben sollte, ist leider nur die linke Seite aufgeführt, drei Säulenordnungen übereinander, auf der Erde Hallen, im ersten Stock ein Bogengang vor den Zellen hin, der obere Stock Mauer mit Fenstern. Doch diese Beschreibung muß durch den Anblick der Risse gestärkt werden. Nun ein Wort von der Ausführung.

Nur die Häupter und Füße der Säulen und die Schlußsteine der Bogen sind von gehauenem Stein, das übrige alles, ich darf nicht sagen von Backsteinen, sondern von gebranntem Ton. Solche Ziegeln kenne ich gar nicht. Fries und Karnies sind auch daraus, die Glieder der Bogen gleichfalls, alles teilweise gebrannt und das Gebäude zuletzt nur mit wenig Kalk zusammengesetzt. Es steht wie aus einem Guß. Wäre das Ganze fertig geworden und man sähe es reinlich abgerieben und gefärbt, es müßte ein himmlischer Anblick sein.

Jedoch die Anlage war zu groß, wie bei so manchem Gebäude der neuern Zeit. Der Künstler hatte nicht nur vorausgesetzt, daß man das jetzige Kloster abreißen, sondern auch anstoßende Nachbarshäuser kaufen werde; und da mögen Geld und Lust ausgegangen sein. Du liebes Schicksal, das du so manche Dummheit begünstigt und verewigt hast, warum ließest du dieses Werk nicht zustande kommen!

Den 3. Oktober.

Die Kirche Il Redentore, ein schönes großes Werk von Palladio, die Fassade lobenswürdiger als die von San Giorgio. Diese mehrmals in Kupfer gestochenen Werke müßte man vor sich sehen, um das Gesagte verdeutlichen zu können. Hier nur wenige Worte. Palladio war durchaus von der Existenz der Alten durchdrungen und fühlte die Kleinheit und Enge seiner Zeit wie ein großer Mensch, der sich nicht hingeben, sondern das übrige so viel als möglich nach seinen edlen Begriffen umbilden will. Er war unzufrieden, wie ich aus gelinder Wendung seines Buches schließe, daß man bei christlichen Kirchen nach der Form der alten Basiliken zu bauen fortfahre: er suchte deshalb seine heiligen Gebäude der alten Tempelform zu nähern; daher entstanden gewisse Unschicklichkeiten, die mir bei Il Redentore glücklich beseitigt, bei San Giorgio aber zu auffallend erscheinen. Volkmann sagt etwas davon, trifft aber den Nagel nicht auf den Kopf.
Inwendig ist Il Redentore gleichfalls köstlich, alles, auch die Zeichnung der Altäre, von Palladio; leider die Nischen, die mit Statuen ausgefüllt werden sollten, prangen mit flachen, ausgeschnittenen, gemalten Brettfiguren.

Dem heiligen Franziskus zu Ehren hatten die Patres Kapuziner einen Seitenaltar mächtig ausgeputzt: man sah nichts von Stein als die korinthischen Kapitäle; alles übrige schien mit einer geschmackvollen prächtigen Stickerei, nach Art der Arabesken, überzogen, und zwar so artig, als man nur etwas zu sehen wünschte. Besonders wunderte ich mich über die breiten, goldgestickten Ranken und Laubwerke. Ich ging näher und fand einen recht hübschen Betrug. Alles, was ich für Gold gehalten hatte, war breitgedrücktes Stroh, nach schönen Zeichnungen auf Papier geklebt, der Grund mit lebhaften Farben angestrichen, und das so mannigfaltig und geschmackvoll, daß dieser Spaß, dessen Material gar nichts wert war und der wahrscheinlich im Kloster selbst ausgeführt wurde, mehrere tausend Taler müßte gekostet haben, wenn er echt hätte sein sollen. Man könnte es gelegentlich wohl nachahmen.

Auf einem Uferdamme, im Angesicht des Wassers, bemerkte ich schon einigemal einen geringen Kerl, welcher einer größern oder kleinern Anzahl von Zuhörern im venezianischen Dialekt Geschichten erzählte; ich kann leider nichts davon verstehen; es lacht aber kein Mensch, nur selten lächelt das Auditorium, das meist aus der ganz niedern Klasse besteht. Auch hat der Mann nichts Auffallendes noch Lächerliches in seiner Art, vielmehr etwas sehr Gesetztes, zugleich eine bewundrungswürdige Mannigfaltigkeit und Präzision, welche auf Kunst und Nachdenken hinwiesen, in seinen Gebärden.

Den Plan in der Hand, suchte ich mich durch die wunderlichsten Irrgänge bis zur Kirche der Mendicanti zu finden. Hier ist das Konservatorium, welches gegenwärtig den meisten Beifall hat. Die Frauenzimmer führten ein Oratorium hinter dem Gitter auf, die Kirche war voll Zuhörer, die Musik sehr schön, und herrliche Stimmen. Ein Alt sang den König Saul, die Hauptperson des Gedichtes. Von einer solchen Stimme hatte ich gar keinen Begriff; einige Stellen der Musik waren unendlich schön, der Text vollkommen singbar, so italienisch Latein, daß man an manchen Stellen lachen muß; die Musik aber findet hier ein weites Feld.

Es wäre ein trefflicher Genuß gewesen, wenn nicht der vermaledeite Kapellmeister den Takt mit einer Rolle Noten wider das Gitter und so unverschämt geklappt hätte, als habe er mit Schuljungen zu tun, die er eben unterrichtete; und die Mädchen hatten das Stück oft wiederholt, sein Klatschen war ganz unnötig und zerstörte allen Eindruck, nicht anders als wenn einer, um uns eine schöne Statue begreiflich zu machen, ihr Scharlachläppchen auf die Gelenke klebte. Der fremde Schall hebt alle Harmonie auf. Das ist nun ein Musiker, und er hört es nicht, oder er will vielmehr, daß man seine Gegenwart durch eine Unschicklichkeit vernehmen soll, da es besser wäre, er ließe seinen Wert an der Vollkommenheit der Ausführung erraten. Ich weiß, die Franzosen haben es an der Art; den Italienern hätte ich es nicht zugetraut, und das Publikum scheint daran gewöhnt. Es ist nicht das einzige Mal, daß es sich einbilden läßt, das gerade gehöre zum Genuß, was den Genuß verdirbt.

Gestern abend Oper zu St. Moses (denn die Theater haben ihren Namen von der Kirche, der sie am nächsten liegen); nicht recht erfreulich! Es fehlt dem Plan, der Musik, den Sängern eine innere Energie, welche allein eine solche Darstellung auf den höchsten Punkt treiben kann. Man konnte von keinem Teile sagen, er sei schlecht; aber nur die zwei Frauen ließen sich's angelegen sein, nicht sowohl gut zu agieren als sich zu produzieren und zu gefallen. Das ist denn immer etwas. Es sind zwei schöne Figuren, gute Stimmen, artige, muntere, gätliche Persönchen. Unter den Männern dagegen keine Spur von innerer Gewalt und Lust, dem Publikum etwas aufzuheften, sowie keine entschieden glänzende Stimme.

Das Ballett, von elender Erfindung, ward im ganzen ausgepfiffen, einige treffliche Springer und Springerinnen jedoch, welche letztere sich es zur Pflicht rechneten, die Zuschauer mit jedem schönen Teil ihres Körpers bekannt zu machen, wurden weidlich beklatscht.

Heute dagegen sah ich eine andere Komödie, die mich mehr gefreut hat. Im herzoglichen Palast hörte ich eine Rechtssache öffentlich verhandeln; sie war wichtig und zu meinem Glück in den Ferien vorgenommen. Der eine Advokat war alles, was ein übertriebener Buffo nur sein sollte. Figur dick, kurz, doch beweglich, ein ungeheuer vorspringendes Profil, eine Stimme wie Erz und eine Heftigkeit, als wenn es ihm aus tiefstem Grunde des Herzens Ernst wäre, was er sagte. Ich nenne dies eine Komödie, weil alles wahrscheinlich schon fertig ist, wenn diese öffentliche Darstellung geschieht: die Richter wissen, was sie sprechen sollen, und die Partei weiß, was sie zu erwarten hat. Indessen gefällt mir diese Art unendlich besser als unsere Stuben- und Kanzleihockereien. Und nun von den Umständen, und wie artig, ohne Prunk, wie natürlich alles zugeht, will ich suchen einen Begriff zu geben.

In einem geräumigen Saal des Palastes saßen an der einen Seite die Richter im Halbzirkel. Gegen ihnen über, auf einem Katheder, der mehrere Personen nebeneinander fassen konnte, die Advokaten beider Parteien; unmittelbar vor demselben, auf e i n e r Bank, Kläger und Beklagte in eigner Person. Der Advokat des Klägers war von dem Katheder herabgestiegen, denn die heutige Sitzung war zu keiner Kontrovers bestimmt. Die sämtlichen Dokumente für und wider, obgleich schon gedruckt, sollten vorgelesen werden.

Ein hagerer Schreiber, in schwarzem kümmerlichen Rocke, ein dickes Heft in der Hand, bereitete sich, die Pflicht des Lesenden zu erfüllen. Von Zuschauern und Zuhörern war übrigens der Saal gedrängt voll. Die Rechtsfrage selbst sowie die Personen, welche sie betraf, mußten den Venezianern höchst bedeutend scheinen.

Fideikommisse haben in diesem Staat die entschiedenste Gunst: ein Besitztum, welchem einmal dieser Charakter aufgeprägt ist, behält ihn für ewige Zeiten; es mag durch irgend eine Wendung oder Umstand vor mehrern hundert Jahren veräußert worden, durch viele Hände gegangen sein, zuletzt, wenn die Sache zur Sprache kommt, behalten die Nachkommen der ersten Familie recht, und die Güter müssen herausgegeben werden.

Venedig, SS. Giovanni e Paolo *Nach Antonio Canale*

Venedig, Kirche Sa. Maria della Carità — Nach Antonio Canale

Diesmal war der Streit höchst wichtig, denn die Klage ging gegen den Doge selbst oder vielmehr gegen seine Gemahlin, welche denn auch in Person auf dem Bänkchen, vom Kläger nur durch einen kleinen Zwischenraum getrennt, in ihren Zendal gehüllt dasaß. Eine Dame von gewissem Alter, edlem Körperbau, wohlgebildetem Gesicht, auf welchem ernste, ja wenn man will etwas verdrießliche Züge zu sehen waren. Die Venezianer bildeten sich viel darauf ein, daß die Fürstin, in ihrem eignen Palast, vor dem Gericht und ihnen erscheinen müsse.

Der Schreiber fing zu lesen an, und nun ward mir erst deutlich, was ein im Angesicht der Richter, unfern des Katheders der Advokaten, hinter einem kleinen Tische auf einem niedern Schemel sitzendes Männchen, besonders aber die Sanduhr bedeute, die er vor sich niedergelegt hatte. Solange nämlich der Schreiber liest, so lange läuft die Zeit nicht; dem Advokaten aber, wenn er dabei sprechen will, ist nur im ganzen eine gewisse Frist gegönnt. Der Schreiber liest, die Uhr liegt, das Männchen hat die Hand daran. Tut der Advokat den Mund auf, so steht auch die Uhr schon in der Höhe, die sich sogleich niedersenkt, sobald er schweigt. Hier ist nun die große Kunst, in den Fluß der Vorlesung hineinzureden, flüchtige Bemerkungen zu machen, Aufmerksamkeit zu erregen und zu fordern. Nun kommt der kleine Saturn in die größte Verlegenheit. Er ist genötigt, den horizontalen und vertikalen Stand der Uhr jeden Augenblick zu verändern, er befindet sich im Fall der bösen Geister im Puppenspiel, die auf das schnell wechselnde Berlicke! Berlocke! des mutwilligen Hanswursts nicht wissen, wie sie gehen oder kommen sollen.

Wer in Kanzleien hat kollationieren hören, kann sich eine Vorstellung von dieser Vorlesung machen, schnell, eintönig, aber doch artikuliert und deutlich genug. Der kunstreiche Advokat weiß nun durch Scherze die Langeweile zu unterbrechen, und das Publikum ergötzt sich an seinen Späßen in ganz unmäßigem Gelächter. Eines Scherzes muß ich gedenken, des auffallendsten unter denen, die ich verstand. Der Vorleser rezitierte soeben ein Dokument, wodurch einer jener unrechtmäßig geachteten Besitzer über die fraglichen Güter disponierte. Der Advokat hieß ihn langsamer lesen, und als er die Worte deutlich aussprach: Ich schenke, ich vermache, fuhr der Redner heftig auf den Schreiber los und rief: Was willst du schenken? was vermachen? du armer ausgehungerter Teufel! Gehört dir doch gar nichts in der Welt an. Doch, fuhr er fort, indem er sich zu besinnen schien, war doch jener erlauchte Besitzer in eben dem Fall, er wollte schenken, wollte vermachen, was ihm so wenig gehörte als dir. Ein unendlich Gelächter schlug auf, doch sogleich nahm die Sanduhr die horizontale Lage wieder an. Der Vorleser summte fort, machte dem Advokaten ein flämisch Gesicht; doch das sind alles verabredete Späße.

Den 4. Oktober.

Gestern war ich in der Komödie, Theater St. Lukas, die mir viel Freude gemacht hat: ich sah ein extemporiertes Stück in Masken, mit viel Naturell, Energie und Bravour aufgeführt. Freilich sind sie nicht alle gleich; der Pantalon sehr brav, die eine Frau, stark und wohlgebaut, keine außerordentliche Schauspielerin, spricht exzellent und weiß sich zu betragen. Ein tolles Sujet, demjenigen ähnlich, das bei uns unter dem Titel "Der Verschlag" behandelt ist. Mit unglaublicher Abwechslung unterhielt es mehr als drei Stunden. Doch ist auch hier das Volk wieder die Base, worauf dies alles ruht: die Zuschauer spielen mit, und die Menge verschmilzt mit dem Theater in ein Ganzes. Den Tag über auf dem Platz und am Ufer, auf den Gondeln und im Palast, der Käufer und Verkäufer, der Bettler, der Schiffer, die Nachbarin, der Advokat und sein Gegner, alles lebt und treibt und läßt sich es angelegen sein, spricht und beteuert, schreit und bietet aus, singt und spielt, flucht und lärmt. Und abends gehen sie ins Theater und sehen und hören das Leben ihres Tages, künstlich zusammengestellt, artiger aufgestutzt, mit Märchen durchflochten,

durch Masken von der Wirklichkeit abgerückt, durch Sitten genähert. Hierüber freun sie sich kindisch, schreien wieder, klatschen und lärmen. Von Nacht zu Nacht, ja von Mitternacht zu Mitternacht ist immer alles eben dasselbe.
Ich habe aber auch nicht leicht natürlicher agieren sehen als jene Masken, so wie es nur bei einem ausgezeichnet glücklichen Naturell durch längere Übung erreicht werden kann.
Da ich das schreibe, machen sie einen gewaltigen Lärm auf dem Kanal unter meinem Fenster, und Mitternacht ist vorbei. Sie haben im Guten und Bösen immer etwas zusammen.

Öffentliche Redner habe ich nun gehört: drei Kerls auf dem Platze und Ufersteindamme, jeden nach seiner Art Geschichten erzählend, sodann zwei Sachwalter, zwei Prediger, die Schauspieler, worunter ich besonders den Pantalon rühmen muß; alle diese haben etwas Gemeinsames, sowohl weil sie von ein und derselben Nation sind, die, stets öffentlich lebend, immer in leidenschaftlichem Sprechen begriffen ist, als auch weil sie sich untereinander nachahmen. Hierzu kommt noch eine entschiedene Gebärdensprache, mit welcher sie die Ausdrücke ihrer Intentionen, Gesinnungen und Empfindungen begleiten.
Heute am Fest des heiligen Franziskus war ich in seiner Kirche alle Vigne. Des Kapuziners laute Stimme ward von dem Geschrei der Verkäufer vor der Kirche wie von einer Antiphone begleitet; ich stand in der Kirchtüre zwischen beiden, und es war wunderlich genug zu hören.

Den 5. Oktober.

Heute früh war ich im Arsenal, mir immer interessant genug, da ich noch kein Seewesen kenne und hier die untere Schule besuchte: denn freilich sieht es hier nach einer alten Familie aus, die sich noch rührt, obgleich die beste Zeit der Blüte und der Früchte vorüber ist. Da ich denn auch den Handwerkern nachgehe, habe

ich manches Merkwürdige gesehen und ein Schiff von vierundachtzig Kanonen, dessen Gerippe fertig steht, bestiegen.
Ein gleiches ist vor sechs Monaten, an der Riva de' Sciavoni, bis aufs Wasser verbrannt; die Pulverkammer war nicht sehr gefüllt, und da sie sprang, tat es keinen großen Schaden. Die benachbarten Häuser büßten ihre Scheiben ein.
Das schönste Eichenholz, aus Istrien, habe ich verarbeiten sehen und dabei über den Wachstum dieses werten Baumes meine stillen Betrachtungen angestellt. Ich kann nicht genug sagen, was meine sauer erworbene Kenntnis natürlicher Dinge, die doch der Mensch zuletzt als Materialien braucht und in seinen Nutzen verwendet, mir überall hilft, um mir das Verfahren der Künstler und Handwerker zu erklären; so ist mir auch die Kenntnis der Gebirge und des daraus genommenen Gesteins ein großer Vorsprung in der Kunst.

Um mit einem Worte den Begriff des Bucentaur auszusprechen, nenne ich ihn eine Prachtgaleere. Der ältere, von dem wir noch Abbildungen haben, rechtfertigt diese Benennung noch mehr als der gegenwärtige, der uns durch seinen Glanz über seinen Ursprung verblendet.
Ich komme immer auf mein Altes zurück. Wenn dem Künstler ein echter Gegenstand gegeben ist, so kann er etwas Echtes leisten. Hier war ihm aufgetragen, eine Galeere zu bilden, die wert wäre, die Häupter der Republik, am feierlichsten Tage, zum Sakrament ihrer hergebrachten Meerherrschaft zu tragen, und diese Aufgabe ist fürtrefflich ausgeführt. Das Schiff ist ganz Zierat, also darf man nicht sagen: mit Zierat überladen; ganz vergoldetes Schnitzwerk, sonst zu keinem Gebrauch, eine wahre Monstranz, um dem Volke seine Häupter recht herrlich zu zeigen. Wissen wir doch: das Volk, wie es gern seine Hüte schmückt, will auch seine Obern prächtig und geputzt sehen. Dieses Prunkschiff ist ein rechtes Inventarienstück, woran man sehen kann, was die Venezianer waren und sich zu sein dünkten.

Nachts.

Ich komme noch lachend aus der Tragödie und muß diesen Scherz gleich auf dem Papier befestigen. Das Stück war nicht schlimm, der Verfasser hatte alle tragischen Matadore zusammengesteckt, und die Schauspieler hatten gut spielen. Die meisten Situationen waren bekannt, einige neu und ganz glücklich. Zwei Väter, die sich hassen, Söhne und Töchter aus diesen getrennten Familien, leidenschaftlich übers Kreuz verliebt, ja das eine Paar heimlich verheiratet. Es ging wild und grausam zu, und nichts blieb zuletzt übrig, um die jungen Leute glücklich zu machen, als daß die beiden Väter sich erstachen, worauf unter lebhaftem Händeklatschen der Vorhang fiel. Nun ward aber das Klatschen heftiger, nun wurd Fuora gerufen, und das so lange, bis sich die zwei Hauptpaare bequemten, hinter dem Vorhang hervorzukriechen, ihre Bücklinge zu machen und auf der andern Seite wieder abzugehen.

Das Publikum war noch nicht befriedigt, es klatschte fort und rief I morti! Das dauerte so lange, bis die zwei Toten auch herauskamen und sich bückten, da denn einige Stimmen riefen Bravi i morti! Sie wurden durch Klatschen lange festgehalten, bis man ihnen gleichfalls endlich abzugehen erlaubte. Diese Posse gewinnt für den Augen- und Ohrenzeugen unendlich, der das Bravo! Bravi! das die Italiener immer im Munde führen, so in den Ohren hat wie ich, und dann auf einmal auch die Toten mit diesem Ehrenwort anrufen hört.

Gute Nacht! so können wir Nordländer zu jeder Stunde sagen, wenn wir im Finstern scheiden; der Italiener sagt Felicissima notte! nur einmal, und zwar, wenn das Licht in das Zimmer gebracht wird, indem Tag und Nacht sich scheiden, und da heißt es denn etwas ganz anderes. So unübersetzlich sind die Eigenheiten jeder Sprache: denn vom höchsten bis zum tiefsten Wort bezieht sich alles auf Eigentümlichkeiten der Nation, es sei nun in Charakter, Gesinnungen oder Zuständen.

Den 6. Oktober.

Die Tragödie gestern hat mich manches gelehrt. Erstlich habe ich gehört, wie die Italiener ihre elfsilbigen Jamben behandeln und deklamieren; dann habe ich begriffen, wie klug Gozzi die Masken mit den tragischen Figuren verbunden hat. Das ist das eigentliche Schauspiel für dieses Volk: denn es will auf eine krude Weise gerührt sein, es nimmt keinen innigen, zärtlichen Anteil am Unglücklichen, es freut sie nur, wenn der Held gut spricht; denn aufs Reden halten sie viel, sodann aber wollen sie lachen oder etwas Albernes vernehmen.

Ihr Anteil am Schauspiel ist nur als an einem Wirklichen. Da der Tyrann seinem Sohne das Schwert reichte und forderte, daß dieser seine eigne gegenüberstehende Gemahlin umbringen sollte, fing das Volk laut an, sein Mißvergnügen über diese Zumutung zu beweisen, und es fehlte nicht viel, so wäre das Stück unterbrochen worden. Sie verlangten, der Alte sollte sein Schwert zurücknehmen, wodurch denn freilich die folgenden Situationen des Stücks wären aufgehoben worden. Endlich entschloß sich der bedrängte Sohn, trat ins Proszenium und bat demütig, sie möchten sich nur noch einen Augenblick gedulden, die Sache werde noch ganz nach Wunsch ablaufen. Künstlerisch genommen aber war diese Situation nach den Umständen albern und unnatürlich, und ich lobte das Volk um sein Gefühl.

Jetzt verstehe ich besser die langen Reden und das viele Hin- und Herdissertieren im griechischen Trauerspiele. Die Athenienser hörten noch lieber reden und verstanden sich noch besser darauf als die Italiener; vor den Gerichtsstellen, wo sie den ganzen Tag lagen, lernten sie schon etwas.

An den ausgeführten Werken Palladios, besonders an den Kirchen, habe ich manches Tadelnswürdige neben dem Köstlichsten gefunden. Wenn ich nun so bei mir überlegte, inwiefern ich recht oder unrecht hätte gegen einen solchen außerordentlichen Mann, so war es, als ob er dabei stünde und mir sagte: das und das habe ich wider Willen gemacht, aber doch gemacht, weil ich unter den gegebenen Umständen nur auf diese Weise meiner höchsten Idee am nächsten kommen konnte.

Mir scheint, so viel ich auch darüber denke, er habe bei Betrachtung der Höhe und Breite einer schon bestehenden Kirche, eines ältern Hauses, wozu er Fassaden errichten sollte, nur überlegt: wie gibst du diesen Räumen die größte Form? im einzelnen mußt du, wegen eintretenden Bedürfnisses, etwas verrücken oder verpfuschen, da oder dort wird eine Unschicklichkeit entstehen; aber das mag sein, das Ganze wird einen hohen Stil haben, und du wirst dir zur Freude arbeiten.

Und so hat er das größte Bild, das er in der Seele trug, auch dahin gebracht, wo es nicht ganz paßte, wo er es im einzelnen zerknittern und verstümmeln mußte.

Der Flügel in der Carità dagegen muß uns deshalb von so hohem Werte sein, weil der Künstler freie Hand hatte und seinem Geist unbedingt folgen durfte. Wäre das Kloster fertig geworden, so stünde vielleicht in der ganzen gegenwärtigen Welt kein vollkommneres Werk der Baukunst.

Wie er gedacht und wie er gearbeitet, wird mir immer klarer, je mehr ich seine Werke lese und dabei betrachte, wie er die Alten behandelt; denn er macht wenig Worte, sie sind aber alle gewichtig. Das vierte Buch, das die antiken Tempel darstellt, ist eine rechte Einleitung, die alten Reste mit Sinn zu beschauen.

Den 7. Oktober.

Gestern abend sah ich Elektra von Crebillon, auf dem Theater San Crisostomo, nämlich übersetzt. Was mir das Stück abgeschmackt vorkam und wie es mir fürchterlich Langeweile machte, kann ich nicht sagen.

Die Akteurs sind übrigens brav und wissen das Publikum mit einzelnen Stellen abzuspeisen. Orest hat allein drei verschiedene

Erzählungen, poetisch aufgestutzt, in einer Szene. Elektra, ein hübsches Weibchen von mittlerer Größe und Stärke und fast französischer Lebhaftigkeit, einem guten Anstand, spricht die Verse schön; nur betrug sie sich von Anfang bis zu Ende toll, wie es leider die Rolle verlangt. Indessen habe ich doch wieder gelernt. Der italienische, immer elfsilbige Jambe hat für die Deklamation große Unbequemlichkeit, weil die letzte Silbe durchaus kurz ist und, wider Willen des Deklamators, in die Höhe schlägt.

Heute früh war ich bei dem Hochamte, welchem der Doge jährlich an diesem Tage, wegen eines alten Siegs über die Türken, in der Kirche der heiligen Justina beiwohnen muß. Wenn an dem kleinen Platz die vergoldeten Barken landen, die den Fürsten und einen Teil des Adels bringen, seltsam gekleidete Schiffer sich mit rot gemalten Rudern bemühen, am Ufer die Geistlichkeit, die Brüderschaften mit angezündeten, auf Stangen und tragbare silberne Leuchter gesteckten Kerzen stehen, drängen, wogen und warten, dann mit Teppichen beschlagene Brücken aus den Fahrzeugen ans Land gestreckt werden, zuerst die langen violetten Kleider der Savj, dann die langen roten der Senatoren sich auf dem Pflaster entfalten, zuletzt der Alte, mit goldener phrygischer Mütze geschmückt, im längsten goldenen Talar, mit dem Hermelinmantel, aussteigt, drei Diener sich seiner Schleppe bemächtigen, alles auf einem kleinen Platz vor dem Portal einer Kirche, vor deren Türen die Türkenfahnen gehalten werden, so glaubt man auf einmal eine alte gewirkte Tapete zu sehen, aber recht gut gezeichnet und koloriert. Mir nordischem Flüchtling hat diese Zeremonie viele Freude gemacht. Bei uns, wo alle Feierlichkeiten kurzröckig sind und wo die größte, die man sich denken kann, mit dem Gewehr auf der Schulter begangen wird, möchte so etwas nicht am Ort sein. Aber hierher gehören diese Schlepprröcke, diese friedlichen Begehungen.

Venedig, Kirche Sa. Maria degli Scalzi

Nach Antonio Canale

Venedig, Dogenpalast von der Seeseite *Nach Antonio Canale*

Der Doge ist ein gar schön gewachsener und schön gebildeter Mann, der krank sein mag, sich aber nur noch so, um der Würde willen, unter dem schweren Rocke gerade hält. Sonst sieht er aus wie der Großpapa des ganzen Geschlechts und ist gar hold und leutselig; die Kleidung steht sehr gut, das Käppchen unter der Mütze beleidigt nicht, indem es, ganz fein und durchsichtig, auf dem weißesten, klarsten Haar von der Welt ruht.

Etwa funfzig Nobili, in langen dunkelroten Schleppkleidern, waren mit ihm, meist schöne Männer, keine einzige vertrackte Gestalt, mehrere groß, mit großen Köpfen, denen die blonden Lockenperücken wohl ziemten; vorgebaute Gesichter, weiches, weißes Fleisch, ohne schwammig und widerwärtig auszusehen, vielmehr klug, ohne Anstrengung, ruhig, ihrer selbst gewiß, Leichtigkeit des Daseins und durchaus eine gewisse Fröhlichkeit.

Wie sich alles in der Kirche rangiert hatte und das Hochamt anfing, zogen die Brüderschaften zur Haupttüre herein und zur rechten Seitentüre wieder hinaus, nachdem sie, Paar für Paar, das Weihwasser empfangen und sich gegen den Hochaltar, den Dogen und den Adel geneigt hatten.

Auf heute abend hatte ich mir den famosen Gesang der Schiffer bestellt, die den Tasso und Ariost auf ihre eignen Melodien singen. Dieses muß wirklich bestellt werden, es kommt nicht gewöhnlich vor, es gehört vielmehr zu den halbverklungenen Sagen der Vorzeit. Bei Mondenschein bestieg ich eine Gondel, den einen Sänger vorn, den andern hinten; sie fingen ihr Lied an und sangen abwechselnd Vers für Vers. Die Melodie, welche wir durch Rousseau kennen, ist eine Mittelart zwischen Choral und Rezitativ, sie behält immer denselben Gang, ohne Takt zu haben; die Modulation ist auch dieselbige, nur verändern sie, nach dem Inhalt des Verses, mit einer Art von Deklamation sowohl Ton als Maß; der Geist aber, das Leben davon, läßt sich begreifen wie folgt.

Auf welchem Wege sich die Melodie gemacht hat, will ich nicht untersuchen, genug, sie paßt gar trefflich für einen müßigen Menschen, der sich etwas vormoduliert und Gedichte, die er auswendig kann, solchem Gesang unterschiebt.

Mit einer durchdringenden Stimme — das Volk schätzt Stärke vor allem — sitzt er am Ufer einer Insel, eines Kanals, auf einer Barke und läßt sein Lied schallen, so weit er kann. Über den stillen Spiegel verbreitet sich's. In der Ferne vernimmt es ein anderer, der die Melodie kennt, die Worte versteht und mit dem folgenden Verse antwortet; hierauf erwidert der erste, und so ist einer immer das Echo des andern. Der Gesang währt Nächte durch, unterhält sie, ohne zu ermüden. Je ferner sie also voneinander sind, desto reizender kann das Lied werden; wenn der Hörer alsdann zwischen beiden steht, so ist er am rechten Flecke.

Um dieses mich vernehmen zu lassen, stiegen sie am Ufer der Giudecca aus; sie teilten sich am Kanal hin, ich ging zwischen ihnen auf und ab, so daß ich immer den verließ, der zu singen anfangen sollte, und mich demjenigen wieder näherte, der aufgehört hatte. Da ward mir der Sinn des Gesangs erst aufgeschlossen. Als Stimme aus der Ferne klingt es höchst sonderbar, wie eine Klage ohne Trauer; es ist darin etwas unglaublich, bis zu Tränen Rührendes. Ich schrieb es meiner Stimmung zu; aber mein Alter sagte: è singolare, come quel canto intenerisce, e molto più, quando è più ben cantato. Er wünschte, daß ich die Weiber vom Lido, besonders die von Malamocco und Palestrina hören möchte; auch diese sängen den Tasso auf gleiche und ähnliche Melodien. Er sagte ferner: Sie haben die Gewohnheit, wenn ihre Männer aufs Fischen ins Meer sind, sich ans Ufer zu setzen und mit durchdringender Stimme abends diese Gesänge erschallen zu lassen, bis sie auch von ferne die Stimme der Ihrigen vernehmen und sich so mit ihnen unterhalten. Ist das nicht sehr schön? Und doch läßt sich wohl denken, daß ein Zuhörer in der Nähe wenig Freude an solchen Stimmen haben möchte, die mit den Wellen des Meeres kämpfen. Menschlich aber und wahr wird der Begriff dieses Gesanges, lebendig wird die Melodie, über deren tote Buchstaben wir uns sonst den Kopf zerbrochen haben. Gesang ist es eines Einsamen in die Ferne und Weite, damit ein anderer, Gleichgestimmter, höre und antworte.

Den 8. Oktober.

Den Palast Pisani Moretta besuchte ich wegen eines köstlichen Bildes von Paul Veronese. Die weibliche Familie des Darius kniet vor Alexandern und Hephästion: die vorankniende Mutter hält den letztern für den König; er lehnt es ab und deutet auf den Rechten. Man erzählt das Märchen, der Künstler sei in diesem Palast gut aufgenommen und längere Zeit ehrenvoll bewirtet worden, dagegen habe er das Bild heimlich gemalt und, als Geschenk, zusammengerollt unter das Bett geschoben. Es verdient allerdings einen besonderen Ursprung zu haben, denn es gibt einen Begriff von dem ganzen Werte des Meisters. Seine große Kunst, ohne einen allgemeinen Ton, der über das ganze Stück gezogen wäre, durch kunstreich verteiltes Licht und Schatten und ebenso weislich abwechselnde Lokalfarben die köstlichste Harmonie hervorzubringen, ist hier recht sichtbar, da das Bild vollkommen erhalten und frisch, wie von gestern, vor uns steht: denn freilich, sobald ein Gemälde dieser Art gelitten hat, wird unser Genuß sogleich getrübt, ohne daß wir wissen, was die Ursache sei.

Wer mit dem Künstler wegen des Kostüms rechten wollte, der dürfte sich nur sagen, es habe eine Geschichte des sechzehnten Jahrhunderts gemalt werden sollen, und so ist alles abgetan. Die Abstufung von der Mutter durch Gemahlin und Töchter ist höchst wahr und glücklich; die jüngste Prinzeß, ganz am Ende knieend, ist ein hübsches Mäuschen und hat ein gar artiges, eigensinniges, trotziges Gesichtchen, ihre Lage scheint ihr gar nicht zu gefallen.

Meine alte Gabe, die Welt mit Augen desjenigen Malers zu sehen, dessen Bilder ich mir eben eingedrückt, brachte mich auf einen eignen Gedanken. Es ist offenbar, daß sich das Auge nach den Gegenständen bildet, die es von Jugend auf erblickt, und so muß der venezianische Maler alles klarer und heiterer sehen als andere Menschen. Wir, die wir auf einem bald schmutzkotigen, bald staubigen, farblosen, die Widerscheine verdüsternden Boden, und vielleicht gar in engen Gemächern leben, können einen solchen Frohblick aus uns selbst nicht entwickeln.

Als ich, bei hohem Sonnenschein, durch die Lagunen fuhr und auf den Gondelrändern die Gondoliere leicht schwebend, buntbekleidet, rudernd betrachtete, wie sie auf der hellgrünen Fläche sich in der blauen Luft zeichneten, so sah ich das beste, frischeste Bild der venezianischen Schule. Der Sonnenschein hob die Lokalfarben blendend hervor, und die Schattenseiten waren so licht, daß sie verhältnismäßig wieder zu Lichtern hätten dienen können. Ein gleiches galt von den Widerscheinen des meergrünen Wassers. Alles war hell in hell gemalt, so daß die schäumende Welle und die Blitzlichter darauf nötig waren, um die Tüpfchen aufs i zu setzen.

Tizian und Paul hatten diese Klarheit im höchsten Grade, und wo man sie in ihren Werken nicht findet, hat das Bild verloren oder ist aufgemalt.

Die Kuppeln und Gewölbe der Markuskirche, nebst ihren Seitenflächen, alles ist bilderreich, alles bunte Figuren auf goldenem Grunde, alles musivische Arbeit; einige sind recht gut, andere gering; je nachdem die Meister waren, die den Karton verfertigten.

Es fiel mir recht aufs Herz, daß doch alles auf die erste Erfindung ankommt und daß diese das rechte Maß, den wahren Geist habe, da man mit viereckten Stückchen Glas, und hier nicht einmal auf die sauberste Weise, das Gute sowohl als das Schlechte nachbilden kann. Die Kunst, welche dem Alten seine Fußboden bereitete, dem Christen seine Kirchenhimmel wölbte, hat sich jetzt auf Dosen und Armbänder verkrümelt. Diese Zeiten sind schlechter, als man denkt.

In dem Hause Farsetti ist eine kostbare Sammlung von Abgüssen der besten Antiken. Ich schweige von denen, die ich von Mannheim her und sonst schon gekannt, und erwähne nur neuere Bekanntschaften. Eine Kleopatra in kolossaler Ruhe, die Aspis um den Arm geschlungen und in den Tod hinüberschlafend; ferner die Mutter Niobe, die ihre jüngste Tochter mit dem Mantel vor den Pfeilen des Apollo deckt; sodann einige Gladiatoren, ein in seinen Flügeln ruhender Genius, sitzende und stehende Philosophen.

Es sind Werke, an denen sich die Welt Jahrtausende freuen und bilden kann, ohne den Wert des Künstlers durch Gedanken zu erschöpfen.

Viele bedeutende Büsten versetzen mich in die alten herrlichen Zeiten. Nur fühle ich leider, wie weit ich in diesen Kenntnissen zurück bin; doch es wird vorwärts gehen, wenigstens weiß ich den Weg. Palladio hat mir ihn auch dazu, und zu aller Kunst und Leben geöffnet. Es klingt das vielleicht ein wenig wunderlich, aber doch nicht so parador, als wenn Jakob Böhme bei Erblickung einer zinnernen Schüssel durch Einstrahlung Jovis über das Universum erleuchtet wurde. Auch steht in dieser Sammlung ein Stück des Gebälks vom Tempel des Antonius und der Faustina in Rom. Die vorspringende Gegenwart dieses herrlichen Architekturgebildes erinnerte mich an das Kapitäl des Pantheon in Mannheim. Das ist freilich etwas anderes als unsere kauzenden, auf Kragsteinlein übereinander geschichteten Heiligen der gotischen Zierweisen, etwas anderes als unsere Tabakspfeifen-Säulen, spitze Türmlein und Blumenzacken; diese bin ich nun, Gott sei Dank, auf ewig los!

Noch will ich einiger Werke der Bildhauerkunst erwähnen, die ich diese Tage her, zwar nur im Vorbeigehen, aber doch mit

Erstaunen und Erbauung betrachtet: zwei ungeheure Löwen, von weißem Marmor, vor dem Tore des Arsenals; der eine sitzt aufgerichtet, auf die Vorderpfoten gestemmt, der andere liegt — herrliche Gegenbilder von lebendiger Mannigfaltigkeit. Sie sind so groß, daß sie alles umher klein machen und daß man selbst zunichte würde, wenn erhabene Gegenstände uns nicht erhüben. Sie sollen aus der besten griechischen Zeit und vom Piraeus in den glänzenden Tagen der Republik hierher gebracht sein.

Aus Athen mögen gleichfalls ein paar Basreliefe stammen, in dem Tempel der heiligen Justina, der Türkenbesiegerin, eingemauert, aber leider durch Kirchstühle einigermaßen verfinstert. Der Küster machte mich aufmerksam darauf, weil die Sage gehe, daß Tizian seine unendlich schönen Engel im Bilde, die Ermordung des heiligen Petrus Martyr vorstellend, darnach geformt habe. Es sind Genien, welche sich mit Attributen der Götter schleppen, freilich so schön, daß es allen Begriff übersteigt.

Sodann betrachtete ich mit ganz eignem Gefühl die nackte kolossale Statue des Markus Agrippa, in dem Hofe eines Palastes; ein sich ihm zur Seite heraufschlängelnder Delphin deutet auf einen Seehelden. Wie doch eine solche heroische Darstellung den reinen Menschen Göttern ähnlich macht!

Die Pferde auf der Markuskirche besah ich in der Nähe. Von unten hinauf bemerkt man leicht, daß sie fleckig sind, teils einen schönen gelben Metallglanz haben, teils kupfergrünlich angelaufen. In der Nähe sieht und erfährt man, daß sie ganz vergoldet waren, und sieht sie über und über mit Striemen bedeckt, da die Barbaren das Gold nicht abfeilen, sondern abhauen wollten. Auch das ist gut, so blieb wenigstens die Gestalt.

Ein herrlicher Zug Pferde! ich möchte einen rechten Pferdekenner darüber reden hören. Was mir sonderbar scheint, ist, daß sie in der Nähe schwer und unten vom Platz leicht wie die Hirsche aussehen.

Ich fuhr heute früh mit meinem Schutzgeiste auf den Lido, auf die Erdzunge, welche die Lagunen schließt und sie vom Meere absondert. Wir stiegen aus und gingen quer über die Zunge. Ich hörte ein starkes Geräusch: es war das Meer, und ich sah es bald, es ging hoch gegen das Ufer, indem es sich zurückzog, es war um Mittag, Zeit der Ebbe. So habe ich denn auch das Meer mit Augen gesehen und bin auf der schönen Tenne, die es weichend zurückläßt, ihm nachgegangen. Da hätte ich mir die Kinder gewünscht, um der Muscheln willen; ich habe, selbst kindisch, ihrer genug aufgelesen; doch widme ich sie zu einigem Gebrauch: ich möchte von der Feuchtigkeit des Tintenfisches, die hier so häufig wegfließt, etwas eintrocknen.
Auf dem Lido, nicht weit vom Meer, liegen Engländer begraben, und weiterhin Juden, die beiderseits in geweihtem Boden nicht ruhen sollten. Ich fand das Grab des edlen Konsul Smith und seiner ersten Frauen; ich bin ihm mein Exemplar des Palladio schuldig und dankte ihm auf seinem ungeweihten Grabe dafür. Und nicht allein ungeweiht, sondern halbverschüttet ist das Grab. Der Lido ist immer nur wie eine Düne anzusehen; der Sand wird dorthin geführt, vom Winde hin und her getrieben, aufgehäuft, überall angedrängt. In weniger Zeit wird man das ziemlich erhöhte Monument kaum wiederfinden können.
Das Meer ist doch ein großer Anblick! Ich will sehen, in einem Schifferkahn eine Fahrt zu tun: die Gondeln wagen sich nicht hinaus.

Am Meere habe ich auch verschiedene Pflanzen gefunden, deren ähnlicher Charakter mir ihre Eigenschaften näher kennen ließ: sie sind alle zugleich mastig und streng, saftig und zäh, und es ist offenbar, daß das alte Salz des Sandbodens, mehr aber die salzige Luft ihnen diese Eigenschaften gibt: sie strotzen von Säften, wie Wasserpflanzen, sie sind fest und zäh, wie Bergpflanzen; wenn ihre Blätterenden eine Neigung zu Stacheln haben, wie Disteln tun, sind sie gewaltig spitz und stark. Ich fand einen solchen Busch Blätter; es schien mir unser unschuldiger Huflattich, hier aber mit scharfen Waffen bewaffnet, und das Blatt wie Leder, so auch die Samenkapseln, die Stiele, alles mastig und fest. Ich bringe Samen mit und eingelegte Blätter (Eryngium maritimum).

Der Fischmarkt und die unendlichen Seeprodukte machen mir viel Vergnügen; ich gehe oft darüber und beleuchte die unglücklichen aufgehaschten Meeresbewohner.

Den 9. Oktober.

Ein köstlicher Tag, vom Morgen bis in die Nacht! Ich fuhr bis Palestrina gegen Chiozza über, wo die großen Baue sind, Murazzi genannt, welche die Republik gegen das Meer aufführen läßt. Sie sind von gehauenen Steinen und sollen eigentlich die lange Erdzunge, Lido genannt, welche die Lagunen von dem Meere trennt, vor diesem wilden Elemente schützen.

Die Lagunen sind eine Wirkung der alten Natur. Erst Ebbe, Flut und Erde, gegeneinander arbeitend, dann das allmähliche Sinken des Urgewässers waren Ursache, daß am obern Ende des Adriatischen Meeres sich eine ansehnliche Sumpfstrecke befindet, welche von der Flut besucht, von der Ebbe zum Teil verlassen wird. Die Kunst hat sich der höchsten Stellen bemächtigt, und so liegt Venedig, von hundert Inseln zusammen gruppiert und von hunderten umgeben. Zugleich hat man, mit unglaublicher Anstrengung und Kosten, tiefe Kanäle in den Sumpf gefurcht, damit man auch zur Zeit der Ebbe mit Kriegsschiffen an die Hauptstellen gelangen könne. Was Menschenwitz und Fleiß vor alters ersonnen und ausgeführt, muß Klugheit und Fleiß nun erhalten. Der Lido, ein langer Erdstreif, trennt die Lagunen von dem Meere, welches nur an zwei Orten hereintreten kann, bei dem Kastel nämlich und am entgegengesetzten Ende, bei Chiozza. Die Flut tritt gewöhnlich des Tages

Venedig, Der Bucentoro (Ausschnitt) *Nach Antonio Canale*

Venedig, Riva — *Nach Dominio Luisa*

zweimal herein, und die Ebbe bringt das Wasser zweimal hinaus, immer durch denselben Weg in denselben Richtungen. Die Flut bedeckt die inneren morastigen Stellen und läßt die erhöhteren, wo nicht trocken, doch sichtbar.

Ganz anders wäre es, wenn das Meer sich neue Wege suchte, die Erdzunge angriffe und nach Willkür hinein und heraus flutete. Nicht gerechnet, daß die Örtchen auf dem Lido, Palestrina, St. Peter und andere, untergehen müßten, so würden auch jene Kommunikationskanäle ausgefüllt und, indem das Wasser alles durcheinander schlemmte, der Lido zu Inseln, die Inseln, die jetzt dahinterliegen, zu Erdzungen verwandelt werden. Dieses zu verhüten, müssen sie den Lido verwahren, was sie können, damit das Element nicht dasjenige willkürlich angreifen, hinüber und herüber werfen möge, was die Menschen schon in Besitz genommen, dem sie schon zu einem gewissen Zweck Gestalt und Richtung gegeben haben.

Bei außerordentlichen Fällen, wenn das Meer übermäßig wächst, ist es besonders gut, daß es nur an zwei Orten herein darf und das übrige geschlossen bleibt; es kann also doch nicht mit der größten Gewalt eindringen und muß sich in einigen Stunden dem Gesetz der Ebbe unterwerfen und seine Wut mindern.

Übrigens hat Venedig nichts zu besorgen; die Langsamkeit, mit der das Meer abnimmt, gibt ihr Jahrtausende Zeit, und sie werden schon, den Kanälen klug nachhelfend, sich im Besitz zu erhalten suchen.

Wenn sie ihre Stadt nur reinlicher hielten, welches so notwendig als leicht ist und wirklich, auf die Folge von Jahrhunderten, von großer Konsequenz. Nun ist zwar bei großer Strafe verboten, nichts in die Kanäle zu schütten noch Kehricht hineinzuwerfen; einem schnell einfallenden Regenguß aber ist's nicht untersagt, allen den in die Ecken geschobnen Kehricht aufzurühren, in die Kanäle zu schleppen, ja, was noch schlimmer ist, in die Abzüge zu führen, die nur zum Abfluß des Wassers bestimmt

sind, und sie dergestalt zu verschlemmen, daß die Hauptplätze in Gefahr sind, unter Wasser zu stehen. Selbst einige Abzüge auf dem kleinen Markusplatze, die, wie auf dem großen, gar klug angelegt sind, habe ich verstopft und voll Wasser gesehen.
Wenn ein Tag Regenwetter einfällt, ist ein unleidlicher Kot; alles flucht und schimpft, man besudelt beim Auf- und Absteigen der Brücken die Mäntel, die Tabarros, womit man sich ja das ganze Jahr schleppt, und da alles in Schuh und Strümpfen läuft, bespritzt man sich und schilt; denn man hat sich nicht mit gemeinem, sondern beizendem Kot besudelt. Das Wetter wird wieder schön, und kein Mensch denkt an Reinlichkeit. Wie wahr ist es gesagt: das Publikum beklagt sich immer, daß es schlecht bedient sei, und weiß es nicht anzufangen, besser bedient zu werden. Hier, wenn der Souverän wollte, könnte alles gleich getan sein.

Heute abend ging ich auf den Markusturm; denn da ich neulich die Lagunen in ihrer Herrlichkeit, zur Zeit der Flut, von oben gesehen, wollt' ich sie auch zur Zeit der Ebbe, in ihrer Demut, schauen, und es ist notwendig, diese beiden Bilder zu verbinden, wenn man einen richtigen Begriff haben will. Es sieht sonderbar aus, ringsum überall Land erscheinen zu sehen, wo vorher Wasserspiegel war. Die Inseln sind nicht mehr Inseln, nur höher bebaute Flecke eines großen graugrünlichen Morastes, den schöne Kanäle durchschneiden. Der sumpfige Teil ist mit Wasserpflanzen bewachsen und muß sich auch dadurch nach und nach erheben, obgleich Ebbe und Flut beständig daran rupfen und wühlen und der Vegetation keine Ruhe lassen.
Ich wende mich mit meiner Erzählung nochmals ans Meer. Dort habe ich heute die Wirtschaft der Seeschnecken, Patellen und Taschenkrebse gesehen und mich herzlich darüber gefreut. Was ist doch ein Lebendiges für ein köstliches, herrliches Ding! wie abgemessen zu seinem Zustande, wie wahr, wie seiend! Wie

viel nützt mir nicht mein bißchen Studium der Natur, und wie freue ich mich, es fortzusetzen! Doch ich will, da es sich mitteilen läßt, die Freunde nicht mit bloßen Ausrufungen anreizen.

Die dem Meere entgegengebauten Mauerwerke bestehen erst aus einigen steilen Stufen, dann kommt eine sacht ansteigende Fläche, sodann wieder eine Stufe, abermals eine sanft ansteigende Fläche, dann eine steile Mauer mit einem oben überhängenden Kopfe. Diese Stufen, diese Flächen hinan steigt nun das flutende Meer, bis es, in außerordentlichen Fällen, endlich oben an der Mauer und deren Vorsprung zerschellt.

Dem Meere folgen seine Bewohner, kleine eßbare Schnecken, einschalige Patellen, und was sonst noch beweglich ist, besonders die Taschenkrebse. Kaum aber haben diese Tiere an den glatten Mauern Besitz genommen, so zieht sich schon das Meer, weichend und schwellend, wie es gekommen, wieder zurück. Anfangs weiß das Gewimmel nicht, woran es ist, und hofft immer, die salzige Flut soll wiederkehren; allein sie bleibt aus, die Sonne sticht und trocknet schnell, und nun geht der Rückzug an. Bei dieser Gelegenheit suchen die Taschenkrebse ihren Raub. Wunderlicher und komischer kann man nichts sehen als die Gebärden dieser aus einem runden Körper und zwei langen Scheren bestehenden Geschöpfe; denn die übrigen Spinnenfüße sind nicht bemerklich. Wie auf stelzenartigen Armen schreiten sie einher, und sobald eine Patelle sich unter ihrem Schild vom Flecke bewegt, fahren sie zu, um die Schere in den schmalen Raum zwischen der Schale und dem Boden zu stecken, das Dach umzukehren und die Auster zu verschmausen. Die Patelle zieht sachte ihren Weg hin, saugt sich aber gleich fest an den Stein, sobald sie die Nähe des Feindes merkt. Dieser gebärdet sich nun wunderlich um das Dächelchen herum, gar zierlich und affenhaft; aber ihm fehlt die Kraft, den mächtigen Muskel des weichen Tierchens zu überwältigen, er tut auf diese Beute Verzicht, eilt auf eine andere wandernde los, und die erste setzt ihren Zug sachte fort. Ich habe nicht gesehen, daß irgend ein Taschenkrebs zu seinem Zweck gelangt wäre, ob ich gleich den Rückzug dieses Gewimmels stundenlang, wie sie die beiden Flächen und die dazwischen liegenden Stufen hinabschlichen, beobachtet habe.

Den 10. Oktober.

Nun endlich kann ich denn auch sagen, daß ich eine Komödie gesehen habe! Sie spielten heut auf dem Theater St. Lukas: Le Baruffe Chiozzotte, welches allenfalls zu übersetzen wäre: Die Rauf- und Schreihändel von Chiozza. Die Handelnden sind lauter Seeleute, Einwohner von Chiozza, und ihre Weiber, Schwestern und Töchter. Das gewöhnliche Geschrei dieser Leute, im Guten und Bösen, ihre Händel, Heftigkeit, Gutmütigkeit, Plattheit, Witz, Humor und ungezwungene Manieren, alles ist gar brav nachgeahmt. Das Stück ist noch von Goldoni, und da ich erst gestern in jener Gegend war und mir Stimmen und Betragen der See- und Hafenleute noch im Aug' und Ohr widerschien und widerklang, so machte es gar große Freude, und ob ich gleich manchen einzelnen Bezug nicht verstand, so konnte ich doch dem Ganzen recht gut folgen. Der Plan des Stücks ist folgender. Die Einwohnerinnen von Chiozza sitzen auf der Reede vor ihren Häusern, spinnen, stricken, nähen, klippeln wie gewöhnlich; ein junger Mensch geht vorüber und grüßt eine freundlicher als die übrigen; sogleich fängt das Sticheln an; dies hält nicht Maße, es schärft sich und wächst bis zum Hohne, steigert sich zu Vorwürfen, eine Unart überbietet die andere; eine heftige Nachbarin platzt mit der Wahrheit heraus, und nun ist Schelten, Schimpfen, Schreien auf einmal losgebunden, es fehlt nicht an entschiedenen Beleidigungen, so daß die Gerichtspersonen sich einzumischen genötigt sind.

Im zweiten Akt befindet man sich in der Gerichtsstube. Der Aktuarius an der Stelle des abwesenden Podesta, der als Nobile nicht auf dem Theater hätte erscheinen dürfen, der Aktuarius also läßt die Frauen einzeln vorfordern: dieses wird dadurch bedenklich, daß er selbst in die erste Liebhaberin verliebt ist und, sehr glücklich sie allein zu sprechen, anstatt sie zu verhören ihr eine Liebeserklärung tut. Eine andere, die in den Aktuarius verliebt ist, stürzt eifersüchtig herein, der aufgeregte Liebhaber der ersten gleichfalls, die übrigen folgen, neue Vorwürfe häufen sich, und nun ist der Teufel in der Gerichtsstube los, wie vorher auf dem Hafenplatz.

Im dritten Akt steigert sich der Scherz, und das Ganze endet mit einer eiligen notdürftigen Auflösung. Der glücklichste Gedanke jedoch ist in einem Charakter ausgedrückt, der sich folgendermaßen darstellt.

Ein alter Schiffer, dessen Gliedmaßen, besonders aber die Sprachorgane, durch eine von Jugend auf geführte harte Lebensart stockend geworden, tritt auf, als Gegensatz des beweglichen, schwätzenden, schreiseligen Volkes; er nimmt immer erst einen Anlauf durch Bewegung der Lippen und Nachhelfen der Hände und Arme, bis er denn endlich, was er gedacht, herausstößt. Weil ihm dieses aber nur in kurzen Sätzen gelingt, so hat er sich einen lakonischen Ernst angewöhnt, dergestalt, daß alles, was er sagt, sprüchwörtlich oder sentenzios klingt, wodurch denn das übrige wilde, leidenschaftliche Handeln gar schön ins Gleichgewicht gesetzt wird.

Aber auch so eine Lust habe ich noch nie erlebt, als das Volk laut werden ließ, sich und die Seinigen so natürlich vorstellen zu sehen. Ein Gelächter und Gejauchze von Anfang bis zu Ende. Ich muß aber auch gestehen, daß die Schauspieler es vortrefflich machten. Sie hatten sich, nach Anlage der Charaktere, in die verschiedenen Stimmen geteilt, welche unter dem Volk gewöhnlich vorkommen. Die erste Aktrice war allerliebst, viel besser als neulich in Heldentracht und Leidenschaft. Die Frauen überhaupt, besonders aber diese, ahmten Stimme, Gebärden und Wesen des Volks aufs anmutigste nach. Großes Lob verdient der Verfasser, der aus nichts den angenehmsten Zeitvertreib gebildet hat. Das kann man aber auch nur unmittelbar seinem eignen lebenslustigen Volk. Es ist durchaus mit einer geübten Hand geschrieben.

Von der Truppe Sacchi, für welche Gozzi arbeitete und die übrigens zerstreut ist, habe ich die Smeraldina gesehen, eine kleine, dicke Figur, voller Leben, Gewandtheit und guten Humors. Mit ihr sah ich den Brighella, einen hagern, wohlgebauten, besonders in Mienen- und Händespiel trefflichen Schauspieler. Diese Masken, die wir fast nur als Mumien kennen, da sie für uns weder Leben noch Bedeutung haben, tun hier gar zu wohl, als Geschöpfe dieser Landschaft. Die ausgezeichneten Alter, Charaktere und Stände haben sich in wunderlichen Kleidern verkörpert, und wenn man selbst den größten Teil des Jahrs mit der Maske herumläuft, so findet man nichts natürlicher, als daß da droben auch schwarze Gesichter erscheinen.

Den 11. Oktober.

Und weil die Einsamkeit in einer so großen Menschenmasse denn doch zuletzt nicht recht möglich sein will, so bin ich mit einem alten Franzosen zusammengekommen, der kein Italienisch kann, sich wie verraten und verkauft fühlt und, mit allen Empfehlungsschreiben, doch nicht recht weiß, woran er ist. Ein Mann von Stande, sehr guter Lebensart, der aber nicht aus sich heraus kann; er mag stark in den Funfzigen sein und hat zu Hause einen siebenjährigen Knaben, von dem er bänglich Nachrichten erwartet. Ich habe ihm einige Gefälligkeiten erzeigt; er reist durch Italien bequem, aber geschwind, um es doch einmal gesehen zu haben, und mag sich gern im Vorbeigehen so viel wie möglich unterrichten; ich gebe ihm Auskunft über manches. Als ich mit ihm von Venedig sprach, fragte er mich, wie lange ich hier sei, und als er hörte, nur vierzehn Tage und zum erstenmal, versetzte er: Il paraît que vous n'avez pas perdu votre temps. Das ist das erste Testimonium meines Wohlverhaltens, das ich aufweisen kann. Er ist nun acht Tage hier und geht morgen fort. Es war mir köstlich, einen recht eingefleischten Versailler in der Fremde zu sehen. Der reist nun auch! und ich betrachtete mit Erstaunen, wie man reisen kann, ohne etwas außer sich gewahr zu werden; und er ist in seiner Art ein recht gebildeter, wackrer, ordentlicher Mann.

Den 12. Oktober.

Gestern gaben sie zu St. Lukas ein neues Stück: L'Inglicismo in Italia. Da viele Engländer in Italien leben, so ist es natürlich, daß ihre Sitten bemerkt werden, und ich dachte hier zu erfahren, wie die Italiener diese reichen und ihnen so willkommenen Gäste betrachten; aber es war ganz und gar nichts. Einige glückliche Narrenszenen, wie immer, das übrige aber zu schwer und ernstlich gemeint, und denn doch keine Spur von englischem Sinn; die gewöhnlichen italienischen sittlichen Gemeinsprüche, und auch nur auf das Gemeinste gerichtet.
Auch gefiel es nicht und war auf dem Punkt, ausgepfiffen zu werden; die Schauspieler fühlten sich nicht in ihrem Elemente, nicht auf dem Platze von Chiozza. Da dies das letzte Stück ist, was ich hier sehe, so scheint es, mein Enthusiasmus für jene Nationalrepräsentation sollte noch durch diese Folie erhöht werden.

Nachdem ich zum Schluß mein Tagebuch durchgegangen, kleine Schreibtafelbemerkungen eingeschaltet, so sollen die Akten inrotuliert und den Freunden zum Urteilsspruch zugeschickt werden. Schon jetzt finde ich manches in diesen Blättern, das ich näher bestimmen, erweitern und verbessern könnte; es mag stehen als Denkmal des ersten Eindrucks, der, wenn er auch nicht immer wahr wäre, uns doch köstlich und wert bleibt. Könnte ich nur den Freunden einen Hauch dieser leichtern Existenz hinübersenden! Jawohl ist dem Italiener das Ultramontane eine dunkle Vorstellung, auch mir kommt das Jenseits der Alpen nun düster vor; doch winken freundliche Gestalten immer aus dem Nebel. Nur das Klima würde mich reizen, diese Gegenden jenen vorzuziehen; denn Geburt und Gewohnheit sind mächtige Fesseln. Ich möchte hier nicht leben, wie überall an keinem Orte, wo ich unbeschäftigt wäre; jetzt macht mir das Neue unendlich viel zu schaffen. Die Baukunst steigt wie ein alter Geist aus dem Grabe hervor, sie heißt mich ihre Lehren, wie die Regeln einer ausgestorbenen Sprache, studieren, nicht um sie auszuüben oder mich in ihr lebendig zu erfreuen, sondern nur um die ehrwürdige, für ewig abgeschiedene Existenz der vergangenen Zeitalter in einem stillen Gemüte zu verehren. Da Palladio alles auf Vitruv bezieht, so habe ich mir auch die Ausgabe des Galiani angeschafft; allein dieser Foliante lastet in meinem Gepäck wie das Studium desselben auf meinem Gehirn. Palladio hat mir durch seine Worte und Werke, durch seine Art und Weise des Denkens und Schaffens den Vitruv schon näher gebracht und verdolmetscht, besser als die italienische Übersetzung tun kann. Vitruv liest sich nicht so leicht; das Buch ist an sich schon düster geschrieben und fordert ein kritisches Studium. Demohngeachtet lese ich es flüchtig durch, und es bleibt mir mancher würdige Eindruck. Besser zu sagen: ich lese es wie ein Brevier, mehr aus Andacht als zur Belehrung. Schon bricht die Nacht zeitiger ein und gibt Raum zum Lesen und Schreiben.

Gott sei Dank, wie mir alles wieder lieb wird, was mir von Jugend auf wert war! Wie glücklich befinde ich mich, daß ich den alten Schriftstellern wieder näher zu treten wage! Denn jetzt darf ich es sagen, darf meine Krankheit und Torheit bekennen. Schon einige Jahre her durft' ich keinen lateinischen Autor ansehen, nichts betrachten, was mir ein Bild Italiens erneute. Geschah es zufällig, so erduldete ich die entsetzlichsten Schmerzen. Herder spottete oft über mich, daß ich all mein Latein aus dem Spinoza lerne; denn er hatte bemerkt, daß dies

Bologna, Die schiefen Türme — *Nach einem Stich der Zeit*

Aussicht auf Rom *Nach Hacker*

das einzige lateinische Buch war, das ich las: er wußte aber nicht, wie sehr ich mich vor den Alten hüten mußte, wie ich mich in jene abstrusen Allgemeinheiten nur ängstlich flüchtete. Noch zuletzt hat mich die Wielandsche Übersetzung der Satiren höchst unglücklich gemacht: ich hatte kaum zwei gelesen, so war ich schon verrückt.

Hätte ich nicht den Entschluß gefaßt, den ich jetzt ausführe, so wär' ich rein zugrunde gegangen: zu einer solchen Reife war die Begierde, diese Gegenstände mit Augen zu sehen, in meinem Gemüt gestiegen. Die historische Kenntnis fördert mich nicht: die Dinge standen nur eine Handbreit von mir ab, aber durch eine undurchdringliche Mauer geschieden. Es ist mir wirklich auch jetzt nicht etwa zumute, als wenn ich die Sachen zum erstenmal sähe, sondern als ob ich sie wiedersähe. Ich bin nur kurze Zeit in Venedig und habe mir die hiesige Existenz genugsam zugeeignet und weiß, daß ich, wenn auch einen unvollständigen, doch einen ganz klaren und wahren Begriff mit wegnehme.

Venedig, den 14. Oktober, 2 Stunden in der Nacht.

In den letzten Augenblicken meines Hierseins: denn es geht sogleich mit dem Kurierschiffe nach Ferrara. Ich verlasse Venedig gern; denn um mit Vergnügen und Nutzen zu bleiben, müßte ich andere Schritte tun, die außer meinem Plan liegen; auch verläßt jedermann nun diese Stadt und sucht seine Gärten und Besitzungen auf dem festen Lande. Ich habe indes gut aufgeladen und trage das reiche, sonderbare, einzige Bild mit mir fort

Ferrara bis Rom

Den 16. Oktober früh, auf dem Schiffe.

Meine Reisegesellschaft, Männer und Frauen, ganz leidliche und natürliche Menschen, liegen noch alle schlafend in der Kajüte. Ich aber, in meinen Mantel gehüllt, blieb auf dem Verdeck die beiden Nächte. Nur gegen Morgen ward es kühl. Ich bin nun in den fünfundvierzigsten Grad wirklich eingetreten und wiederhole mein altes Lied: dem Landbewohner wollt' ich alles lassen, wenn ich nur, wie Dido, so viel Klima mit Riemen umspannen könnte, um unsere Wohnungen damit einzufassen. Es ist denn doch ein ander Sein. Die Fahrt bei herrlichem Wetter war sehr angenehm, die Aus- und Ansichten einfach, aber anmutig. Der Po, ein freundlicher Fluß, zieht hier durch große Plainen, man sieht nur seine bebuschten und bewaldeten Ufer, keine Fernen. Hier, wie an der Etsch, sah ich alberne Wasserbaue, die kindisch und schädlich sind, wie die an der Saale.

Ferrara, den 16. Oktober nachts.

Seit früh sieben Uhr deutschen Zeigers hier angelangt, bereite ich mich, morgen wieder wegzugehen. Zum erstenmal überfällt mich eine Art von Unlust, in dieser großen und schönen, flachgelegenen, entvölkerten Stadt. Dieselben Straßen belebte sonst ein glänzender Hof, hier wohnte Ariost unzufrieden, Tasso unglücklich, und wir glauben uns zu erbauen, wenn wir diese Stätte besuchen. Ariosts Grabmal enthält viel Marmor, schlecht ausgeteilt. Statt Tassos Gefängnis zeigen sie einen Holzstall oder Kohlengewölbe, wo er gewiß nicht aufbewahrt worden ist. Auch weiß im Hause kaum jemand mehr, was man will. Endlich besinnen sie sich, um des Trinkgeldes willen. Es kommt mir vor wie Dr. Luthers Tintenklecks, den der Kastellan von Zeit zu Zeit wieder auffrischt. Die meisten Reisenden haben doch etwas Handswerksburschenartiges und sehen sich gern nach solchen Wahrzeichen um. Ich war ganz mürrisch geworden, so daß ich an einem schönen akademischen Institut, welches ein aus Ferrara gebürtiger Kardinal gestiftet und bereichert, wenig teilnahm; doch erquickten mich einige alte Denkmale im Hofe.
Sodann erheiterte mich der gute Einfall eines Malers. Johannes der Täufer vor Herodes und Herodias. Der Prophet in seinem gewöhnlichen Wüstenkostüme deutet heftig auf die Dame. Sie

sieht ganz gelassen den neben ihr sitzenden Fürsten und der Fürst still und klug den Enthusiasten an. Vor dem Könige steht ein Hund, weiß, mittelgroß; unter dem Rock der Herodias hingegen kommt ein kleiner Bologneser hervor, welche beide den Propheten anbellen. Mich dünkt, das ist recht glücklich gedacht.

Cento, den 17. Oktober abends.

In einer bessern Stimmung als gestern schreibe ich aus Guercins Vaterstadt Es ist aber auch ein ganz anderer Zustand. Ein freundliches, wohlgebautes Städtchen, von ungefähr fünftausend Einwohnern, nahrhaft, lebendig, reinlich in einer unübersehlich bebauten Plaine. Ich bestieg nach meiner Gewohnheit sogleich den Turm. Ein Meer von Pappelspitzen, zwischen denen man in der Nähe kleine Bauernhöfchen erblickt, jedes mit seinem eignen Feld umgeben. Köstlicher Boden, ein mildes Klima. Es war ein Herbstabend, wie wir unserm Sommer selten einen verdanken. Der Himmel, den ganzen Tag bedeckt, heiterte sich auf, die Wolken warfen sich nord- und südwärts an die Gebirge, und ich hoffe einen schönen morgenden Tag.

Hier sah ich die Apenninen, denen ich mich nähere, zum erstenmal. Der Winter dauert hier nur Dezember und Januar; ein regnichter April, übrigens nach Beschaffenheit der Jahreszeit gut Wetter. Nie anhaltenden Regen; doch war dieser September besser und wärmer als ihr August. Die Apenninen begrüßte ich freundlich in Süden; denn ich habe der Flächen bald genug. Morgen schreibe ich dort an ihrem Fuße.

Guercino liebte seine Vaterstadt, wie überhaupt die Italiener diesen Lokalpatriotismus im höchsten Sinne hegen und pflegen, aus welchem schönen Gefühl so viel köstliche Anstalten, ja die Menge Ortsheilige entsprungen sind. Unter jenes Meisters Leitung entstand nun hier eine Malerakademie. Er hinterließ mehrere Bilder, an denen sich noch der Bürger freut, die es aber auch wert sind.

Guercin ist ein heiliger Name, und im Munde der Kinder wie der Alten.

Sehr lieb war mir das Bild, den auferstandenen Christus vorstellend, der seiner Mutter erscheint. Vor ihm knieend, blickt sie auf ihn mit unbeschreiblicher Innigkeit. Ihre Linke berührt seinen Leib, gleich unter der unseligen Wunde, die das ganze Bild verdirbt. Er hat seine linke Hand um ihren Hals gelegt und biegt sich, um sie bequemer anzusehen, ein wenig mit dem Körper zurück. Dieses gibt der Figur etwas, ich will nicht sagen Gezwungenes, aber doch Fremdes. Demohngeachtet bleibt sie unendlich angenehm. Der stilltraurige Blick, mit dem er sie ansieht, ist einzig, als wenn ihm die Erinnerung seiner und ihrer Leiden, durch die Auferstehung nicht gleich geheilt, vor der edlen Seele schwebte.

Strange hat das Bild gestochen; ich wünschte, daß meine Freunde wenigstens diese Kopie sähen.

Darauf gewann eine Madonna meine Neigung. Das Kind verlangt nach der Brust; sie zaudert schamhaft, den Busen zu entblößen. Natürlich, edel, köstlich und schön.

Ferner eine Maria, die dem vor ihr stehenden und nach den Zuschauern gerichteten Kinde den Arm führt, daß es mit aufgehobenen Fingern den Segen austeile. Ein im Sinn der katholischen Mythologie sehr glücklicher und oft wiederholter Gedanke.

Guercin ist ein innerlich braver, männlich gesunder Maler, ohne Rohheit. Vielmehr haben seine Sachen eine zarte moralische Grazie, eine ruhige Freiheit und Großheit, dabei etwas Eignes, daß man seine Werke, wenn man einmal das Auge darauf gebildet hat, nicht verkennen wird. Die Leichtigkeit, Reinlichkeit und Vollendung seines Pinsels setzt in Erstaunen. Er bedient sich besonders schöner, ins Braunrote gebrochener Farben zu seinen Gewändern; diese harmonieren gar gut mit dem Blauen, das er auch gerne anbringt.

Die Gegenstände der übrigen Bilder sind mehr oder weniger unglücklich. Der gute Künstler hat sich gemartert und doch Erfindung und Pinsel, Geist und Hand verschwendet und verloren. Mir ist aber sehr lieb und wert, daß ich auch diesen schönen Kunstkreis gesehen habe, obgleich ein solches Vorüberrennen wenig Genuß und Belehrung gewährt.

Bologna, den 18. Oktober nachts.

Heute früh, vor Tage, fuhr ich von Cento weg und gelangte bald genug hierher. Ein flinker und wohlunterrichteter Lohnbediente, sobald er vernahm, daß ich nicht lange zu verweilen gedächte, jagte mich durch alle Straßen, durch so viel Paläste und Kirchen, daß ich kaum in meinem Volkmann anzeichnen konnte, wo ich gewesen war; und wer weiß, ob ich mich künftig bei diesen Merkzeichen aller der Sachen erinnere. Nun gedenke ich aber ein paar lichter Punkte, an denen ich wahrhafte Beruhigung gefühlt.

Zuerst also die Cäcilia von Raffael! Es ist, was ich zum voraus wußte, nun aber mit Augen sah: er hat eben immer gemacht, was andere zu machen wünschten, und ich möchte jetzt nichts darüber sagen, als daß es von ihm ist. Fünf Heilige nebeneinander, die uns alle nichts angehen, deren Existenz aber so vollkommen dasteht, daß man dem Bilde eine Dauer für die Ewigkeit wünscht, wenn man gleich zufrieden ist, selbst aufgelöst zu werden. Um ihn aber recht zu erkennen, ihn recht zu schätzen und ihn wieder auch nicht ganz als einen Gott zu preisen, der, wie Melchisedek, ohne Vater und ohne Mutter erschienen wäre, muß man seine Vorgänger, seine Meister ansehen. Diese haben auf dem festen Boden der Wahrheit Grund gefaßt, sie haben die breiten Fundamente emsig, ja ängstlich gelegt und, miteinander wetteifernd, die Pyramide stufenweise in die Höhe gebaut, bis er zuletzt, von allen diesen Vorteilen unterstützt, von dem himmlischen Genius erleuchtet, den letzten Stein des

Gipfels aufsetzte, über und neben dem kein anderer stehen kann.

Das historische Interesse wird besonders rege, wenn man die Werke der ältern Meister betrachtet. Francesco Francia ist ein gar respektabler Künstler, Peter von Perugia ein so braver Mann, daß man sagen möchte: eine ehrliche deutsche Haut. Hätte doch das Glück Albrecht Dürern tiefer nach Italien geführt! In München habe ich ein paar Stücke von ihm gesehen von unglaublicher Großheit. Der arme Mann, wie er sich in Venedig verrechnet und mit den Pfaffen einen Akkord macht, bei dem er Wochen und Monate verliert! Wie er auf seiner niederländischen Reise gegen seine herrlichen Kunstwerke, womit er sein Glück zu machen hoffte, Papageien eintauscht und, um das Trinkgeld zu sparen, die Domestiken porträtiert, die ihm einen Teller Früchte bringen! Mir ist so ein armer Narr von Künstler unendlich rührend, weil es im Grunde auch mein Schicksal ist, nur daß ich mir ein klein wenig besser zu helfen weiß.

Gegen Abend rettete ich mich endlich aus dieser alten, ehrwürdigen, gelehrten Stadt, aus der Volksmenge, die in den gewölbten Lauben, welche man fast durch alle Straßen verbreitet sieht, geschützt vor Sonne und Witterung, hin und her wandeln, gaffen, kaufen und ihre Geschäfte treiben kann. Ich bestieg den Turm und ergötzte mich an der freien Luft. Die Aussicht ist herrlich! Im Norden sieht man die Paduanischen Berge, sodann die Schweizer, Tiroler, Friauler Alpen, genug, die ganze nördliche Kette, diesmal im Nebel. Gegen Westen ein unbegrenzter Horizont, aus dem nur die Türme von Modena herausragen. Gegen Osten eine gleiche Ebene, bis ans Adriatische Meer, welches man bei Sonnenaufgang gewahr wird. Gegen Süden die Vorhügel der Apenninen, bis an ihre Gipfel bepflanzt, bewachsen, mit Kirchen, Palästen, Gartenhäusern besetzt, wie die Vicentinischen Hügel. Es war ein ganz reiner Himmel, kein

Wölkchen, nur am Horizont eine Art Höherauch. Der Türmer versicherte, daß nunmehro seit sechs Jahren dieser Nebel nicht aus der Ferne komme. Sonst habe er durch das Sehrohr die Berge von Vicenza mit ihren Häusern und Kapellen gar wohl entdecken können, jetzt bei den hellsten Tagen nur selten. Und dieser Nebel lege sich denn vorzüglich an die nördliche Kette und mache unser liebes Vaterland zum wahren Cimmerien. Der Mann ließ mich auch die gesunde Lage und Luft der Stadt daran bemerken, daß ihre Dächer wie neu aussähen und kein Ziegel durch Feuchtigkeit und Moos angegriffen sei. Man muß gestehen, die Dächer sind alle rein und schön; aber die Güte der Ziegeln mag auch etwas dazu beitragen, wenigstens in alten Zeiten hat man solche in diesen Gegenden kostbar gebrannt.
Der hängende Turm ist ein abscheulicher Anblick, und doch höchst wahrscheinlich, daß er mit Fleiß so gebaut worden. Ich erkläre mir diese Torheit folgendermaßen. In den Zeiten der städtischen Unruhen ward jedes große Gebäude zur Festung, aus der jede mächtige Familie einen Turm erhob. Nach und nach wurde dies zu einer Lust- und Ehrensache, jeder wollte auch mit einem Turm prangen, und als zuletzt die graden Türme gar zu alltäglich waren, so baute man einen schiefen. Auch haben Architekt und Besitzer ihren Zweck erreicht: man sieht an den vielen graden schlanken Türmen hin und sucht den krummen. Ich war nachher oben auf demselben. Die Backsteinschichten liegen horizontal. Mit gutem bindendem Kitt und eisernen Ankern kann man schon tolles Zeug machen.

Bologna, den 19. Oktober abends.

Meinen Tag habe ich bestmöglichst angewendet, um zu sehen und wieder zu sehen; aber es geht mit der Kunst wie mit dem Leben: je weiter man hineinkommt, je breiter wird sie. An diesem Himmel treten wieder neue Gestirne hervor, die ich nicht berechnen kann und die mich irre machen: die Carracci, Guido,

Dominichin, in einer spätern glücklichern Kunstzeit entsprungen; sie aber wahrhaft zu genießen, gehört Wissen und Urteil, welches mir abgeht und nur nach und nach erworben werden kann. Ein großes Hindernis der reinen Betrachtung und der unmittelbaren Einsicht sind die meist unsinnigen Gegenstände der Bilder, über die man toll wird, indem man sie verehren und lieben möchte.

Es ist, als da sich die Kinder Gottes mit den Töchtern der Menschen vermählten: daraus entstanden mancherlei Ungeheuer. Indem der himmlische Sinn des Guido, sein Pinsel, der nur das Vollkommenste, was geschaut werden kann, hätte malen sollen, dich anzieht, so möchtest du gleich die Augen von den abscheulich dummen, mit keinen Scheltworten der Welt genug zu erniedrigenden Gegenständen wegkehren, und so geht es durchaus: man ist immer auf der Anatomie, dem Rabensteine, dem Schindanger, immer Leiden des Helden, niemals Handlung, nie ein gegenwärtig Interesse, immer etwas phantastisch von außen Erwartetes. Entweder Missetäter, oder Verzückte, Verbrecher oder Narren, wo denn der Maler, um sich zu retten, einen nackten Kerl, eine hübsche Zuschauerin herbeischleppt, allenfalls seine geistlichen Helden als Gliedermänner traktiert und ihnen recht schöne Faltenmäntel überwirft. Da ist nichts, was einen menschlichen Begriff gäbe! Unter zehn Sujets nicht eins, das man hätte malen sollen, und das eine hat der Künstler nicht von der rechten Seite nehmen dürfen.

Das große Bild von Guido in der Kirche der Mendicanti ist alles, was man malen, aber auch alles, was man Unsinniges bestellen und dem Künstler zumuten kann. Es ist ein Votivbild. Ich glaube, der ganze Senat hat es gelobt und auch erfunden. Die beiden Engel, die wert wären, eine Psyche in ihrem Unglück zu trösten, müssen hier —

Der heilige Proclus, eine schöne Figur; aber dann die andern, Bischöfe und Pfaffen! Unten sind himmlische Kinder, die mit

Rom, Porta del Popolo

Nach Vasi

Rom, Monte Cavallo *Nach Pronti*

Rom, Piazza del Popolo *Nach Pronti*

Attributen spielen. Der Maler, dem das Messer an der Kehle saß, suchte sich zu helfen, wie er konnte, er mühte sich ab, nur um zu zeigen, daß nicht er der Barbar sei.
Zwei nackte Figuren von Guido: ein Johannes in der Wüste, ein Sebastian, wie köstlich gemalt! und was sagen sie? der eine sperrt das Maul auf, und der andere krümmt sich.
Betrachte ich in diesem Unmut die Geschichte, so möchte ich sagen: der Glaube hat die Künste wieder hervorgehoben, der Aberglaube hingegen ist Herr über sie geworden und hat sie abermals zugrunde gerichtet.
Nach Tisch etwas milder und weniger anmaßlich gestimmt als heute früh, bemerkte ich folgendes in meine Schreibtafel: Im Palast Tanari ist ein berühmtes Bild von Guido, die säugende Maria vorstellend, über Lebensgröße, der Kopf, als wenn ihn ein Gott gemalt hätte; unbeschreiblich ist der Ausdruck, mit welchem sie auf den säugenden Knaben heruntersieht. Mir scheint es eine stille, tiefe Duldung, nicht als wenn sie ein Kind der Liebe und Freude, sondern ein untergeschobenes himmlisches Wechselkind nur so an sich zehren ließe, weil es nun einmal nicht anders ist und sie in tiefster Demut gar nicht begreift, wie sie dazu kommt. Der übrige Raum ist durch ein ungeheures Gewand ausgefüllt, welches die Kenner höchlich preisen; ich wußte nicht recht, was ich daraus machen sollte. Auch sind die Farben dunkler geworden; das Zimmer und der Tag waren nicht die hellsten.
Ohnerachtet der Verwirrung, in der ich mich befinde, fühle ich doch schon, daß Übung, Bekanntschaft und Neigung mir schon in diesen Irrgärten zu Hülfe kommen. So sprach mich eine Beschneidung von Guercin mächtig an, weil ich den Mann schon kenne und liebe. Ich verzieh den unleidlichen Gegenstand und freute mich an der Ausführung. — Gemalt, was man sich denken kann; alles daran respektabel und vollendet, als wenn's Emaille wär'.

Und so geht mir's denn wie Bileam, dem konfusen Propheten, welcher segnete, da er zu fluchen gedachte, und dies würde noch öfter der Fall sein, wenn ich länger verweilte.
Trifft man denn gar wieder einmal auf eine Arbeit von Raffael, oder die ihm wenigstens mit einiger Wahrscheinlichkeit zugeschrieben wird, so ist man gleich vollkommen geheilt und froh. So habe ich eine heilige Agatha gefunden, ein kostbares, obgleich nicht ganz wohl erhaltenes Bild. Der Künstler hat ihr eine gesunde, sichere Jungfräulichkeit gegeben, doch ohne Kälte und Roheit. Ich habe mir die Gestalt wohl gemerkt und werde ihr im Geist meine Iphigenie vorlesen und meine Heldin nichts sagen lassen, was diese Heilige nicht aussprechen möchte.
Da ich nun wieder einmal dieser süßen Bürde gedenke, die ich auf meiner Wanderung mit mir führe, so kann ich nicht verschweigen, daß zu den großen Kunst- und Naturgegenständen, durch die ich mich durcharbeiten muß, noch eine wundersame Folge von poetischen Gestalten hindurchzieht, die mich beunruhigen. Von Cento herüber wollte ich meine Arbeit an Iphigenia fortsetzen, aber was geschah! Der Geist führte mir das Argument der Iphigenia von Delphi vor die Seele, und ich mußte es ausbilden. So kurz als möglich sei es hier verzeichnet.
Elektra, in gewisser Hoffnung, daß Orest das Bild der taurischen Diana nach Delphi bringen werde, erscheint in dem Tempel des Apoll und widmet die grausame Axt, die so viel Unheil in Pelops' Hause angerichtet, als schließliches Sühnopfer dem Gotte. Zu ihr tritt, leider, einer der Griechen und erzählt, wie er Orest und Pylades nach Tauris begleitet, die beiden Freunde zum Tode führen sehen und sich glücklich gerettet. Die leidenschaftliche Elektra kennt sich selbst nicht und weiß nicht, ob sie gegen Götter oder Menschen ihre Wut richten soll.
Indessen sind Iphigenie, Orest und Pylades gleichfalls zu Delphi angekommen. Iphigeniens heilige Ruhe kontrastiert gar merkwürdig mit Elektrens irdischer Leidenschaft, als die beiden

Gestalten, wechselseitig unerkannt, zusammentreffen. Der entflohene Grieche erblickt Iphigenien, erkennt die Priesterin, welche die Freunde geopfert, und entdeckt es Elektren. Diese ist im Begriff, mit demselbigen Beil, welches sie dem Altar wieder entreißt, Iphigenien zu ermorden, als eine glückliche Wendung dieses letzte schreckliche Übel von den Geschwistern abwendet. Wenn diese Szene gelingt, so ist nicht leicht etwas Größeres und Rührenderes auf dem Theater gesehen worden. Wo soll man aber Hände und Zeit hernehmen, wenn auch der Geist willig wäre!

Indem ich mich nun in dem Drang einer solchen Überfüllung des Guten und Wünschenswerten geängstigt fühle, so muß ich meine Freunde an einen Traum erinnern, der mir, es wird eben ein Jahr sein, bedeutend genug schien. Es träumte mir nämlich: ich landete mit einem ziemlich großen Kahn an einer fruchtbaren, reich bewachsenen Insel, von der mir bewußt war, daß daselbst die schönsten Fasanen zu haben seien. Auch handelte ich sogleich mit den Einwohnern um solches Gefieder, welches sie auch sogleich häufig, getötet, herbeibrachten. Es waren wohl Fasanen, wie aber der Traum alles umzubilden pflegt, so erblickte man lange, farbig beaugte Schweife, wie von Pfauen oder seltenen Paradiesvögeln. Diese brachte man mir schockweise ins Schiff, legte sie mit den Köpfen nach innen, so zierlich gehäuft, daß die langen bunten Federschweife, nach außen hängend, im Sonnenglanz den herrlichsten Schober bildeten, den man sich denken kann, und zwar so reich, daß für den Steuernden und die Rudernden kaum hinten und vorn geringe Räume verblieben. So durchschnitten wir die ruhige Flut, und ich nannte mir indessen schon die Freunde, denen ich von diesen bunten Schätzen mitteilen wollte. Zuletzt in einem großen Hafen landend, verlor ich mich zwischen ungeheuer bemasteten Schiffen, wo ich von Verdeck auf Verdeck stieg, um meinem kleinen Kahn einen sichern Landungsplatz zu suchen.

An solchen Wahnbildern ergötzen wir uns, die, weil sie aus uns selbst entspringen, wohl Analogie mit unserm übrigen Leben und Schicksalen haben müssen.

Nun war ich auch in der berühmten wissenschaftlichen Anstalt, das Institut oder die Studien genannt. Das große Gebäude, besonders der innere Hof, sieht ernsthaft genug aus, obgleich nicht von der besten Baukunst. Auf den Treppen und Korridors fehlt es nicht an Stukko- und Freskozierden; alles ist anständig und würdig, und über die mannigfaltigen schönen und wissenswerten Dinge, die hier zusammengebracht worden, erstaunt man billig, doch will es einem Deutschen dabei nicht wohl zumute werden, der eine freiere Studienweise gewohnt ist.
Mir fiel eine frühere Bemerkung hier wieder in die Gedanken, daß sich der Mensch im Gange der alles verändernden Zeit so schwer los macht von dem, was eine Sache zuerst gewesen, wenn ihre Bestimmung in der Folge sich auch verändert. Die christlichen Kirchen halten noch immer an der Basilikenform, wenngleich die Tempelgestalt vielleicht dem Kultus vorteilhafter wäre. Wissenschaftliche Anstalten haben noch das klösterliche Ansehn, weil in solchen frommen Bezirken die Studien zuerst Raum und Ruhe gewannen. Die Gerichtssäle der Italiener sind so weit und hoch, als das Vermögen einer Gemeinde zureicht: man glaubt auf dem Marktplatze unter freiem Himmel zu sein, wo sonst Recht gesprochen wurde. Und bauen wir nicht noch immer die größten Theater mit allem Zubehör unter ein Dach, als wenn es die erste Meßbude wäre, die man auf kurze Zeit von Brettern zusammenschlug? Durch den ungeheuern Zudrang der Wißbegierigen um die Zeit der Reformation wurden die Schüler in Bürgerhäuser getrieben; aber wie lange hat es nicht gedauert, bis wir unsere Waisenhäuser auftaten und den armen Kindern diese so notwendige Welterziehung verschafften.

Bologna, den 20. Oktober abends.

Diesen heitern schönen Tag habe ich ganz unter freiem Himmel zugebracht. Kaum nahe ich mich den Bergen, so werde ich schon wieder vom Gestein angezogen. Ich komme mir vor wie Antäus, der sich immer neu gestärkt fühlt, je kräftiger man ihn mit seiner Mutter Erde in Berührung bringt.

Ich ritt nach Paderno, wo der sogenannte Bologneser Schwerspat gefunden wird, woraus man die kleinen Kuchen bereitet, welche kalziniert im Dunkeln leuchten, wenn sie vorher dem Lichte ausgesetzt gewesen, und die man hier kurz und gut Fosfori nennt.

Auf dem Wege fand ich schon ganze Felsen Fraueneis zu Tage anstehend, nachdem ich ein sandiges Tongebirge hinter mir gelassen hatte. Bei einer Ziegelhütte geht ein Wasserriß hinunter, in welchen sich viele kleinere ergießen. Man glaubt zuerst einen aufgeschwemmten Lehmhügel zu sehen, der vom Regen ausgewaschen wäre, doch konnte ich bei näherer Betrachtung von seiner Natur so viel entdecken. Das feste Gestein, woraus dieser Teil des Gebirges besteht, ist ein sehr feinblättriger Schieferton, welcher mit Gips abwechselt. Das schiefrige Gestein ist so innig mit Schwefelkies gemischt, daß es, von Luft und Feuchtigkeit berührt, sich ganz und gar verändert: es schwillt auf, die Lagen verlieren sich, es entsteht eine Art Letten, muschlig, zerbröckelt, auf den Flächen glänzend, wie Steinkohlen. Nur an großen Stücken, deren ich mehrere zerschlug und beide Gestalten deutlich wahrnahm, konnte man sich von dem Übergange, von der Umbildung überzeugen. Zugleich sieht man die muschligen Flächen mit weißen Punkten beschlagen, manchmal sind gelbe Partien drin; so zerfällt nach und nach die ganze Oberfläche, und der Hügel sieht wie ein verwitterter Schwefelkies im großen aus. Es finden sich unter den Lagen auch härtere, grüne und rote. Schwefelkies hab' ich in dem Gestein auch öfters angeflogen gefunden.

Nun stieg ich in den Schluchten des bröcklig aufgelösten Gebirgs hinauf, wie sie von den letzten Regengüssen durchwaschen waren, und fand zu meiner Freude den gesuchten Schwerspat häufig, meist in unvollkommener Eiform, an mehreren Stellen des eben zerfallenden Gebirgs hervorschauen, teils ziemlich rein, teils noch von dem Ton, in welchem er stak, genau umgeben. Daß es keine Geschiebe seien, davon kann man sich beim ersten Anblick überzeugen. Ob sie gleichzeitig mit der Schiefertonlage, oder ob sie erst bei Aufblähung oder Zersetzung derselben entstanden, verdient eine nähere Untersuchung. Die von mir gefundenen Stücke nähern sich, größer oder kleiner, einer unvollkommenen Eigestalt; die kleinsten gehen auch wohl in eine undeutliche Kristallform über. Das schwerste Stück, welches ich gefunden, wiegt siebzehn Lot. Auch fand ich in demselbigen Tone lose, vollkommene Gipskristalle. Nähere Bestimmung werden Kenner an den Stücken, die ich mitbringe, zu entwickeln wissen. Und ich wäre nun also schon wieder mit Steinen belastet! Ein Achtelszentner dieses Schwerspats habe ich aufgepackt.

In der Nacht.

Wie viel hätte ich noch zu sagen, wenn ich alles gestehen wollte, was mir an diesem schönen Tage durch den Kopf ging. Aber mein Verlangen ist stärker als meine Gedanken. Ich fühle mich unwiderstehlich vorwärts gezogen, nur mit Mühe sammle ich mich an dem Gegenwärtigen. Und es scheint, der Himmel erhört mich. Es meldet sich ein Vetturin grade nach Rom, und so werde ich übermorgen unaufhaltsam dorthin abgehen. Da muß ich denn wohl heute und morgen nach meinen Sachen sehn, manches besorgen und wegarbeiten.

Logano auf den Apenninen, den 21. Oktober abends.

Ob ich mich heute selbst aus Bologna getrieben oder ob ich daraus gejagt worden, wüßte ich nicht zu sagen. Genug, ich ergriff mit Leidenschaft einen schnellern Anlaß, abzureisen. Nun bin ich hier in einem elenden Wirtshause, in Gesellschaft eines päpstlichen

Offiziers, der nach Perugia, seiner Vaterstadt, geht. Als ich mich zu ihm in den zweirädrigen Wagen setzte, machte ich ihm, um etwas zu reden, das Kompliment, daß ich als ein Deutscher, der gewohnt sei, mit Soldaten umzugehen, sehr angenehm finde, nun mit einem päpstlichen Offizier in Gesellschaft zu reisen.
Nehmt mir nicht übel, versetzte er darauf, Ihr könnt wohl eine Neigung zum Soldatenstande haben: denn ich höre, in Deutschland ist alles Militär; aber was mich betrifft, obgleich unser Dienst sehr läßlich ist und ich in Bologna, wo ich in Garnison stehe, meiner Bequemlichkeit vollkommen pflegen kann, so wollte ich doch, daß ich diese Jacke los wäre und das Gütchen meines Vaters verwaltete. Ich bin aber der jüngere Sohn, und so muß ich mir's gefallen lassen.

Den 22. Oktober abends.

Giredo, auch ein kleines Nest auf den Apenninen, wo ich mich recht glücklich fühle, meinen Wünschen entgegenreisend. Heute gesellten sich, reitend, ein Herr und eine Dame zu uns, ein Engländer mit einer sogenannten Schwester. Ihre Pferde sind schön, sie reisen aber ohne Bedienung, und der Herr macht, wie es scheint, zugleich den Reitknecht und den Kammerdiener. Sie finden überall zu klagen; man glaubt einige Blätter im Archenholz zu lesen.
Die Apenninen sind mir ein merkwürdiges Stück Welt. Auf die große Fläche der Regionen des Pos folgt ein Gebirg, das sich aus der Tiefe erhebt, um zwischen zwei Meeren südwärts das feste Land zu endigen. Wäre die Gebirgsart nicht zu steil, zu hoch über der Meeresfläche, nicht so sonderbar verschlungen, daß Ebbe und Flut vor alten Zeiten mehr und länger hätten hereinwirken, größere Flächen bilden und überspülen können, so wäre es eins der schönsten Länder in dem herrlichsten Klima, etwas höher als das andere Land. So aber ist's ein seltsam Gewebe von Bergrücken gegeneinander; oft sieht man gar

nicht ab, wohin das Wasser seinen Ablauf nehmen will. Wären die Täler besser ausgefüllt, die Flächen mehr glatt und überspült, so könnte man das Land mit Böhmen vergleichen, nur daß die Berge auf alle Weise einen andern Charakter haben. Doch muß man sich keine Bergwüste, sondern ein meist bebautes, obgleich gebirgiges Land vorstellen. Kastanien kommen hier sehr schön, der Weizen ist trefflich und die Saat schon hübsch grün. Immergrüne Eichen mit kleinen Blättern stehen am Wege, um die Kirchen und Kapellen aber schlanke Zypressen. Gestern abend war das Wetter trübe, heute ist's wieder hell und schön.

Den 25. Oktober abends. Perugia.

Zwei Abende habe ich nicht geschrieben. Die Herbergen waren so schlecht, daß an kein Auslegen eines Blattes zu denken war. Auch fängt es mir an ein bißchen verworren zu werden; denn seit der Abreise von Venedig spinnt sich der Reiserocken nicht so schön und glatt mehr ab.

Den 23. früh, unserer Uhr um zehne, kamen wir aus den Apenninen hervor und sahen Florenz liegen, in einem weiten Tal, das unglaublich bebaut und ins Unendliche mit Villen und Häusern besät ist.

Die Stadt hatte ich eiligst durchlaufen, den Dom, das Baptisterium. Hier tut sich wieder eine ganz neue, mir unbekannte Welt auf, an der ich nicht verweilen will. Der Garten Boboli liegt köstlich. Ich eilte so schnell heraus als hinein.

Der Stadt sieht man den Volksreichtum an, der sie erbaut hat; man erkennt, daß sie sich einer Folge von glücklichen Regierungen erfreute. Überhaupt fällt es auf, was in Toskana gleich die öffentlichen Werke, Wege, Brücken für ein schönes, grandioses Ansehen haben. Es ist hier alles zugleich tüchtig und reinlich, Gebrauch und Nutzen mit Anmut sind beabsichtigt, überall läßt sich eine belebende Sorgfalt bemerken. Der Staat des Papstes hingegen

Rom, Campo Vaccino (Forum) *Nach Piranesi*

Rom, Forum, Teilansicht

Nach Piranesi

Rom, Forum, Teilansicht

Nach Vasi

Rom, Kapitol und Sa. Maria Aracoeli — Nach Piranesi

scheint sich nur zu erhalten, weil ihn die Erde nicht verschlingen will.
Wenn ich neulich von den Apenninen sagte, was sie sein könnten, das ist nun Toskana: weil es so viel tiefer lag, so hat das alte Meer recht seine Schuldigkeit getan und tiefen Lehmboden aufgehäuft. Er ist hellgelb und leicht zu verarbeiten. Sie pflügen tief, aber noch recht auf die ursprüngliche Art: ihr Pflug hat keine Räder, und die Pflugschar ist nicht beweglich. So schleppt sie der Bauer, hinter seinen Ochsen gebückt, einher und wühlt die Erde auf. Es wird bis fünfmal gepflügt; wenigen und nur sehr leichten Dünger streuen sie mit den Händen. Endlich säen sie den Weizen, dann häufen sie schmale Sotteln auf; dazwischen entstehen tiefe Furchen, alle so gerichtet, daß das Regenwasser ablaufen muß. Die Frucht wächst nun auf den Sotteln in die Höhe; in den Furchen gehen sie hin und her, wenn sie jäten. Diese Verfahrungsart ist begreiflich, wo Nässe zu fürchten ist; warum sie es aber auf den schönsten Gebreiten tun, kann ich nicht einsehen. Diese Betrachtung machte ich bei Arezzo, wo sich eine herrliche Plaine auftut. Reiner kann man kein Feld sehen, nirgends auch nur eine Erdscholle, alles klar wie gesiebt. Der Weizen gedeiht hier recht schön, und er scheint hier alle seiner Natur gemäßen Bedingungen zu finden. Das zweite Jahr bauen sie Bohnen für die Pferde, die hier keinen Hafer bekommen. Es werden auch Lupinen gesäet, die jetzt schon vortrefflich grün stehen und im März Früchte bringen. Auch der Lein hat schon gekeimt; er bleibt den Winter über und wird durch den Frost nur dauerhafter.
Die Ölbäume sind wunderliche Pflanzen; sie sehen fast wie Weiden, verlieren auch den Kern, und die Rinde klafft auseinander. Aber sie haben demohngeachtet ein festeres Ansehn. Man sieht auch dem Holze an, daß es langsam wächst und sich unsäglich fein organisiert. Das Blatt ist weidenartig, nur weniger Blätter am Zweige. Um Florenz, an den Bergen, ist

alles mit Ölbäumen und Weinstöcken bepflanzt; dazwischen wird das Erdreich zu Körnern benutzt. Bei Arezzo und so weiter läßt man die Felder freier. Ich finde, daß man den Efeu nicht genug abwehrt, der den Ölbäumen und andern schädlich ist, da es so ein leichtes wäre, ihn zu zerstören. Wiesen sieht man gar nicht. Man sagt, das türkische Korn zehre den Boden aus; seitdem es eingeführt worden, habe der Ackerbau in anderm Betracht verloren. Ich glaube es wohl, bei dem geringen Dünger.

Heute abend habe ich von meinem Hauptmann Abschied genommen, mit dem Versprechen, ihn auf meiner Rückreise in Bologna zu besuchen. Er ist ein wahrer Repräsentant vieler seiner Landsleute. Hier einiges, das ihn besonders bezeichnet. Da ich oft still und nachdenklich war, sagte er einmal: Che pensa! non deve mai pensar l'uomo, pensando s'invecchia. Das ist verdolmetscht: Was denkt Ihr viel! der Mensch muß niemals denken, denkend altert man nur. Und nach einigem Gespräch: Non deve fermarsi l'uomo in una sola cosa, perchè allora divien matto; bisogna aver mille cose, una confusione nella testa. Auf deutsch: Der Mensch muß sich nicht auf eine einzige Sache heften, denn da wird er toll; man muß tausend Sachen, eine Konfusion im Kopfe haben.

Der gute Mann konnte freilich nicht wissen, daß ich eben darum still und nachdenkend war, weil eine Konfusion von alten und neuen Gegenständen mir den Kopf verwirrte. Die Bildung eines solchen Italieners wird man noch klarer aus folgendem erkennen. Da er wohl merkte, daß ich Protestant sei, sagte er nach einigem Umschweif, ich möchte ihm doch gewisse Fragen erlauben, denn er habe so viel Wunderliches von uns Protestanten gehört, worüber er endlich einmal Gewißheit zu haben wünsche. Dürft ihr denn, so fragte er, mit einem hübschen Mädchen auf einem guten Fuß leben, ohne mit ihr grade verheiratet zu sein? erlauben euch das eure Priester? — Ich erwiderte darauf: Unsere Priester sind kluge Leute, welche von solchen Kleinigkeiten keine Notiz nehmen. Freilich, wenn wir sie darum fragen wollten, so würden sie es uns nicht erlauben. — Ihr braucht sie also nicht zu fragen? rief er aus. O ihr Glücklichen! und da ihr ihnen nicht beichtet, so erfahren sie's nicht. Hierauf erging er sich in Schelten und Mißbilligen seiner Pfaffen und in dem Preise unserer seligen Freiheit. Was jedoch die Beichte betrifft, fuhr er fort, wie verhält es sich damit? Man erzählt uns, daß alle Menschen, auch die keine Christen sind, dennoch beichten müssen; weil sie aber in ihrer Verstockung nicht das Rechte treffen können, so beichten sie einem alten Baume, welches denn freilich lächerlich und gottlos genug ist, aber doch beweist, daß sie die Notwendigkeit der Beichte anerkennen. — Hierauf erklärte ich ihm unsere Begriffe von der Beichte, und wie es dabei zugehe. Das kam ihm sehr bequem vor; er meinte aber, es sei ungefähr ebensogut, als wenn man einem Baum beichtete. Nach einigem Zaudern ersucht' er mich sehr ernsthaft, über einen andern Punkt ihm redlich Auskunft zu geben: er habe nämlich aus dem Munde eines seiner Priester, der ein wahrhafter Mann sei, gehört, daß wir unsere Schwestern heiraten dürften, welches denn doch eine starke Sache sei. Als ich diesen Punkt verneinte und ihm einige menschliche Begriffe von unserer Lehre beibringen wollte, mochte er nicht sonderlich darauf merken; denn es kam ihm zu alltäglich vor, und er wandte sich zu einer neuen Frage: Man versichert uns, sagte er, daß Friedrich der Große, welcher so viele Siege selbst über die Gläubigen davongetragen und die Welt mit seinem Ruhm erfüllt, daß er, den jedermann für einen Ketzer hält, wirklich katholisch sei und vom Papste die Erlaubnis habe, es zu verheimlichen; denn er kommt, wie man weiß, in keine eurer Kirchen, verrichtet aber seinen Gottesdienst in einer unterirdischen Kapelle, mit zerknirschtem Herzen, daß er die heilige Religion nicht öffentlich bekennen darf; denn freilich, wenn er das täte, würden ihn seine Preußen, die ein bestialisches Volk und wütende

Ketzer sind, auf der Stelle totschlagen, wodurch denn der Sache nicht geholfen wäre. Deswegen hat ihm der heilige Vater jene Erlaubnis gegeben; dafür er denn aber auch die alleinseligmachende Religion im stillen so viel ausbreitet und begünstigt als möglich. — Ich ließ das alles gelten und erwiderte nur: da es ein großes Geheimnis sei, könnte freilich niemand davon Zeugnis geben. Unsere fernere Unterhaltung war ungefähr immer von derselben Art, so daß ich mich über die kluge Geistlichkeit wundern mußte, welche alles abzulehnen und zu entstellen sucht, was den dunkeln Kreis ihrer herkömmlichen Lehre durchbrechen und verwirren könnte.

[Foligno, den 26. Oktober abends.]

Ich verließ Perugia an einem herrlichen Morgen und fühlte die Seligkeit, wieder allein zu sein. Die Lage der Stadt ist schön, der Anblick des Sees höchst erfreulich. Ich habe mir die Bilder wohl eingedrückt. Der Weg ging erst hinab, dann in einem frohen, an beiden Seiten in der Ferne von Hügeln eingefaßten Tale hin; endlich sah ich Assisi liegen.

Aus Palladio und Volkmann wußte ich, daß ein köstlicher Tempel der Minerva, zu Zeiten Augusts gebaut, noch vollkommen erhalten dastehe. Ich verließ bei Madonna del Angelo meinen Vetturin, der seinen Weg nach Foligno verfolgte, und stieg unter einem starken Wind nach Assisi hinauf; denn ich sehnte mich, durch die für mich so einsame Welt eine Fußwanderung anzustellen. Die ungeheuren Substruktionen der babylonisch übereinander getürmten Kirchen, wo der heilige Franziskus ruht, ließ ich links, mit Abneigung; denn ich dachte mir, daß darin die Köpfe so wie mein Hauptmannskopf gestempelt würden. Dann fragte ich einen hübschen Jungen nach der Maria della Minerva; er begleitete mich die Stadt hinauf, die an einen Berg gebaut ist. Endlich gelangten wir in die eigentliche alte Stadt: und siehe, das löblichste Werk stand vor meinen Augen, das erste vollständige

Denkmal der alten Zeit, das ich erblickte. Ein bescheidener Tempel, wie er sich für eine so kleine Stadt schickte, und doch so vollkommen, so schön gedacht, daß er überall glänzen würde. Nun vorerst von seiner Stellung! Seitdem ich in Vitruv und Palladio gelesen, wie man Städte bauen, Tempel und öffentliche Gebäude stellen müsse, habe ich einen großen Respekt vor solchen Dingen. Auch hierin waren die Alten so groß im Natürlichen. Der Tempel steht auf der schönen mittlern Höhe des Berges, wo eben zwei Hügel zusammentreffen, auf dem Platz, der noch jetzt der Platz heißt. Dieser steigt selbst ein wenig an, und es kommen auf demselben vier Straßen zusammen, die ein sehr gedrücktes Andreaskreuz machen, zwei von unten herauf, zwei von oben herunter. Wahrscheinlich standen zur alten Zeit die Häuser noch nicht, die jetzt, dem Tempel gegenüber gebaut, die Aussicht versperren. Denkt man sie weg, so blickte man gegen Mittag in die reichste Gegend, und zugleich würde Minervens Heiligtum von allen Seiten her gesehen. Die Anlage der Straßen mag alt sein, denn sie folgen aus der Gestalt und dem Abhange des Berges. Der Tempel steht nicht in der Mitte des Platzes, aber so gerichtet, daß er dem von Rom Heraufkommenden verkürzt gar schön sichtbar wird. Nicht allein das Gebäude sollte man zeichnen, sondern auch die glückliche Stellung.

An der Fassade konnte ich mich nicht satt sehen, wie genialisch konsequent auch hier der Künstler gehandelt. Die Ordnung ist korinthisch, die Säulenweiten etwas über zwei Model. Die Säulenfüße und die Platten darunter scheinen auf Piedestalen zu stehen, aber es scheint auch nur: denn der Sockel ist fünfmal durchschnitten, und jedesmal gehen fünf Stufen zwischen den Säulen hinauf, da man denn auf die Fläche gelangt, worauf eigentlich die Säulen stehen und von welcher man auch in den Tempel hineingeht. Das Wagstück, den Sockel zu durchschneiden, war hier am rechten Platze; denn da der Tempel am Berge liegt, so hätte die Treppe, die zu ihm hinaufführte, viel zu weit vorgelegt werden müssen und würde den Platz verengt haben. Wie viel Stufen noch unterhalb gelegen, läßt sich nicht bestimmen; sie sind, außer wenigen, verschüttet und zugepflastert. Ungern riß ich mich von dem Anblick los und nahm mir vor, alle Architekten auf dieses Gebäude aufmerksam zu machen, damit uns ein genauer Riß davon zukäme. Denn was Überlieferung für ein schlechtes Ding sei, mußte ich dieses Mal wieder bemerken. Palladio, auf den ich alles vertraute, gibt zwar dieses Tempels Bild, er kann ihn aber nicht selbst gesehen haben; denn er setzt wirklich Piedestale auf die Fläche, wodurch die Säulen unmäßig in die Höhe kommen und ein garstiges, palmyrenisches Ungeheuer entsteht, anstatt daß in der Wirklichkeit ein ruhiger, lieblicher, das Auge und den Verstand befriedigender Anblick erfreut. Was sich durch die Beschauung dieses Werks in mir entwickelt, ist nicht auszusprechen und wird ewige Früchte bringen.

Ich ging am schönsten Abend die römische Straße bergab, im Gemüt zum schönsten beruhiget, als ich hinter mir rauhe, heftige Stimmen vernahm, die untereinander stritten. Ich vermutete, daß es die Sbirren sein möchten, die ich schon in der Stadt bemerkt hatte. Ich ging gelassen vor mich hin und horchte hinterwärts. Da konnte ich nun gar bald bemerken, daß es auf mich gemünzt sei. Vier solcher Menschen, zwei davon mit Flinten bewaffnet, in unerfreulicher Gestalt, gingen vor mir vorbei, brummten, kehrten nach einigen Schritten zurück und umgaben mich. Sie fragten, wer ich wäre und was ich hier täte? Ich erwiderte, ich sei ein Fremder, der seinen Weg über Assisi zu Fuß mache, indessen der Vetturin nach Foligno fahre. Dies kam ihnen nicht wahrscheinlich vor, daß jemand einen Wagen bezahle und zu Fuße gehe. Sie fragten, ob ich im Gran Convento gewesen sei? Ich verneinte dies und versicherte ihnen, ich kenne das Gebäude von alten Zeiten her. Da ich aber ein Baumeister sei, habe ich diesmal nur die Maria della Minerva in Augenschein genommen, welches, wie sie wüßten, ein musterhaftes Gebäude sei. Das leugneten sie nicht, nahmen aber sehr übel, daß ich dem Heiligen meine Aufwartung nicht gemacht, und gaben ihren Verdacht zu erkennen, daß wohl mein Handwerk sein möchte, Konterbande einzuschwärzen. Ich zeigte ihnen das Lächerliche, daß ein Mensch, der allein auf der Straße gehe, ohne Ranzen, mit leeren Taschen, für einen Konterbandisten gehalten werden solle. Darauf erbot ich mich, mit ihnen nach der Stadt zurück und zum Podesta zu gehen, ihm meine Papiere vorzulegen, da er mich denn als einen ehrenvollen Fremden anerkennen werde. Sie brummten hierauf und meinten, es sei nicht nötig, und als ich mich immerfort mit entschiedenem Ernst betrug, entfernten sie sich endlich wieder nach der Stadt zu. Ich sah ihnen nach. Da gingen nun diese rohen Kerls im Vordergrunde, und hinter ihnen her blickte mich die liebliche Minerva noch einmal sehr freundlich und tröstend an; dann schaute ich links auf den tristen Dom des heiligen Franziskus und wollte meinen Weg verfolgen, als einer der Unbewaffneten sich von der Truppe sonderte und ganz freundlich auf mich loskam. Grüßend sagte er sogleich: Ihr solltet, mein Herr Fremder, wenigstens mir ein Trinkgeld geben; denn ich versichere, daß ich Euch alsobald für einen braven Mann gehalten und dies laut gegen meine Gesellen erklärt habe. Das sind aber Hitzköpfe und gleich oben hinaus und haben keine Weltkenntnis. Auch werdet Ihr bemerkt haben, daß ich Euren Worten zuerst Beifall und Gewicht gab. — Ich lobte ihn deshalb und ersuchte ihn, ehrenhafte Fremde, die nach Assisi sowohl wegen der Religion als wegen der Kunst kämen, zu beschützen, besonders die Baumeister, die zum Ruhme der Stadt den Minerventempel, den man noch niemals recht gezeichnet und in Kupfer gestochen, nunmehro messen und abzeichnen wollten. Er möchte Ihnen zur Hand gehen, da sie sich denn gewiß dankbar erweisen würden. Und somit drückte ich ihm einige Silberstücke in die Hand, die ihn über seine Erwartung erfreuten. Er bat mich, ja wiederzukommen, besonders müsse ich das Fest des Heiligen nicht versäumen, wo ich mich mit größter Sicherheit erbauen und vergnügen sollte. Ja, wenn es mir, als einem hübschen Manne, wie billig, um ein hübsches Frauenzimmer zu tun sei, so könne er mir versichern, daß die schönste uud ehrbarste Frau von ganz Assisi auf seine Empfehlung mich mit Freuden aufnehmen werde. Er schied nun, beteuernd, daß er noch heute abend, bei dem Grabe des Heiligen, meiner in Andacht gedenken und für meine fernere Reise beten wolle. So trennten wir uns, und mir war sehr wohl, mit der Natur und mit mir selbst wieder allein zu sein. Der Weg nach Foligno war einer der schönsten und anmutigsten Spaziergänge, die ich jemals zurückgelegt. Vier volle Stunden an einem Berge hin, rechts ein reichbebautes Tal.

Mit den Vetturinen ist es eine leidige Fahrt; das beste, daß man ihnen bequem zu Fuße folgen kann. Von Ferrara laß ich mich nun immer bis hieher so fortschleppen. Dieses Italien, von Natur höchlich begünstiget, blieb in allem Mechanischen und Technischen, worauf doch eine bequemere und frischere Lebensweise gegründet ist, gegen alle Länder unendlich zurück. Das Fuhrwerk der Vetturine, welches noch sedia, ein Sessel, heißt, ist gewiß aus den alten Tragsesseln entstanden, in welchen sich Frauen, ältere und vornehmere Personen von Maultieren tragen ließen. Statt des hintern Maultiers, das man hervor neben die Gabel spannte, setzte man zwei Räder unter, und an keine weitere Verbesserung ward gedacht. Man wird, wie vor Jahrhunderten, noch immer fortgeschaukelt; und so sind sie in ihren Wohnungen und allem.

Wenn man die erste poetische Idee, daß die Menschen meist unter freiem Himmel lebten und sich gelegentlich manchmal aus Not in Höhlen zurückzogen, noch realisiert sehen will, so muß man die Gebäude hier herum, besonders auf dem Lande, betreten, ganz im Sinn und Geschmack der Höhlen. Eine so unglaubliche Sorglosigkeit haben sie, um über dem Nachdenken nicht zu veralten. Mit unerhörtem Leichtsinn versäumen sie, sich auf den Winter, auf längere Nächte vorzubereiten, und leiden deshalb

Rom, Colosseum — Nach Vasi

Rom. Inneres des Colosseum Nach Piranesi

einen guten Teil des Jahres wie die Hunde. Hier in Foligno, in einer völlig homerischen Haushaltung, wo alles um ein auf der Erde brennendes Feuer in einer großen Halle versammelt ist, schreit und lärmt, am langen Tische speist, wie die Hochzeit von Kana gemalt wird, ergreife ich die Gelegenheit, dieses zu schreiben, da einer ein Tintenfaß holen läßt, woran ich unter solchen Umständen nicht gedacht hätte. Aber man sieht auch diesem Blatt die Kälte und die Unbequemlichkeit meines Schreibtisches an.
Jetzt fühl ich wohl die Verwegenheit, unvorbereitet und unbegleitet in dieses Land zu gehen. Mit dem verschiedenen Gelde, den Vetturinen, den Preisen, den schlechten Wirtshäusern ist es eine tagtägliche Not, daß einer, der zum ersten Male, wie ich, allein geht und ununterbrochnen Genuß hoffte und suchte, sich unglücklich genug fühlen müßte. Ich habe nichts gewollt als das Land sehen, auf welche Kosten es sei; und wenn sie mich auf Ixions Rad nach Rom schleppen, so will ich mich nicht beklagen.

Terni, den 27. Oktober abends.

Wieder in einer Höhle sitzend, die vor einem Jahr vom Erdbeben gelitten. Das Städtchen liegt in einer köstlichen Gegend, die ich auf einem Rundgange um dasselbe her mit Freuden beschaute, am Anfang einer schönen Plaine zwischen Bergen, die alle noch Kalk sind. Wie Bologna drüben, so ist Terni hüben an den Fuß des Gebirgs gesetzt.
Nun, da der päpstliche Soldat mich verlassen, ist ein Priester mein Gefährte. Dieser scheint schon mehr mit seinem Zustande zufrieden und belehrt mich, den er freilich schon als Ketzer erkennt, auf meine Fragen sehr gern von dem Ritus und andern dahin gehörigen Dingen. Dadurch, daß ich immer wieder unter neue Menschen komme, erreiche ich durchaus meine Absicht; man muß das Volk nur untereinander reden hören, was das für ein lebendiges Bild des ganzen Landes gibt! Sie sind auf die wunderbarste Weise sämtlich Widersacher, haben den sonderbarsten

Provinzial- und Stadteifer, können sich alle nicht leiden; die Stände sind in ewigem Streit, und das alles mit inniger lebhafter, gegenwärtiger Leidenschaft, daß sie einem den ganzen Tag Komödie geben und sich bloßstellen, und doch fassen sie zugleich wieder auf und merken gleich, wo der Fremde sich in ihr Tun und Lassen nicht finden kann.

Spoleto hab ich bestiegen und war auf der Wasserleitung, die zugleich Brücke von einem Berg zu einem andern ist. Die zehen Bogen, welche über das Tal reichen, stehen von Backsteinen ihre Jahrhunderte so ruhig da, und das Wasser quillt immer noch in Spoleto an allen Orten und Enden. Das ist nun das dritte Werk der Alten, das ich sehe, und immer derselbe große Sinn. Eine zweite Natur, die zu bürgerlichen Zwecken handelt, das ist ihre Baukunst: so steht das Amphitheater, der Tempel und der Aquadukt. Nun fühle ich erst, wie mir mit Recht alle Willkürlichkeiten verhaßt waren, wie zum Beispiel der Winterkasten auf dem Weißenstein, ein Nichts um nichts, ein ungeheurer Konfektaufsatz, und so mit tausend andern Dingen. Das steht nun alles totgeboren da, denn was nicht eine wahre innere Existenz hat, hat kein Leben und kann nicht groß sein und nicht groß werden.

Was bin ich nicht den letzten acht Wochen schuldig geworden an Freuden und Einsicht; aber auch Mühe hat mich's genug gekostet. Ich halte die Augen nur immer offen und drücke mir die Gegenstände recht ein. Urteilen möchte ich gar nicht, wenn es nur möglich wäre.

San Crocefisso, eine wunderliche Kapelle am Wege, halte ich nicht für den Rest eines Tempels, der am Orte stand, sondern man hat Säulen, Pfeiler, Gebälke gefunden und zusammengeflickt, nicht dumm, aber toll. Beschreiben läßt sich's gar nicht; es ist wohl irgendwo in Kupfer gestochen.

Und so wird es einem denn doch wunderbar zumute, daß uns, indem wir bemüht sind, einen Begriff des Altertums zu erwerben, nur Ruinen entgegenstehen, aus denen man sich nun wieder das kümmerlich aufzuerbauen hätte, wovon man noch keinen Begriff hat.

Mit dem, was man klassischen Boden nennt, hat es eine andere Bewandtnis. Wenn man hier nicht phantastisch verfährt, sondern die Gegend real nimmt, wie sie daliegt, so ist sie doch immer der entscheidende Schauplatz, der die größten Taten bedingt; und so habe ich immer bisher den geologischen und landschaftlichen Blick benutzt, um Einbildungskraft und Empfindung zu unterdrücken und mir ein freies klares Anschauen der Lokalität zu erhalten. Da schließt sich denn auf eine wundersame Weise die Geschichte lebendig an, und man begreift nicht, wie einem geschieht, und ich fühle die größte Sehnsucht, den Tacitus in Rom zu lesen.

Das Wetter darf ich auch nicht ganz hintansetzen. Da ich von Bologna die Apenninen heraufkam, zogen die Wolken noch immer nach Norden; späterhin veränderten sie ihre Richtung und zogen nach dem Trasimenischen See. Hier blieben sie hangen, zogen auch wohl gegen Mittag. Statt also daß die große Plaine des Po den Sommer über alle Wolken nach dem Tiroler Gebirg schickt, sendet sie jetzt einen Teil nach den Apenninen; daher mag die Regenzeit kommen.

Man fängt nun an, die Oliven abzulesen. Sie tun es hier mit den Händen, an andern Orten schlagen sie mit Stöcken drein. Kommt ein frühzeitiger Winter, so bleiben die übrigen bis gegen das Frühjahr hängen. Heute habe ich auf sehr steinigem Boden die größten ältesten Bäume gesehen.

Die Gunst der Musen, wie die der Dämonen, besucht uns nicht immer zur rechten Zeit. Heute ward ich aufgeregt, etwas auszubilden, was gar nicht an der Zeit ist. Dem Mittelpunkte des Katholizismus mich nähernd, von Katholiken umgeben, mit einem Priester in eine Sedie eingesperrt, indem ich mit reinstem Sinn die wahrhafte Natur und die edle Kunst zu beobachten und aufzufassen trachte, trat mir so lebhaft vor die Seele, daß vom ursprünglichen Christentum alle Spur verloschen ist; ja wenn ich mir es in seiner Reinheit vergegenwärtigte, so wie wir es in der Apostelgeschichte sehen, so mußte mir schaudern, was nun auf jenen gemütlichen Anfängen ein unförmliches, ja barockes Heidentum lastet. Da fiel mir der ewige Jude wieder ein, der Zeuge aller dieser wundersamen Ent- und Aufwicklungen gewesen und so einen wunderlichen Zustand erlebte, daß Christus selbst, als er zurückkommt, um sich nach den Früchten seiner Lehre umzusehen, in Gefahr gerät, zum zweitenmal gekreuzigt zu werden. Jene Legende: Venio iterum crucifigi, sollte mir bei dieser Katastrophe zum Stoff dienen.

Dergleichen Träume schweben mir vor. Denn aus Ungeduld, weiter zu kommen, schlafe ich angekleidet und weiß nichts Hübscheres, als vor Tag aufgeweckt zu werden, mich schnell in den Wagen zu setzen und zwischen Schlaf und Wachen dem Tag entgegen zu fahren und dabei die ersten besten Phantasiebilder nach Belieben walten zu lassen.

Città Castellana, den 28. Oktober.

Den letzten Abend will ich nicht fehlen. Es ist noch nicht acht Uhr, und alles schon zu Bette; so kann ich noch zu guter Letzt des Vergangenen gedenken und mich aufs Nächstkünftige freuen. Heute war ein ganz heiterer herrlicher Tag, der Morgen sehr kalt, der Tag klar und warm, der Abend etwas windig, aber sehr schön.

Von Terni fuhren wir sehr früh aus; Narni kamen wir hinauf, ehe es Tag war, und so habe ich die Brücke nicht gesehen. Täler und Tiefen, Nähe und Fernen, köstliche Gegenden, alles Kalkgebirg, auch nicht eine Spur eines andern Gesteins.

Otricoli liegt auf einem der von den ehemaligen Strömungen zusammengeschwemmten Kieshügel und ist von Lava gebaut, jenseits des Flusses hergeholt.

Sobald man über die Brücke hinüber ist, findet man sich im vulkanischen Terrain, es sei nun unter wirklichen Laven oder unter früherm Gestein, durch Röstung und Schmelzung verändert. Man steigt einen Berg herauf, den man für graue Lava ansprechen möchte; sie enthält viele weiße, granatförmig gebildete Kristalle. Die Chaussee, die von der Höhe nach Città Castellana geht, von eben diesem Stein, sehr schön glatt gefahren, die Stadt auf vulkanischen Tuff gebaut, in welchem ich Asche, Bimsstein und Lavastücke zu entdecken glaubte. Vom Schlosse ist die Aussicht sehr schön; der Berg Soracte steht einzeln gar malerisch da, wahrscheinlich ein zu den Apenninen gehöriger Kalkberg. Die vulkanisierenden Strecken sind viel niedriger als die Apenninen, und nur das durchreißende Wasser hat aus ihnen Berge und Felsen gebildet, da denn herrlich malerische Gegenstände, überhangende Klippen und sonstige landschaftliche Zufälligkeiten gebildet werden.

Morgen abend also in Rom. Ich glaube es noch jetzt kaum, und wenn dieser Wunsch erfüllt ist, was soll ich mir nachher wünschen; ich wüßte nichts, als daß ich mit meinem Fasanenkahn glücklich zu Hause landen und meine Freunde gesund, froh und wohlwollend antreffen möge.

Rom.

Rom, den 1. November 1786.

Endlich kann ich den Mund auftun und meine Freunde mit Frohsinn begrüßen. Verziehen sei mir das Geheimnis und die gleichsam unterirdische Reise hierher. Kaum wagte ich mir selbst zu sagen, wohin ich ging; selbst unterwegs fürchtete ich noch, und nur unter der Porta del Popolo war ich mir gewiß, Rom zu haben.

Und laßt mich nun auch sagen, daß ich tausendmal, ja beständig eurer gedenke, in der Nähe der Gegenstände, die ich allein zu sehen niemals glaubte. Nur da ich jedermann mit Leib und Seele in Norden gefesselt, alle Anmutung nach diesen Gegenden verschwunden sah, konnte ich mich entschließen, einen langen einsamen Weg zu machen und den Mittelpunkt zu suchen, nach dem mich ein unwiderstehliches Bedürfnis hinzog. Ja die letzten Jahre wurde es eine Art von Krankheit, von der mich nur der Anblick und die Gegenwart heilen konnte. Jetzt darf ich es gestehen: zuletzt durft ich kein lateinisch Buch mehr ansehen, keine Zeichnung einer italienischen Gegend. Die Begierde, dieses Land zu sehen, war überreif; da sie befriedigt ist, werden mir Freunde und Vaterland erst wieder recht aus dem Grunde lieb und die Rückkehr wünschenswert, ja um desto wünschenswerter, da ich mit Sicherheit empfinde, daß ich so viele Schätze nicht zu eignem Besitz und Privatgebrauch mitbringe, sondern daß sie mir und andern durchs ganze Leben zur Leitung und Fördernis dienen sollen.

Rom, den 1. November.

Ja ich bin endlich in dieser Hauptstadt der Welt angelangt! Wenn ich sie in guter Begleitung, angeführt von einem recht verständigen Manne, vor fünfzehn Jahren gesehen hätte, wollte ich mich glücklich preisen. Sollte ich sie aber allein, mit eignen Augen sehen und besuchen, so ist es gut, daß mir diese Freude so spät zuteil ward.

Über das Tiroler Gebirg bin ich gleichsam weggeflogen, Verona, Vicenz, Padua, Venedig habe ich gut, Ferrara, Cento, Bologna flüchtig und Florenz kaum gesehen. Die Begierde, nach Rom zu kommen, war so groß, wuchs so sehr mit jedem Augenblicke, daß kein Bleibens mehr war und ich mich nur drei Stunden in Florenz aufhielt. Nun bin ich hier und ruhig und, wie es scheint, auf mein ganzes Leben beruhigt. Denn es geht, man darf wohl sagen, ein neues Leben an, wenn man das Ganze mit Augen sieht, das man teilweise in- und auswendig kennt. Alle Träume meiner Jugend seh ich nun lebendig, die ersten Kupferbilder, deren ich mich erinnere — mein Vater hatte die Prospekte von Rom auf einem Vorsaale aufgehängt — seh ich nun in Wahrheit, und alles, was ich in Gemälden und Zeichnungen, Kupfern und Holzschnitten, in Gips und Kork schon lange gekannt, steht nun beisammen vor mir; wohin ich gehe, finde ich eine Bekanntschaft in einer neuen Welt; es ist alles, wie ich mirs dachte, und alles neu. Ebenso kann ich von meinen Beobachtungen, von meinen Ideen sagen. Ich habe keinen ganz neuen Gedanken gehabt, nichts ganz fremd gefunden, aber die alten sind so bestimmt, so lebendig, so zusammenhängend geworden, daß sie für neu gelten können.

Da Pygmalions Elise, die er sich ganz nach seinen Wünschen geformt und ihr so viel Wahrheit und Dasein gegeben hatte, als der Künstler vermag, endlich auf ihn zukam und sagte: ich bin's! — wie anders war die Lebendige als der gebildete Stein.

Wie moralisch heilsam ist mir es dann auch, unter einem ganz sinnlichen Volke zu leben, über das so viel Redens und Schreibens ist, das jeder Fremde nach dem Maßstabe beurteilt, den er mitbringt. Ich verzeihe jedem, der sie tadelt und schilt; sie stehn zu weit von uns ab, und als Fremder mit ihnen zu verkehren, ist beschwerlich und kostspielig.

Rom, den 3. November.

Einer der Hauptbeweggründe, die ich mir vorspiegelte, um nach Rom zu eilen, war das Fest Allerheiligen, der erste November. Denn ich dachte: geschieht dem einzelnen Heiligen so viel Ehre, was wird es erst mit allen werden. Allein wie sehr betrog ich mich. Kein auffallend allgemeines Fest hatte die römische Kirche beliebt, und jeder Orden mochte im besondern das Andenken seines Patrons im stillen feiern; denn das Namensfest und der ihm zugeteilte Ehrentag ist's eigentlich, wo jeder in seiner Glorie erscheint.

Gestern aber, am Tage Allerseelen, gelang mir's besser. Das Andenken dieser feiert der Papst in seiner Hauskapelle auf dem Quirinal. Jedermann hat freien Zutritt. Ich eilte mit Tischbein auf den Monte Cavallo. Der Platz vor dem Palaste hat was ganz eignes Individuelles, so unregelmäßig als grandios und lieblich. Die beiden Kolossen erblickt ich nun! Weder Auge noch Geist sind hinreichend, sie zu fassen. Wir eilten mit der Menge durch den prächtig geräumigen Hof eine übergeräumige Treppe hinauf. In diesen Vorsälen, der Kapelle gegenüber, in der Ansicht der Reihe von Zimmern fühlt man sich wunderbar unter einem Dache mit dem Statthalter Christi.

Die Funktion war angegangen, Papst und Kardinäle schon in der Kirche. Der Heilige Vater, die schönste würdigste Männergestalt, Kardinäle von verschiedenem Alter und Bildung.

Mich ergriff ein wunderbar Verlangen, das Oberhaupt der Kirche möge den goldenen Mund auftun und, von dem unaussprechlichen Heil der seligen Seelen mit Entzücken sprechend, uns in Entzücken versetzen. Da ich ihn aber vor dem Altare sich nur hin und her bewegen sah, bald nach dieser bald nach jener Seite sich wendend, sich wie ein gemeiner Pfaffe gebärdend und murmelnd, da regte sich die protestantische Erbsünde, und mir wollte das bekannte und gewohnte Meßopfer hier keineswegs gefallen. Hat doch Christus schon als Knabe durch mündliche Auslegung der Schrift und in seinem Jünglingsleben gewiß nicht schweigend gelehrt und gewirkt; denn er sprach gern, geistreich und gut, wie wir aus den Evangelien wissen. Was würde der sagen, dacht ich, wenn er hereinträte und sein Ebenbild auf Erden summend und hin und wider wankend anträfe? Das Venio iterum crucifigi fiel mir ein, und ich zupfte meinen Gefährten, daß wir ins Freie der gewölbten und gemalten Säle kämen.

Hier fanden wir eine Menge Personen, die köstlichen Gemälde aufmerksam betrachtend; denn dieses Fest Allerseelen ist auch zugleich das Fest aller Künstler in Rom. Ebenso wie die Kapelle ist der ganze Palast und die sämtlichen Zimmer jedem zugänglich und diesen Tag für viele Stunden frei und offen; man braucht kein Trinkgeld zu geben und wird von dem Kastellan nicht gedrängt.

Rom, St. Peter und Petersplatz *Nach Piranesi*

Rom, St. Petersplatz, die Colonnaden — *Nach Vasi*

Rom, Piazza della Rotonda — Nach Vasi

Rom, Piazza Colonna — Nach Vasi

Die Wandgemälde beschäftigten mich, und ich lernte da neue, mir kaum dem Namen nach bekannte treffliche Männer kennen, so wie zum Beispiel den heitern Karl Maratti schätzen und lieben.

Vorzüglich willkommen aber waren mir die Meisterstücke der Künstler, deren Art und Weise ich mir schon eingeprägt hatte. Ich sah mit Bewunderung die heilige Petronilla von Guercin, ehemals in St. Peter, wo nun eine musivische Kopie anstatt des Originals aufgestellt ist. Der Heiligen Leichnam wird aus dem Grabe gehoben und dieselbe Person, neubelebt, in der Himmelshöhe von einem göttlichen Jüngling empfangen. Was man auch gegen diese doppelte Handlung sagen mag, das Bild ist unschätzbar.

Noch mehr erstaunte ich vor einem Bild von Tizian. Es überleuchtet alle, die ich gesehen habe. Ob mein Sinn schon geübter oder ob es wirklich das vortrefflichste sei, weiß ich nicht zu unterscheiden. Ein ungeheures Meßgewand, das von Stickerei, ja von getriebenen Goldfiguren starrt, umhüllt eine ansehnliche bischöfliche Gestalt. Den massiven Hirtenstab in der Linken, blickt er entzückt in die Höhe, mit der Rechten hält er ein Buch, woraus er soeben eine göttliche Berührung empfangen zu haben scheint. Hinter ihm eine schöne Jungfrau, die Palme in der Hand, mit lieblicher Teilnahme nach dem aufgeschlagenen Buche hinschauend. Ein ernster Alter dagegen zur Rechten; dem Buche ganz nahe, scheint er dessen nicht zu achten: die Schlüssel in der Hand, mag er sich wohl eigenen Aufschluß zutrauen. Dieser Gruppe gegenüber ein nackter, wohlgebildeter, gebundener, von Pfeilen verletzter Jüngling, vor sich hinsehend, bescheiden ergeben. In dem Zwischenraume zwei Mönche, Kreuz und Lilie tragend, andächtig gegen die Himmlischen gekehrt; denn oben offen ist das halbrunde Gemäuer, das sie sämtlich umschließt. Dort bewegt sich in höchster Glorie eine herabwärts teilnehmende Mutter. Das lebendig muntere Kind in ihrem Schoße reicht mit heiterer Gebärde einen Kranz herüber, ja scheint ihn herunter zu werfen. Auf beiden Seiten schweben Engel, Kränze schon im Vorrat haltend. Über allen aber und über dreifachem Strahlenkreise waltet die himmlische Taube, als Mittelpunkt und Schlußstein zugleich.

Wir sagen uns: hier muß ein heiliges altes Überliefertes zum Grunde liegen, daß diese verschiedenen unpassenden Personen so kunstreich und bedeutungsvoll zusammengestellt werden konnten. Wir fragen nicht nach Wie und Warum, wir lassen es geschehen und bewundern die unschätzbare Kunst.

Weniger unverständlich, aber doch geheimnisvoll ist ein Wandbild von Guido in seiner Kapelle. Die kindlich lieblichste, frömmste Jungfrau sitzt still vor sich hin und näht; zwei Engel ihr zur Seiten erwarten jeden Wink, ihr zu dienen. Daß jugendliche Unschuld und Fleiß von den Himmlischen bewacht und geehrt werde, sagt uns das liebe Bild. Es bedarf hier keiner Legende, keiner Auslegung.

Nun aber zu Milderung des künstlerischen Ernstes ein heiteres Abenteuer. Ich bemerkte wohl, daß mehrere deutsche Künstler, zu Tischbein als Bekannte tretend, mich beobachteten und sodann hin und wider gingen. Er, der mich einige Augenblicke verlassen hatte, trat wieder zu mir und sagte: Da gibt's einen großen Spaß! Das Gerücht, Sie seien hier, hatte sich schon verbreitet, und die Künstler wurden auf den einzigen unbekannten Fremden aufmerksam. Nun ist einer unter uns, der schon längst behauptet, er sei mit Ihnen umgegangen, ja er wollte mit Ihnen in freundschaftlichem Verhältnis gelebt haben, woran wir nicht so recht glauben wollten. Dieser ward aufgefordert, Sie zu betrachten und den Zweifel zu lösen; er versicherte aber kurz und gut, Sie seien es nicht, und an dem Fremden keine Spur Ihrer Gestalt und Aussehns. So ist doch wenigstens das Inkognito für den Moment gedeckt, und in der Folge gibt es etwas zu lachen.

Ich mischte mich nun freimütiger unter die Künstlerschar und fragte nach den Meistern verschiedener Bilder, deren Kunstweise mir noch nicht bekannt geworden. Endlich zog mich ein Bild besonders an, den heiligen Georg, den Drachenüberwinder und Jungfrauenbefreier, vorstellend. Niemand konnte mir den Meister nennen. Da trat ein kleiner, bescheidener, bisher lautloser Mann hervor und belehrte mich, es sei von Pordenone, dem Venezianer, eines seiner besten Bilder, an dem man sein ganzes Verdienst erkenne. Nun konnt ich meine Neigung gar wohl erklären: das Bild hatte mich angemutet, weil ich, mit der venezianischen Schule schon näher bekannt, die Tugenden ihrer Meister besser zu schätzen wußte.

Der belehrende Künstler ist Heinrich Meyer, ein Schweizer, der mit einem Freunde namens Cölla seit einigen Jahren hier studiert, die antiken Büsten in Sepia vortrefflich nachbildet und in der Kunstgeschichte wohl erfahren ist.

Rom, den 5. November.

Nun bin ich sieben Tage hier, und nach und nach tritt in meiner Seele der allgemeine Begriff dieser Stadt hervor. Wir gehn fleißig hin und wider, ich mache mir die Plane des alten und neuen Roms bekannt, betrachte die Ruinen, die Gebäude, besuche ein und die andere Villa; die größten Merkwürdigkeiten werden ganz langsam behandelt, ich tue nur die Augen auf und seh und geh und komme wieder: denn man kann sich nur in Rom auf Rom vorbereiten.

Gestehen wir jedoch, es ist ein saures und trauriges Geschäft, das alte Rom aus dem neuen herauszuklauben, aber man muß es denn doch tun und zuletzt eine unschätzbare Befriedigung hoffen. Man trifft Spuren einer Herrlichkeit und einer Zerstörung, die beide über unsere Begriffe gehen. Was die Barbaren stehen ließen, haben die Baumeister des neuen Roms verwüstet.

Wenn man so eine Existenz ansieht, die zweitausend Jahre und darüber alt ist, durch den Wechsel der Zeiten so mannigfaltig und vom Grund aus verändert, und doch noch derselbe Boden, derselbe Berg, ja oft dieselbe Säule und Mauer, und im Volke noch die Spuren des alten Charakters, so wird man ein Mitgenosse der großen Ratschlüsse des Schicksals, und so wird es dem Betrachter von Anfang schwer zu entwickeln, wie Rom auf Rom folgt, und nicht allein das neue auf das alte, sondern die verschiedenen Epochen des alten und neuen selbst aufeinander. Ich suche nur erst selbst die halbverdeckten Punkte herauszufühlen, dann lassen sich erst die schönen Vorarbeiten recht vollständig nutzen; denn seit dem funfzehnten Jahrhundert bis auf unsere Tage haben sich treffliche Künstler und Gelehrte mit diesen Gegenständen ihr ganzes Leben durch beschäftigt.

Und dieses Ungeheuere wirkt ganz ruhig auf uns ein, wenn wir in Rom hin und her eilen, um zu den höchsten Gegenständen zu gelangen. Anderer Orten muß man das Bedeutende aufsuchen, hier werden wir davon überdrängt und überfüllt. Wie man geht und steht, zeigt sich ein landschaftliches Bild aller Art und Weise, Paläste und Ruinen, Gärten und Wildnis, Fernen und Engen, Häuschen, Ställe, Triumphbögen und Säulen, oft alles zusammen so nah, daß es auf *ein* Blatt gebracht werden könnte. Man müßte mit tausend Griffeln schreiben; was soll hier eine Feder! Und dann ist man abends müde und erschöpft vom Schauen und Staunen.

Den 7. November.

Verzeihen mir jedoch meine Freunde, wenn ich künftig wortkarg erfunden werde. Während eines Reisezugs rafft man unterwegs auf, was man kann; jeder Tag bringt etwas Neues, und man eilt auch darüber zu denken und zu urteilen. Hier aber kömmt man in eine gar große Schule, wo ein Tag so viel sagt, daß man von dem Tage nichts zu sagen wagen darf. Ja man täte wohl, wenn man, jahrelang hier verweilend, ein pythagoreisches Stillschweigen beobachtete.

An demselben.

Ich bin recht wohl. Das Wetter ist, wie die Römer sagen, brutto: es geht ein Mittagwind, Scirocco, der täglich mehr oder weniger

Regen herbeiführt; ich kann aber diese Witterung nicht unangenehm finden: es ist warm dabei, wie es bei uns im Sommer regnichte Tage nicht sind.

Tischbeins Talente, so wie seine Vorsätze und Kunstabsichten, lerne ich nun immer mehr kennen und schätzen. Er legte mir seine Zeichnungen und Skizzen vor, welche sehr viel Gutes geben und verkünden. Durch den Aufenthalt bei Bodmer sind seine Gedanken auf die ersten Zeiten des menschlichen Geschlechts geführt worden, da, wo es sich auf die Erde gesetzt fand und die Aufgabe lösen sollte, Herr der Welt zu werden.
Als geistreiche Einleitung zu dem Ganzen bestrebte er sich, das hohe Alter der Welt sinnlich darzustellen. Berge mit herrlichen Wäldern bewachsen, Schluchten von Wasserbächen ausgerissen, ausgebrannte Vulkane, kaum noch leise dampfend. Im Vordergrund ein mächtiger, in der Erde übriggebliebener Stock eines vieljährigen Eichbaums, an dessen halbentblößten Wurzeln ein Hirsch die Stärke seines Geweihes versucht, so gut gedacht als lieblich ausgeführt.
Dann hat er auf einem höchst merkwürdigen Blatte den Mann zugleich als Pferdebändiger und allen Tieren der Erde, der Luft und des Wassers, wo nicht an Stärke, doch an List überlegen dargestellt. Die Komposition ist außerordentlich schön: als Ölbild müßte es eine große Wirkung tun. Eine Zeichnung davon müssen wir notwendig in Weimar besitzen. Sodann denkt er an eine Versammlung der alten, weisen und geprüften Männer, wo er Gelegenheit nehmen wird, wirkliche Gestalten darzustellen. Mit dem größten Enthusiasmus aber skizziert er an einer Schlacht, wo sich zwei Parteien Reiterei wechselseitig mit gleicher Wut angreifen, und zwar an einer Stelle, wo eine ungeheuere Felsschlucht sie trennt, über welche das Pferd nur mit größter Anstrengung hinübersetzen kann. An Verteidigung ist hier nicht zu denken. Kühner Angriff, wilder Entschluß, Gelingen oder Sturz

in den Abgrund. Dieses Bild wird ihm Gelegenheit geben, die Kenntnisse, die er von dem Pferde, dessen Bau und Bewegung besitzt, auf eine sehr bedeutende Weise zu entfalten.
Diese Bilder sodann und eine Reihe von folgenden und eingeschalteten wünscht er durch ein Gedicht verknüpft, welches dem Dargestellten zur Erklärung diente, und ihm dagegen wieder durch bestimmte Gestalten Körper und Reiz verliehe.
Der Gedanke ist schön; nur müßte man freilich mehrere Jahre zusammen sein, um ein solches Werk auszuführen.

Die Logen von Raffael und die großen Gemälde der Schule von Athen usw. hab ich nur erst einmal gesehen, und da ist's, als wenn man den Homer aus einer zum Teil verloschenen, beschädigten Handschrift herausstudieren sollte. Das Vergnügen des ersten Eindrucks ist unvollkommen; nur wenn man nach und nach alles recht durchgesehn und studiert hat, wird der Genuß ganz. Am erhaltensten sind die Deckenstücke der Logen, die biblische Geschichten vorstellen, so frisch wie gestern gemalt, zwar die wenigsten von Raffaels eigner Hand, doch aber gar trefflich nach seinen Zeichnungen und unter seiner Aufsicht.

Ich habe manchmal in früherer Zeit die wunderliche Grille gehabt, daß ich mir sehnlichst wünschte, von einem wohlunterrichteten Manne, von einem kunst- und geschichtskundigen Engländer nach Italien geführt zu werden; und nun hat sich das alles indessen schöner gebildet, als ich hätte ahnen können. Tischbein lebte so lange hier, als mein herzlicher Freund, er lebte hier mit dem Wunsche, mir Rom zu zeigen; unser Verhältnis ist alt durch Briefe, neu durch Gegenwart: wo hätte mir ein werterer Führer erscheinen können? Ist auch meine Zeit nur beschränkt, so werde ich doch das Möglichste genießen und lernen.
Und bei allem dem seh ich voraus, daß ich wünschen werde, anzukommen, wenn ich weggehe.

Den 8. November.

Mein wunderliches und vielleicht grillenhaftes Halbinkognito bringt mir Vorteile, an die ich nicht denken konnte. Da sich jedermann verpflichtet, zu ignorieren, wer ich sei, und also auch niemand mit mir von mir reden darf, so bleibt den Menschen nichts übrig, als von sich selbst oder von Gegenständen zu sprechen, die ihnen interessant sind; dadurch erfahr ich nun umständlich, womit sich ein jeder beschäftigt oder was irgend Merkwürdiges entsteht und hervorgeht. Hofrat Reifenstein fand sich auch in diese Grille; da er aber den Namen, den ich angenommen hatte, aus einer besondern Ursache nicht leiden konnte, so baronisierte er mich geschwind, und ich heiße nun der Baron gegen Rondanini über; dadurch bin ich bezeichnet genug, um so mehr, als der Italiener die Menschen nur nach den Vornamen oder Spitznamen benennet. Genug, ich habe meinen Willen und entgehe der unendlichen Unbequemlichkeit, von mir und meinen Arbeiten Rechenschaft geben zu müssen.

Den 9. November.

Manchmal stehe ich wie einen Augenblick still und überschaue die höchsten Gipfel des schon Gewonnenen. Sehr gerne blicke ich nach Venedig zurück, auf jenes große Dasein, dem Schoße des Meeres, wie Pallas aus dem Haupte Jupiters, entsprossen. Hier hat mich die Rotonda, so die äußere wie die innere, zu einer freudigen Verehrung ihrer Großheit bewogen. In St. Peter habe ich begreifen lernen, wie die Kunst sowohl als die Natur alle Maßvergleichung aufheben kann. Und so hat mich Apoll von Belvedere aus der Wirklichkeit hinausgerückt. Denn wie von jenen Gebäuden die richtigsten Zeichnungen keinen Begriff geben, so ist es hier mit dem Original von Marmor gegen die Gipsabgüsse, deren ich doch sehr schöne früher gekannt habe.

Den 10. November.

Ich lebe nun hier mit einer Klarheit und Ruhe, von der ich

lange kein Gefühl hatte. Meine Übung, alle Dinge, wie sie sind, zu sehen und abzulesen, meine Treue, das Auge Licht sein zu lassen, meine völlige Entäußerung von aller Prätention kommen mir einmal wieder recht zustatten und machen mich im stillen höchst glücklich. Alle Tage ein neuer merkwürdiger Gegenstand, täglich frische, große, seltsame Bilder und ein Ganzes, das man sich lange denkt und träumt, nie mit der Einbildungskraft erreicht.

Heute war ich bei der Pyramide des Cestius und abends auf dem Palatin, oben auf den Ruinen der Kaiserpaläste, die wie Felsenwände dastehn. Hievon läßt sich nun freilich nichts überliefern! Wahrlich, es gibt hier nichts Kleines, wenn auch wohl hier und da etwas Scheltenswertes und Abgeschmacktes; doch auch ein solches hat teil an der allgemeinen Großheit genommen. Kehr ich nun in mich selbst zurück, wie man doch so gern tut bei jeder Gelegenheit, so entdecke ich ein Gefühl, das mich unendlich freut, ja das ich sogar auszusprechen wage. Wer sich mit Ernst hier umsieht und Augen hat, zu sehen, muß solid werden, er muß einen Begriff von Solidität fassen, der ihm nie so lebendig ward.

Der Geist wird zur Tüchtigkeit gestempelt, gelangt zu einem Ernst ohne Trockenheit, zu einem gesetzten Wesen mit Freude. Mir wenigstens ist es, als wenn ich die Dinge dieser Welt nie so richtig geschätzt hätte als hier. Ich freue mich der gesegneten Folgen auf mein ganzes Leben.

Und so laßt mich aufraffen, wie es kommen will; die Ordnung wird sich geben. Ich bin nicht hier, um nach meiner Art zu genießen; befleißigen will ich mich der großen Gegenstände, lernen und mich ausbilden, ehe ich vierzig Jahr alt werde.

Den 11. November.

Heut hab ich die Nymphe Egeria besucht, dann die Rennbahn des Caracalla, die zerstörten Grabstätten längs der Via Appia

Rom, Vatikanisches Museum, Sala Rotonda *Nach Pronti*

Rom, Hof im Museum Pio Clementino, Vatikan *Nach Pronti*

Rom, Ansicht der Engelsburg mit St. Peter — Nach Vasi

und das Grab der Metella, das einem erst einen Begriff von solidem Mauerwerk gibt. Diese Menschen arbeiteten für die Ewigkeit: es war auf alles kalkuliert, nur auf den Unsinn der Verwüster nicht, dem alles weichen mußte. Recht sehnlich habe ich dich herzugewünscht. Die Reste der großen Wasserleitung sind höchst ehrwürdig. Der schöne große Zweck, ein Volk zu tränken durch eine so ungeheure Anstalt! Abends kamen wir ans Coliseo, da es schon dämmrig war. Wenn man das ansieht, scheint wieder alles andre klein: es ist so groß, daß man das Bild nicht in der Seele behalten kann; man erinnert sich dessen nur kleiner wieder, und kehrt man dahin zurück, kommt es einem aufs neue größer vor.

Frascati, den 15. November.

Die Gesellschaft ist zu Bette, und ich schreibe noch aus der Tuschmuschel, aus welcher gezeichnet worden ist. Wir haben ein paar schöne, regenfreie Tage hier gehabt, warm und freundlichen Sonnenschein, daß man den Sommer nicht vermißt. Die Gegend ist sehr angenehm; der Ort liegt auf einem Hügel, vielmehr an einem Berge, und jeder Schritt bietet dem Zeichner die herrlichsten Gegenstände. Die Aussicht ist unbegrenzt: man sieht Rom liegen und weiter die See, an der rechten Seite die Gebirge von Tivoli und so fort. In dieser lustigen Gegend sind Landhäuser recht zur Lust angelegt, und wie die alten Römer schon hier ihre Villen hatten, so haben vor hundert Jahren und mehr reiche und übermütige Römer ihre Landhäuser auch auf die schönsten Flecke gepflanzt. Zwei Tage gehn wir schon hier herum, und es ist immer etwas Neues und Reizendes.

Und doch läßt sich kaum sagen, ob nicht die Abende noch vergnügter als der Tag hingehen. Sobald die stattliche Wirtin die messingene dreiarmige Lampe auf den großen runden Tisch gesetzt und Felicissima notte! gesagt hat, versammelt sich alles im Kreise und legt die Blätter vor, welche den Tag über gezeichnet und skizziert worden. Darüber spricht man, ob der Gegenstand hätte günstiger aufgenommen werden sollen, ob der Charakter getroffen ist, und was solche erste allgemeine Erfordernisse sind, wovon man sich schon bei dem ersten Entwurf Rechenschaft geben kann. Hofrat Reifenstein weiß diese Sitzungen durch seine Einsicht und Autorität zu ordnen und zu leiten. Diese löbliche Anstalt aber schreibt sich eigentlich von Philipp Hackert her, welcher höchst geschmackvoll die wirklichen Aussichten zu zeichnen und auszuführen wußte. Künstler und Liebhaber, Männer und Frauen, Alte und Junge ließ er nicht ruhen; er munterte jeden auf, nach seinen Gaben und Kräften sich gleichfalls zu versuchen, und ging mit gutem Beispiel vor. Diese Art, eine Gesellschaft zu versammeln und zu unterhalten, hat Hofrat Reifenstein nach der Abreise jenes Freundes treulich fortgesetzt, und wir finden, wie löblich es sei, den tätigen Anteil eines jeden zu wecken. Die Natur und Eigenschaft der verschiedenen Gesellschaftsglieder tritt auf eine anmutige Weise hervor. Tischbein zum Beispiel sieht als Historienmaler die Landschaft ganz anders an als der Landschaftszeichner. Er findet bedeutende Gruppen und andere anmutige vielsagende Gegenstände da, wo ein anderer nichts gewahr würde, und so glückt es ihm auch manchen menschlichen naiven Zug zu erhaschen, es sei nun an Kindern, Landleuten, Bettlern und andern dergleichen Naturmenschen, oder auch an Tieren, die er mit wenigen charakteristischen Strichen gar glücklich darzustellen weiß und dadurch der Unterhaltung immer neuen angenehmen Stoff unterlegt.

Will das Gespräch ausgehen, so wird, gleichfalls nach Hackerts Vermächtnis, in Sulzers Theorie gelesen, und wenn man gleich, von einem höhern Standpunkte, mit diesem Werke nicht ganz zufrieden sein kann, so bemerkt man doch mit Vergnügen den guten Einfluß auf Personen, die auf einer mittlern Stufe der Bildung stehen.

Rom, den 17. November.

Wir sind zurück! Heute nacht fiel ein entsetzlicher Regenguß, mit Donner und Blitzen; nun regnet es fort und ist immer warm dabei.

Ich aber kann nur mit wenig Worten das Glück dieses Tages bezeichnen. Ich habe die Freskogemälde von Dominichin in Andrea della Valle, ingleichen die Farnesische Galerie von Carraccio gesehen. Freilich zu viel für Monate, geschweige für einen Tag.

Den 18. November.

Es ist wieder schön Wetter, ein heller, freundlicher, warmer Tag.

Ich sah in der Farnesina die Geschichte der Psyche, deren farbige Nachbildungen so lange meine Zimmer erheitern, dann zu St. Peter in Montorio die Verklärung von Raffael. Alles alte Bekannte, wie Freunde, die man sich in der Ferne durch Briefwechsel gemacht hat und die man nun von Angesicht sieht. Das Mitleben ist doch ganz was anders, jedes wahre Verhältnis und Mißverhältnis spricht sich sogleich aus.

Auch finden sich aller Orten und Enden herrliche Sachen, von denen nicht so viel Redens ist, die nicht so oft durch Kupfer und Nachbildungen in die Welt gestreut sind. Hievon bringe ich manches mit, gezeichnet von guten jungen Künstlern.

Daß ich mit Tischbein schon so lange durch Briefe in dem besten Verhältnis stehe, daß ich ihm so manchen Wunsch, sogar ohne Hoffnung, nach Italien zu kommen, mitgeteilt, machte unser Zusammentreffen sogleich fruchtbar und erfreulich. Er hatte immer an mich gedacht und für mich gesorgt. Auch was die Steine betrifft, mit welchen die Alten und Neuen gebaut, ist er vollkommen zu Hause; er hat sie recht gründlich studiert, wobei ihm sein Künstlerauge und die Künstlerlust an sinnlichen Dingen sehr zustatten kommt. Eine für mich ausgewählte Sammlung von Musterstücken hat er vor kurzem nach Weimar abgesendet, die mich bei meiner Zurückkunft freundlich empfangen soll. Ein bedeutender Nachtrag hat sich indessen gefunden. Ein Geistlicher, der sich jetzt in Frankreich aufhält und über die antiken Steinarten ein Werk auszuarbeiten dachte, erhielt durch die Gunst der Propagande ansehnliche Stücke Marmor von der Insel Paros. Diese wurden hier zu Musterstücken verschnitten und zwölf verschiedene Stücke auch für mich beiseite gelegt, vom feinsten bis zum gröbsten Korn, von der größten Reinheit und dann minder und mehr mit Glimmer gemischt, jene zur Bildhauerei, diese zur Architektur anwendbar. Wie viel eine genaue Kenntnis des Materials, worin die Künste gearbeitet, zu ihrer Beurteilung hilft, fällt genugsam in die Augen.

Gelegenheit gibt's genug, dergleichen hier zusammenzuschleppen. Auf den Ruinen des Neronischen Palastes gingen wir durch frisch aufgehäufelte Artischockenländer und konnten uns nicht enthalten, die Taschen vollzustecken von Granit-, Porphyr- und Marmortäfelchen, die zu Tausenden hier herum liegen und von der alten Herrlichkeit der damit überkleideten Wände noch als unerschöpfliche Zeugen gelten.

Zum 18. November.

Nun muß ich aber auch von einem wunderbaren problematischen Bilde sprechen, das sich auf jene trefflichen Dinge noch immer gut sehen läßt.

Schon vor mehreren Jahren hielt sich hier ein Franzos auf, als Liebhaber der Kunst und Sammler bekannt. Er kommt zum Besitz eines antiken Gemäldes auf Kalk, niemand weiß woher; er läßt das Bild durch Mengs restaurieren und hat es als ein geschätztes Werk in seiner Sammlung. Winckelmann spricht irgendwo mit Enthusiasmus davon. Es stellt den Ganymed vor, der dem Jupiter eine Schale Wein reicht und dagegen einen Kuß empfängt. Der Franzose stirbt und hinterläßt das Bild seiner Wirtin als antik. Mengs stirbt und sagt auf seinem Todbette: es sei nicht antik, er habe es gemalt. Und nun streitet alles gegeneinander. Der eine behauptet, es sei von Mengs zum Scherz nur so leicht hingemacht; der andere Teil sagt, Mengs habe nie so etwas machen können, ja es sei beinahe für Raffael zu schön. Ich habe es gestern gesehn und muß sagen, daß ich auch nichts Schöneres kenne als die Figur Ganymeds, Kopf und Rücken; das andere ist viel restauriert. Indessen ist das Bild diskreditiert, und die arme Frau will niemand von dem Schatz erlösen.

Den 20. November.

Da uns die Erfahrung genugsam belehrt, daß man zu Gedichten jeder Art Zeichnungen und Kupfer wünscht, ja der Maler selbst seine ausführlichsten Bilder der Stelle irgend eines Dichters widmet, so ist Tischbeins Gedanke höchst beifallswürdig, daß Dichter und Künstler zusammen arbeiten sollten, um gleich vom Ursprunge herauf eine Einheit zu bilden. Die Schwierigkeit würde um vieles freilich vermindert, wenn es kleine Gedichte wären, die sich leicht übersehen und fördern ließen.

Tischbein hat auch hiezu sehr angenehme idyllische Gedanken, und es ist wirklich sonderbar, daß die Gegenstände, die er auf diese Weise bearbeitet wünscht, von der Art sind, daß weder dichtende noch bildende Kunst, jede für sich, zur Darstellung hinreichend wären. Er hat mir davon auf unsern Spaziergängen erzählt, um mir Lust zu machen, daß ich mich darauf einlassen möge. Das Titelkupfer zu unserm gemeinsamen Werke ist schon entworfen; fürchtete ich mich nicht, in etwas Neues einzugehen, so könnte ich mich wohl verführen lassen.

Den 22. November, am Cäcilienfeste.

Das Andenken dieses glücklichen Tages muß ich durch einige Zeilen lebhaft erhalten und, was ich genossen, wenigstens historisch mitteilen. Es war das schönste, ruhigste Wetter, ein ganz heiterer Himmel und warme Sonne. Ich ging mit Tischbein nach dem Petersplatze, wo wir erst auf und ab gehend und, wenn es uns zu warm wurde, im Schatten des großen Obelisks, der eben für zwei breit genug geworfen wird, spazierten und Trauben verzehrten, die wir in der Nähe gekauft hatten. Dann gingen wir in die Sixtinische Kapelle, die wir auch hell und heiter, die Gemälde wohl erleuchtet fanden. Das Jüngste Gericht und die mannigfaltigen Gemälde der Decke von Michel Ange teilten unsere Bewunderung. Ich konnte nur sehen und anstaunen. Die innere Sicherheit und Männlichkeit des Meisters, seine Großheit geht über allen Ausdruck. Nachdem wir alles wieder und wieder gesehn, verließen wir dieses Heiligtum und gingen nach der Peterskirche, die von dem heitern Himmel das schönste Licht empfing und in allen Teilen hell und klar erschien. Wir ergötzten uns als genießende Menschen an der Größe und der Pracht, ohne durch allzu eklen und zu verständigen Geschmack uns diesmal irre machen zu lassen, und unterdrückten jedes schärfere Urteil. Wir erfreuten uns des Erfreulichen.

Endlich bestiegen wir das Dach der Kirche, wo man das Bild einer wohlgebauten Stadt im kleinen findet. Häuser und Magazine, Brunnen, (dem Ansehn nach) Kirchen und einen großen Tempel, alles in der Luft, und schöne Spaziergänge dazwischen. Wir bestiegen die Kuppel und besahen die hellheitere Gegend der Apenninen, den Berg Soracte, nach Tivoli die vulkanischen Hügel, Frascati, Castel Gandolfo und die Plaine und weiter das Meer. Nahe vor uns die ganze Stadt Rom, in ihrer Breite und Weite mit ihren Bergpalästen, Kuppeln usw. Es rührte sich keine Luft, und in dem kupfernen Knopf war es heiß wie in einem Treibhause. Nachdem wir das alles beherzigt hatten, stiegen wir herab und ließen uns die Türen zu den Gesimsen der Kuppel, des Tambours und des Schiffs aufschließen; man kann um selbe herumgehen und diese Teile und die Kirche von oben betrachten. Als wir auf dem Gesimse des Tambours standen, ging der Papst unten in der Tiefe vorbei, seine Nachmittagsandacht zu halten. Es fehlte uns also nichts zur Peterskirche.

Wir stiegen völlig wieder herab, nahmen in einem benachbarten Gasthofe ein fröhliches, frugales Mahl und setzten unsern Weg nach der Cäcilienkirche fort.

Viele Worte würde ich brauchen, um die Auszierung der ganz mit Menschen angefüllten Kirche zu beschreiben. Man sah eben keinen Stein der Architektur mehr. Die Säulen waren mit rotem Samt überzogen und mit goldenen Tressen umwunden. Die Kapitäle mit gesticktem Samt in ungefährer Kapitälform, so alle Gesimse und Pfeiler behangen und bedeckt. Alle Zwischenräume der Mauern mit lebhaft gemalten Stücken bekleidet, daß die ganze Kirche mit Mosaik ausgelegt schien, und über zweihundert Wachskerzen brannten um und neben dem Hochaltar, so daß die ganze eine Wand mit Lichtern besetzt und das Schiff der Kirche vollkommen erleuchtet war. Die Seitengänge und Seitenaltäre ebenso geziert und erhellt. Gegen dem Hochaltar über, unter der Orgel, zwei Gerüste auch mit Samt überzogen, auf deren einem die Sänger, auf dem andern die Instrumenter standen, die anhaltend Musik machten. Die Kirche war voll gedrängt.

Eine schöne Art musikalischer Aufführung hört ich hier. Wie man Violin- oder andere Konzerte hat, so führen sie Konzerte mit Stimmen auf, daß die eine Stimme, der Sopran zum Beispiel, herrschend ist und Solo singt, das Chor von Zeit zu Zeit einfällt und ihn begleitet, es versteht sich immer mit dem ganzen Orchester. Es tut gute Wirkung. — Ich muß endigen, wie wir den Tag enden mußten. Den Abend gelangten wir noch ans Opernhaus, wo eben die Litiganti aufgeführt wurden, und hatten des Guten so viel genossen, daß wir vorübergingen.

Den 23. November.

Damit es mir denn aber doch mit meinem beliebten Inkognito nicht wie dem Vogel Strauß ergehe, der sich für versteckt hält, wenn er den Kopf verbirgt, so gebe ich auf gewisse Weise nach, meine alte These immerfort behauptend. Den Fürsten von Liechtenstein, den Bruder der mir so werten Gräfin Harrach, habe ich gern begrüßt und einigemal bei ihm gespeist und konnte bald merken, daß diese meine Nachgiebigkeit mich weiter führen würde; und so kam es auch. Man hatte mir von dem Abbate Monti präludiert, von seinem Aristodem, einer Tragödie, die nächstens gegeben werden sollte. Der Verfasser, sagte man, wünsche sie mir vorzulesen und meine Meinung darüber zu hören. Ich ließ die Sache fallen, ohne sie abzulehnen, endlich fand ich einmal den Dichter und einen seiner Freunde beim Fürsten, und das Stück ward vorgelesen.

Der Held ist, wie bekannt, ein König von Sparta, der sich wegen allerlei Gewissensskrupel selbst entleibt, und man gab mir auf eine artige Weise zu verstehen, der Verfasser des Werthers würde wohl nicht übel finden, wenn er in diesem Stücke einige Stellen seines trefflichen Buches benutzt finde. Und so konnte ich selbst in den Mauern von Sparta den erzürnten Manen des unglücklichen Jünglings nicht entgehen.

Das Stück hat einen sehr einfachen ruhigen Gang; die Gesinnungen wie die Sprache sind dem Gegenstande gemäß, kräftig und doch weichmütig. Die Arbeit zeugt von einem sehr schönen Talente.

Ich verfehlte nicht, nach meiner Weise, freilich nicht nach der italienischen, alles Gute und Lobenswürdige des Stücks herauszuheben, womit man zwar leidlich zufrieden war, aber doch, mit südlicher Ungeduld, etwas mehr verlangte. Besonders sollte ich weissagen, was von dem Effekt des Stücks auf das Publikum zu hoffen sei. Ich entschuldigte mich mit meiner Unkunde des Landes, der Vorstellungsart und des Geschmacks, war aber aufrichtig genug, hinzuzusetzen, daß ich nicht recht einsehe, wie die verwöhnten Römer, die ein komplettes Lustspiel von drei Akten und eine komplette Oper von zwei Akten als Zwischenspiel oder eine große Oper mit ganz fremdartigen Balletts als Intermezz

Rom, Forum des Nerva *Nach Piranesi*

Rom, Piazza Navona *Nach Vasi*

Rom, Fontana Trevi

Nach Vasi

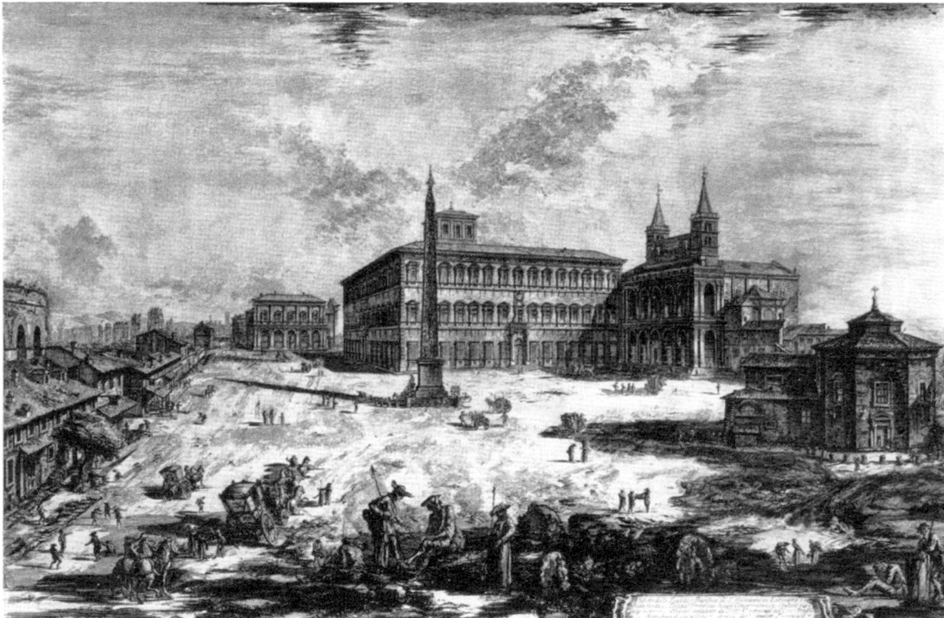

Rom, Lateran *Nach Piranesi*

zu sehen gewohnt seien, sich an dem edlen, ruhigen Gang einer ununterbrochen fortgehenden Tragödie ergötzen könnten. Alsdann schien mir auch der Gegenstand des Selbstmordes ganz außer dem Kreise italienischer Begriffe zu liegen. Daß man andere totschlage, davon hätte ich fast Tag für Tag zu hören; daß man sich aber selbst das liebe Leben raube oder es nur für möglich hielte, davon sei mir noch nichts vorgekommen.

Hierauf ließ ich mich gern umständlich unterrichten, was gegen meinen Unglauben einzuwenden sein möchte, und ergab mich sehr gern in die plausibeln Argumente, versicherte auch, daß ich nichts mehr wünsche, als das Stück aufführen zu sehen und demselben mit einem Chor von Freunden den aufrichtigsten lautesten Beifall zu zollen. Diese Erklärung wurde freundlichst aufgenommen, und ich hatte alle Ursache, diesmal mit meiner Nachgiebigkeit zufrieden zu sein; wie denn Fürst Liechtenstein die Gefälligkeit selbst ist und mir Gelegenheit geschafft hat, mit ihm gar manche Kunstschätze zu sehen, wozu besondere Erlaubnis der Besitzer und also eine höhere Einwirkung nötig ist.

Dagegen aber reichte mein guter Humor nicht hin, als die Tochter des Prätendenten das fremde Murmeltier gleichfalls zu sehen verlangte. Das habe ich abgelehnt und bin ganz entschieden wieder untergetaucht.

Und doch ist das auch nicht die ganz rechte Art, und ich fühle hier sehr lebhaft, was ich schon früher im Leben bemerken konnte, daß der Mensch, der das Gute will, sich ebenso tätig und rührig gegen andere verhalten müsse als der Eigennützige, der Kleine, der Böse. Einsehen läßt sich's gut, es ist aber schwer in diesem Sinne handeln.

Den 24. November.

Von der Nation wüßte ich nichts weiter zu sagen, als daß es Naturmenschen sind, die unter Pracht und Würde der Religion und der Künste nicht ein Haar anders sind, als sie in Höhlen und Wäldern auch sein würden. Was allen Fremden auffällt und was heute wieder die ganze Stadt reden, aber auch nur reden macht, sind die Totschläge, die gewöhnlich vorkommen. Viere sind schon in unserm Bezirk in diesen drei Wochen ermordet worden. Heute ward ein braver Künstler, Schwendimann, ein Schweizer, Medailleur, der letzte Schüler von Hedlinger, überfallen, völlig wie Winckelmann. Der Mörder, mit dem er sich herumbalgte, gab ihm an die zwanzig Stiche, und da die Wache hinzukam, erstach sich der Bösewicht selbst. Das ist sonst hier nicht Mode. Der Mörder erreicht eine Kirche, und so ist's gut.

Und so sollte ich denn, um auch Schatten in meine Gemälde zu bringen, von Verbrechen und Unheil, Erdbeben und Wasserflut einiges melden; doch setzt das gegenwärtige Ausbrechen des Feuers des Vesuvs die meisten Fremden hier in Bewegung, und man muß sich Gewalt antun, um nicht mit fortgerissen zu werden. Diese Naturerscheinung hat wirklich etwas Klapperschlangenartiges und zieht die Menschen unwiderstehlich an. Es ist in dem Augenblick, als wenn alle Kunstschätze Roms zunichte würden, die sämtlichen Fremden durchbrechen den Lauf ihrer Betrachtungen und eilen nach Neapel. Ich aber will ausharren, in Hoffnung, daß der Berg noch etwas für mich aufheben wird.

Den 1. Dezember.

Moritz ist hier, der uns durch Anton Reiser und die Wanderungen nach England merkwürdig geworden. Es ist ein reiner trefflicher Mann, an dem wir viel Freude haben.

Hier in Rom, wo man so viel Fremde sieht, die nicht alle der höheren Kunst wegen diese Hauptstadt der Welt besuchen, sondern auch wohl auf andere Art unterhalten sein wollen, ist man auf allerlei vorbereitet. Es gibt so gewisse Halbkünste, welche Handgeschicklichkeit und Handwerkslust verlangen, worin man es hier sehr weit gebracht hat und die Fremden gern mit ins Interesse zieht.

Dahin gehört die Wachsmalerei, die einen jeden, der sich einigermaßen mit Wasserfarben abgegeben hat, durch ihre Vorarbeiten und Vorbereitungen, sodann zuletzt durch das Einbrennen, und was sonst noch dazu gehört, mechanisch beschäftigen und einen oft geringen Kunstwert durch die Neuheit des Unternehmens erhöhen kann. Es gibt geschickte Künstler, die hierin Unterricht geben und unter dem Vorwand der Anleitung oft das Beste bei der Sache tun, so daß zuletzt, wenn das von Wachs erhöhte und glänzende Bild in goldenem Rahmen erscheint, die schöne Schülerin ganz überrascht von ihrem unbewußten Talent dasteht.

Eine andere artige Beschäftigung ist: hohlgeschnittene Steine in einen feinen Ton abzudrucken, welches auch wohl mit Medaillen geschieht, wo beide Seiten zugleich nachgebildet werden.

Mehr Geschick, Aufmerksamkeit und Fleiß erfordert denn endlich das Verfertigen der Glaspasten selbst. Zu allen diesen Dingen hat Hofrat Reifenstein in seinem Hause, oder wenigstens in seinen nächsten Umgebungen, die nötigen Gerätschaften und Anstalten.

Den 2. Dezember.

Zufällig habe ich hier Archenholzens Italien gefunden. Wie so ein Geschreibe am Ort selbst zusammenschrumpft, eben als wenn man das Büchlein auf Kohlen legte, daß es nach und nach braun und schwarz würde, die Blätter sich krümmten und in Rauch aufgingen. Freilich hat er die Sachen gesehen; aber um eine großtuige, verachtende Manier geltend zu machen, besitzt er viel zu wenig Kenntnisse und stolpert lobend und tadelnd.

Das schöne warme, ruhige Wetter, das nur manchmal von einigen Regentagen unterbrochen wird, ist mir zu Ende Novembers ganz was Neues. Wir gebrauchen die gute Zeit in freier Luft, die böse im Zimmer; überall findet sich etwas zum Freuen, Lernen und Tun.

Am 28. November kehrten wir zur Sixtinischen Kapelle zurück, ließen die Galerie aufschließen, wo man den Plafond näher sehen kann; man drängt sich zwar, da sie sehr eng ist, mit einiger Beschwerlichkeit und mit anscheinender Gefahr an den eisernen Stäben weg, deswegen auch die Schwindligen zurückbleiben; alles wird aber durch den Anblick des größten Meisterstückes ersetzt. Und ich bin in dem Augenblicke so für Michel Ange eingenommen, daß mir nicht einmal die Natur auf ihn schmeckt, da ich sie doch nicht mit so großen Augen wie er sehen kann. Wäre nur ein Mittel, sich solche Bilder in der Seele recht zu fixieren. Wenigstens, was ich von Kupfern und Zeichnungen nach ihm erobern kann, bring ich mit.
Wir gingen von da auf die Logen Raffaels, und kaum darf ich sagen, daß man diese nicht ansehen durfte. Das Auge war von jenen großen Formen und der herrlichen Vollendung aller Teile so ausgeweitet und verwöhnt, daß man die geistreichen Spielereien der Arabesken nicht ansehen mochte, und die biblischen Geschichten, so schön sie sind, hielten auf jene nicht Stich. Diese Werke nun öfter gegeneinander zu sehen, mit mehr Muße und ohne Vorurteil zu vergleichen, muß eine große Freude gewähren. Denn anfangs ist doch alle Teilnahme nur einseitig.
Von da schlichen wir, fast bei zu warmem Sonnenschein, auf die Villa Pamfili, wo sehr schöne Gartenpartien sind, und blieben bis an den Abend. Eine große, mit immergrünen Eichen und hohen Pinien eingefaßte flache Wiese war ganz mit Maßlieben übersäet, die ihre Köpfchen alle nach der Sonne wendeten; nun gingen meine botanischen Spekulationen an, denen ich den andern Tag auf einem Spaziergange nach dem Monte Mario, der Villa Melini und Villa Madama weiter nachhing. Es ist gar interessant, zu bemerken, wie eine lebhaft fortgesetzte und durch starke Kälte nicht unterbrochene Vegetation wirkt: hier gibt's keine Knospen, und man lernt erst begreifen, was

eine Knospe sei. Der Erdbeerbaum (arbutus unedo) blüht jetzt wieder, indem seine letzten Früchte reif werden, und so zeigt sich der Orangenbaum mit Blüten, halb und ganz reifen Früchten; doch werden letztere Bäume, wenn sie nicht zwischen Gebäuden stehen, nun bedeckt. Über die Zypresse, den respektabelsten Baum, wenn er recht alt und wohl gewachsen ist, gibt's genug zu denken. Ehstens werd ich den botanischen Garten besuchen und hoffe da manches zu erfahren. Überhaupt ist mit dem neuen Leben, das einem nachdenkenden Menschen die Betrachtung eines neuen Landes gewährt, nichts zu vergleichen. Ob ich gleich noch immer derselbe bin, so mein ich bis aufs innerste Knochenmark verändert zu sein.

Für diesmal schließ ich und werde das nächste Blatt einmal ganz von Unheil, Mord, Erdbeben und Unglück anfüllen, daß doch auch Schatten in meine Gemälde komme.

Den 3. Dezember.

Die Witterung hat bisher meist von sechs zu sechs Tagen abgewechselt. Zwei ganz herrliche, ein trüber, zwei bis drei Regentage, und dann wieder schöne. Ich suche jeden nach seiner Art aufs beste zu nutzen.

Doch immer sind mir noch diese herrlichen Gegenstände wie neue Bekanntschaften. Man hat nicht mit ihnen gelebt, ihnen ihre Eigentümlichkeit nicht abgewonnen. Einige reißen uns mit Gewalt an sich, daß man eine Zeitlang gleichgültig, ja ungerecht gegen andere wird. So hat z. B. das Pantheon, der Apoll von Belvedere, einige kolossale Köpfe und neuerlich die Sixtinische Kapelle so mein Gemüt eingenommen, daß ich daneben fast nichts mehr sehe. Wie will man sich aber, klein wie man ist und ans Kleine gewohnt, diesem Edlen, Ungeheuren, Gebildeten gleichstellen? Und wenn man es einigermaßen zurechtrücken möchte, so drängt sich abermals eine ungeheure Menge von allen Seiten zu, begegnet dir auf jedem Schritt, und jedes fordert für sich den Tribut der Aufmerksamkeit. Wie will man sich da herausziehen? Anders nicht, als daß man es geduldig wirken und wachsen läßt und auch fleißig auf das merkt, was andere zu unsern Gunsten gearbeitet haben.

Winckelmanns Kunstgeschichte, übersetzt von Fea, die neue Ausgabe, ist ein sehr brauchbares Werk, das ich gleich angeschafft habe und hier am Orte in guter, auslegender und belehrender Gesellschaft sehr nützlich finde.

Auch die römischen Altertümer fangen mich an zu freuen. Geschichte, Inschriften, Münzen, von denen ich sonst nichts wissen mochte, alles drängt sich heran. Wie mir's in der Naturgeschichte erging, geht es auch hier; denn an diesen Ort knüpft sich die ganze Geschichte der Welt an, und ich zähle einen zweiten Geburtstag, eine wahre Wiedergeburt, von dem Tage, da ich Rom betrat.

Den 5. Dezember.

In den wenigen Wochen, die ich hier bin, habe ich schon manchen Fremden kommen und gehen sehen und mich über die Leichtigkeit verwundert, mit welcher so viele diese würdigen Gegenstände behandeln. Gott sei Dank, daß mir von diesen Zugvögeln künftig keiner mehr imponiert, wenn er mir im Norden von Rom spricht, keiner mir die Eingeweide mehr erregt; denn ich hab's doch auch gesehn und weiß schon einigermaßen, woran ich bin.

Den 8. Dezember.

Wir haben mitunter die schönsten Tage. Der Regen, der von Zeit zu Zeit fällt, macht Gras und Gartenkräuter grün. Die immergrünen Bäume stehen auch hier hin und wieder, so daß man das abgefallene Laub der übrigen kaum vermißt. In den Gärten stehen Pomeranzenbäume voller Früchte, aus der Erde wachsend und unbedeckt.

Von einer sehr angenehmen Spazierfahrt, die wir ans Meer machten, und von dem Fischfang daselbst dachte ich umständlich zu erzählen, als abends der gute Moritz, hereinreitend, den Arm brach, indem sein Pferd auf dem glatten römischen Pflaster ausglitschte. Das zerstörte die ganze Freude und brachte in unsern kleinen Zirkel ein böses Hauskreuz.

Den 13. Dezember.

Wie herzlich freut es mich, daß ihr mein Verschwinden so ganz, wie ich wünschte, genommen habt. Versöhnt mir nun auch jedes Gemüt, das daran dürfte Anstoß genommen haben. Ich habe niemand kränken wollen und kann nun auch nichts sagen, um mich zu rechtfertigen. Gott behüte mich, daß ich jemals mit den Prämissen zu diesem Entschlusse einen Freund betrübe.

Ich erhole mich nun hier nach und nach von meinem salto mortale und studiere mehr, als daß ich genieße. Rom ist eine Welt, und man braucht Jahre, um sich nur erst drinne gewahr zu werden. Wie glücklich find ich die Reisenden, die sehen und gehn.

Heute früh fielen mir Winckelmanns Briefe, die er aus Italien schrieb, in die Hand. Mit welcher Rührung hab ich sie zu lesen angefangen! Vor einunddreißig Jahren, in derselben Jahreszeit, kam er, ein noch ärmerer Narr als ich, hierher; ihm war es auch so deutsch Ernst um das Gründliche und Sichre der Altertümer und der Kunst. Wie brav und gut arbeitete er sich durch! Und was ist mir nun aber auch das Andenken dieses Mannes auf diesem Platze!

Außer den Gegenständen der Natur, die in allen ihren Teilen wahr und konsequent ist, spricht doch nichts so laut als die Spur eines guten, verständigen Mannes, als die echte Kunst, die ebenso folgerecht ist als jene. Hier in Rom kann man das recht fühlen, wo so manche Willkürlichkeit gewütet hat, wo so mancher Unsinn durch Macht und Geld verewigt worden.

Eine Stelle in Winckelmanns Brief an Francken freute mich besonders: „Man muß alle Sachen in Rom mit einem gewissen Phlegma suchen, sonst wird man für einen Franzosen gehalten. In Rom, glaub ich, ist die hohe Schule für alle Welt, und auch ich bin geläutert und geprüft."

Das Gesagte paßt recht auf meine Art, den Sachen hier nachzugehn, und gewiß, man hat außer Rom keinen Begriff, wie man hier geschult wird. Man muß, so zu sagen, wiedergeboren werden, und man sieht auf seine vorigen Begriffe wie auf Kinderschuhe zurück. Der gemeinste Mensch wird hier zu etwas, wenigstens gewinnt er einen ungemeinen Begriff, wenn es auch nicht in sein Wesen übergehen kann.

Dieser Brief kommt euch zum neuen Jahre. Alles Glück zum Anfange! vor Ende sehn wir uns wieder, und das wird keine geringe Freude sein. Das vergangene war das wichtigste meines Lebens: ich mag nun sterben oder noch eine Weile dauern, in beiden Fällen war es gut. Jetzt noch ein Wort an die Kleinen.

Den Kindern mögt ihr folgendes lesen oder erzählen. Man merkt den Winter nicht: die Gärten sind mit immergrünen Bäumen bepflanzt, die Sonne scheint hell und warm, Schnee sieht man nur auf den entferntesten Bergen gegen Norden. Die Zitronenbäume, die in den Gärten an den Wänden gepflanzt sind, werden nun nach und nach mit Decken von Rohr überdeckt, die Pomeranzenbäume aber bleiben frei stehen. Es hängen viele Hunderte der schönsten Früchte an so einem Baum, der nicht wie bei uns beschnitten und in einen Kübel gepflanzt ist, sondern in der Erde frei und froh, in einer Reihe mit seinen Brüdern steht. Man kann sich nichts Lustigers denken als einen solchen Anblick. Für ein geringes Trinkgeld ißt man deren, so viel man will. Sie sind schon jetzt recht gut, im März werden sie noch besser sein.

Neulich waren wir am Meere und ließen einen Fischzug tun; da kamen die wunderlichsten Gestalten zum Vorschein, an Fischen,

Rom, Grab an der Via Appia — Nach Pronti

Tivoli, Wasserfälle — Nach Pronti

Rom, Piazza del Popolo — *Nach Vasi*

Krebsen und seltsamen Unformen; auch der Fisch, der dem Berührenden einen elektrischen Schlag gibt.

Den 20. Dezember.

Und doch ist das alles mehr Mühe und Sorge als Genuß. Die Wiedergeburt, die mich von innen heraus umarbeitet, wirkt immer fort. Ich dachte wohl hier was Rechts zu lernen; daß ich aber so weit in die Schule zurückgehen, daß ich so viel verlernen, ja durchaus umlernen müßte, dachte ich nicht. Nun bin ich aber einmal überzeugt und habe mich ganz hingegeben, und je mehr ich mich selbst verleugnen muß, desto mehr freut es mich. Ich bin wie ein Baumeister, der einen Turm aufführen wollte und ein schlechtes Fundament gelegt hatte; er wird es noch beizeiten gewahr und bricht gern wieder ab, was er schon aus der Erde gebracht hat, seinen Grundriß sucht er zu erweitern, zu veredeln, sich seines Grundes mehr zu versichern, und freut sich schon im voraus der gewissern Festigkeit des künftigen Baues. Gebe der Himmel, daß bei meiner Rückkehr auch die moralischen Folgen an mir zu fühlen sein möchten, die mir das Leben in einer weitern Welt gebracht hat. Ja, es ist zugleich mit dem Kunstsinn der sittliche, welcher große Erneuerung leidet.

Doktor Münter ist hier, von seiner Reise nach Sizilien zurückkehrend, ein energischer heftiger Mann; seine Zwecke kenne ich nicht. Er wird im Mai zu euch kommen und mancherlei zu erzählen wissen. Er reiste zwei Jahr in Italien. Mit den Italienern ist er unzufrieden, welche die bedeutenden Empfehlungsschreiben, die er mitgebracht und die ihm manches Archiv, manche geheime Bibliothek eröffnen sollten, nicht genugsam respektiert, so daß er nicht völlig zu seinen Wünschen gelangt.

Schöne Münzen hat er gesammelt und besitzt, wie er mir sagte, ein Manuskript, welches die Münzwissenschaft auf scharfe Kennzeichen, wie die Linnéischen sind, zurückführt. Herder erkundigt sich wohl mehr darum; vielleicht wird eine Abschrift erlaubt.

So etwas zu machen, ist möglich; gut, wenn es gemacht ist; und wir müssen doch auch, früh oder spat, in dieses Fach ernstlicher hinein.

Den 25. Dezember.

Ich fange nun schon an, die besten Sachen zum zweitenmal zu sehen, wo denn das erste Staunen sich in ein Mitleben und reineres Gefühl des Wertes der Sache auflöst. Um den höchsten Begriff dessen, was die Menschen geleistet haben, in sich aufzunehmen, muß die Seele erst zur vollkommenen Freiheit gelangen.

Der Marmor ist ein seltsames Material; deswegen ist Apoll von Belvedere im Urbilde so grenzenlos erfreulich: denn der höchste Hauch des lebendigen, jünglingsfreien, ewig jungen Wesens verschwindet gleich im besten Gipsabguß.

Gegen uns über im Palast Rondanini steht eine Medusenmaske, wo, in einer hohen und schönen Gesichtsform, über Lebensgröße, das ängstliche Starren des Todes unsäglich trefflich ausgedrückt ist. Ich besitze schon einen guten Abguß, aber der Zauber des Marmors ist nicht übrig geblieben. Das Edle, Halbdurchsichtige des gilblichen, der Fleischfarbe sich nähernden Steins ist verschwunden. Der Gips sieht immer dagegen kreidenhaft und tot.

Und doch, was für eine Freude bringt es, zu einem Gipsgießer hineinzutreten, wo man die herrlichen Glieder der Statuen einzeln aus der Form hervorgehen sieht und dadurch ganz neue Ansichten der Gestalten gewinnt! Alsdann erblickt man nebeneinander, was sich in Rom zerstreut befindet; welches zur Vergleichung unschätzbar dienlich ist. Ich habe mich nicht enthalten können, den kolossalen Kopf eines Jupiters anzuschaffen. Er steht meinem Bette gegenüber, wohl beleuchtet, damit ich sogleich meine Morgenandacht an ihn richten kann, und der uns, bei aller seiner Großheit und Würde, das lustigste Geschichtchen veranlaßt hat.

Unserer alten Wirtin schleicht gewöhnlich, wenn sie das Bett zu machen hereinkommt, ihre vertraute Katze nach. Ich saß im großen Saale und hörte die Frau drinne ihr Geschäft treiben. Auf einmal, sehr eilig und heftig, gegen ihre Gewohnheit, öffnet sie die Türe und ruft mich, eilig zu kommen und ein Wunder zu sehen. Auf meine Frage, was es sei, erwiderte sie, die Katze bete Gott Vater an. Sie habe diesem Tiere wohl längst angemerkt, daß es Verstand habe wie ein Christ; dieses aber sei doch ein großes Wunder. Ich eilte, mit eigenen Augen zu sehen, und es war wirklich wunderbar genug. Die Büste steht auf einem hohen Fuße, und der Körper ist weit unter der Brust abgeschnitten, so daß also der Kopf in die Höhe ragt. Nun war die Katze auf den Tisch gesprungen, hatte ihre Pfoten dem Gott auf die Brust gelegt und reichte mit ihrer Schnauze, indem sie die Glieder möglichst ausdehnte, gerade bis an den heiligen Bart, den sie mit der größten Zierlichkeit beleckte und sich weder durch die Interjektion der Wirtin noch durch meine Dazwischenkunft im mindesten stören ließ. Der guten Frau ließ ich ihre Verwunderung, erklärte mir aber diese seltsame Katzenandacht dadurch, daß dieses scharf riechende Tier wohl das Fett möchte gespürt haben, das sich aus der Form in die Vertiefungen des Bartes gesenkt und dort verhalten hatte.

Den 29. Dezember.

Von Tischbein muß ich noch vieles erzählen und rühmen, wie ganz original deutsch er sich aus sich selbst herausbildete, sodann aber dankbar melden, daß er die Zeit seines zweiten Aufenthalts in Rom über für mich gar freundschaftlich gesorgt hat, indem er mir eine Reihe Kopien nach den besten Meistern fertigen ließ, einige in schwarzer Kreide, andere in Sepia und Aquarell, die erst in Deutschland, wo man von den Originalen entfernt ist, an Wert gewinnen und mich an das Beste erinnern werden.

Auf seiner Künstlerlaufbahn, da er sich erst zum Porträt bestimmte, kam Tischbein mit bedeutenden Männern, besonders auch zu

Zürch, in Berührung und hat an ihnen sein Gefühl gestärkt und seine Einsicht erweitert.
Den zweiten Teil der zerstreuten Blätter brachte ich mit hieher und war doppelt willkommen. Wie gut dies Büchlein auch bei wiederholtem Lesen wirkt, sollte wohl Herder zu seiner Belohnung recht umständlich erfahren. Tischbein wollte gar nicht begreifen, wie man so etwas habe schreiben können, ohne in Italien gewesen zu sein.

In diesem Künstlerwesen lebt man wie in einem Spiegelzimmer, wo man auch wider Willen sich selbst und andere oft wiederholt sieht. Ich bemerkte wohl, daß Tischbein mich öfters aufmerksam betrachtete; und nun zeigt sich's, daß er mein Porträt zu malen gedenkt. Sein Entwurf ist fertig, er hat die Leinwand schon aufgespannt. Ich soll in Lebensgröße als Reisender, in einen weißen Mantel gehüllt, in freier Luft, auf einem umgestürzten Obelisken sitzend, vorgestellt werden, die tief im Hintergrunde liegenden Ruinen der Campagna di Roma überschauend. Es gibt ein schönes Bild, nur zu groß für unsere nordischen Wohnungen. Ich werde wohl wieder dort unterkriechen, das Porträt aber wird keinen Platz finden.

Wie viel Versuche man übrigens macht, mich aus meiner Dunkelheit herauszuziehen, wie die Poeten mir schon ihre Sachen vorlesen oder vorlesen lassen, wie es nur von mir abhinge, eine Rolle zu spielen, irrt mich nicht und ist mir unterhaltend genug, da ich schon abgepaßt habe, wo es in Rom hinaus will. Denn die vielen kleinen Zirkel zu den Füßen der Herrscherin der Welt deuten hie und da auf etwas Kleinstädtisches. Ja, es ist hier wie allenthalben, und was mit mir und durch mich geschehen könnte, macht mir schon Langeweile, ehe es geschieht. Man muß sich zu einer Partei schlagen, ihre Leidenschaften und Kabalen verfechten helfen, Künstler und Dilettanten loben, Mitwerber verkleinern, sich von Großen und Reichen alles gefallen lassen. Diese sämtliche Litanei, um derentwillen man aus der Welt laufen möchte, sollte ich hier mitbeten, und ganz ohne Zweck?

Nein, ich gehe nicht tiefer, als nur um das auch zu kennen und dann auch von dieser Seite zu Hause zufrieden zu sein und mir und andern alle Lust in die liebe weite Welt zu benehmen. Ich will Rom sehen, das bestehende, nicht das mit jedem Jahrzehnt vorübergehende. Hätte ich Zeit, ich wollte sie besser anwenden. Besonders liest sich Geschichte von hier aus ganz anders als an jedem Orte der Welt. Anderwärts liest man von außen hinein, hier glaubt man von innen hinaus zu lesen: es lagert sich alles um uns her und geht wieder aus von uns. Und das gilt nicht allein von der römischen Geschichte, sondern von der ganzen Weltgeschichte. Kann ich doch von hier aus die Eroberer bis an die Weser und bis an den Euphrat begleiten oder, wenn ich ein Maulaffe sein will, die zurückkehrenden Triumphatoren in der heiligen Straße erwarten; indessen habe ich mich von Korn- und Geldspenden genährt und nehme behaglich teil an aller dieser Herrlichkeit.

Den 2. Januar 1787.

Man mag zugunsten einer schriftlichen und mündlichen Überlieferung sagen, was man will, in den wenigsten Fällen ist sie hinreichend; denn den eigentlichen Charakter irgend eines Wesens kann sie doch nicht mitteilen, selbst nicht in geistigen Dingen. Hat man aber erst einen sichern Blick getan, dann mag man gerne lesen und hören: denn das schließt sich an an den lebendigen Eindruck; nun kann man denken und beurteilen.

Ihr habt mich oft ausgespottet und zurückziehen wollen, wenn ich Steine, Kräuter und Tiere mit besonderer Neigung aus gewissen entschiedenen Gesichtspunkten betrachtete; nun richte ich meine Aufmerksamkeit auf den Baumeister, Bildhauer und Maler und werde mich auch hier finden lernen.

Den 6. Januar.

Eben komme ich von Moritz, dessen geheilter Arm heute aufgebunden worden. Es steht und geht recht gut. Was ich diese vierzig Tage bei diesem Leidenden als Wärter, Beichtvater und Vertrauter, als Finanzminister und geheimer Sekretär erfahren und gelernt, mag uns in der Folge zugute kommen. Die fatalsten Leiden und die edelsten Genüsse gingen diese Zeit her immer einander zur Seite.

Zu meiner Erquickung habe ich gestern einen Ausguß des kolossalen Junokopfes, wovon das Original in der Villa Ludovisi steht, in den Saal gestellt. Es war dieses meine erste Liebschaft in Rom, und nun besitz ich sie. Keine Worte geben eine Ahnung davon. Es ist wie ein Gesang Homers.

Ich habe aber auch für die Zukunft die Nähe einer so guten Gesellschaft wohl verdient; denn ich kann nun vermelden, daß Iphigenia endlich fertig geworden ist, d. h. daß sie in zwei ziemlich gleichlautenden Exemplaren vor mir auf dem Tische liegt, wovon das eine nächstens zu euch wandern soll. Nehmt es freundlich auf; denn freilich steht nicht auf dem Papiere, was ich gesollt, wohl aber kann man erraten, was ich gewollt habe.

Ihr beklagtet euch schon einigemale über dunkle Stellen meiner Briefe, die auf einen Druck hindeuten, den ich unter den herrlichsten Erscheinungen erleide. Hieran hatte diese griechische Reisegefährtin nicht geringen Anteil, die mich zur Tätigkeit nötigte, wenn ich hätte schauen sollen.

Ich erinnerte mich jenes trefflichen Freundes, der sich auf eine große Reise eingerichtet hatte, die man wohl eine Entdeckungsreise hätte nennen können. Nachdem er einige Jahre darauf studiert und ökonomisiert, fiel es ihm zuletzt noch ein, die Tochter eines angesehenen Hauses zu entführen, weil er dachte, es ging in einem hin.

Ebenso frevelhaft entschloß ich mich, Iphigenien nach Karlsbad mitzunehmen. An welchem Orte ich mich besonders mit ihr unterhalten, will ich kürzlich aufzeichnen.

Als ich den Brenner verließ, nahm ich sie aus dem größten Paket und steckte sie zu mir. Am Gardasee, als der gewaltige Mittagswind die Wellen ans Ufer trieb, wo ich wenigstens so allein war als meine Heldin am Gestade von Tauris, zog ich die ersten Linien der neuen Bearbeitung, die ich in Verona, Vicenz, Padua, am fleißigsten aber in Venedig fortsetzte. Sodann aber geriet die Arbeit in Stocken, ja ich ward auf eine neue Erfindung geführt, nämlich Iphigenia auf Delphi zu schreiben, welches ich auch sogleich getan hätte, wenn nicht die Zerstreuung und ein Pflichtsgefühl gegen das ältere Stück mich abgehalten hätte.

In Rom aber ging die Arbeit in geziemender Stetigkeit fort. Abends beim Schlafengehen bereitete ich mich aufs morgende Pensum, welches denn sogleich beim Erwachen angegriffen wurde. Mein Verfahren dabei war ganz einfach: ich schrieb das Stück ruhig ab und ließ es Zeile vor Zeile, Period vor Period regelmäßig erklingen. Was daraus entstanden ist, werdet ihr beurteilen. Ich habe dabei mehr gelernt als getan. Mit dem Stücke selbst erfolgen noch einige Bemerkungen.

Daß ich auch einmal wieder von kirchlichen Dingen rede, so will ich erzählen, daß wir die Christnacht herumschwärmten und die Kirchen besuchten, wo Funktionen gehalten werden. Eine besonders ist sehr besucht, deren Orgel und Musik überhaupt so eingerichtet ist, daß zu einer Pastoralmusik nichts an Klängen abgeht, weder die Schalmeien der Hirten, noch das Zwitschern der Vögel, noch das Blöcken der Schafe.

Am ersten Christfeste sah ich den Papst und die ganze Klerisei in der Peterskirche, da er zum Teil vor dem Thron, zum Teil vom Thron herab das Hochamt hielt. Es ist ein einziges Schauspiel in seiner Art, prächtig und würdig genug; ich bin aber im protestantischen Diogenismus so alt geworden, daß mir diese Herrlichkeit mehr nimmt als gibt; ich möchte auch, wie mein frommer Vorfahre, zu diesen geistlichen Weltüberwindern sagen: Verdeckt mir doch nicht die Sonne höherer Kunst und reiner Menschheit.

Heute, als am Dreikönigsfeste, habe ich die Messe nach griechischem Ritus vortragen sehen und hören. Die Zeremonien scheinen mir stattlicher, strenger, nachdenklicher und doch populärer als die lateinischen.

Auch da hab ich wieder gefühlt, daß ich für alles zu alt bin, nur fürs Wahre nicht. Ihre Zeremonien und Opern, ihre Umgänge und Ballette, es fließt alles wie Wasser von einem Wachstuchmantel an mir herunter. Eine Wirkung der Natur hingegen, wie der Sonnenuntergang von Villa Madama gesehen, ein Werk der Kunst, wie die viel verehrte Juno, machen tiefen und bleibenden Eindruck.

Nun graut mir schon vor dem Theaterwesen. Die nächste Woche werden sieben Bühnen eröffnet. Anfossi ist selbst hier und gibt Alexander in Indien; auch wird ein Cyrus gegeben und die Eroberung von Troja als Ballett. Das wäre was für die Kinder.

Den 10. Januar.

Hier folgt denn also das Schmerzenskind; denn dieses Beiwort verdient Iphigenia, aus mehr als einem Sinne. Bei Gelegenheit, daß ich sie unsern Künstlern vorlas, strich ich verschiedene Zeilen an, von denen ich einige nach meiner Überzeugung verbesserte, die andern aber stehen lasse, ob vielleicht Herder ein paar Federzüge hineintun will. Ich habe mich daran ganz stumpf gearbeitet.

Denn warum ich die Prosa seit mehreren Jahren bei meinen Arbeiten vorzog, daran war doch eigentlich schuld, daß unsere Prosodie in der größten Unsicherheit schwebt, wie denn meine einsichtigen, gelehrten, mitarbeitenden Freunde die Entscheidung mancher Fragen dem Gefühl, dem Geschmack anheimgaben, wodurch man denn doch aller Richtschnur ermangelte.

Rom, Porta S. Paolo

Nach Vasi

Rom, Villa Albani *Nach Piranesi*

Rom, Vestatempel — *Nach Piranesi*

Rom, Die Farnesinischen Gärten — Nach Vasi

Iphigenia in Jamben zu übersetzen hätte ich nie gewagt, wäre mir in Moritzens Prosodie nicht ein Leitstern erschienen. Der Umgang mit dem Verfasser, besonders während seines Krankenlagers, hat mich noch mehr darüber aufgeklärt, und ich ersuche die Freunde, darüber mit Wohlwollen nachzudenken.

Es ist auffallend, daß wir in unserer Sprache nur wenige Silben finden, die entschieden kurz oder lang sind. Mit den andern verfährt man nach Geschmack oder Willkür. Nun hat Moritz ausgeklügelt, daß es eine gewisse Rangordnung der Silben gebe und daß die dem Sinne nach bedeutendere gegen eine wenig bedeutendere lang sei und jene kurz mache, dagegen aber auch wieder kurz werden könne, wenn sie in die Nähe von einer andern gerät, welche mehr Geistesgewicht hat. Hier ist denn doch ein Anhalten, und wenn auch damit nicht alles getan wäre, so hat man doch indessen einen Leitfaden, an dem man sich hinschlingen kann. Ich habe diese Maxime öfters zu Rate gezogen nnd sie mit meiner Empfindung übereinstimmend getroffen.

Da ich oben von einer Vorlesung sprach, so muß ich doch auch, wie es damit zugegangen, kürzlich erwähnen. Diese jungen Männer, an jene früheren, heftigen, vordringenden Arbeiten gewöhnt, erwarteten etwas Berlichingisches und konnten sich in den ruhigen Gang nicht gleich finden; doch verfehlten die edlen und reinen Stellen nicht ihre Wirkung. Tischbein, dem auch diese fast gänzliche Entäußerung der Leidenschaft kaum zu Sinne wollte, brachte ein artiges Gleichnis oder Symbol zum Vorschein. Er verglich es einem Opfer, dessen Rauch, von einem sanften Luftdruck niedergehalten, an der Erde hinzieht, indessen die Flamme freier nach der Höhe zu gewinnen sucht. Er zeichnete dies sehr hübsch und bedeutend. Das Blättchen lege ich bei.

Und so hat mich denn diese Arbeit, über die ich bald hinauszukommen dachte, ein völliges Vierteljahr unterhalten und auf-

gehalten, mich beschäftigt und gequält. Es ist nicht das erstemal, daß ich das Wichtigste nebenher tue, und wir wollen darüber nicht weiter grillisieren und rechten.
Einen hübschen geschnittenen Stein lege ich bei, ein Löwchen, dem eine Bremse vor der Nase schnurrt. Die Alten liebten diesen Gegenstand und haben ihn oft wiederholt. Ich wünsche, daß ihr damit künftig eure Briefe siegelt, damit durch diese Kleinigkeit eine Art von Kunstecho von euch zu mir herüber schalle.

Den 13. Januar.

Wie viel hätte ich jeden Tag zu sagen, und wie sehr hält mich Anstrengung und Zerstreuung ab, ein kluges Wort aufs Papier zu bringen. Dazu kommen noch die frischen Tage, wo es überall besser ist als in den Zimmern, die, ohne Ofen und Kamin, uns nur zum Schlafen oder Mißbehagen aufnehmen. Einige Vorfälle der letzten Woche darf ich jedoch nicht unberührt lassen.
Im Palaste Giustiniani steht eine Minerva, die meine ganze Verehrung hat. Winckelmann gedenkt ihrer kaum, wenigstens nicht an der rechten Stelle, und ich fühle mich nicht würdig genug, über sie etwas zu sagen. Als wir die Statue besahen und uns lang dabei aufhielten, erzählte uns die Frau des Kustode, es sei dieses ein ehmals heiliges Bild gewesen, und die Inglesi, welche von dieser Religion seien, pflegten es noch zu verehren, indem sie ihm die eine Hand küßten, die auch wirklich ganz weiß war, da die übrige Statue bräunlich ist. Auch setzte sie hinzu, eine Dame dieser Religion sei vor kurzem da gewesen, habe sich auf die Knie niedergeworfen und die Statue angebetet. Eine so wunderliche Handlung habe sie, eine Christin, nicht ohne Lachen ansehen können und sei zum Saal hinausgelaufen, um nicht loszuplatzen. Da ich auch von der Statue nicht weg wollte, fragte sie mich, ob ich etwa eine Schöne hätte, die diesem Marmor ähnlich sähe, daß er mich so sehr anzöge. Das

gute Weib kannte nur Anbetung und Liebe, aber von der reinen Bewunderung eines herrlichen Werkes, von der brüderlichen Verehrung eines Menschengeistes konnte sie keinen Begriff haben. Wir freuten uns über das englische Frauenzimmer und gingen weg mit der Begier, umzukehren, und ich werde gewiß bald wieder hingehen. Wollen meine Freunde ein näheres Wort hören, so lesen sie, was Winckelmann vom hohen Stil der Griechen sagt. Leider führt er dort diese Minerva nicht an. Wenn ich aber nicht irre, so ist sie von jenem hohen strengen Stil, da er in den schönen übergeht, die Knospe, indem sie sich öffnet, und nun eine Minerva, deren Charakter eben dieser Übergang so wohl ansteht!

Nun von einem Schauspiel anderer Art! Am Dreikönigstage, am Feste des Heils, das den Heiden verkündigt worden, waren wir in der Propaganda. Dort ward in Gegenwart dreier Kardinäle und eines großen Auditorii erst eine Rede gehalten: an welchem Orte Maria die drei Magos empfangen? im Stalle? oder wo sonst? dann nach verlesnen einigen lateinischen Gedichten ähnliches Gegenstandes traten bei dreißig Seminaristen nach und nach auf und lasen kleine Gedichte, jeder in seiner Landessprache: Malabarisch, Epirotisch, Türkisch, Moldauisch, Elenisch, Persisch, Kolchisch, Hebräisch, Arabisch, Syrisch, Kophtisch, Sarazenisch, Armenisch, Hibernisch, Madagaskarisch, Isländisch, Boisch, Ägyptisch, Griechisch, Isaurisch, Äthiopisch usw. und mehrere, die ich nicht verstehen konnte. Die Gedichtchen schienen meist, im Nationalsilbenmaße verfaßt, mit der Nationaldeklamation vorgetragen zu werden; denn es kamen barbarische Rhythmen und Töne hervor. Das Griechische klang, wie ein Stern in der Nacht erscheint. Das Auditorium lachte unbändig über die fremden Stimmen, und so ward auch diese Vorstellung zur Farce.

Nun noch ein Geschichtchen, wie lose man im heiligen Rom das Heilige behandelt. Der verstorbene Kardinal Albani war in einer solchen Festversammlung, wie ich sie eben beschrieben. Einer der Schüler fing in einer fremden Mundart an, gegen die Kardinäle gewendet: Gnaja! gnaja! so daß es ungefähr klang wie: canailla! canailla! Der Kardinal wendete sich zu seinen Mitbrüdern und sagte: Der kennt uns doch!

Wie viel tat Winckelmann nicht, und wie viel ließ er uns zu wünschen übrig. Mit den Materialien, die er sich zueignete, hatte er so geschwind gebaut, um unter Dach zu kommen. Lebte er noch, und er könnte noch frisch und gesund sein, so wäre er der erste, der uns eine Umarbeitung seines Werks gäbe. Was hätte er nicht noch beobachtet, was berichtigt, was benutzt, das von andern nach seinen Grundsätzen getan und beobachtet, neuerdings ausgegraben und entdeckt worden. Und dann wäre der Kardinal Albani tot, dem zuliebe er manches geschrieben und vielleicht manches verschwiegen hat.

Den 15. Januar.

Und so ist denn endlich auch Aristodem, und zwar sehr glücklich und mit dem größten Beifall, aufgeführt. Da Abbate Monti zu den Hausverwandten des Nepoten gehört und in den oberen Ständen sehr geschätzt ist, so war von daher alles Gute zu hoffen. Auch sparten die Logen ihren Beifall nicht. Das Parterre war gleich von vornherein durch die schöne Diktion des Dichters und die treffliche Rezitation der Schauspieler gewonnen, und man versäumte keine Gelegenheit, seine Zufriedenheit an den Tag zu legen. Die deutsche Künstlerbank zeichnete sich dabei nicht wenig aus, und es war diesmal ganz am Platze, da sie überhaupt ein wenig vorlaut ist.

Der Verfasser war zu Hause geblieben, voller Sorge wegen des Gelingens des Stücks; von Akt zu Akt kamen günstige Botschaften, welche nach und nach seine Besorglichkeit in die größte Freude verwandelten. Nun fehlt es nicht an Wiederholung der Vorstellung, und alles ist in dem besten Gleise. So kann man durch die entgegengesetztesten Dinge, wenn nur jedes sein ausgesprochenes Verdienst hat, den Beifall der Menge sowohl als der Kenner erwerben.

Aber die Vorstellung war auch sehr löblich, und der Hauptakteur, der das ganze Stück ausfüllt, sprach und spielte vortrefflich: man glaubte einen der alten Kaiser auftreten zu sehen. Sie hatten das Kostüm, das uns an den Statuen so sehr imponiert, recht gut in Theatertracht übersetzt, nnd man sah dem Schauspieler an, daß er die Antiken studiert hatte.

Den 16. Januar.

Ein großer Kunstverlust steht Rom bevor. Der König von Neapel läßt den Herkules Farnese in seine Residenz bringen. Die Künstler trauern sämtlich; indessen werden wir bei dieser Gelegenheit etwas sehen, was unsern Vorfahren verborgen blieb.

Gedachte Statue nämlich, vom Kopf bis an die Knie und sodann die unteren Füße mit dem Sockel, worauf sie stehen, wurde auf Farnesischem Grund und Boden gefunden; die Beine aber, vom Knie bis an die Knöchel, fehlten und wurden durch Wilhelm Porta ersetzt. Auf diesen steht er nun bis auf den heutigen Tag. Indessen waren auf Borghesischem Grund und Boden die echten alten Beine gefunden worden, die man denn auch in der Borghesischen Villa aufgestellt sah.

Gegenwärtig gewinnt es Prinz Borghese über sich und verehrt diese köstlichen Reste dem König von Neapel. Die Beine des Porta werden abgenommen, die echten an die Stelle gesetzt, und man verspricht sich, ob man gleich mit jenen bisher ganz wohl zufrieden gewesen, nunmehr eine ganz neue Anschauung und mehr harmonischen Genuß.

Den 18. Januar.

Gestern, als am Feste des heiligen Antonius Abbas, machten wir uns einen lustigen Tag; es war das schönste Wetter von der Welt, hatte die Nacht Eis gefroren, und der Tag war heiter und warm.

Es läßt sich bemerken, daß alle Religionen, die entweder ihren Kultus oder ihre Spekulationen ausdehnten, zuletzt dahin gelangen mußten, daß sie auch die Tiere einigermaßen geistlicher Begünstigungen teilhaft werden ließen. Sankt Anton der Abt oder Bischof ist Patron der vierfüßigen Geschöpfe, sein Fest ein saturnalischer Feiertag für die sonst belasteten Tiere, so wie für ihre Wärter und Lenker. Alle Herrschaften müssen heute zu Hause bleiben oder zu Fuß gehen; man verfehlt niemals, bedenkliche Geschichten zu erzählen, wie ungläubige Vornehme, welche ihre Kutscher an diesem Tage zu fahren genötigt, durch große Unfälle gestraft worden.

Die Kirche liegt an einem so weitschichtigen Platz, daß er beinahe für öde gelten könnte; heute ist er aber auf das lustigste belebt. Pferde und Maultiere, deren Mähnen und Schweife mit Bändern schön, ja prächtig eingeflochten zu schauen, werden vor die kleine, von der Kirche etwas abstehende Kapelle geführt, wo ein Priester, mit einem großen Wedel versehen, das Weihwasser, das in Butten und Kübeln vor ihm steht, nicht schonend, auf die muntern Geschöpfe derb losspritzt, manchmal sogar schalkhaft, um sie zu reizen. Andächtige Kutscher bringen größere oder kleinere Kerzen, die Herrschaften senden Almosen und Geschenke, damit die kostbaren, nützlichen Tiere, ein Jahr über, vor allem Unfall sicher bleiben mögen. Esel und Hornvieh, ihren Besitzern ebenso nützlich und wert, nehmen gleichfalls an diesem Segen ihr beschieden Teil.

Nachher ergötzten wir uns an einer großen Wanderung unter einem so glücklichen Himmel, umgeben von den interessantesten Gegenständen, denen wir doch diesmal wenig Aufmerksamkeit schenkten, vielmehr Lust und Scherz in voller Maße walten ließen.

Den 19. Januar.

So hat denn der große König, dessen Ruhm die Welt erfüllte, dessen Taten ihn sogar des katholischen Paradieses wert machten, endlich auch das Zeitliche gesegnet, um sich mit den Heroen seinesgleichen im Schattenreiche zu unterhalten. Wie gern ist man still, wenn man einen solchen zur Ruh gebracht hat.

Heute machten wir uns einen guten Tag, besahen einen Teil des Kapitols, den ich bisher vernachlässigt, dann setzten wir über die Tiber und tranken spanischen Wein auf einem neugelandeten Schiffe. In dieser Gegend will man Romulus und Remus gefunden haben, und so kann man, wie an einem doppelt und dreifachen Pfingstfeste, zugleich vom heiligen Kunstgeiste, von der mildesten Atmosphäre, von antiquarischen Erinnerungen und von süßem Weine trunken werden.

Den 20. Januar.

Was im Anfang einen frohen Genuß gewährte, wenn man es oberflächlich hinnahm, das drängt sich hernach beschwerlich auf, wenn man sieht, daß ohne gründliche Kenntnis doch auch der wahre Genuß ermangelt.

Auf Anatomie bin ich so ziemlich vorbereitet, und ich habe mir die Kenntnis des menschlichen Körpers, bis auf einen gewissen Grad, nicht ohne Mühe erworben. Hier wird man durch die ewige Betrachtung der Statuen immerfort, aber auf eine höhere Weise, hingewiesen. Bei unserer medizinisch-chirurgischen Anatomie kommt es bloß darauf an, den Teil zu kennen, und hierzu dient auch wohl ein kümmerlicher Muskel. In Rom aber wollen die Teile nichts heißen, wenn sie nicht zugleich eine edle, schöne Form darbieten.

In dem großen Lazarett San Spirito hat man den Künstlern zulieb einen sehr schönen Muskelkörper dergestalt bereitet, daß die Schönheit desselben in Verwundrung setzt. Er könnte wirklich für einen geschundenen Halbgott, für einen Marsyas gelten.

So pflegt man auch, nach Anleitung der Alten, das Skelett nicht als eine künstlich zusammengereihte Knochenmasse zu studieren, vielmehr zugleich mit den Bändern, wodurch es schon Leben und Bewegung erhält.

Sage ich nun, daß wir auch abends Perspektiv studieren, so

zeigt es doch wohl, daß wir nicht müßig sind. Bei allem dem aber hofft man immer mehr zu tun, als wirklich geschieht.

Den 22. Januar.

Von dem deutschen Kunstsinn und dem dortigen Kunstleben kann man wohl sagen: Man hört läuten, aber nicht zusammenklingen. Bedenke ich jetzt, was für herrliche Sachen in unserer Nachbarschaft sind, und wie wenig sie von mir genutzt worden, so möchte ich verzweifeln; und dann kann ich mich wieder auf den Rückweg freuen, wenn ich hoffen kann, jene Meisterwerke zu erkennen, an denen ich nur herumtappte.

Doch auch in Rom ist zu wenig für den gesorgt, dem es Ernst ist, ins Ganze zu studieren. Er muß alles aus unendlichen, obgleich überreichen Trümmern zusammenstoppeln. Freilich ist's wenigen Fremden reiner Ernst, etwas Rechts zu sehen und zu lernen. Sie folgen ihren Grillen, ihrem Dünkel, und das merken sich alle diejenigen wohl, die mit Fremden zu tun haben. Jeder Führer hat Absichten, jeder will irgend einen Handelsmann empfehlen, einen Künstler begünstigen; und warum sollte er es nicht? denn schlägt der Unerfahrne nicht das Vortrefflichste aus, das man ihm anbietet?

Einen außerordentlichen Vorteil hätte es der Betrachtung bringen können, ja es wäre ein eignes Museum entstanden, wenn die Regierung, die doch erst die Erlaubnis geben muß, wenn ein Altertum ausgeführt werden soll, fest darauf bestanden hätte, daß jedesmal ein Abguß geliefert werden müsse. Hätte aber auch ein Papst solch einen Gedanken gehabt, alles hätte sich widersetzt; denn man wäre in wenigen Jahren erschrocken über Wert und Würde solcher ausgeführten Dinge, wozu man die Erlaubnis in einzelnen Fällen heimlich und durch allerlei Mittel zu erlangen weiß.

Schon früher, aber besonders bei der Aufführung des Aristodem,

Rom, Ponte Salaro

Nach Vasi

Rom, Grabmal der Cecilia Metella

Nach Piranesi

erwachte der Patriotismus unserer deutschen Künstler. Sie unterließen nicht, Gutes von meiner Iphigenia zu reden, einzelne Stellen wurden wieder verlangt, und ich fand mich zuletzt zu einer Wiederholung des Ganzen genötigt. Auch da entdeckte ich manche Stelle, die mir gelenker aus dem Munde ging, als sie auf dem Papier stand. Freilich ist die Poesie nicht fürs Auge gemacht.
Dieser gute Ruf erscholl nun bis zu Reifenstein und Angelika, und da sollte ich denn meine Arbeit abermals produzieren. Ich erbat mir einige Frist, trug aber sogleich die Fabel und den Gang des Stücks mit einiger Umständlichkeit vor. Mehr, als ich glaubte, gewann sich diese Darstellung die Gunst gedachter Personen; auch Herr Zucchi, von dem ich es am wenigsten erwartet, nahm recht freien und wohlempfundenen Anteil. Dieses klärt sich aber dadurch sehr gut auf, daß das Stück sich der Form nähert, die man im Griechischen, Italienischen, Französischen längst gewohnt ist und welche demjenigen noch immer am besten zusagt, welcher sich an die englischen Kühnheiten noch nicht gewöhnt hat.

Den 25. Januar.

Nun wird es mir immer schwerer, von meinem Aufenthalte in Rom Rechenschaft zu geben; denn wie man die See immer tiefer findet, je weiter man hineingeht, so geht es auch mir in Betrachtung dieser Stadt.
Man kann das Gegenwärtige nicht ohne das Vergangene erkennen, und die Vergleichung von beiden erfordert mehr Zeit und Ruhe. Schon die Lage dieser Hauptstadt der Welt führt uns auf ihre Erbauung zurück. Wir sehen bald, hier hat sich kein wanderndes, großes, wohlgeführtes Volk niedergelassen und den Mittelpunkt eines Reichs weislich festgesetzt; hier hat kein mächtiger Fürst einen schicklichen Ort zum Wohnsitz einer Kolonie bestimmt. Nein, Hirten und Gesindel haben sich hier

zuerst eine Stätte bereitet; ein paar rüstige Jünglinge haben auf dem Hügel den Grund zu Palästen der Herrn der Welt gelegt, an dessen Fuß sie die Willkür des Ausrichters zwischen Morast und Schilf einst hinlegte. So sind die sieben Hügel Roms nicht Erhöhungen gegen das Land, das hinter ihnen liegt, sie sind es gegen die Tiber und gegen das uralte Bette der Tiber, was Campus Martius ward. Erlaubt mir das Frühjahr weitere Exkursionen, so will ich die unglückliche Lage ausführlicher schildern. Schon jetzt nehm ich den herzlichsten Anteil an dem Jammergeschrei und den Schmerzen der Weiber von Alba, die ihre Stadt zerstören sehn und den schönen, von einem klugen Anführer gewählten Platz verlassen müssen, um an den Nebeln der Tiber teilzunehmen, den elenden Hügel Coelius zu bewohnen und von da nach ihrem verlassenen Paradiese zurückzusehn. Ich kenne noch wenig von der Gegend, aber ich bin überzeugt: kein Ort der ältern Völker lag so schlecht als Rom, und da die Römer endlich alles verschlungen hatten, mußten sie wieder mit ihren Landhäusern hinaus und an die Plätze der zerstörten Städte rücken, um zu leben und das Leben zu genießen.

Zu einer recht friedlichen Betrachtung gibt es Anlaß, wie viele Menschen hier im stillen leben und wie sich jeder nach seiner Weise beschäftigt. Wir sahen bei einem Geistlichen, der, ohne großes angebornes Talent, sein Leben der Kunst widmete, sehr interessante Kopien trefflicher Gemälde, die er in Miniatur nachgebildet hat. Sein vorzüglichstes nach dem Abendmahl des Leonhard da Vinci in Mailand. Der Moment ist genommen, da Christus den Jüngern, mit denen er vergnügt und freundschaftlich zu Tische sitzt, erklärt und sagt: Aber doch ist einer unter euch, der mich verrät.
Man hofft einen Kupferstich, entweder nach dieser Kopie oder nach andern, mit denen man sich beschäftigt. Es wird das größte

Geschenk sein, wenn eine treue Nachbildung im großen Publikum erscheint.

Vor einigen Tagen besuchte ich den Pater Jaquier, einen Franziskaner, auf Trinità de' Monti. Er ist Franzos von Geburt, durch mathematische Schriften bekannt, hoch in Jahren, sehr angenehm und verständig. Er kannte zu seiner Zeit die besten Männer und hat sogar einige Monate bei Voltaire zugebracht, der ihn sehr in Affektion nahm.

Und so habe ich noch mehr gute solide Menschen kennen lernen, dergleichen sich hier unzählige befinden, die ein pfäffisches Mißtrauen auseinander hält. Der Buchhandel gibt keine Verbindung, und die literarischen Neuigkeiten sind selten fruchtbar.

Und so geziemt es dem Einsamen, die Einsiedler aufzusuchen. Denn seit der Aufführung des Aristodems, zu dessen Gunsten wir uns wirklich tätig erwiesen hatten, führte man mich abermals in Versuchung; es lag aber nur zu klar am Tage, daß es nicht um mich zu tun sei: man wollte seine Partei verstärken, mich als Instrument brauchen, und wenn ich hätte hervorgehen und mich erklären wollen, hätte ich auch als Phantom eine kurze Rolle gespielt. Nun aber, da sie sehen, daß mit mir nichts anzufangen ist, lassen sie mich gehn, und ich wandle meinen sichern Weg fort.

Ja, meine Existenz hat einen Ballast bekommen, der ihr die gehörige Schwere gibt; ich fürchte mich nun nicht mehr vor den Gespenstern, die so oft mit mir spielten. Seid auch gutes Muts, ihr werdet mich oben halten und mich zu euch zurückziehen.

Den 28. Januar.

Zwei Betrachtungen, die durch alles durchgehen, welchen sich hinzugeben man jeden Augenblick aufgefordert wird, will ich, da sie mir klar geworden, zu bezeichnen nicht verfehlen.

Zuerst also wird man, bei dem ungeheuern und doch nur trümmerhaften Reichtum dieser Stadt, bei jedem Kunstgegenstande aufgefordert, nach der Zeit zu fragen, die ihm das Dasein gegeben. Durch Winckelmann sind wir dringend aufgeregt, die Epochen zu sondern, den verschiedenen Stil zu erkennen, dessen sich die Völker bedienten, den sie, in Folge der Zeiten, nach und nach ausgebildet und zuletzt wieder verbildet. Hievon überzeugte sich jeder wahre Kunstfreund. Anerkennen tun wir alle die Richtigkeit und das Gewicht der Forderung.

Aber wie nun zu dieser Einsicht gelangen! Vorgearbeitet nicht viel; der Begriff richtig und herrlich aufgestellt, aber das Einzelne im ungewissen Dunkel. Eine vieljährige entschiedene Übung des Auges ist nötig, und man muß erst lernen, um fragen zu können. Da hilft kein Zaudern und Zögern: die Aufmerksamkeit auf diesen wichtigen Punkt ist nun einmal rege, und jeder, dem es Ernst ist, sieht wohl ein, daß auch in diesem Felde kein Urteil möglich ist, als wenn man es historisch entwickeln kann.

Die zweite Betrachtung beschäftigt sich ausschließlich mit der Kunst der Griechen und sucht zu erforschen, wie jene unvergleichlichen Künstler verfuhren, um aus der menschlichen Gestalt den Kreis göttlicher Bildung zu entwickeln, welcher vollkommen abgeschlossen ist und worin kein Hauptcharakter so wenig als die Übergänge und Vermittlungen fehlen. Ich habe eine Vermutung, daß sie nach eben den Gesetzen verfuhren, nach welchen die Natur verfährt und denen ich auf der Spur bin. Nur ist noch etwas anders dabei, das ich nicht auszusprechen wüßte.

Den 2. Februar.

Von der Schönheit, im vollen Mondschein Rom zu durchgehen, hat man, ohne es gesehen zu haben, keinen Begriff. Alles Einzelne wird von den großen Massen des Lichts und Schattens verschlungen, und nur die größten allgemeinsten Bilder stellen sich dem Auge dar. Seit drei Tagen haben wir die hellsten und herrlichsten Nächte wohl und vollständig genossen. Einen vorzüglich schönen Anblick gewährt das Coliseo. Es wird nachts zugeschlossen; ein Eremit wohnt darin an einem Kirchelchen, und Bettler nisten in den verfallenen Gewölben. Sie hatten auf flachem Boden ein Feuer angelegt, und eine stille Luft trieb den Rauch erst auf der Arena hin, daß der untere Teil der Ruinen bedeckt war und die ungeheuern Mauern oben drüber finster herausragten; wir standen am Gitter und sahen dem Phänomen zu, der Mond stand hoch und heiter. Nach und nach zog sich der Rauch durch die Wände, Lücken und Öffnungen, ihn beleuchtete der Mond wie einen Nebel. Der Anblick war köstlich. So muß man das Pantheon, das Kapitol beleuchtet sehn, den Vorhof der Peterskirche und andere große Straßen und Plätze. Und so haben Sonne und Mond, eben wie der Menschengeist, hier ein ganz anderes Geschäft als anderer Orten, hier, wo ihrem Blick ungeheure und doch gebildete Massen entgegenstehn.

Den 13. Februar.

Eines Glücksfalls muß ich erwähnen, obgleich eines geringen. Doch alles Glück, groß oder klein, ist von einer Art und immer erfreulich. Auf Trinità de' Monti wird der Grund zum neuen Obelisk gegraben: dort eben ist alles aufgeschüttetes Erdreich von Ruinen der Gärten des Lucullus, die nachher an die Kaiser kamen. Mein Perückenmacher geht frühe dort vorbei und findet im Schutte ein flach Stück gebrannten Ton mit einigen Figuren, wäscht's und zeigt es uns. Ich eigne es mir gleich zu. Es ist nicht gar eine Hand groß und scheint von dem Rande einer großen Schüssel zu sein. Es stehn zwei Greifen an einem Opfertische, sie sind von der schönsten Arbeit und freuen mich ungemein. Stünden sie auf einem geschnittenen Stein, wie gern würde man damit siegeln.

Von vielen andern Sachen sammelt's sich auch um mich, und nichts Vergebliches oder Leeres, welches hier unmöglich wäre, alles unterrichtend und bedeutend. Am liebsten ist mir denn aber doch, was ich in der Seele mitnehme und was, immer wachsend, sich immer vermehren kann.

Den 15. Februar.

Vor meiner Abreise nach Neapel konnte ich einer nochmaligen Vorlesung meiner Iphigenia nicht entgehen. Madam Angelika und Hofrat Reifenstein waren die Zuhörer, und selbst Herr Zucchi hatte darauf gedrungen, weil es der Wunsch seiner Gattin war; er arbeitete indes an einer großen architektonischen Zeichnung, die er in Dekorationsart vortrefflich zu machen versteht. Er war mit Clerissau in Dalmatien, hatte sich überhaupt mit ihm assoziiert, zeichnete die Figuren zu den Gebäuden und Ruinen, die jener herausgab, und lernte dabei so viel Perspektive und Effekt, daß er sich in seinen alten Tagen auf eine würdige Weise auf dem Papier damit vergnügen kann.

Die zarte Seele Angelika nahm das Stück mit unglaublicher Innigkeit auf; sie versprach mir eine Zeichnung daraus aufzustellen, die ich zum Andenken besitzen sollte. Und nun gerade, als ich mich von Rom zu scheiden bereite, werde ich auf eine zarte Weise mit diesen wohlwollenden Personen verbunden. Es ist mir zugleich ein angenehmes und schmerzliches Gefühl, wenn ich mich überzeuge, daß man mich ungern wegläßt.

Den 16. Februar.

Die glückliche Ankunft der Iphigenia ward mir auf eine überraschende und angenehme Weise verkündigt. Auf dem Wege nach der Oper brachte man mir den Brief von wohlbekannter Hand, und diesmal doppelt willkommen, mit dem Löwchen gesiegelt, als vorläufiges Wahrzeichen des glücklich angelangten Pakets. Ich drängte mich in das Opernhaus und suchte mir mitten unter dem fremden Volk einen Platz unter dem großen Lüster zu verschaffen. Hier fühlte ich mich nun so nah an die Meinigen gerückt, daß ich hätte aufhüpfen und sie umarmen mögen. Herzlich dank ich, daß mir die nackte Ankunft gemeldet worden; möget ihr euer Nächstes mit einem guten Worte des Beifalls begleiten.

Hier folgt das Verzeichnis, wie die Exemplare, die ich von Goeschen zu erwarten habe, unter die Freunde verteilt werden sollen; denn ob es mir gleich ganz gleichgültig ist, wie das Publikum diese Sachen betrachtet, so wünscht ich doch dadurch meinen Freunden einige Freude bereitet zu haben.

Man unternimmt nur zu viel. Denke ich an meine vier letzten Bände im ganzen, so möchte mir schwindelnd werden; ich muß sie einzeln angreifen, und so wird es gehn.

Hätte ich nicht besser getan, nach meinem ersten Entschluß diese Dinge fragmentarisch in die Welt zu schicken und neue Gegenstände, an denen ich frischeren Anteil nehme, mit frischem Mut und Kräften zu unternehmen? Tät ich nicht besser, Iphigenia auf Delphi zu schreiben, als mich mit den Grillen des Tasso herumzuschlagen? Und doch habe ich auch dahinein schon zu viel von meinem Eignen gelegt, als daß ich es fruchtlos aufgeben sollte.

Ich habe mich auf den Vorsaal ans Kamin gesetzt, und die Wärme eines diesmal gut genährten Feuers gibt mir frischen Mut, ein neues Blatt anzufangen: denn es ist doch gar zu schön, daß man mit seinen neusten Gedanken so weit in die Ferne reichen, ja seine nächsten Umgebungen durch Worte dorthin versetzen kann, Das Wetter ist ganz herrlich, die Tage nehmen merklich zu, Lorbeeren und Buchsbäume blühen, auch die Mandelbäume. Heute früh überraschte mich ein wundersamer Anblick: ich sah von ferne hohe stangenähnliche Bäume, über und über von dem schönsten Violett bekleidet. Bei näherer Untersuchung war es der Baum, in unsern Treibhäusern unter dem Namen Judenbaum bekannt, dem Botaniker als cercis siliquastrum. Seine violetten Schmetterlingsblumen bringt er unmittelbar aus dem Stamme hervor. Abgeholzt den letzten Winter waren die Stangen, die ich vor mir sah, aus deren Rinde die wohlgebildete und gefärbte Blume zu Tausenden hervorbrach. Die Maßlieben dringen wie Ameisen aus dem Boden, Krokus und Adonis erscheinen seltner, aber desto zierlicher und zierender.

Was wird mir nicht erst das mittägigere Land für Freuden und Kenntnisse geben, aus denen für mich neue Resultate hervortreten. Es ist mit natürlichen Dingen wie mit der Kunst: es ist so viel drüber geschrieben, und jeder, der sie sieht, kann sie doch wieder in neue Kombination setzen.

Denke ich an Neapel, ja gar nach Sizilien, so fällt es einem sowohl in der Erzählung als in Bildern auf, daß in diesen Paradiesen der Welt sich zugleich die vulkanische Hölle so gewaltsam auftut und seit Jahrtausenden die Wohnenden und Genießenden aufschreckt und irre macht.

Doch schlage ich mir die Hoffnung jener viel bedeutenden Ansichten gern aus dem Sinne, um vor meiner Abreise die alte Hauptstadt der Welt noch recht zu benutzen.

Seit vierzehn Tagen bin ich von Morgen bis in die Nacht in Bewegung; was ich noch nicht gesehn, such ich auf.

Das Vorzüglichste wird zum zweiten- und drittenmal betrachtet, und nun ordnet sich's einigermaßen. Denn indem die Hauptgegenstände an ihre rechte Stelle kommen, so ist für viele mindere dazwischen Platz und Raum. Meine Liebschaften reinigen und entscheiden sich, und nun erst kann mein Gemüt dem Größeren und Echtesten mit gelassener Teilnahme sich entgegen heben.

Dabei findet man denn wohl den Künstler beneidenswert, der durch Nachbildung und Nachahmung auf alle Weise jenen großen Intentionen sich mehr nähert, sie besser begreift als der bloß Beschauende und Denkende. Doch muß am Ende jeder tun, was er vermag; und so spanne ich denn alle Segel meines Geistes auf, um diese Küsten zu umschiffen.

Das Kamin ist diesmal recht durchgewärmt und die schönsten Kohlen aufgehäuft, welches bei uns selten geschieht, weil nicht

Tivoli, Tempel der Sibylle — *Nach Piranesi*

Tivoli, Villa d'Este — *Nach Piranesi*

leicht jemand Lust und Zeit hat, dem Kaminfeuer ein paar Stunden Aufmerksamkeit zu widmen, und so will ich denn dieses schöne Klima benutzen, um einige Bemerkungen aus meiner Schreibtafel zu retten, die schon halb verloschen sind.

Am 2. Februar begaben wir uns in die Sixtinische Kapelle zur Funktion, bei welcher die Kerzen geweiht werden. Ich fand mich gleich sehr unbehaglich und zog mit den Freunden bald wieder hinaus. Denn ich dachte: das sind ja grade die Kerzen, welche seit dreihundert Jahren diese herrlichen Gemälde verdüstern, und das ist ja eben der Weihrauch, der mit heiliger Unverschämtheit die einzige Kunstsonne nicht nur umwölkt, sondern von Jahr zu Jahren mehr trübe macht und zuletzt gar in Finsternis versenkt.

Darauf suchten wir das Freie und kamen nach einem großen Spaziergange auf St. Onuphrio, wo Tasso in einem Winkel begraben liegt. Auf der Klosterbibliothek steht seine Büste. Das Gesicht ist von Wachs, und ich glaube gern, daß es über seinen Leichnam abgeformt sei. Nicht ganz scharf, und hie und da verdorben, deutet es doch im ganzen mehr als irgend ein anderes seiner Bildnisse auf einen talentvollen, zarten, feinen, in sich geschloßnen Mann.

So viel für diesmal. Jetzt will ich an des ehrlichen Volkmanns zweiten Teil, der Rom enthält, um auszuziehen, was ich noch nicht gesehn habe. Ehe ich nach Neapel reise, muß die Ernte wenigstens niedergemäht sein; sie in Garben zu binden, werden auch schon gute Tage kommen.

Den 17. Februar.

Das Wetter ist unglaublich und unsäglich schön, den ganzen Februar bis auf vier Regentage ein reiner heller Himmel, gegen Mittag fast zu warm. Nun sucht man das Freie, und wenn man bisher sich nur mit Göttern und Helden abgeben mochte, so tritt die Landschaft auf einmal wieder in ihre Rechte, und man heftet sich an die Umgebungen, die der herrlichste Tag belebt. Manchmal erinnere ich mich, wie der Künstler in Norden den Strohdächern und verfallenen Schlössern etwas abzugewinnen sucht, wie man sich an Bach und Busch und zerbröckeltem Gestein herumdrückt, um eine malerische Wirkung zu erhaschen, und ich komme mir ganz wunderbar vor, um so mehr, als jene Dinge nach so langer Gewohnheit einem noch immer ankleben; nun habe ich mir aber seit vierzehn Tagen einen Mut gefaßt und bin mit kleinen Blättern hinausgegangen, durch die Tiefen und Höhen der Villen, und habe mir ohne viel Besinnens kleine auffallende, wahrhaft südliche und römische Gegenstände entworfen und suche nun, mit Hilfe des guten Glücks, ihnen Licht und Schatten zu geben. Es ist ganz eigen, daß man deutlich sehen und wissen kann, was gut und besser ist; will man sich's aber zueignen, so schwindet's gleichsam unter den Händen, und wir greifen nicht nach dem Rechten, sondern nach dem, was wir zu fassen gewohnt sind. Nur durch geregelte Übung könnte man vorwärts kommen; wo aber sollte ich Zeit und Sammlung finden! Indessen fühle ich mich denn doch durch das leidenschaftliche, vierzehntägige Streben um vieles gebessert.

Die Künstler belehren mich gerne, denn ich fasse geschwind. Nun ist aber das Gefaßte nicht gleich geleistet: etwas schnell zu begreifen, ist ja ohnehin die Eigenschaft des Geistes, aber etwas recht zu tun, dazu gehört die Übung des ganzen Lebens.

Und doch soll der Liebhaber, so schwach er auch nachstrebt, sich nicht abschrecken lassen. Die wenigen Linien, die ich aufs Papier ziehe, oft übereilt, selten richtig, erleichtern mir jede Vorstellung von sinnlichen Dingen; denn man erhebt sich ja eher zum Allgemeinen, wenn man die Gegenstände genauer und schärfer betrachtet.

Mit dem Künstler nur muß man sich nicht vergleichen, sondern nach seiner eigenen Art verfahren; denn die Natur hat für ihre Kinder gesorgt, der Geringste wird nicht, auch durch das Dasein des Trefflichsten, an seinem Dasein gehindert: „Ein kleiner Mann ist auch ein Mann!" und dabei wollen wir's denn bewenden lassen.

Ich habe zweimal das Meer gesehn, erst das Adriatische, dann das Mittländische, nur gleichsam zum Besuch. In Neapel wollen wir bekannter werden. Es rückt alles auf einmal in mir herauf; warum nicht früher, warum nicht wohlfeiler! Wie viele tausend Sachen, manche ganz neu und von vornen, hätte ich mitzuteilen.

Den 17. Februar.
Abends nach verklungener Karnevalstorheit.

Ich lasse bei meiner Abreise Moritzen ungern allein. Er ist auf gutem Wege, doch wie er für sich geht, so sucht er sich gleich beliebte Schlupfwinkel. Ich habe ihn aufgemuntert, an Herdern zu schreiben; der Brief liegt bei: ich wünsche eine Antwort, die etwas Dienliches und Hülfreiches enthalte. Es ist ein sonderbar guter Mensch; er wäre viel weiter, wenn er von Zeit zu Zeit Personen gefunden hätte, fähig und liebevoll genug, ihn über seinen Zustand aufzuklären. Gegenwärtig kann er kein gesegneteres Verhältnis anknüpfen, als wenn ihm Herder erlaubt, manchmal zu schreiben. Er beschäftigt sich mit einem lobenswürdigen antiquarischen Unternehmen, das wohl verdient, gefördert zu werden. Freund Herder wird nicht leicht eine Mühe besser angewendet und gute Lehre kaum in einen fruchtbarern Boden gelegt haben.

Das große Porträt, welches Tischbein von mir unternommen, wächst schon aus der Leinwand heraus. Der Künstler hat sich durch einen fertigen Bildhauer ein kleines Modell von Ton machen lassen, welches gar zierlich mit einem Mantel drapiert worden. Darnach malt er fleißig; denn es sollte freilich vor unserer Abreise nach Neapel schon auf einen gewissen Punkt gebracht sein, und es gehört schon Zeit dazu, eine so große Leinwand mit Farben auch nur zu bedecken.

Den 19. Februar.

Das Wetter fährt fort, über allen Ausdruck schön zu sein; heute

war ein Tag, den ich mit Schmerzen unter den Narren zubrachte. Mit Anbruch der Nacht erholte ich mich auf der Villa Medicis. Neumond ist eben vorbei, und neben der zarten Mondsichel konnte ich die ganze dunkle Scheibe fast mit bloßen Augen, durchs Perspektiv ganz deutlich sehn. Über der Erde schwebt ein Duft des Tags über, den man nur aus Gemälden und Zeichnungen des Claude kennt, das Phänomen in der Natur aber nicht leicht so schön sieht als hier. Nun kommen mir Blumen aus der Erde, die ich noch nicht kenne, und neue Blüten von den Bäumen; die Mandeln blühen und machen eine neue luftige Erscheinung zwischen den dunkelgrünen Eichen; der Himmel ist wie ein hellblauer Taft, von der Sonne beschienen. Wie wird es erst in Neapel sein! Wir finden das meiste schon grün. Meine botanischen Grillen bekräftigen sich an allem diesen, und ich bin auf dem Wege, neue schöne Verhältnisse zu entdecken, wie die Natur solch ein Ungeheures, das wie nichts aussieht, aus dem Einfachen das Mannigfaltigste entwickelt.
Der Vesuv wirft Steine und Asche aus, und bei Nacht sieht man den Gipfel glühen. Gebe uns die wirkende Natur einen Lavafluß! Nun kann ich kaum erwarten, bis auch diese großen Gegenstände mir eigen werden.

Den 21. Februar. Aschermittwoch.

Ich benutze die Augenblicke zwischen dem Einpacken, um noch einiges nachzuholen. Morgen gehn wir nach Neapel. Ich freue mich auf das Neue, das unaussprechlich schön sein soll, und hoffe in jener paradiesischen Natur wieder neue Freiheit und Lust zu gewinnen, hier im ernsten Rom wieder an das Studium der Kunst zu gehen.
Das Einpacken wird mir leicht; ich tue es mit leichterem Herzen als vor einem halben Jahre, da ich mich von allem loslöste, was mir so lieb und wert war. Ja es ist schon ein halbes Jahr, und von den vier Monaten, in Rom zugebracht, habe ich keinen

Augenblick verloren, welches zwar viel heißen will, aber doch nicht zu viel gesagt ist.

Daß Iphigenia angekommen, weiß ich; möge ich am Fuße des Vesuvs erfahren, daß ihr eine gute Aufnahme zuteil geworden.

Mit Tischbein, der so einen herrlichen Blick in Natur als Kunst hat, diese Reise zu machen, ist für mich von der größten Wichtigkeit; doch können wir, als echte Deutsche, uns doch nicht losmachen von Vorsätzen und Aussichten auf Arbeit. Das schönste Papier ist gekauft, und wir nehmen uns vor, darauf zu zeichnen, obgleich die Menge, die Schönheit und der Glanz der Gegenstände höchst wahrscheinlich unserm guten Willen Grenzen setzt.

Eins habe ich über mich gewonnen: daß ich von meinen poetischen Arbeiten nichts mitnehme als Tasso allein; zu ihm habe ich die beste Hoffnung. Wüßt ich nun, was ihr zu Iphigenien sagt, so könnte mir dies zur Leitung dienen; denn es ist doch eine ähnliche Arbeit, der Gegenstand fast noch beschränkter als jener, und will im einzelnen noch mehr ausgearbeitet sein; doch weiß ich noch nicht, was es werden kann. Das Vorhandene muß ich ganz zerstören; das hat zu lange gelegen, und weder die Personen noch der Plan noch der Ton haben mit meiner jetzigen Ansicht die mindeste Verwandtschaft.

Beim Aufräumen fallen mir einige eurer lieben Briefe in die Hand, und da treffe ich beim Durchlesen auf den Vorwurf, daß ich mir in meinen Briefen widerspreche. Das kann ich zwar nicht merken — denn was ich geschrieben habe, schicke ich gleich fort — es ist mir aber selbst sehr wahrscheinlich; denn ich werde von ungeheuern Mächten hin und wider geworfen, und da ist es wohl natürlich, daß ich nicht immer weiß, wo ich stehe.

Man erzählt von einem Schiffer, der, von einer stürmischen Nacht auf der See überfallen, nach Hause zu steuern trachtete. Sein Söhnchen, in der Finsternis an ihn geschmiegt, fragte: Vater, was ist denn das für ein närrisches Lichtchen dort, das ich bald über uns, bald unter uns sehe? Der Vater versprach ihm

die Erklärung des andern Tags, und da fand es sich, daß es die Flamme des Leuchtturms gewesen, die einem von wilden Wogen auf und nieder geschaukelten Auge bald unten, bald oben erschien. Auch ich steure auf einem leidenschaftlich bewegten Meere dem Hafen zu, und halte ich die Glut des Leuchtturms nur scharf im Auge, wenn sie mir auch den Platz zu verändern scheint, so werde ich doch zuletzt am Ufer genesen.
Bei der Abreise fällt einem doch immer jedes frühere Scheiden und auch das künftige letzte unwillkürlich in den Sinn, und mir drängt sich, diesmal stärker als sonst, dabei die Bemerkung auf, daß wir viel zu viel Voranstalten machen, um zu leben; denn so kehren auch wir, Tischbein und ich, so vielen Herrlichkeiten, sogar unserm wohlausgestatteten eignen Museum den Rücken. Da stehn nun drei Junonen zur Vergleichung nebeneinander, und wir verlassen sie, als wenn's keine wäre.

Nun ist der Narrheit ein Ende. Die unzähligen Lichter gestern abend waren noch ein toller Spektakel. Das Karneval in Rom muß man gesehen haben, um den Wunsch völlig loszuwerden, es je wiederzusehen. Zu schreiben ist davon gar nichts, bei einer mündlichen Darstellung möchte es allenfalls unterhaltend sein. Was man dabei unangenehm empfindet: daß die innere Fröhlichkeit den Menschen fehlt und es ihnen an Geld mangelt, das bißchen Lust, was sie noch haben mögen, auszulassen. Die Großen sind ökonomisch und halten zurück, der Mittelmann unvermögend, das Volk lahm. An den letzten Tagen war ein unglaublicher Lärm, aber keine Herzensfreude. Der Himmel, so unendlich rein und schön, blickte so edel und unschuldig auf diese Possen.
Da man aber doch das Nachbilden hier nicht lassen kann, so sind zur Lust der Kinder Masken des Karnevals und römische eigentümliche Kleidungen gezeichnet, dann mit Farben angestrichen worden, da sie denn ein fehlendes Kapitel des Orbis pictus den lieben Kleinen ersetzen mögen.

Zweiter Teil

Neapel 1787

Velletri, den 22. Februar 1787.

Bei guter Zeit sind wir hier angelangt. Schon vorgestern verfinsterte sich das Wetter, die schönen Tage hatten uns trübe gebracht; doch deuteten einige Luftzeichen, daß es sich wieder zum Guten bequemen werde, wie es denn auch eintraf. Die Wolken trennten sich nach und nach, hier und da erschien der blaue Himmel, und endlich beleuchtete die Sonne unsere Bahn. Wir kamen durch Albano, nachdem wir vor Genzano an dem Eingang eines Parks gehalten hatten, den Prinz Chigi, der Besitzer, auf eine wunderliche Weise hält, nicht unterhält, deshalb auch nicht will, daß sich jemand darin umsehe. Hier bildet sich eine wahre Wildnis: Bäume und Gesträuche, Kräuter und Ranken wachsen, wie sie wollen, verdorren, stürzen um, verfaulen; das ist alles recht und nur desto besser. Der Platz vor dem Eingang ist unsäglich schön. Eine hohe Mauer schließt das Tal, eine vergitterte Pforte läßt hineinblicken, dann steigt der Hügel aufwärts, wo dann oben das Schloß liegt. Es gäbe das größte Bild, wenn es ein rechter Künstler unternähme.

Nun darf ich nicht weiter beschreiben und sage nur, daß, als wir von der Höhe die Gebirge von Sezza, die Pontinischen Sümpfe, das Meer und die Inseln erblickten, daß in dem Moment ein starker Streifregen über die Sümpfe nach dem Meer zog, Licht und Schatten, abwechselnd und bewegt, die öde Fläche gar mannigfaltig belebten. Sehr schön wirkten hiezu mehrere von der Sonne erleuchtete Rauchsäulen, die aus zerstreuten, kaum sichtbaren Hütten emporstiegen.

Velletri liegt sehr angenehm auf einem vulkanischen Hügel, der nur gegen Norden mit andern zusammenhängt, über drei Himmelsgegenden aber den freisten Anblick gewährt.

Nun besahen wir das Kabinett des Cavalier Borgia, welcher, begünstigt durch die Verwandtschaft mit dem Kardinal und der Propaganda, treffliche Altertümer und sonstige Merkwürdigkeiten hier zusammenstellen konnte: ägyptische Götzen, aus dem härtesten Steine gebildet, kleinere Metallfiguren früherer und späterer Zeit, in der Gegend ausgegrabene, aus Ton gebrannte, flach erhobene Bildwerke, durch welche veranlaßt man den alten Volskern einen eigenen Stil zuschreiben will.

Von allerlei andern Raritäten besitzt das Museum mancherlei. Ich merkte mir zwei chinesische Tuschkästchen, wo auf den Stücken des einen die ganze Zucht der Seidenwürmer, auf dem andern der Reisbau vorgestellt ist, beides höchst naiv genommen und ausführlich gearbeitet. Das Kästchen sowie die Einwicklung desselben sind ausnehmend schön und dürfen sich neben dem von mir schon gelobten Buch auf der Bibliothek der Propaganda wohl sehen lassen.

Es ist freilich unverantwortlich, daß man diesen Schatz so nahe bei Rom hat und denselben nicht öfter besucht. Doch mag die Unbequemlichkeit einer jeden Ausflucht in diesen Gegenden und die Gewalt des römischen Zauberkreises zur Entschuldigung dienen. Als wir nach der Herberge gingen, riefen uns einige vor ihren Haustüren sitzende Weiber an, ob wir nicht auch Altertümer zu kaufen Lust hätten, und als wir uns darnach sehr begierig erwiesen, holten sie alte Kessel, Feuerzange nebst anderem schlechten Hausgeräte und wollten sich zu Tod lachen, uns angeführt zu haben. Als wir uns deshalb entrüsteten, brachte unser Führer die Sache wieder ins Gleiche; denn er versicherte, daß dieser Spaß hergebracht sei und daß alle Fremden denselben Tribut entrichten müßten.

Dies schreib ich in einer sehr übeln Herberge und fühle in mir weder Kraft noch Behagen, weiter fortzufahren. Also die freundlichste gute Nacht!

Fondi, den 23. Februar.

Schon früh um drei Uhr waren wir auf dem Wege. Als es tagte, fanden wir uns in den Pontinischen Sümpfen, welche kein so übles Ansehen haben, als man sie in Rom gemeiniglich beschreibt. Man kann zwar ein so großes und weitläufiges

Unternehmen, als die beabsichtigte Austrocknung ist, auf der Durchreise nicht beurteilen; allein es scheint mir doch, daß die Arbeiten, welche der Papst angeordnet, die gewünschten Endzwecke wenigstens zum größten Teil erreichen werden. Man denke sich ein weites Tal, das sich von Norden nach Süden mit wenigem Falle hinzieht, ostwärts gegen die Gebirge zu vertieft, westwärts aber gegen das Meer zu erhöht liegt.
Der ganzen Länge nach in gerader Linie ist die alte Via Appia wiederhergestellt, an der rechten Seite derselben der Hauptkanal gezogen, und das Wasser fließt darin gelind hinab: dadurch ist das Erdreich der rechten Seite nach dem Meere zu ausgetrocknet und dem Feldbau überantwortet; so weit das Auge sehen kann, ist es bebaut oder könnte es werden, wenn sich Pächter fänden, einige Flecke ausgenommen, die allzutief liegen.
Die linke Seite nach dem Gebirg zu ist schon schwerer zu behandeln. Zwar gehen Querkanäle unter der Chaussee in den Hauptkanal; da jedoch der Boden gegen die Berge zu abfällt, so kann er auf diese Weise nicht vom Wasser befreit werden. Man will, sagt man, einen zweiten Kanal am Gebirge herführen. Große Strecken, besonders gegen Terracina, sind mit Weiden und Pappeln angeflogen.
Eine Poststation besteht aus einer bloßen langen Strohhütte. Tischbein zeichnete sie und genoß zur Belohnung dafür ein Vergnügen, das nur er völlig zu genießen weiß. Auf dem abgetrockneten Terrain hatte sich ein Schimmel losgemacht, der, sich seiner Freiheit bedienend, auf dem braunen Boden wie ein Lichtstrahl hin und wider fuhr; wirklich war es ein herrlicher Anblick, durch Tischbeins Entzücken erst recht bedeutend.
Da, wo sonst der Ort Meza stand, hat der Papst ein großes und schönes Gebäude, als den Mittelpunkt der Fläche bezeichnend, aufrichten lassen. Der Anblick desselben vermehrt Hoffnung und Zutrauen für das ganze Unternehmen. Und so rückten wir immer fort, uns lebhaft unterhaltend, wohl eingedenk der

Warnung, daß man auf diesem Wege nicht einschlafen dürfe; und freilich erinnerte uns der blaue Dunst, der schon in dieser Jahreszeit in gewisser Höhe über dem Boden schwebte, an eine gefährliche Luftschicht. Desto erfreulicher und erwünschter war uns die Felsenlage von Terracina; und kaum hatten wir uns daran vergnügt, als wir das Meer gleich davor erblickten. Kurz darauf ließ uns die andere Seite des Stadtberges ein Schauspiel neuer Vegetation sehen. Indianische Feigen trieben ihre großen, fetten Blätterkörper zwischen niedrigen graulichgrünen Myrten, unter gelbgrünen Granatbäumen und fahlgrünen Olivenzweigen. Am Wege sahen wir neue, noch nie gesehene Blumen und Sträuche. Narzissen und Adonis blühten auf den Wiesen. Man behält das Meer eine Zeitlang rechts; die Kalkfelsen aber bleiben links in der Nähe. Diese sind die Fortsetzung der Apenninen, welche sich von Tivoli herziehen und ans Meer anschließen, wovon sie, erst durch die Campagna di Roma, dann durch die Frascatanischen, Albanischen, Velletrischen Vulkane und endlich durch die Pontinischen Sümpfe getrennt wurden. Der Monte Circello, das Vorgebirg Terracina gegenüber, wo die Pontinischen Sümpfe sich endigen, mag gleichfalls aus gereihten Kalkfelsen bestehen.

Wir verließen das Meer und kamen bald in die reizende Ebene von Fondi. Dieser kleine Raum fruchtbaren und bebauten Erdreichs, von einem nicht allzurauhen Gebirg umschlossen, muß jedermann anlachen. Noch hängt die Mehrzahl der Orangen an den Bäumen, die Saat steht grün, durchaus Weizen; Oliven auf den Äckern, das Städtchen im Grunde. Ein Palmbaum zeichnet sich aus und ward begrüßt. So viel für diesen Abend. Verzeihung der laufenden Feder! Ich muß schreiben, ohne zu denken, damit ich nur schreibe. Der Gegenstände sind zu viel, der Aufenthalt zu schlecht, und doch meine Begierde allzugroß, einiges dem Papiere anzuvertrauen. Mit einbrechender Nacht kamen wir an, und es ist nun Zeit, Ruhe zu suchen.

St. Agatha, den 24. Februar.

In einer kalten Kammer muß ich Nachricht von einem schönen Tage geben. Als wir aus Fondi herausfuhren, ward es eben helle, und wir wurden sogleich durch die über die Mauern hängenden Pomeranzen auf beiden Seiten des Wegs begrüßt. Die Bäume hängen so voll, als man sich's nur denken kann. Obenher ist das junge Laub gelblich, unten aber und in der Mitte von dem saftigsten Grün. Mignon hatte wohl recht, sich dahin zu sehnen.

Dann fuhren wir durch wohlgeackerte und bestellte Weizenfelder, in schicklichen Räumen mit Oliven bepflanzt. Der Wind bewegte sie und brachte die silberne Unterfläche der Blätter ans Licht, die Äste bogen sich leicht und zierlich. Es war ein grauer Morgen, ein starker Nordwind versprach, alles Gewölk völlig zu vertreiben.

Dann zog der Weg im Tale hin, zwischen steinigen, aber gut gebauten Äckern, die Saat vom schönsten Grün. An einigen Orten sah man geräumige, runde, gepflasterte Plätze, mit niedrigen Mäuerchen umgeben; hier drischt man die Frucht sogleich aus, ohne sie in Garben nach Hause zu fahren. Das Tal ward schmäler, der Weg ging bergan, Kalkfelsen standen nackt an beiden Seiten. Der Sturm war heftiger hinter uns her. Es fielen Graupeln, die sehr langsam tauten.

Einige Mauern antiker Gebäude mit netzförmiger Arbeit überraschten uns. Auf der Höhe sind die Plätze felsig, doch mit Olivenbäumen bepflanzt, wo nur das geringste Erdreich sie aufnehmen konnte. Nun über eine Plaine mit Oliven, sodann durch ein Städtchen. Eingemauert fanden wir nun Altäre, antike Grabsteine, Fragmente aller Art in den Gartenumfriedigungen, dann trefflich gemauerte, jetzt aber mit Erdreich ausgefüllte Untergeschosse alter Landhäuser, nunmehr von Olivenwäldchen bewachsen. Dann erblickten wir den Vesuv, eine Rauchwolke auf seinem Scheitel.

Mola di Gaëta begrüßte uns abermals mit den reichsten Pomeranzenbäumen. Wir blieben einige Stunden. Die Bucht vor dem Städtchen gewährt eine der schönsten Aussichten, das Meer spült bis heran. Folgt das Auge dem rechten Ufer und erreicht es zuletzt das Hornende des halben Mondes, so sieht man auf einem Felsen die Festung Gaëta, in mäßiger Ferne. Das linke Horn erstreckt sich viel weiter; erst sieht man eine Reihe Gebirge, dann den Vesuv, dann die Inseln. Ischia liegt fast der Mitte gegenüber.

Hier fand ich am Ufer die ersten Seesterne und Seeigel ausgespült, ein schönes grünes Blatt wie das feinste Velinpapier, dann aber merkwürdige Geschiebe: am häufigsten die gewöhnlichen Kalksteine, sodann aber auch Serpentin, Jaspis, Quarze, Kieselbreccien, Granite, Porphyre, Marmorarten, Glas von grüner und blauer Farbe. Die zuletzt genannten Steinarten sind schwerlich in dieser Gegend erzeugt, sind wahrscheinlich Trümmern alter Gebäude, und so sehen wir denn, wie die Welle vor unsern Augen mit den Herrlichkeiten der Vorwelt spielen darf. Wir verweilten gern und hatten unsere Lust an der Natur der Menschen, die sich beinahe als Wilde betrugen. Von Mola sich entfernend, hat man immer schöne Aussicht, wenn sich auch das Meer verliert. Der letzte Blick darauf ist eine liebliche Seebucht, die gezeichnet ward. Nun folgt gutes Fruchtfeld, mit Aloen eingezäunt. Wir erblickten eine Wasserleitung, die sich vom Gebirg her nach unkenntlichen, verworrenen Ruinen zog.

Dann folgt die Überfahrt über den Fluß Garigliano. Man wandert sodann durch ziemlich fruchtbare Gegenden auf ein Gebirg los. Nichts Auffallendes. Endlich der erste vulkanische Aschenhügel. Hier beginnt eine große herrliche Gegend von Bergen und Gründen, über welche zuletzt Schneegipfel hervorragen. Auf der näheren Höhe eine lange, wohl in die Augen fallende Stadt. In dem Tal liegt St. Agatha, ein ansehnlicher Gasthof, wo ein lebhaftes Feuer in einem Kamin, das als

Kabinett angelegt ist, brannte. Indessen ist unsere Stube kalt, keine Fenster, nur Läden; und ich eile, zu schließen.

Neapel, den 25. Februar.

Endlich auch hier glücklich und mit guten Vorbedeutungen angekommen. Von der Tagesreise nur so viel: St. Agatha verließen wir mit Sonnenaufgang; der Wind blies heftig hinter uns her, und dieser Nordost hielt den ganzen Tag an. Erst Nachmittag ward er Herr von den Wolken; wir litten von Kälte.

Unser Weg ging wieder durch und über vulkanische Hügel, wo ich nur noch wenige Kalkfelsen zu bemerken glaubte. Endlich erreichten wir die Plaine von Capua, bald darnach Capua selbst, wo wir Mittag hielten. Nachmittag tat sich ein schönes, flaches Feld vor uns auf. Die Chaussee geht breit zwischen grünen Weizenfeldern durch, der Weizen ist wie ein Teppich und wohl spannenhoch. Pappeln sind reihenweis auf den Feldern gepflanzt, hoch ausgezweigt und Wein hinangezogen. So geht es bis Neapel hinein. Ein klarer, herrlich-lockerer Boden und gut bearbeitet. Die Weinstöcke von ungewöhnlicher Stärke und Höhe, die Ranken wie Netze von Pappel zu Pappel schwebend.

Der Vesuv blieb uns immer zur linken Seite, gewaltsam dampfend! und ich war still für mich erfreut, daß ich diesen merkwürdigen Gegenstand endlich auch mit Augen sah. Der Himmel ward immer klärer, und zuletzt schien die Sonne recht heiß in unsere enge, rollende Wohnung. Bei ganz rein-heller Atmosphäre kamen wir Neapel näher, und nun fanden wir uns wirklich in einem andern Lande. Die Gebäude mit flachen Dächern deuten auf eine andere Himmelsgegend; inwendig mögen sie nicht sehr freundlich sein. Alles ist auf der Straße, sitzt in der Sonne, so lange sie scheinen will. Der Neapolitaner glaubt im Besitz des Paradieses zu sein und hat von den nördlichen Ländern einen sehr traurigen Begriff: Sempre neve, case di legno, gran ignoranza, ma denari assai. Solch ein Bild machen sie sich von unserm Zustande. Zur Erbauung sämtlicher deutschen Völkerschaften heißt diese Charakteristik übersetzt: Immer Schnee, hölzerne Häuser, große Unwissenheit, aber Geld genug.

Neapel selbst kündigt sich froh, frei und lebhaft an; unzählige Menschen rennen durcheinander, der König ist auf der Jagd, die Königin guter Hoffnung, und so kann's nicht besser gehn.

Montag den 26. Februar.

Alla Locanda del Sgr. Moriconi al Largo di Castello. Unter dieser ebenso heiter als prächtig klingenden Aufschrift würden uns Briefe aus allen vier Teilen der Welt nunmehr auffinden. In der Gegend des am Meere liegenden großen Kastells erstreckt sich eine große Weitung, die man, obgleich von allen vier Seiten mit Häusern umgeben, nicht Platz, sondern Weite (largo) genannt hat, wahrscheinlicherweise von den ersten Zeiten her, da dieses noch ein unbegrenztes Feld war. Hier nun tritt an der einen Seite ein großes Eckhaus herein, und wir faßten Fuß in einem geräumigen Ecksaale, der einen freien und frohen Überblick über die immer bewegte Fläche gewährt. Ein eiserner Balkon zieht sich außen an mehrern Fenstern vorbei, selbst um die Ecke hin. Man würde davon nicht wegkommen, wenn der scharfe Wind nicht äußerst fühlbar wäre.

Der Saal ist munter dekoriert besonders aber die Decke, deren Arabesken in hundert Abteilungen schon die Nähe von Pompeji und Herkulanum verkünden. Das wäre nun alles schön und gut; aber keine Feuerstätte, kein Kamin ist zu bemerken, und der Februar übt denn doch auch hier seine Rechte. Ich sehnte mich nach einiger Erwärmung.

Man brachte mir einen Dreifuß, von der Erde dergestalt erhöht, daß man die Hände bequem darüber halten konnte. Auf dem-

Neapel, Ansicht der Stadt — Nach Vernet

Neapel, Piazza reale *Nach Renard*

selben war ein flaches Becken befestigt; dieses enthielt ganz zarte glühende Kohlen, gar glatt mit Asche bedeckt. Hier gilt es nun haushältig sein, wie wir es in Rom schon gelernt. Mit dem Ohr eines Schlüssels zieht man von Zeit zu Zeit die oberflächliche Asche behutsam weg, so daß von den Kohlen wieder etwas an die freie Luft gelange. Wollte man jedoch ungeduldig die Glut aufwühlen, so würde man einen Augenblick größere Wärme spüren, aber sehr bald die ganze Glut erschöpft haben, da denn das Becken abermals, gegen Erlegung einer gewissen Summe, zu füllen wäre.

Ich befand mich nicht ganz wohl und hätte freilich mehr Bequemlichkeit gewünscht. Eine Schilfmatte diente gegen die Einflüsse des Estrichs; Pelze sind nicht gewöhnlich, und ich entschloß mich, eine Schifferkutte, die wir aus Scherz mitgenommen hatten, anzuziehen, die mir gute Dienste leistete, besonders nachdem ich sie mit einem Kofferstrick um den Leib befestigt hatte; da ich mir denn als Mittelding zwischen Matrosen und Kapuziner sehr komisch vorkommen mußte. Tischbein, der von Besuchen bei Freunden zurückkehrte, konnte sich des Lachens nicht enthalten.

Den 27. Februar.

Gestern bracht ich den Tag in Ruhe zu, um eine kleine körperliche Unbequemlichkeit erst abzuwarten; heute ward geschwelgt und die Zeit mit Anschauung der herrlichsten Gegenstände zugebracht. Man sage, erzähle, male, was man will — hier ist mehr als alles. Die Ufer, Buchten und Busen des Meeres, der Vesuv, die Stadt, die Vorstädte, die Kastelle, die Lusträume! — Wir sind auch noch abends in die Grotte des Pausilipp gegangen, da eben die untergehende Sonne zur andern Seite hereinschien. Ich verzieh es allen, die in Neapel von Sinnen kommen, und erinnerte mich mit Rührung meines Vaters, der einen unauslöschlichen Eindruck besonders von denen Gegenständen, die ich heut zum erstenmal sah, erhalten hatte. Und wie man sagt, daß einer, dem ein Gespenst erschienen, nicht wieder froh wird, so konnte man umgekehrt von ihm sagen, daß er nie ganz unglücklich werden konnte, weil er sich immer wieder nach Neapel dachte. Ich bin nun nach meiner Art ganz stille und mache nur, wenn's gar zu toll wird, große, große Augen.

Den 28. Februar.

Heute besuchten wir Philipp Hackert, den berühmten Landschaftsmaler, der eines besondern Vertrauens, einer vorzüglichen Gnade des Königs und der Königin genießt. Man hat ihm einen Flügel des Palasts Francavilla eingeräumt, den er mit Künstlergeschmack möblieren ließ und mit Zufriedenheit bewohnt. Es ist ein sehr bestimmter, kluger Mann, der bei unausgesetztem Fleiß das Leben zu genießen versteht.
Dann gingen wir ans Meer und sahen allerlei Fische und wunderliche Gestalten aus den Wellen ziehen. Der Tag war herrlich, die Tramontane leidlich.

Den 1. März.

Schon in Rom hatte man meinem eigensinnigen Einsiedlersinne, mehr als mir lieb war, eine gesellige Seite abgewonnen. Freilich scheint es ein wunderlich Beginnen, daß man in die Welt geht, um allein bleiben zu wollen. So hatte ich denn auch dem Fürsten von Waldeck nicht widerstehen können, der mich aufs freundlichste einlud und durch Rang und Einfluß mir Teilnahme an manchem Guten verschaffte. Kaum waren wir in Neapel angekommen, wo er sich schon eine Zeitlang aufhielt, als er uns einladen ließ, mit ihm eine Fahrt nach Puzzuol und der anliegenden Gegend zu machen. Ich dachte heute schon auf den Vesuv; Tischbein aber nötigt mich zu jener Fahrt, die, an und für sich angenehm, bei dem schönsten Wetter, in Gesellschaft eines so vollkommenen und unterrichteten Fürsten, sehr viel

Freude und Nutzen verspricht. Auch haben wir schon in Rom eine schöne Dame gesehen, nebst ihrem Gemahl, von dem Fürsten unzertrennlich; diese soll gleichfalls von der Partie sein, und man hofft alles Erfreuliche.

Auch bin ich dieser edlen Gesellschaft durch frühere Unterhaltung genauer bekannt. Der Fürst nämlich fragte bei unserer ersten Bekanntschaft, womit ich mich jetzt beschäftige, und meine Iphigenia war mir so gegenwärtig, daß ich sie einen Abend umständlich genug erzählen konnte. Man ging darauf ein, aber ich glaubte doch zu merken, daß man etwas Lebhafteres, Wilderes von mir erwartet hatte.

Abends.

Von dem heutigen Tage wäre schwerlich Rechenschaft zu geben. Wer hat es nicht erfahren, daß die flüchtige Lesung eines Buchs, das ihn unwiderstehlich fortriß, auf sein ganzes Leben den größten Einfluß hatte und schon die Wirkung entschied, zu der Wiederlesen und ernstliches Betrachten kaum in der Folge mehr hinzutun konnte. So ging es mir einst mit Sakontala, und geht es uns mit bedeutenden Menschen nicht gleicherweise? Eine Wasserfahrt bis Puzzuol, leichte Landfahrten, heitere Spaziergänge durch die wundersamste Gegend von der Welt. Unterm reinsten Himmel der unsicherste Boden. Trümmern undenkbarer Wohlhäbigkeit, zerlästert und unerfreulich. Siedende Wasser, Schwefel aushauchende Grüfte, dem Pflanzenleben widerstrebende Schlackenberge, kahle, widerliche Räume und dann doch zuletzt eine immer üppige Vegetation, eingreifend, wo sie nur irgend vermag, sich über alles Ertötende erhebend, um Landseen und Bäche umher, ja den herrlichsten Eichwald an den Wänden eines alten Kraters behauptend.

Und so wird man zwischen Natur- und Völkerereignissen hin und wider getrieben. Man wünscht zu denken und fühlt sich dazu zu ungeschickt. Indessen lebt der Lebendige lustig fort, woran wir es denn auch nicht fehlen ließen. Gebildete Personen, der Welt und ihrem Wesen angehörend, aber auch, durch ernstes Geschick gewarnt, zu Betrachtungen aufgelegt. Unbegrenzter Blick über Land, Meer und Himmel, zurückgerufen in die Nähe einer liebenswürdigen jungen Dame, Huldigung anzunehmen gewohnt und geneigt.

Unter allem diesem Taumel jedoch verfehlt ich nicht, manches anzumerken. Zu künftiger Redaktion wird die an Ort und Stelle benutzte Karte und eine flüchtige Zeichnung von Tischbein die beste Hilfe geben; heute ist mir nicht möglich, auch nur das mindeste hinzuzufügen.

Den 2. März

bestieg ich den Vesuv, obgleich bei trübem Wetter und umwölktem Gipfel. Fahrend gelangt ich nach Resina, sodann auf einem Maultiere den Berg zwischen Weingärten hinauf; nun zu Fuß über die Lava vom Jahre einundsiebenzig, die schon feines, aber festes Moos auf sich erzeugt hatte; dann an der Seite der Lava her. Die Hütte des Einsiedlers blieb mir links auf der Höhe. Ferner den Aschenberg hinauf, welches eine saure Arbeit ist. Zwei Dritteile dieses Gipfels waren mit Wolken bedeckt. Endlich erreichten wir den alten, nun ausgefüllten Krater, fanden die neuen Laven von zwei Monaten, vierzehn Tagen, ja eine schwache von fünf Tagen schon erkaltet. Wir stiegen über sie an einem erst aufgeworfenen vulkanischen Hügel hinauf, er dampfte aus allen Enden. Der Rauch zog von uns weg, und ich wollte nach dem Krater gehn. Wir waren ohngefähr funfzig Schritte in den Dampf hinein, als er so stark wurde, daß ich kaum meine Schuhe sehen konnte. Das Schnupftuch vorgehalten half nichts, der Führer war mir auch verschwunden, die Tritte auf den ausgeworfenen Lavabröckchen unsicher: ich fand für gut, umzukehren und mir den gewünschten Anblick auf einen heitern Tag und verminderten Rauch zu sparen. Indes weiß ich doch auch, wie schlecht es sich in solcher Atmosphäre Atem holt.

Übrigens war der Berg ganz still: weder Flamme noch Brausen noch Steinwurf, wie er doch die ganze Zeit her trieb. Ich habe ihn nun rekognosziert, um ihn förmlich, sobald das Wetter gut werden will, zu belagern.

Die Laven, die ich fand, waren mir meist bekannte Gegenstände. Ein Phänomen hab ich aber entdeckt, das mir sehr merkwürdig schien und das ich näher untersuchen, nach welchem ich mich bei Kennern und Sammlern erkundigen will. Es ist eine tropfsteinförmige Bekleidung einer vulkanischen Esse, die ehemals zugewölbt war, jetzt aber aufgeschlagen ist und aus dem alten, nun ausgefüllten Krater herausragt. Dieses feste, grauliche, tropfsteinförmige Gestein scheint mir durch Sublimation der allerfeinsten vulkanischen Ausdünstungen, ohne Mitwirkung von Feuchtigkeit und ohne Schmelzung, gebildet worden zu sein; es gibt zu weitern Gedanken Gelegenheit.

Heute, den 3. März, ist der Himmel bedeckt, und ein Scirocco weht; zum Posttage gutes Wetter.

Sehr gemischte Menschen, schöne Pferde und wunderliche Fische habe ich hier übrigens schon genug gesehn.

Von der Lage der Stadt und ihren Herrlichkeiten, die so oft beschrieben und belobt sind, kein Wort. Vedi Napoli e poi muori! sagen sie hier. Siehe Neapel und stirb!

Den 3. März.

Daß kein Neapolitaner von seiner Stadt weichen will, daß ihre Dichter von der Glückseligkeit der hiesigen Lage in gewaltigen Hyperbeln singen, ist ihnen nicht zu verdenken, und wenn auch noch ein paar Vesuve in der Nachbarschaft stünden. Man mag sich hier an Rom gar nicht zurück erinnern: gegen die hiesige freie Lage kommt einem die Hauptstadt der Welt im Tibergrunde wie ein altes übelplaciertes Kloster vor.

Das See- und Schiffwesen gewährt auch ganz neue Zustände. Die Fregatte nach Palermo ging mit reiner, starker Tramontane gestern ab. Diesmal hat sie gewiß nicht über sechsunddreißig Stunden auf der Fahrt zugebracht. Mit welcher Sehnsucht sah ich den vollen Segeln nach, als das Schiff zwischen Capri und Kap Minerva durchfuhr und endlich verschwand. Wenn man jemand Geliebtes so fortfahren sähe, müßte man vor Sehnsucht sterben! Jetzt weht der Scirocco; wenn der Wind stärker wird, werden die Wellen um den Molo lustig genug sein.

Heute, als an einem Freitage, war die große Spazierfahrt des Adels, wo jeder seine Equipagen, besonders Pferde produziert. Man kann unmöglich etwas Zierlichers sehen als diese Geschöpfe hier; es ist das erstemal in meinem Leben, daß mir das Herz gegen sie aufgeht.

Den 3. März.

Hier schick ich einige gedrängte Blätter als Nachricht von dem Einstande, den ich hier gegeben. Auch ein an der Ecke angeschmauchtes Kuvert eures letzten Briefes, zum Zeugnis, daß er mit auf dem Vesuv gewesen. Doch muß ich euch nicht, weder im Traume noch im Wachen, von Gefahr umgeben erscheinen; seid versichert: da, wo ich gehe, ist nicht mehr Gefahr als auf der Chaussee nach Belvedere. Die Erde ist überall des Herrn! kann man wohl bei dieser Gelegenheit sagen. Ich suche keine Abenteuer aus Vorwitz noch Sonderbarkeit, aber weil ich meist klar bin und dem Gegenstand bald seine Eigentümlichkeit abgewinne, so kann ich mehr tun und wagen als ein anderer. Nach Sizilien ist's nichts weniger als gefährlich. Vor einigen Tagen fuhr die Fregatte nach Palermo mit günstigem Nordostwind ab, sie ließ Capri rechts und hat gewiß den Weg in sechsunddreißig Stunden zurückgelegt. Drüben sieht es auch in der Wirklichkeit nicht so gefährlich aus, als man es in der Ferne zu machen beliebt.

Vom Erdbeben spürt man jetzt im untern Teile von Italien gar nichts, im obern ward neulich Rimini und naheliegende

Orte beschädigt. Es hat wunderliche Launen, man spricht hier davon wie von Wind und Wetter und in Thüringen von Feuersbrünsten.

Mich freut, daß ihr nun mit der neuen Bearbeitung der Iphigenia euch befreundet; noch lieber wäre mir's, wenn euch der Unterschied fühlbarer geworden wäre. Ich weiß, was ich daran getan habe, und darf davon reden, weil ich es noch weiter treiben könnte. Wenn es eine Freude ist, das Gute zu genießen, so ist es eine größere, das Bessere zu empfinden, und in der Kunst ist das Beste gut genug.

Den 5. März.

Den zweiten Fastensonntag benutzten wir, von Kirche zu Kirche zu wandern. Wie in Rom alles höchst ernsthaft ist, so treibt sich hier alles lustig und wohlgemut. Auch die neapolitanische Malerschule begreift man nur zu Neapel. Hier sieht man mit Verwunderung die ganze Vorderseite einer Kirche von unten bis oben gemalt, über der Türe Christus, der die Käufer und Verkäufer zum Tempel hinaustreibt, welche zu beiden Seiten, munter und zierlich, erschreckt die Treppe herunterpurzeln. Innerhalb einer andern Kirche ist der Raum über dem Eingang reichhaltig mit einem Freskogemälde geziert, die Vertreibung Heliodors vorstellend. Luca Giordano mußte sich freilich sputen, um solche Flächen auszufüllen. Auch die Kanzel ist nicht immer, wie anderwärts, ein Katheder, Lehrstuhl für eine einzelne Person, sondern eine Galerie, auf welcher ich einen Kapuziner hin und her schreiten und bald von dem einen, bald von dem andern Ende dem Volk seine Sündhaftigkeit vorhalten sah. Was wäre da nicht alles zu erzählen!

Aber weder zu erzählen noch zu beschreiben ist die Herrlichkeit einer Vollmondnacht, wie wir sie genossen, durch die Straßen über die Plätze wandelnd, auf der Chiaja, dem unermeßlichen Spaziergang, sodann am Meeresufer hin und wider. Es übernimmt einen wirklich das Gefühl von Unendlichkeit des Raums. So zu träumen, ist denn doch der Mühe wert.

Von einem trefflichen Manne, den ich diese Tage kennen gelernt, muß ich kürzlich das Allgemeinste erwähnen. Es ist Ritter Filangieri, bekannt durch sein Werk über die Gesetzgebung. Er gehört zu den ehrwürdigen jungen Männern, welche das Glück der Menschen und eine löbliche Freiheit derselben im Auge behalten. An seinem Betragen kann man den Soldaten, den Ritter und Weltmann erkennen; gemildert ist jedoch dieser Anstand durch den Ausdruck eines zarten sittlichen Gefühls, welches, über die ganze Person verbreitet, aus Wort und Wesen gar anmutig hervorleuchtet. Auch er ist seinem Könige und dessen Königreich im Herzen verbündet, wenn er auch nicht alles billigt, was geschieht; aber auch er ist gedrückt durch die Furcht vor Joseph dem Zweiten. Das Bild eines Despoten, wenn es auch nur in der Luft schwebt, ist edlen Menschen schon fürchterlich. Er sprach mit mir ganz offen, was Neapel von jenem zu fürchten habe. Er unterhält sich gern über Montesquieu, Beccaria, auch über seine eigenen Schriften, alles in demselben Geiste des besten Wollens und einer herzlichen, jugendlichen Lust, das Gute zu wirken. Er mag noch in den Dreißigen stehen.
Gar bald machte er mich mit einem alten Schriftsteller bekannt, an dessen unergründlicher Tiefe sich diese neuern italienischen Gesetzfreunde höchlich erquicken und erbauen; er heißt Johann Baptista Vico, sie ziehen ihn dem Montesquieu vor. Bei einem flüchtigen Überblick des Buches, das sie mir als ein Heiligtum mitteilten, wollte mir scheinen, hier seien sibyllinische Vorahnungen des Guten und Rechten, das einst kommen soll oder sollte, gegründet auf ernste Betrachtungen des Überlieferten und des Lebens. Es ist gar schön, wenn ein Volk solch einen Ältervater besitzt; den Deutschen wird einst Hamann ein ähnlicher Kodex werden.

Bei Pozzuoli *Nach Chastelet*

Pozzuoli, Steinbrüche *Nach Chastelet*

Den 6. März.

Obgleich ungern, doch aus treuer Geselligkeit begleitete Tischbein mich heute auf den Vesuv. Ihm, dem bildenden Künstler, der sich nur immer mit den schönsten Menschen- und Tierformen beschäftigt, ja das Ungeformte selbst, Felsen und Landschaften, durch Sinn und Geschmack vermenschlicht, ihm wird eine solche furchtbare, ungestalte Aufhäufung, die sich immer wieder selbst verzehrt und allem Schönheitsgefühl den Krieg ankündigt, ganz abscheulich vorkommen.

Wir fuhren auf zwei Kalessen, weil wir uns als Selbstführer durch das Gewühl der Stadt nicht durchzuwinden getrauten. Der Fahrende schreit unaufhörlich: Platz, Platz! damit Esel, Holz oder Kehricht Tragende, entgegenrollende Kalessen, lastschleppende oder freiwandelnde Menschen, Kinder und Greise sich vorsehen, ausweichen, ungehindert aber der scharfe Trab fortgesetzt werde.

Der Weg durch die äußersten Vorstädte und Gärten sollte schon auf etwas Plutonisches hindeuten. Denn da es lange nicht geregnet, waren von dickem, aschgrauen Staube die von Natur immergrünen Blätter überdeckt, alle Dächer, Gurtgesimse, und was nur irgend eine Fläche bot, gleichfalls übergraut, so daß nur der herrliche blaue Himmel und die hereinscheinende mächtige Sonne ein Zeugnis gab, daß man unter den Lebendigen wandle.

Am Fuße des steilen Hanges empfingen uns zwei Führer, ein älterer und ein jüngerer, beides tüchtige Leute. Der erste schleppte mich, der zweite Tischbein den Berg hinauf. Sie schleppten, sage ich: denn ein solcher Führer umgürtet sich mit einem ledernen Riemen, in welchen der Reisende greift und, hinaufwärts gezogen, sich an einem Stabe, auf seinen eigenen Füßen, desto leichter emporhilft. So erlangten wir die Fläche, über welcher sich der Kegelberg erhebt, gegen Norden die Trümmer der Somma.

Ein Blick westwärts über die Gegend nahm, wie ein heilsames Bad, alle Schmerzen der Anstrengung und alle Müdigkeit hinweg, und wir umkreisten nunmehr den immer qualmenden, Stein und Asche auswerfenden Kegelberg. Solange der Raum gestattete, in gehöriger Entfernung zu bleiben, war es ein großes, geisterhebendes Schauspiel. Erst ein gewaltsamer Donner, der aus dem tiefsten Schlunde hervortönte, sodann Steine, größere und kleinere, zu Tausenden in die Luft geschleudert, von Aschenwolken eingehüllt. Der größte Teil fiel in den Schlund zurück. Die andern nach der Seite zu getriebenen Brocken, auf die Außenseite des Kegels niederfallend, machten ein wunderbares Geräusch: erst plumpten die schwereren und hupften mit dumpfem Getön an die Kegelseite hinab, die geringeren klapperten hinterdrein, und zuletzt rieselte die Asche nieder. Dieses alles geschah in regelmäßigen Pausen, die wir durch ein ruhiges Zählen sehr wohl abmessen konnten.

Zwischen der Somma und dem Kegelberge ward aber der Raum enge genug; schon fielen mehrere Steine um uns her und machten den Umgang unerfreulich. Tischbein fühlte sich nunmehr auf dem Berge noch verdrießlicher, da dieses Ungetüm, nicht zufrieden, häßlich zu sein, auch noch gefährlich werden wollte.

Wie aber durchaus eine gegenwärtige Gefahr etwas Reizendes hat und den Widerspruchsgeist im Menschen auffordert, ihr zu trotzen, so bedachte ich, daß es möglich sein müsse, in der Zwischenzeit von zwei Eruptionen, den Kegelberg hinauf an den Schlund zu gelangen und auch in diesem Zeitraum den Rückweg zu gewinnen. Ich ratschlagte hierüber mit den Führern, unter einem überhängenden Felsen der Somma, wo wir, in Sicherheit gelagert, uns an den mitgebrachten Vorräten erquickten. Der jüngere getraute sich, das Wagestück mit mir zu bestehen: unsere Hutköpfe fütterten wir mit leinenen und seidenen Tüchern, wir stellten uns bereit, die Stäbe in der Hand, ich seinen Gürtel fassend.

Noch klapperten die kleinen Steine um uns herum, noch rieselte die Asche, als der rüstige Jüngling mich schon über das glühende Geröll hinaufriß. Hier standen wir an dem ungeheuren Rachen, dessen Rauch eine leise Luft von uns ablenkte, aber zugleich das Innere des Schlundes verhüllte, der ringsum aus tausend Ritzen dampfte. Durch einen Zwischenraum des Qualmes erblickte man hie und da geborstene Felsenwände. Der Anblick war weder unterrichtend noch erfreulich; aber eben deswegen, weil man nichts sah, verweilte man, um etwas herauszusehen. Das ruhige Zählen war versäumt, wir standen auf einem scharfen Rande vor dem ungeheuren Abgrund. Auf einmal erscholl der Donner, die furchtbare Ladung flog an uns vorbei; wir duckten uns unwillkürlich, als wenn uns das vor den niederstürzenden Massen gerettet hätte; die kleineren Steine klapperten schon, und wir, ohne zu bedenken, daß wir abermals eine Pause vor uns hatten, froh, die Gefahr überstanden zu haben, kamen mit der noch rieselnden Asche am Fuße des Kegels an, Hüte und Schultern genugsam eingeäschert.

Von Tischbein aufs freundlichste empfangen, gescholten und erquickt, konnte ich nun den älteren und neueren Laven eine besondere Aufmerksamkeit widmen. Der betagte Führer wußte genau die Jahrgänge zu bezeichnen. Ältere waren schon mit Asche bedeckt und ausgeglichen, neuere, besonders die langsam geflossenen, boten einen seltsamen Anblick; denn indem sie, fortschleichend, die auf ihrer Oberfläche erstarrten Massen eine Zeitlang mit sich hinschleppen, so muß es doch begegnen, daß diese von Zeit zu Zeit stocken, aber, von den Glutströmen noch fortbewegt, übereinander geschoben, wunderbar zackig erstarrt verharren, seltsamer als im ähnlichen Fall die übereinander getriebenen Eisschollen. Unter diesem geschmolzenen wüsten Wesen fanden sich auch große Blöcke, welche, angeschlagen, auf dem frischen Bruch einer Urgebirgsart völlig ähnlich sehen. Die Führer behaupteten, es seien alte Laven des tiefsten Grundes, welche der Berg manchmal auswerfe.

Auf unserer Rückkehr nach Neapel wurden mir kleine Häuser merkwürdig, einstöckig, sonderbar gebaut, ohne Fenster, die Zimmer nur durch die auf die Straße gehende Türe erleuchtet. Von früher Tageszeit bis in die Nacht sitzen die Bewohner davor, da sie sich denn zuletzt in ihre Höhlen zurückziehen.
Die auf eine etwas verschiedene Weise am Abend tumultuierende Stadt entlockte mir den Wunsch, einige Zeit hier verweilen zu können, um das bewegliche Bild nach Kräften zu entwerfen. Es wird mir nicht so wohl werden.

Mittwoch den 7. März.

Und so hat mir diese Woche Tischbein redlich einen großen Teil der Kunstschätze von Neapel gezeigt und ausgelegt. Er, ein trefflicher Tierkenner und Zeichner, machte mich schon früher aufmerksam auf einen Pferdekopf von Erz im Palast Colombrano. Wir gingen heute dahin. Dieser Kunstrest steht grade der Torfahrt gegenüber im Hofe, in einer Nische über einem Brunnen, und setzt in Erstaunen; was muß das Haupt erst, mit den übrigen Gliedern zu einem Ganzen verbunden, für Wirkung getan haben! Das Pferd im ganzen war viel größer als die auf der Markuskirche; auch läßt hier das Haupt, näher und einzeln beschaut, Charakter und Kraft nur desto deutlicher erkennen und bewundern. Der prächtige Stirnknochen, die schnaubende Nase, die aufmerkenden Ohren, die starre Mähne! ein mächtig aufgeregtes, kräftiges Geschöpf.
Wir kehrten uns um, eine weibliche Statue zu bemerken, die über dem Torwege in einer Nische stand. Sie wird für die Nachbildung einer Tänzerin schon von Winckelmann gehalten, wie denn solche Künstlerinnen in lebendiger Bewegung auf das mannigfaltigste dasjenige vorstellen, was die bildenden Meister uns als erstarrte Nymphen und Göttinnen aufbewahren. Sie ist sehr leicht und schön, der Kopf war abgebrochen, ist aber gut wieder aufgesetzt, übrigens nichts daran versehrt, und verdiente wohl einen bessern Platz.

Den 9. März.

Heute erhalte ich die liebsten Briefe vom 16. Februar. Schreibet nur immer fort. Ich habe meine Zwischenposten wohl bestellt und werde es auch tun, wenn ich weiter gehen sollte. Gar sonderbar kommt es mir vor, in so großer Entfernung zu lesen, daß die Freunde nicht zusammenkommen; und doch ist oft nichts natürlicher, als daß man nicht zusammen kommt, wenn man so nahe beisammen ist.

Das Wetter hat sich verdunkelt, es ist im Wechseln; das Frühjahr tritt ein, und wir werden Regentage haben. Noch ist der Gipfel des Vesuvs nicht heiter geworden, seit ich droben war. Diese letzten Nächte sah man ihn manchmal flammen, jetzt hält er wieder inne; man erwartet stärkeren Ausbruch.

Die Stürme dieser Tage haben uns ein herrliches Meer gezeigt; da ließen sich die Wellen in ihrer würdigen Art und Gestalt studieren: die Natur ist doch das einzige Buch, das auf allen Blättern großen Gehalt bietet. Dagegen gibt mir das Theater gar keine Freude mehr. Sie spielen hier in der Fasten geistliche Opern, die sich von den weltlichen in gar nichts unterscheiden, als daß keine Ballette zwischen den Akten eingeschaltet sind; übrigens aber so bunt als möglich. Im Theater St. Carlo führen sie auf: Zerstörung von Jerusalem durch Nebukadnezar. Mir ist es ein großer Guckkasten; es scheint, ich bin für solche Dinge verdorben.

Heute waren wir mit dem Fürsten von Waldeck auf Capo di Monte, wo die große Sammlung von Gemälden, Münzen u. dgl. sich befindet, nicht angenehm aufgestellt, doch kostbare Sachen. Mir bestimmen und bestätigen sich nunmehr so viele Traditionsbegriffe. Was von Münzen, Gemmen, Vasen einzeln, wie die gestutzten Zitronenbäume, nach Norden kommt, sieht in Masse hier ganz anders aus, da, wo diese Schätze einheimisch sind. Denn wo Werke der Kunst rar sind, gibt auch die Rarität ihnen einen Wert; hier lernt man nur das Würdige schätzen.

Sie bezahlen jetzt großes Geld für die etrurischen Vasen, und gewiß finden sich schöne und treffliche Stücke darunter. Kein Reisender, der nicht etwas davon besitzen wollte. Man schlägt sein Geld nicht so hoch an als zu Hause, ich fürchte selbst noch verführt zu werden.

Das ist das Angenehme auf Reisen, daß auch das Gewöhnliche durch Neuheit und Überraschung das Ansehen eines Abenteuers gewinnt. Als ich von Capo di Monte zurückkam, machte ich noch einen Abendbesuch bei Filangieri, wo ich auf dem Kanapee neben der Hausfrau ein Frauenzimmer sitzend fand, deren Äußeres mir nicht zu dem vertraulichen Betragen zu passen schien, dem sie sich ganz ohne Zwang hingab. In einem leichten, gestreiften, seidenen Fähnchen, den Kopf wunderlich aufgestutzt, sah die kleine niedliche Figur einer Putzmacherin ähnlich, die, für die Zierde anderer sorgend, ihrem eigenen Aussehen wenig Aufmerksamkeit schenkt. Sie sind so gewohnt, ihre Arbeit bezahlt zu sehen, daß sie nicht begreifen, wie sie für sich selbst etwas gratis tun sollen. Durch meinen Eintritt ließ sie sich in ihrem Plaudern nicht stören und brachte eine Menge possierliche Geschichten vor, welche ihr dieser Tage begegnet oder vielmehr durch ihre Strudeleien veranlaßt worden.
Die Dame vom Hause wollte mir auch zum Wort verhelfen, sprach über die herrliche Lage von Capo di Monte und die Schätze daselbst. Das muntere Weibchen dagegen sprang in die Höhe und war, auf ihren Füßen stehend, noch artiger als zuvor. Sie empfahl sich, rannte nach der Türe und sagte mir im Vorbeigehen: Filangieris kommen diese Tage bei mich zu Tische, ich hoffe Sie auch zu sehen! Fort war sie, ehe ich noch zusagen konnte. Nun vernahm ich, es sei die Prinzessin ***, mit dem Hause nah verwandt. Filangieris waren nicht reich und lebten in anständiger Einschränkung. So dacht ich mir das Prinzeßchen auch, da ohnehin solche hohe Titel in Neapel nicht selten

sind. Ich merkte mir den Namen, Tag und Stunde und zweifelte nicht, mich am rechten Orte zu gehöriger Zeit einzufinden.

Sonntag den 11. März.

Da mein Aufenthalt in Neapel nicht lange dauern wird, so nehme ich gleich die entfernteren Punkte zuerst; das Nähere gibt sich. Mit Tischbein fuhr ich nach Pompeji, da wir denn alle die herrlichen Ansichten links und rechts neben uns liegen sahen, welche, durch so manche landschaftliche Zeichnung uns wohl bekannt, nunmehr in ihrem zusammenhängenden Glanze erschienen. Pompeji setzt jedermann wegen seiner Enge und Kleinheit in Verwunderung. Schmale Straßen, obgleich grade und an der Seite mit Schrittplatten versehen, kleine Häuser ohne Fenster, aus den Höfen und offnen Galerien die Zimmer nur durch die Türen erleuchtet. Selbst öffentliche Werke, die Bank am Tor, der Tempel, sodann auch eine Villa in der Nähe, mehr Modell und Puppenschrank als Gebäude. Diese Zimmer, Gänge und Galerien aber aufs heiterste gemalt, die Wandflächen einförmig, in der Mitte ein ausführliches Gemälde, jetzt meist ausgebrochen, an Kanten und Enden leichte und geschmackvolle Arabesken, aus welchen sich auch wohl niedliche Kinder- und Nymphengestalten entwickeln, wenn an einer andern Stelle aus mächtigen Blumengewinden wilde und zahme Tiere hervordringen. Und so deutet der jetzige ganz wüste Zustand einer erst durch Stein- und Aschenregen bedeckten, dann aber durch die Aufgrabenden geplünderten Stadt auf eine Kunst- und Bilderlust eines ganzen Volkes, von der jetzo der eifrigste Liebhaber weder Begriff noch Gefühl noch Bedürfnis hat.

Bedenkt man die Entfernung dieses Orts vom Vesuv, so kann die bedeckende vulkanische Masse weder durch ein Schleudern noch durch einen Windstoß hierher getrieben sein; man muß sich vielmehr vorstellen, daß diese Steine und Asche eine Zeitlang wolkenartig in der Luft geschwebt, bis sie endlich über diesem unglücklichen Orte niedergegangen.

Wenn man sich nun dieses Ereignis noch mehr versinnlichen will, so denke man allenfalls ein eingeschneites Bergdorf. Die Räume zwischen den Gebäuden, ja die zerdrückten Gebäude selbst wurden ausgefüllt, allein Mauerwerk mochte hier und da noch herausstehen, als früher oder später der Hügel zu Weinbergen und Gärten benutzt wurde. So hat nun gewiß mancher Eigentümer, auf seinem Anteil niedergrabend, eine bedeutende Vorlese gehalten. Mehrere Zimmer fand man leer und in der Ecke des einen einen Haufen Asche, der mancherlei kleines Hausgeräte und Kunstarbeiten versteckte.

Den wunderlichen, halb unangenehmen Eindruck dieser mumisierten Stadt wuschen wir wieder aus den Gemütern, als wir in der Laube, zunächst des Meeres, in einem geringen Gasthof sitzend, ein frugales Mahl verzehrten und uns an der Himmelsbläue, an des Meeres Glanz und Licht ergötzten, in Hoffnung, wenn dieses Fleckchen mit Weinlaub bedeckt sein würde, uns hier wiederzusehen und uns zusammen zu ergötzen.

Näher an der Stadt fielen mir die kleinen Häuser wieder auf, die als vollkommene Nachbildungen der pompejanischen dastehen. Wir erbaten uns die Erlaubnis, in eins hineinzutreten, und fanden es sehr reinlich eingerichtet. Nett geflochtene Rohrstühle, eine Kommode ganz vergoldet, mit bunten Blumen staffiert und lackiert, so daß nach so vielen Jahrhunderten, nach unzähligen Veränderungen diese Gegend ihren Bewohnern ähnliche Lebensart und Sitte, Neigungen und Liebhabereien einflößt.

Montag den 12. März.

Heute schlich ich beobachtend, meiner Weise nach, durch die Stadt und notierte mir viele Punkte zu dereinstiger Schilderung derselben, davon ich leider gegenwärtig nichts mitteilen kann.

Pompei, Inneres eines Hauses — Nach Després

Pompei, Hof eines Hauses

Nach Després

Alles deutet dahin, daß ein glückliches, die ersten Bedürfnisse reichlich anbietendes Land auch Menschen von glücklichem Naturell erzeugt, die ohne Kümmernis erwarten können, der morgende Tag werde bringen, was der heutige gebracht, und deshalb sorgenlos dahin leben. Augenblickliche Befriedigung, mäßiger Genuß, vorübergehender Leiden heiteres Dulden! — Von dem letzteren ein artiges Beispiel.

Der Morgen war kalt und feuchtlich: es hatte wenig geregnet. Ich gelangte auf einen Platz, wo die großen Quadern des Pflasters reinlich gekehrt erschienen. Zu meiner großen Verwunderung sah ich auf diesem völlig ebenen gleichen Boden eine Anzahl zerlumpter Knaben im Kreise kauzend, die Hände gegen den Boden gewendet, als wenn sie sich wärmten. Erst hielt ich's für eine Posse; als ich aber ihre Mienen völlig ernsthaft und beruhigt sah, wie bei einem befriedigten Bedürfnis, so strengte ich meinen Scharfsinn möglichst an, er wollte mich aber nicht begünstigen. Ich mußte daher fragen, was denn diese Äffchen zu der sonderbaren Positur verleite und sie in diesen regelmäßigen Kreis versammele.

Hierauf erfuhr ich, daß ein anwohnender Schmied auf dieser Stelle eine Radschiene heiß gemacht, welches auf folgende Weise geschieht. Der eiserne Reif wird auf den Boden gelegt und auf ihn im Kreise so viel Eichenspäne gehäuft, als man nötig hält, ihn bis auf den erforderlichen Grad zu erweichen. Das entzündete Holz brennt ab, die Schiene wird ums Rad gelegt und die Asche sorgfältig weggekehrt. Die dem Pflaster mitgeteilte Wärme benutzen sogleich die kleinen Huronen und rühren sich nicht eher von der Stelle, als bis sie den letzten warmen Hauch ausgesogen haben. Beispiele solcher Genügsamkeit und aufmerksamen Benutzens dessen, was sonst verloren ginge, gibt es hier unzählige. Ich finde in diesem Volk die lebhafteste und geistreichste Industrie, nicht um reich zu werden, sondern um sorgenfrei zu leben.

Abends.

Damit ich ja zur bestimmten Zeit heute bei dem wunderlichen Prinzeßchen wäre und das Haus nicht verfehlte, berief ich einen Lohnbedienten. Er brachte mich vor das Hoftor eines großen Palastes, und da ich ihr keine so prächtige Wohnung zutraute, buchstabierte ich ihm noch einmal aufs deutlichste den Namen; er versicherte, daß ich recht sei. Nun fand ich einen geräumigen Hof, einsam und still, reinlich und leer, von Haupt- und Seitengebäuden umgeben. Bauart die bekannte heitere neapolitanische, so auch die Färbung. Gegen mir über ein großes Portal und eine breite, gelinde Treppe. An beiden Seiten derselben hinaufwärts, in kostbarer Livree, Bedienten gereiht, die sich, wie ich an ihnen vorbeistieg, aufs tiefste bückten. Ich schien mir der Sultan in Wielands Feenmärchen und faßte mir nach dessen Beispiel ein Herz. Nun empfingen mich die höheren Hausbedienten, bis endlich der anständigste die Türe eines großen Saals eröffnete, da sich denn ein Raum vor mir auftat, den ich ebenso heiter, aber auch so menschenleer fand als das übrige. Beim Auf- und Abgehen erblickte ich in einer Seitengalerie, etwa für vierzig Personen, prächtig, dem ganzen gemäß, eine Tafel bereitet. Ein Weltgeistlicher trat herein; ohne mich zu fragen, wer ich sei, noch woher ich komme, nahm er meine Gegenwart als bekannt an und sprach von den allgemeinsten Dingen.

Ein Paar Flügeltüren taten sich auf, hinter einem ältlichen Herrn, der hereintrat, gleich wieder verschlossen. Der Geistliche ging auf ihn los, ich auch; wir begrüßten ihn mit wenigen höflichen Worten, die er mit bellenden, stotternden Tönen erwiderte, so daß ich mir keine Silbe des hottentottischen Dialekts enträtseln konnte. Als er sich ans Kamin gestellt, zog sich der Geistliche zurück und ich mit ihm. Ein stattlicher Benediktiner trat herein, begleitet von einem jüngeren Gefährten; auch er begrüßte den Wirt, auch er wurde angebellt, worauf er sich denn zu uns ans Fenster zurückzog. Die Ordensgeistlichen, besonders die eleganter gekleideten, haben in der Gesellschaft die größten Vorzüge, ihre Kleidung deutet auf Demut und Entsagung, indem sie ihnen zugleich entschiedene Würde verleiht. In ihrem Betragen können sie, ohne sich wegzuwerfen, unterwürfig erscheinen, und dann, wenn sie wieder strack auf ihren Hüften stehen, kleidet sie eine gewisse Selbstgefälligkeit sogar wohl, welche man allen übrigen Ständen nicht zugute gehen ließe. So war dieser Mann. Ich fragte nach Monte Cassino, er lud mich dahin und versprach mir die beste Aufnahme. Indessen hatte sich der Saal bevölkert: Offiziere, Hofleute, Weltgeistliche, ja sogar einige Kapuziner waren gegenwärtig. Vergebens suchte ich nach einer Dame, und daran sollte es denn auch nicht fehlen. Abermals ein Paar Flügeltüren taten sich auf und schlossen sich. Eine alte Dame war hereingetreten, wohl noch älter als der Herr, und nun gab mir die Gegenwart der Hausfrau die völlige Versicherung, daß ich in einem fremden Palast, unbekannt völlig den Bewohnern sei. Schon wurden die Speisen aufgetragen, und ich hielt mich in der Nähe der geistlichen Herrn, um mit ihnen in das Paradies des Tafelzimmers zu schlüpfen, als auf einmal Filangieri mit seiner Gemahlin hereintrat, sich entschuldigend, daß er verspätet habe. Kurz darauf sprang Prinzeßchen auch in den Saal, fuhr unter Knicksen, Beugungen, Kopfnicken an allen vorbei auf mich los. Es ist recht schön, daß Sie Wort halten! rief sie. Setzen Sie sich bei Tafel zu mir, Sie sollen die besten Bissen haben. Warten Sie nur! ich muß mir erst den rechten Platz aussuchen, dann setzen Sie sich gleich an mich. — So aufgefordert, folgte ich den verschiedenen Winkelzügen, die sie machte, und wir gelangten endlich zum Sitze, die Benediktiner gerade gegen uns über, Filangieri an meiner andern Seite. — Das Essen ist durchaus gut, sagte sie: alles Fastenspeisen, aber ausgesucht, das Beste will ich Ihnen andeuten. Jetzt muß ich aber die Pfaffen scheren. Die Kerls kann ich nicht ausstehen; sie hucken unserm Hause täglich etwas ab. Was wir haben, sollten wir selbst mit Freunden verzehren! — Die Suppe war herumgegeben, der Benediktiner aß mit Anstand. — Bitte, sich nicht zu genieren, Hochwürden! rief sie aus. Ist etwa der Löffel zu klein? Ich will einen größern holen lassen, die Herrn sind ein tüchtiges Maulvoll gewohnt. — Der Pater versetzte, es sei in ihrem fürstlichen Hause alles so vortrefflich eingerichtet, daß ganz andere Gäste als er eine vollkommenste Zufriedenheit empfinden würden.

Von den Pastetchen nahm sich der Pater nur eins; sie rief ihm zu, er möchte doch ein halb Dutzend nehmen: Blätterteig, wisse er ja, verdaue sich leicht genug. Der verständige Mann nahm noch ein Pastetchen, für die gnädige Attention dankend, als habe er den lästerlichen Scherz nicht vernommen. Und so mußte ihr auch bei einem derbern Backwerk Gelegenheit werden, ihre Bosheit auszulassen: denn als der Pater ein Stück anstach und es auf seinen Teller zog, rollte ein zweites nach. — Ein drittes, rief sie, Herr Pater! Sie scheinen einen guten Grund legen zu wollen! — Wenn so vortreffliche Materialien gegeben sind, hat der Baumeister leicht arbeiten! versetzte der Pater. — Und so ging es immer fort, ohne daß sie eine andere Pause gemacht hätte, als mir gewissenhaft die besten Bissen zuzuteilen.

Ich sprach indessen mit meinem Nachbar von den ernstesten Dingen. Überhaupt habe ich Filangieri nie ein gleichgültiges Wort reden hören. Er gleicht darin, wie in manchem andern, unserm Freunde Georg Schlosser, nur daß er, als Neapolitaner und Weltmann, eine weichere Natur und einen bequemern Umgang hat. Diese ganze Zeit war den geistlichen Herrn von dem Mutwillen meiner Nachbarin keine Ruhe gegönnt, besonders gaben ihr die zur Fastenzeit in Fleischgestalt verwandelten Fische unerschöpflichen Anlaß, gott- und sittenlose Bemerkungen anzubringen, besonders aber auch die Fleischeslust hervorzuheben und zu billigen, daß man sich wenigstens an der Form ergötze, wenn auch das Wesen verboten sei.

Ich habe mir noch mehr solcher Scherze gemerkt, die ich jedoch mitzuteilen nicht Mut habe. Dergleichen mag sich im Leben und aus einem schönen Munde noch ganz erträglich ausnehmen, schwarz auf weiß dagegen wollen sie mir selbst nicht mehr gefallen. Und dann hat freche Verwegenheit das Eigene, daß sie in der Gegenwart erfreut, weil sie in Erstaunen setzt; erzählt aber erscheint sie uns beleidigend und widerlich.

Das Dessert war aufgetragen, und ich fürchtete, nun gehe es immer so fort; unerwartet aber wandte sich meine Nachbarin ganz beruhigt zu mir und sagte: Den Syrakuser sollen die Pfaffen in Ruhe verschlucken; es gelingt mir doch nicht, einen zu Tode zu ärgern, nicht einmal, daß ich ihnen den Appetit verderben könnte. Nun lassen Sie uns ein vernünftiges Wort reden! Denn was war das wieder für ein Gespräch mit Filangieri! Der gute Mann! er macht sich viel zu schaffen. Schon oft habe ich ihm gesagt: Wenn ihr neue Gesetze macht, so müssen wir uns wieder neue Mühe geben, um auszusinnen, wie wir auch die zunächst übertreten können; bei den alten haben wir es schon weg. Sehen Sie nur einmal, wie schön Neapel ist; die Menschen leben seit so vielen Jahren sorglos und vergnügt, und wenn von Zeit zu Zeit einmal einer gehängt wird, so geht alles übrige seinen herrlichen Gang.

Sie tat mir hierauf den Vorschlag, ich solle nach Sorrent gehen, wo sie ein großes Gut habe; ihr Haushofmeister werde mich mit den besten Fischen und dem köstlichsten Milchkalbfleisch (mungana) herausfüttern. Die Bergluft und die himmlische Aussicht sollten mich von aller Philosophie kurieren; dann wollte sie selbst kommen, und von den sämtlichen Runzeln, die ich ohnehin zu früh einreißen lasse, solle keine Spur übrigbleiben; wir wollten zusammen ein recht lustiges Leben führen.

Den 13. März.

Auch heute schreib ich einige Worte, damit ein Brief den

andern treibe. Es geht mir gut, doch seh ich weniger, als ich sollte. Der Ort inspiriert Nachlässigkeit und gemächlich Leben, indessen wird mir das Bild der Stadt nach und nach runder.

Sonntag waren wir in Pompeji. — Es ist viel Unheil in der Welt geschehen, aber wenig, das den Nachkommen so viel Freude gemacht hätte. Ich weiß nicht leicht etwas Interessanteres. Die Häuser sind klein und eng, aber alle inwendig aufs zierlichste gemalt. Das Stadttor merkwürdig, mit den Gräbern gleich daran. Das Grab einer Priesterin als Bank im Halbzirkel, mit steinerner Lehne, daran die Inschrift mit großen Buchstaben eingegraben. Über die Lehne hinaus sieht man das Meer und die untergehende Sonne. Ein herrlicher Platz, des schönen Gedankens wert.

Wir fanden gute muntere neapolitanische Gesellschaft daselbst. Die Menschen sind durchaus natürlich und leichtgesinnt. Wir aßen zu Torre dell' Annunziata, zunächst des Meeres tafelnd. Der Tag war höchst schön, die Aussicht nach Castell a Mare und Sorrent nah und köstlich. Die Gesellschaft fühlte sich so recht an ihrem Wohnplatz; einige meinten, es müsse ohne den Anblick des Meers doch gar nicht zu leben sein. Mir ist schon genug, daß ich das Bild in der Seele habe, und mag nun wohl gelegentlich wieder in das Bergland zurückkehren.

Glücklicherweise ist ein sehr treuer Landschaftsmaler hier, der das Gefühl der freien und reichen Umgebung seinen Blättern mitteilt. Er hat schon einiges für mich gearbeitet.

Die vesuvianischen Produkte hab ich auch nun gut studiert; es wird doch alles anders, wenn man es in Verbindung sieht. Eigentlich sollt ich den Rest meines Lebens auf Beobachtung wenden; ich würde manches auffinden, was die menschlichen Kenntnisse vermehren dürfte. Herdern bitte zu melden, daß meine botanischen Aufklärungen weiter und weiter gehen; es ist immer dasselbe Prinzip, aber es gehörte ein Leben dazu, um es durchzuführen. Vielleicht bin ich noch imstande, die Hauptlinien zu ziehen.

Nun freu ich mich auf das Museum in Portici. Man sieht es sonst zuerst, wir werden es zuletzt sehen. Noch weiß ich nicht, wie es weiter mit mir werden wird: alles will mich auf Ostern nach Rom zurück haben. Ich will es ganz gehen lassen. Angelika hat aus meiner Iphigenie ein Bild zu malen unternommen; der Gedanke ist sehr glücklich, und sie wird ihn trefflich ausführen. Den Moment, da sich Orest in der Nähe der Schwester und des Freundes wiederfindet. Das, was die drei Personen hintereinander sprechen, hat sie in eine gleichzeitige Gruppe gebracht und jene Worte in Gebärden verwandelt. Man sieht auch hieran, wie zart sie fühlt und wie sie sich zuzueignen weiß, was in ihr Fach gehört. Und es ist wirklich die Achse des Stücks.

Lebt wohl und liebt mich! Hier sind mir die Menschen alle gut, wenn sie auch nichts mit mir anzufangen wissen; Tischbein dagegen befriedigt sie besser; er malt ihnen abends gleich einige Köpfe in Lebensgröße vor, wobei und worüber sie sich wie Neuseeländer bei Erblickung eines Kriegsschiffes gebärden. Hievon sogleich die lustige Geschichte:

Tischbein hat nämlich die große Gabe, Götter- und Heldengestalten, in Lebensgröße und drüber, mit der Feder zu umreißen. Er schraffiert wenig hinein und legt mit einem breiten Pinsel den Schatten tüchtig an, so daß der Kopf rund und erhaben dasteht. Die Beiwohnenden schauten mit Verwunderung, wie das so leicht ablief, und freuten sich recht herzlich darüber. Nun kam es ihnen in die Finger, auch so malen zu wollen; sie faßten die Pinsel und — malten sich Bärte wechselsweise und besudelten sich die Gesichter. Ist darin nicht etwas Ursprüngliches der Menschengattung? Und es war eine gebildete Gesellschaft in dem Hause eines Mannes, der selbst recht wacker zeichnet und malt. Man macht sich von diesem Geschlecht keine Begriffe, wenn man sie nicht gesehen hat.

Caserta, Mittwoch den 14. März.

Bei Hackert in seiner höchst behaglichen Wohnung, die ihm in dem alten Schlosse gegönnt ist. Das neue freilich ein ungeheurer Palast, escurialartig, ins Viereck gebaut, mit mehrern Höfen, königlich genug. Die Lage außerordentlich schön, auf der fruchtbarsten Ebene von der Welt; und doch erstrecken sich die Gartenanlagen bis ans Gebirge. Da führt nun ein Aquädukt einen ganzen Strom heran, um Schloß und Gegend zu tränken, und die ganze Wassermasse kann, auf künstlich angelegte Felsen geworfen, zur herrlichsten Kaskade gebildet werden. Die Gartenanlagen sind schön und gehören recht in eine Gegend, welche ganz Garten ist.

Das Schloß, wahrhaft königlich, schien mir nicht genug belebt, und unsereinem können die ungeheuern leeren Räume nicht behaglich vorkommen. Der König mag ein ähnliches Gefühl haben; denn es ist im Gebirge für eine Anlage gesorgt, die, enger an den Menschen sich anschließend, zur Jagd- und Lebenslust geeignet ist.

Caserta, Donnerstag, den 15. März.

Hackert wohnt im alten Schlosse gar behaglich, es ist räumlich genug für ihn und Gäste. Immerfort beschäftigt mit Zeichnen oder Malen, bleibt er doch gesellig und weiß die Menschen an sich zu ziehen, indem er einen jeden zu seinem Schüler macht. Auch mich hat er ganz gewonnen, indem er mit meiner Schwäche Geduld hat, vor allen Dingen auf Bestimmtheit der Zeichnung, sodann auf Sicherheit und Klarheit der Haltung dringt. Drei Tinten stehen, wenn er tuscht, immer bereit, und indem er von hinten hervorarbeitet und eine nach der andern braucht, so entsteht ein Bild, man weiß nicht, woher es kommt. Wenn es nur so leicht auszuführen wäre, als es aussieht. Er sagte zu mir mit seiner gewöhnlichen bestimmten Aufrichtigkeit: Sie haben Anlage, aber Sie können nichts machen. Bleiben Sie achtzehn Monate bei mir, so sollen Sie etwas hervorbringen, was Ihnen

Neapel, Vesuv

Nach Houel

Paestum, Die Tempel *Nach Chastelet*

und andern Freude macht. — Ist das nicht ein Text, über den man allen Dilettanten eine ewige Predigt halten sollte? Was sie mir fruchtet, wollen wir erleben.

Von dem besondern Vertrauen, womit ihn die Königin beehrt, zeugt nicht allein, daß er den Prinzessinnen praktischen Unterricht gibt, sondern vorzüglich, daß er über Kunst, und was daran grenzt, abends öfters zu belehrender Unterhaltung gerufen wird. Er legt dabei Sulzers Wörterbuch zum Grunde, woraus er, nach Belieben und Überzeugung, einen oder den andern Artikel wählt.

Ich mußte das billigen und dabei über mich selbst lächeln. Welch ein Unterschied ist nicht zwischen einem Menschen, der sich von innen aus auferbauen, und einem, der auf die Welt wirken und sie zum Hausgebrauch belehren will! Sulzers Theorie war mir, wegen ihrer falschen Grundmaxime, immer verhaßt, und nun sah ich, daß dieses Werk noch viel mehr enthielt, als die Leute brauchen. Die vielen Kenntnisse, die hier mitgeteilt werden, die Denkart, in welcher ein so wackrer Mann als Sulzer sich beruhigte, sollten die nicht für Weltleute hinreichend sein?

Mehrere vergnügte und bedeutende Stunden brachten wir bei dem Restaurator Anders zu, welcher, von Rom berufen, auch hier in dem alten Schlosse wohnt und seine Arbeiten, für die sich der König interessiert, emsig fortsetzt. Von seiner Gewandtheit, alte Bilder wiederherzustellen, darf ich zu erzählen nicht anfangen, weil man zugleich die schwere Aufgabe und die glückliche Lösung, womit sich diese eigene Handwerkskunst beschäftigt, entwickeln müßte.

Caserta, den 16. März.

Die lieben Briefe vom 19. Februar kommen heute mir zur Hand, und gleich soll ein Wort dagegen abgehen. Wie gerne mag ich, an die Freunde denkend, zur Besinnung kommen.

Neapel ist ein Paradies; jedermann lebt in einer Art von trunkner Selbstvergessenheit. Mir geht es ebenso; ich erkenne mich kaum, ich scheine mir ein ganz anderer Mensch. Gestern dacht ich: Entweder du warst sonst toll, oder du bist es jetzt.

Die Reste des alten Capua, und was sich daran knüpft, hab ich nun von hier aus auch besucht.

In dieser Gegend lernt man erst verstehen, was Vegetation ist und warum man den Acker baut. Der Lein ist schon nah am Blühen und der Weizen anderthalb Spannen hoch. Um Caserta das Land völlig eben, die Äcker so gleich und klar gearbeitet wie Gartenbeete. Alles mit Pappeln besetzt, an denen sich die Rebe hinaufschlingt, und ungeachtet solcher Beschattung trägt der Boden noch die vollkommenste Frucht. Wenn nun erst das Frühjahr mit Gewalt eintritt! Bisher haben wir bei schöner Sonne sehr kalte Winde gehabt; das macht der Schnee in den Bergen.

In vierzehn Tagen muß sich's entscheiden, ob ich nach Sizilien gehe. Noch nie bin ich so sonderbar in einem Entschluß hin und her gebogen worden. Heute kommt etwas, das mir die Reise anrät, morgen ein Umstand, der sie abrät. Es streiten sich zwei Geister um mich.

Im Vertrauen zu den Freundinnen allein, nicht daß es die Freunde vernehmen! Ich merke wohl, daß es meiner Iphigenie wunderlich gegangen ist: man war die erste Form so gewohnt, man kannte die Ausdrücke, die man sich bei öfterm Hören und Lesen zugeeignet hatte; nun klingt das alles anders, und ich sehe wohl, daß im Grunde mir niemand für die unendlichen Bemühungen dankt. So eine Arbeit wird eigentlich nie fertig, man muß sie für fertig erklären, wenn man nach Zeit und Umständen das möglichste getan hat.

Doch das soll mich nicht abschrecken, mit Tasso eine ähnliche Operation vorzunehmen. Lieber würf ich ihn ins Feuer; aber ich will bei meinem Entschluß beharren, und da es einmal nicht anders ist, so wollen wir ein wunderlich Werk daraus machen.

Deshalb ist mir's ganz angenehm, daß es mit dem Abdruck meiner Schriften so langsam geht. Und dann ist es doch wieder gut, sich in einiger Ferne vom Setzer bedroht zu sehen. Wunderlich genug, daß man zu der freisten Handlung doch einige Nötigung erwartet, ja fordert.

Wenn man in Rom gern studieren mag, so will man hier nur leben; man vergißt sich und die Welt, und für mich ist es eine wunderliche Empfindung, nur mit genießenden Menschen umzugehen. Der Ritter Hamilton, der noch immer als englischer Gesandter hier lebt, hat nun, nach so langer Kunstliebhaberei, nach so langem Naturstudium, den Gipfel aller Natur- und Kunstfreunde in einem schönen Mädchen gefunden. Er hat sie bei sich, eine Engländerin von etwa zwanzig Jahren. Sie ist sehr schön und wohlgebaut. Er hat ihr ein griechisch Gewand machen lassen, das sie trefflich kleidet; dazu löst sie ihre Haare auf, nimmt ein paar Schals und macht eine Abwechslung von Stellungen, Gebärden, Mienen usw., daß man zuletzt wirklich meint, man träume. Man schaut, was so viele tausend Künstler gerne geleistet hätten, hier ganz fertig, in Bewegung und überraschender Abwechslung. Stehend, knieend, sitzend, liegend, ernst, traurig, neckisch, ausschweifend, bußfertig, lockend, drohend, ängstlich usw. Eins folgt aufs andere und aus dem andern. Sie weiß zu jedem Ausdruck die Falten des Schleiers zu wählen, zu wechseln und macht sich hundert Arten von Kopfputz mit denselben Tüchern. Der alte Ritter hält das Licht dazu und hat mit ganzer Seele sich diesem Gegenstand ergeben. Er findet in ihr alle Antiken, alle schönen Profile der sizilianischen Münzen, ja den Belveder'schen Apoll selbst. So viel ist gewiß, der Spaß ist einzig! Wir haben ihn schon zwei Abende genossen. Heute früh malt sie Tischbein.

Vom Personal des Hofs und den Verhältnissen, was ich erfahren und kombiniert, muß erst geprüft und geordnet werden.

Heute ist der König auf die Wolfsjagd, man hofft wenigstens fünfe zu erlegen.

Neapel, zum 17. März.

Wenn ich Worte schreiben will, so stehen mir immer Bilder vor Augen, des fruchtbaren Landes, des freien Meeres, der duftigen Inseln, des rauchenden Berges, und mir fehlen die Organe, das alles darzustellen.

Hierzulande begreift man erst, wie es dem Menschen einfallen konnte, das Feld zu bauen, hier, wo der Acker alles bringt, und wo man drei bis fünf Ernten des Jahres hoffen kann. In den besten Jahren will man auf demselben Acker dreimal Mais gebaut haben.

Ich habe viel gesehen, und noch mehr gedacht; die Welt eröffnet sich mehr und mehr; auch alles, was ich schon lange weiß, wird mir erst eigen. Welch ein früh wissendes und spät übendes Geschöpf ist doch der Mensch!

Nur schade, daß ich nicht in jedem Augenblick meine Beobachtungen mitteilen kann; zwar ist Tischbein mit mir, aber als Mensch und Künstler wird er von tausend Gedanken hin und her getrieben, von hundert Personen in Anspruch genommen. Seine Lage ist eigen und wunderbar; er kann nicht freien Teil an eines andern Existenz nehmen, weil er sein eignes Bestreben so eingeengt fühlt.

Und doch ist die Welt nur ein einfach Rad, in dem ganzen Umkreise sich gleich und gleich, das uns aber so wunderlich vorkommt, weil wir selbst mit herumgetrieben werden.

Was ich mir immer sagte, ist eingetroffen: daß ich so manche

Phänomene der Natur und manche Verworrenheiten der Meinungen erst in diesem Lande verstehen und entwickeln lerne. Ich fasse von allen Seiten zusammen und bringe viel zurück, auch gewiß viel Vaterlandsliebe und Freude am Leben mit wenigen Freunden.

Über meine sizilianische Reise halten die Götter noch die Wage in Händen; das Zünglein schlägt herüber und hinüber.

Wer mag der Freund sein, den man mir so geheimnisvoll ankündigt? Daß ich ihn nur nicht über meiner Irr- und Inselfahrt versäume!

Die Fregatte von Palermo ist wieder zurück, heut über acht Tage geht sie abermals von hier ab; ob ich noch mitsegele, zur Karwoche nach Rom zurückkehre, weiß ich nicht. Noch nie bin ich so unentschieden gewesen; ein Augenblick, eine Kleinigkeit mag entscheiden.

Mit den Menschen geht mir es schon besser: man muß sie nur mit dem Krämergewicht, keineswegs mit der Goldwage wiegen, wie es leider sogar oft Freunde untereinander aus hypochondrischer Grille und seltsamer Anforderung zu tun pflegen.

Hier wissen die Menschen gar nichts voneinander, sie merken kaum, daß sie nebeneinander hin und her laufen; sie rennen den ganzen Tag in einem Paradiese hin und wider, ohne sich viel umzusehen, und wenn der benachbarte Höllenschlund zu toben anfängt, hilft man sich mit dem Blute des heiligen Januarius, wie sich die übrige Welt gegen Tod und Teufel auch wohl mit — Blute hilft oder helfen möchte.

Zwischen einer so unzählbaren und rastlos bewegten Menge

durchzugehen, ist gar merkwürdig und heilsam. Wie alles durcheinander strömt, und doch jeder Einzelne Weg und Ziel findet. In so großer Gesellschaft und Bewegung fühl ich mich erst recht still und einsam; je mehr die Straßen toben, desto ruhiger werd ich.

Manchmal gedenke ich Rousseaus und seines hypochondrischen Jammers; und doch wird mir begreiflich, wie eine so schöne Organisation verschoben werden konnte. Fühlt ich nicht solchen Anteil an den natürlichen Dingen, und säh ich nicht, daß in der scheinbaren Verwirrung hundert Beobachtungen sich vergleichen und ordnen lassen, wie der Feldmesser mit einer durchgezogenen Linie viele einzelne Messungen probiert, ich hielte mich oft selbst für toll.

Den 18. März.

Nun durften wir nicht länger säumen, Herkulanum und die ausgegrabene Sammlung in Portici zu sehen. Jene alte Stadt, am Fuße des Vesuvs liegend, war vollkommen mit Lava bedeckt, die sich durch nachfolgende Ausbrüche erhöhte, so daß die Gebäude jetzt sechzig Fuß unter der Erde liegen. Man entdeckte sie, indem man einen Brunnen grub und auf getäfelte Marmorfußböden traf. Jammerschade, daß die Ausgrabung nicht durch deutsche Bergleute recht planmäßig geschehen; denn gewiß ist bei einem zufällig-räuberischen Nachwühlen manches edle Altertum vergeudet worden. Man steigt sechzig Stufen hinunter in eine Gruft, wo man das ehmals unter freiem Himmel stehende Theater bei Fackelschein anstaunt und sich erzählen läßt, was alles da gefunden und hinaufgeschafft worden.

In das Museum traten wir, wohl empfohlen und wohl empfangen. Doch war auch uns irgend etwas aufzuzeichnen nicht erlaubt. Vielleicht gaben wir nur desto besser acht und versetzten uns desto lebhafter in die verschwundene Zeit, wo alle diese Dinge zu lebendigem Gebrauch und Genuß um die Eigentümer umherstanden. Jene kleinen Häuser und Zimmer in Pompeji erschienen mir nun zugleich enger und weiter: enger, weil ich sie mir von so viel würdigen Gegenständen vollgedrängt dachte, weiter, weil gerade diese Gegenstände nicht bloß als notdürftig vorhanden, sondern, durch bildende Kunst aufs geistreichste und anmutigste verziert und belebt, den Sinn erfreuen und erweitern, wie es die größte Hausgeräumigkeit nicht tun könnte.

Man sieht zum Beispiel einen herrlich geformten Eimer, oben mit dem zierlichsten Rande; näher beschaut schlägt sich dieser Rand von zwei Seiten in die Höhe, man faßt die verbundenen Halbkreise als Handhabe und trägt das Gefäß auf das bequemste. Die Lampen sind nach Anzahl ihrer Dochte mit Masken und Rankenwerk verziert, so daß jede Flamme ein wirkliches Kunstgebilde erleuchtet. Hohe, schlanke, eherne Gestelle sind bestimmt, die Lampen zu tragen, aufzuhängende Lampen hingegen mit allerlei geistreich gedachten Figuren behängt, welche die Absicht, zu gefallen und zu ergötzen, sobald sie schaukeln und baumeln, sogar übertreffen.

In Hoffnung, wiederzukehren, folgten wir den Vorzeigenden von Zimmer zu Zimmer und haschten, wie es der Moment erlaubte, Ergötzung und Belehrung weg, so gut es sich schicken wollte.

Montag den 19. März.

In den letzten Tagen hat sich ein neues Verhältnis näher angeknüpft. Nachdem in diesen vier Wochen Tischbein mir sein treues Geleit durch Natur- und Kunstgegenstände förderlich geleistet und wir gestern noch zusammen in Portici gewesen, ergab sich aus wechselseitiger Betrachtung, daß seine Kunstzwecke sowohl als diejenigen Geschäfte, die er, eine künftige Anstellung in Neapel hoffend, in der Stadt und bei Hofe zu betreiben pflichtig ist, mit meinen Absichten, Wünschen und Liebhabereien nicht zu verbinden seien. Er schlug mir daher, immer für mich besorgt, einen jungen Mann vor als beständigen Gesellschafter, den ich seit den ersten Tagen öfter sah, nicht ohne Teilnahme und Neigung. Es ist Kniep, der sich eine Zeitlang in Rom aufgehalten, sodann sich aber nach Neapel, in das eigentlichste Element des Landschafters begeben hatte. Schon in Rom hörte ich ihn als einen geschickten Zeichner preisen, nur seiner Tätigkeit wollte man nicht gleiches Lob erteilen. Ich habe ihn schon ziemlich kennen gelernt und möchte diesen gerügten Mangel eher Unentschlossenheit nennen, die gewiß zu überwinden ist, wenn wir eine Zeitlang beisammen sind. Ein glücklicher Anfang bestätigt mir diese Hoffnung, und wenn es mir nach geht, sollen wir auf geraume Zeit gute Gesellen bleiben.

Zum 19. März.

Man darf nur auf der Straße wandeln und Augen haben, man sieht die unnachahmlichsten Bilder.

Am Molo, einer Hauptlärmecke der Stadt, sah ich gestern einen Policinel, der sich auf einem Brettergerüste mit einem kleinen Affen stritt, drüber einen Balkon, auf dem ein recht artiges Mädchen ihre Reize feilbot. Neben dem Affengerüste ein Wunderdoktor, der seine Arcana gegen alle Übel den bebedrängten Gläubigen darbot; von Gerhard Dow gemalt, hätte solch ein Bild verdient, Zeitgenossen und Nachwelt zu ergötzen.

So war auch heute Fest des heiligen Josephs; er ist der Patron aller Frittaruolen, d. h. Gebacknesmacher, versteht sich Gebacknes im gröbsten Sinne. Weil nun immerfort starke Flammen unter schwarzem und siedendem Öl hervorschlagen, so gehört auch alle Feuerqual in ihr Fach; deswegen hatten sie gestern abend vor den Häusern mit Gemälden zum besten aufgeputzt: Seelen im Fegfeuer, Jüngste Gerichte glühten und flammten umher. Große Pfannen standen vor der Türe auf leicht gebauten Herden. Ein Gesell wirkte den Teig, ein anderer formte, zog ihn zu Kringlen und warf sie in die siedende Fettigkeit. An der Pfanne stand ein dritter, mit einem kleinen Bratspieße; er holte die Kringlen, wie sie gar wurden, heraus, schob sie einem vierten auf ein ander Spießchen, der sie den Umstehenden anbot; die beiden letzten waren junge Bursche mit blonden und lockenreichen Perücken, welches hier Engel bedeutet. Noch einige Figuren vollendeten die Gruppe, reichten Wein den Beschäftigten, tranken selbst und schrieen, die Ware zu loben; auch die Engel, die Köche, alle schrieen. Das Volk drängte sich herzu, denn alles Gebackene wird diesen Abend wohlfeiler gegeben und sogar ein Teil der Einnahme den Armen.

Dergleichen könnte man endlos erzählen; so geht es mit jedem Tage, immer etwas Neues und Tolleres. Nur die Mannigfaltigkeit von Kleidern, die einem auf der Straße begegnet, die Menge Menschen in der einzigen Straße Toledo!

Und so gibt es noch manche originale Unterhaltung, wenn man mit dem Volke lebt; es ist so natürlich, daß man mit ihm natürlich werden könnte. Da ist zum Beispiel der Pulcinell, die eigentliche Nationalmaske, der Harlekin aus Bergamo, Hanswurst aus Tirol gebürtig. Pulcinell nun, ein wahrhaft gelassener, ruhiger, bis auf einen gewissen Grad gleichgültiger, beinah fauler und doch humoristischer Knecht. Und so findet man überall Kellner und Hausknecht. Mit dem unsrigen macht ich mir heute eine besondere Lust, und es war weiter nichts, als daß ich ihn schickte, Papier und Federn zu holen. Halber Mißverstand, Zaudern, guter Wille und Schalkheit brachte die anmutigste Szene hervor, die man auf jedem Theater mit Glück produzieren könnte.

Dienstag, den 20. März.

Die Kunde einer soeben ausbrechenden Lava, die, für Neapel unsichtbar, nach Ottajano hinunterfließt, reizte mich, zum dritten Male den Vesuv zu besuchen. Kaum war ich am Fuße desselben aus meinem zweirädrigen, einpferdigen Fuhrwerk gesprungen, so zeigten sich schon jene beiden Führer, die uns früher hinauf begleitet hatten. Ich wollte keinen missen und nahm den einen aus Gewohnheit und Dankbarkeit, den andern aus Vertrauen, beide der mehreren Bequemlichkeit wegen mit mir.

Auf die Höhe gelangt, blieb der eine bei den Mänteln und Viktualien, der jüngere folgte mir, und wir gingen mutig auf einen ungeheuren Dampf los, der unterhalb des Kegelschlundes aus dem Berge brach; sodann schritten wir an dessen Seite her gelind hinabwärts, bis wir endlich unter klarem Himmel aus dem wilden Dampfgewölke die Lava hervorquellen sahen.

Man habe auch tausendmal von einem Gegenstande gehört, das Eigentümliche desselben spricht nur zu uns aus dem unmittelbaren Anschauen. Die Lava war schmal, vielleicht nicht breiter als zehn Fuß; allein die Art, wie sie eine sanfte, ziemlich ebene Fläche hinabfloß, war auffallend genug: denn indem sie während des Fortfließens an den Seiten und an der Oberfläche verkühlt, so bildet sich ein Kanal, der sich immer erhöht, weil das geschmolzene Material auch unterhalb des Feuerstroms erstarrt, welcher die auf der Oberfläche schwimmenden Schlacken rechts und links gleichförmig hinunterwirft, wodurch sich denn nach und nach ein Damm erhöht, auf welchem der Glutstrom ruhig fortfließt wie ein Mühlbach. Wir gingen neben dem ansehnlich erhöhten Damme her, die Schlacken rollten regelmäßig an den Seiten herunter bis zu unsern Füßen. Durch einige Lücken des Kanals konnten wir den Glutstrom von unten sehen und, wie er weiter hinabfloß, ihn von oben beobachten.

Durch die hellste Sonne erschien die Glut verdüstert, nur ein mäßiger Rauch stieg in die reine Luft. Ich hatte Verlangen, mich dem Punkte zu nähern, wo sie aus dem Berge bricht; dort sollte sie, wie mein Führer versicherte, sogleich Gewölb und Dach über sich her bilden, auf welchem er öfters gestanden habe. Auch dieses zu sehen und zu erfahren, stiegen wir den Berg wieder hinauf, um jenem Punkte von hinten her beizukommen. Glücklicherweise fanden wir die Stelle durch einen lebhaften Windzug entblößt, freilich nicht ganz, denn ringsum qualmte der Dampf aus tausend Ritzen; und nun standen wir wirklich auf der breiartig gewundenen erstarrten Decke, die sich aber so weit vorwärts erstreckte, daß wir die Lava nicht konnten herausquellen sehen.

Wir versuchten noch ein paar Dutzend Schritte, aber der Boden ward immer glühender; sonneverfinsternd und erstickend wirbelte ein unüberwindlicher Qualm. Der vorausgegangene Führer kehrte bald um, ergriff mich, und wir entwanden uns diesem Höllenprudel.

Nachdem wir die Augen an der Aussicht, Gaumen und Brust aber am Weine gelabt, gingen wir umher, noch andere Zufälligkeiten dieses mitten im Paradies aufgetürmten Höllengipfels zu beobachten. Einige Schlünde, die als vulkanische Essen keinen Rauch, aber eine glühende Luft fortwährend gewaltsam ausstoßen, betrachtete ich wieder mit Aufmerksamkeit. Ich sah sie durchaus mit einem tropfsteinartigen Material tapeziert, welches zitzen- und zapfenartig die Schlünde bis oben bekleidete. Bei der Ungleichheit der Essen fanden sich mehrere dieser herabhängenden Dunstprodukte ziemlich zur Hand, so daß wir sie mit unsern Stäben und einigen hakenartigen Vorrichtungen gar wohl gewinnen konnten. Bei dem Lavahändler hatte ich schon dergleichen Exemplare unter der Rubrik der wirklichen Laven gefunden, und ich freute mich, entdeckt zu haben, daß es vulkanischer Ruß sei, abgesetzt aus den heißen Schwaden, die darin enthaltenen verflüchtigten mineralischen Teile offenbarend.

Der herrlichste Sonnenuntergang, ein himmlischer Abend erquickten mich auf meiner Rückkehr; doch konnte ich empfinden, wie sinneverwirrend ein ungeheurer Gegensatz sich erweise. Das Schreckliche zum Schönen, das Schöne zum Schrecklichen, beides hebt einander auf und bringt eine gleichgültige Empfindung hervor. Gewiß wäre der Neapolitaner ein anderer Mensch, wenn er sich nicht zwischen Gott und Satan eingeklemmt fühlte.

Den 22. März.

Triebe mich nicht die deutsche Sinnesart und das Verlangen, mehr zu lernen und zu tun als zu genießen, so sollte ich in dieser Schule des leichten und lustigen Lebens noch einige Zeit verweilen und mehr zu profitieren suchen. Es ist hier gar vergnüglich sein, wenn man sich nur ein klein wenig einrichten könnte. Die Lage der Stadt, die Milde des Klimas kann nie genug gerühmt werden; aber darauf ist auch der Fremde fast allein angewiesen.

Freilich, wer sich Zeit nimmt, Geschick und Vermögen hat, kann sich auch hier breit und gut niederlassen. So hat sich Hamilton eine schöne Existenz gemacht und genießt sie nun am Abend seines Lebens. Die Zimmer, die er sich in englischem Geschmack einrichtete, sind allerliebst und die Aussicht aus dem Eckzimmer vielleicht einzig. Unter uns das Meer, im Angesicht Capri, rechts der Posilipp, näher der Spaziergang Villa reale, links ein altes Jesuitengebäude, weiterhin die Küste von Sorrent bis ans Kap Minerva. Dergleichen möcht es wohl in Europa schwerlich zum zweiten Male geben, wenigstens nicht im Mittelpunkte einer großen bevölkerten Stadt.

Hamilton ist ein Mann von allgemeinem Geschmack und, nachdem er alle Reiche der Schöpfung durchwandert, an ein schönes Weib, das Meisterstück des großen Künstlers, gelangt.

Und nun nach allem diesem und hundertfältigem Genuß locken mich die Sirenen jenseits des Meeres, und wenn der Wind gut ist, geh ich mit diesem Briefe zugleich ab, er nordwärts, ich südwärts. Des Menschen Sinn ist unbändig, ich besonders bedarf der Weite gar sehr. Nicht sowohl das Beharren als ein schnelles Auffassen muß jetzt mein Augenmerk sein. Hab ich einem Gegenstande nur die Spitze des Fingers abgewonnen, so kann ich mir die ganze Hand durch Hören und Denken wohl zueignen. Seltsamerweise erinnert mich ein Freund in diesen Tagen an Wilhelm Meister und verlangt dessen Fortsetzung: unter diesem Himmel möchte sie wohl nicht möglich sein; vielleicht läßt sich von dieser Himmelsluft den letzten Büchern etwas mitteilen. Möge meine Existenz sich dazu genugsam entwickeln, der Stengel mehr in die Länge rücken und die Blumen reicher und schöner hervorbrechen. Gewiß, es wäre besser, ich käme gar nicht wieder, wenn ich nicht wiedergeboren zurückkommen kann.

Zum 22. März.

Heute sahen wir ein Bild von Correggio, das verkäuflich ist, zwar nicht vollkommen erhalten, das aber doch das glücklichste Gepräg des Reizes unausgelöscht mit sich führt. Es stellt eine Mutter Gottes vor, das Kind in dem Augenblicke, da es zwischen der Mutter Brust und einigen Birnen, die ihm ein Engelchen darreicht, zweifelhaft ist. Also eine Entwöhnung Christi. Mir scheint die Idee äußerst zart, die Komposition bewegt, natürlich und glücklich, höchst reizend ausgeführt. Es erinnert sogleich an das Verlöbnis der heiligen Katharina und scheint mir unbezweifelt von Correggios Hand.

Freitag den 23. März.

Nun hat sich das Verhältnis zu Kniep auf eine recht praktische Weise ausgebildet und befestigt. Wir waren zusammen in Pästum, woselbst er, so wie auf der Hin- und Herreise, mit Zeichnen sich auf das tätigste erwies. Die herrlichsten Umrisse sind gewonnen; ihn freut nun selbst dieses bewegte, arbeitsame Leben, wodurch ein Talent aufgeregt wird, das er sich selbst kaum zutraute. Hier gilt es resolut sein; aber gerade hier zeigt sich seine genaue und reinliche Fertigkeit. Das Papier, worauf gezeichnet werden soll, mit einem rechtwinkligen Viereck zu umziehen, versäumt er niemals; die besten englischen Bleistifte zuspitzen und immer wieder zuspitzen, ist ihm fast eine ebenso große Lust als zu zeichnen; dafür sind aber auch seine Konture, was man wünschen kann.

Nun haben wir folgendes verabredet. Von heute an leben und reisen wir zusammen, ohne daß er weiter für etwas sorgt als zu zeichnen, wie diese Tage geschehen. Alle Konture gehören mein; damit aber nach unserer Rückkehr daraus ein ferneres Wirken für ihn entspringe, so führt er eine Anzahl auszuwählender Gegenstände bis auf eine gewisse bestimmte Summe für mich aus; da sich denn indessen bei seiner Geschicklichkeit, bei der Bedeutsamkeit der zu erobernden Aussichten und sonst wohl das weitere ergeben wird. Diese Einrichtung macht mich ganz glücklich, und jetzt erst kann ich von unserer Fahrt kurze Rechenschaft geben.

Auf dem zweirädrigen leichten Fuhrwerk sitzend und wechselsweise die Zügel führend, einen gutmütigen rohen Knaben hintenauf, rollten wir durch die herrliche Gegend, welche Kniep mit malerischem Auge begrüßte. Nun erreichten wir die Gebirgsschlucht, die man, auf dem glattesten Fahrdamme durchrennend, an den köstlichsten Wald- und Felspartien vorbeifliegt. Da konnte denn Kniep zuletzt sich nicht enthalten, in der Gegend von La Cava einen prächtigen Berg, welcher sich gerade vor uns scharf am Himmel abzeichnete, nicht weniger die Seiten, sowie den Fuß dieser Höhe reinlich und charakteristisch im Umriß aufs Papier zu befestigen. Wir freuten uns beide daran, als an dem Einstand unserer Verbindung.

Ein gleicher Umriß ward abends aus den Fenstern von Salern genommen, welcher mich aller Beschreibung überheben wird, einer ganz einzig lieblichen und fruchtbaren Gegend. Wer wäre nicht geneigt gewesen, an diesem Orte zu studieren, zur schönen Zeit der blühenden hohen Schule? Beim frühsten Morgen fuhren wir auf ungebahnten, oft morastigen Wegen einem Paar schön geformten Bergen zu; wir kamen durch Bach und Gewässer, wo wir den nilpferdischen Büffeln in die blutroten wilden Augen sahen.

Das Land ward immer flacher und wüster, wenige Gebäude deuteten auf kärgliche Landwirtschaft. Endlich, ungewiß, ob wir durch Felsen oder Trümmer führen, konnten wir einige große, länglich-viereckige Massen, die wir in der Ferne schon bemerkt hatten, als überbliebene Tempel und Denkmale einer ehemals so prächtigen Stadt unterscheiden. Kniep, welcher schon unterwegs die zwei malerischen Kalkgebirge umrissen, suchte sich schnell einen Standpunkt, von wo aus das Eigentümliche dieser völlig unmalerischen Gegend aufgefaßt und dargestellt werden könnte.

Von einem Landmanne ließ ich mich indessen in den Gebäuden herumführen; der erste Eindruck konnte nur Erstaunen erregen. Ich befand mich in einer völlig fremden Welt. Denn wie die Jahrhunderte sich aus dem Ernsten in das Gefällige bilden, so bilden sie den Menschen mit, ja sie erzeugen ihn so. Nun sind unsere Augen und durch sie unser ganzes inneres Wesen an schlankere Baukunst hinangetrieben und entschieden bestimmt, so daß uns diese stumpfen, kegelförmigen, enggedrängten Säulenmassen lästig, ja furchtbar erscheinen. Doch nahm ich mich bald zusammen, erinnerte mich der Kunstgeschichte, gedachte der Zeit, deren Geist solche Bauart gemäß fand, vergegenwärtigte mir den strengen Stil der Plastik, und in weniger als einer Stunde fühlte ich mich befreundet, ja ich pries den Genius, daß er mich diese so wohl erhaltenen Reste mit Augen sehen ließ, da sich von ihnen durch Abbildung kein Begriff geben läßt. Denn im architektonischen Aufriß erscheinen sie eleganter, in perspektivischer Darstellung plumper, als sie sind; nur wenn man sich um sie her, durch sie durch bewegt, teilt man ihnen das eigentliche Leben mit: man fühlt es wieder aus ihnen heraus, welches der Baumeister beabsichtigte, ja hineinschuf.

Und so verbrachte ich den ganzen Tag, indessen Kniep nicht säumte, uns die genauesten Umrisse zuzueignen. Wie froh war ich, von dieser Seite ganz unbesorgt zu sein und für die Erinnerung so sichere Merkzeichen zu gewinnen! Leider war keine Gelegenheit, hier zu übernachten; wir kehrten nach Salern zurück, und den andern Morgen ging es zeitig nach Neapel. Der Vesuv, von der Rückseite gesehn, in der fruchtbarsten Gegend; Pappeln, pyramidal-kolossal, an der Chaussee im Vordergrunde. Dies war auch ein angenehmes Bild, das wir durch ein kurzes Stillhalten erwarben.

Nun erreichten wir eine Höhe; der größte Anblick tat sich vor uns auf. Neapel in seiner Herrlichkeit, die meilenlange Reihe von Häusern am flachen Ufer des Golfs hin, die Vorgebirge, Erdzungen, Felswände, dann die Inseln und dahinter das Meer war ein entzückender Anblick.

Ein gräßlicher Gesang, vielmehr Lustschrei und Freudegeheul des hinten aufstehenden Knaben erschreckte und störte mich. Heftig fuhr ich ihn an; er hatte noch kein böses Wort von uns gehört, er war der gutmütigste Junge.

Eine Weile rührte er sich nicht, dann klopfte er mir sachte auf die Schulter, streckte seinen rechten Arm mit aufgehobenem Zeigefinger zwischen uns durch und sagte: Signor, perdonate! questa è la mia patria! Das heißt verdolmetscht: Herr, verzeiht! ist das doch mein Vaterland! Und so war ich zum zweiten Male überrascht. Mir armen Nordländer kam etwas Tränenartiges in die Augen!

Den 25. März. Verkündigung Mariä.

Ob ich gleich empfand, daß Kniep sehr gern mit mir nach Sizilien gehe, so konnte ich doch bemerken, daß er ungern etwas zurückließ. Bei seiner Aufrichtigkeit blieb mir nicht lange verborgen, daß ihm ein Liebchen eng und treu verbunden sei. Wie sie zusammen bekannt geworden, war artig genug zu hören;

Neapel, Bei der Grotte des Posilippo — Nach Chastelet

Neapel, Grotte des Posilippo *Nach Robert*

wie sich das Mädchen bisher betragen, konnte für sie einnehmen; nun sollte ich sie aber auch sehen, wie hübsch sie sei. Hiezu war Anstalt getroffen, und zwar so, daß ich zugleich eine der schönsten Aussichten über Neapel genießen könnte. Er führte mich auf das flache Dach eines Hauses, von wo man besonders den untern Teil der Stadt nach dem Molo zu, den Golf, die Küste von Sorrent vollkommen übersehen konnte; alles weiter rechts Liegende verschob sich auf die sonderbarste Weise, wie man es, ohne auf diesem Punkte zu stehen, nicht leicht sehen wird. Neapel ist überall schön und herrlich.

Als wir nun die Gegend bewunderten, stieg, obgleich erwartet, doch unversehens, ein gar artiges Köpfchen aus dem Boden hervor: denn zu einem solchen Söller macht nur eine länglich viereckige Öffnung im Estrich, welche mit einer Falltüre zugedeckt werden kann, den Eingang. Und da nun das Engelchen völlig hervortrat, fiel mir ein, daß ältere Künstler die Verkündigung Mariä also vorstellen, daß der Engel eine Treppe herauf kömmt. Dieser Engel aber war nun wirklich von gar schöner Gestalt, hübschem Gesichtchen und einem guten natürlichen Betragen. Es freute mich, unter dem herrlichen Himmel und im Angesicht der schönsten Gegend von der Welt, meinen neuen Freund so glücklich zu sehen. Er gestand mir, als sie sich wieder entfernt hatte, daß er eben deshalb eine freiwillige Armut bisher getragen, weil er dabei sich zugleich ihrer Liebe erfreut und ihre Genügsamkeit schätzen lernen; nun sollten ihm auch seine bessern Aussichten und ein reichlicher Zustand vorzüglich deshalb wünschenswert sein, damit er auch ihr bessere Tage bereiten könne.

Zum 25. März.

Nach diesem angenehmen Abenteuer spazierte ich am Meere hin und war still und vergnüglich. Da kam mir eine gute Erleuchtung über botanische Gegenstände. Herdern bitte ich zu sagen, daß ich mit der Urpflanze bald zustande bin; nur fürchte ich, daß niemand die übrige Pflanzenwelt darin wird erkennen wollen. Meine famose Lehre von den Kotyledonen ist so sublimiert, daß man schwerlich wird weiter gehen können.

Den 26. März.

Morgen geht dieser Brief von hier zu euch. Donnerstag den 29. geh ich mit der Korvette, die ich, des Seewesens unkundig, in meinem vorigen Briefe zum Rang einer Fregatte erhob, endlich nach Palermo. Der Zweifel, ob ich reisen oder bleiben sollte, machte einen Teil meines hiesigen Aufenthaltes unruhig; nun, da ich entschlossen bin, geht es besser. Für meine Sinnesart ist diese Reise heilsam, ja notwendig. Sizilien deutet mir nach Asien und Afrika, und auf dem wundersamen Punkte, wohin so viele Radien der Weltgeschichte gerichtet sind, selbst zu stehen, ist keine Kleinigkeit.

Neapel habe ich nach seiner eignen Art behandelt: ich war nichts weniger als fleißig, doch hab ich viel gesehen und mir einen allgemeinen Begriff von dem Lande, seinen Einwohnern und Zuständen gebildet. Bei der Wiederkehr soll manches nachgeholt werden, freilich nur manches: denn vor dem 29. Juni muß ich wieder in Rom sein. Hab ich die heilige Woche versäumt, so will ich dort wenigstens den St. Peterstag feiern. Meine sizilianische Reise darf mich nicht allzuweit von meiner ersten Absicht weglenken.

Vorgestern hatten wir ein gewaltiges Wetter mit Donner, Blitz und Regengüssen; jetzt hat sich's wieder ausgehellt, eine herrliche Tramontane weht herüber; bleibt sie beständig, so haben wir die schnellste Fahrt.

Gestern war ich mit meinem Gefährten, unser Schiff zu besehen und das Kämmerchen zu besuchen, das uns aufnehmen soll. Eine Seereise fehlte mir ganz in meinen Begriffen; diese kleine Überfahrt, vielleicht eine Küstenumschiffung, wird meiner Einbildungskraft nachhelfen und mir die Welt erweitern. Der

Kapitän ist ein junger, munterer Mann, das Schiff gar zierlich und nett, in Amerika gebaut, ein guter Segler.
Hier fängt nun alles an, grün zu werden, in Sizilien find ich es noch weiter. Wenn ihr diesen Brief erhaltet, bin ich auf der Rückreise und habe Trinakrien hinter mir. So ist der Mensch: immer springt er in Gedanken vor- und rückwärts; ich war noch nicht dort und bin schon wieder bei euch. Doch an der Verworrenheit dieses Briefes bin ich nicht schuld, jeden Augenblick werd ich unterbrochen und möchte doch gern dies Blatt zu Ende schreiben.
Soeben besuchte mich ein Marchese Berio, ein junger Mann, der viel zu wissen scheint. Er wollte den Verfasser des Werther doch auch kennen lernen. Überhaupt ist hier großer Drang und Lust nach Bildung und Wissen. Sie sind nur zu glücklich, um auf den rechten Weg zu kommen. Hätte ich nur mehr Zeit, so wollt ich ihnen gern mehr Zeit geben. Diese vier Wochen — was waren die gegen das ungeheure Leben! Nun gehabt euch wohl! Reisen lern ich wohl auf dieser Reise; ob ich leben lerne, weiß ich nicht. Die Menschen, die es zu verstehen scheinen, sind in Art und Wesen zu sehr von mir verschieden, als daß ich auf dieses Talent sollte Anspruch machen können.
Lebet wohl und liebt mich, wie ich eurer von Herzen gedenke.

Den 28. März.

Diese Tage gehen mir nun gänzlich mit Einpacken und Abschiednehmen, mit Besorgen und Bezahlen, Nachholen und Vorbereiten, sie gehen mir völlig verloren.
Der Fürst von Waldeck beunruhigte mich noch beim Abschied: denn er sprach von nichts weniger, als daß ich bei meiner Rückkehr mich einrichten sollte, mit ihm nach Griechenland und Dalmatien zu gehen. Wenn man sich einmal in die Welt macht und sich mit der Welt einläßt, so mag man sich ja hüten, daß man nicht entrückt oder wohl gar verrückt wird. Zu keiner Silbe weiter bin ich fähig.

Neapel, den 29. März.

Seit einigen Tagen machte sich das Wetter ungewiß, heute, am bestimmten Tage der Abfahrt, ist es so schön als möglich. Die günstigste Tramontane, ein klarer Sonnenhimmel, unter dem man sich in die weite Welt wünscht. Nun sag ich noch allen Freunden in Weimar und Gotha ein treues Lebewohl! Eure Liebe begleite mich, denn ich möchte ihrer wohl immer bedürfen. Heute nacht träumte ich mich wieder in meinen Geschäften. Es ist denn doch, als wenn ich mein Fasanenschiff nirgends als bei euch ausladen könnte. Möge es nur erst recht stattlich geladen sein!

Sizilien

Seefahrt, Donnerstag den 29. März 1787.

Nicht wie bei dem letzten Abgange des Paketboots wehte diesmal ein förderlicher frischer Nordost, sondern leider von der Gegenseite ein lauer Südwest, der allerhinderlichste: und so erfuhren wir denn, wie der Seefahrer vom Eigensinne des Wetters und Windes abhängt. Ungeduldig verbrachten wir den Morgen bald am Ufer, bald im Kaffeehaus, endlich bestiegen wir zu Mittag das Schiff und genossen beim schönsten Wetter des herrlichsten Anblicks. Unfern vom Molo lag die Korvette vor Anker. Bei klarer Sonne eine dunstreiche Atmosphäre, daher die beschatteten Felsenwände von Sorrent vom schönsten Blau. Das beleuchtete, lebendige Neapel glänzte von allen Farben. Erst mit Sonnenuntergang bewegte sich das Schiff, jedoch nur langsam, von der Stelle; der Widerwind schob uns nach dem Posilipp und dessen Spitze hinüber. Die ganze Nacht ging das Schiff ruhig fort. Es war in Amerika gebaut, schnellsegelnd, inwendig mit artigen Kämmerchen und einzelnen Lagerstätten eingerichtet. Die Gesellschaft anständig munter: Operisten und Tänzer, nach Palermo verschrieben.

Freitag, den 30. März.

Bei Tagesanbruch fanden wir uns zwischen Ischia und Capri, ohngefähr von letzterem eine Meile. Die Sonne ging hinter den Gebirgen von Capri und Capo Minerva herrlich auf. Kniep zeichnete fleißig die Umrisse der Küsten und Inseln und ihre verschiedenen Ansichten; die langsame Fahrt kam seiner Bemühung zustatten. Wir setzten mit schwachem und halbem Winde unsern Weg fort. Der Vesuv verlor sich gegen vier Uhr aus unsern Augen, als Capo Minerva und Ischia noch gesehen wurden. Auch diese verloren sich gegen Abend. Die Sonne ging unter ins Meer, begleitet von Wolken und einem langen, meilenweit reichenden Streifen; alles purpurglänzende Lichter. Auch dieses Phänomen zeichnete Kniep. Nun war kein Land mehr zu sehen, der Horizont ringsum ein Wasserkreis, die Nacht hell und schöner Mondschein.

Ich hatte doch dieser herrlichen Ansichten nur Augenblicke genießen können, die Seekrankheit überfiel mich bald. Ich begab mich in meine Kammer, wählte die horizontale Lage, enthielt mich, außer weißem Brot und rotem Wein, aller Speisen und Getränke und fühlte mich ganz behaglich. Abgeschlossen von der äußern Welt ließ ich die innere walten, und da eine langsame Fahrt vorauszusehen war, gab ich mir gleich zu bedeutender Unterhaltung ein starkes Pensum auf. Die zwei ersten Akte des Tasso, in poetischer Prosa geschrieben, hatte ich von allen Papieren allein mit über See genommen. Diese beiden Akte, in Absicht auf Plan und Gang ohngefähr den gegenwärtigen gleich, aber schon vor zehn Jahren geschrieben, hatten etwas Weichliches, Nebelhaftes, welches sich bald verlor, als ich nach neueren Ansichten die Form vorwalten und den Rhythmus eintreten ließ.

Sonnabend, den 31. März.

Die Sonne tauchte klar aus dem Meere herauf. Um sieben Uhr erreichten wir ein französisches Schiff, welches zwei Tage vor uns abgegangen war; um so viel besser segelten wir, und doch sahen wir noch nicht das Ende unserer Fahrt. Einigen Trost gab uns die Insel Ustica, doch leider zur Linken, da wir sie eben, wie auch Capri, hätten rechts lassen sollen. Gegen Mittag war uns der Wind ganz zuwider, und wir kamen nicht von der Stelle. Das Meer fing an, höher zu gehen, und im Schiffe war fast alles krank.

Ich blieb in meiner gewohnten Lage, das ganze Stück ward um und um, durch und durch gedacht. Die Stunden gingen vorüber, ohne daß ich ihre Einteilung bemerkt hätte, wenn nicht der schelmische Kniep, auf dessen Appetit die Wellen keinen Einfluß hatten, von Zeit zu Zeit, indem er mir Wein und Brot brachte, die treffliche Mittagstafel, die Heiterkeit und Anmut des jungen, tüchtigen Kapitäns, dessen Bedauern, daß ich meine Portion nicht mitgenieße, zugleich schadenfroh gerühmt hätte. Ebenso gab ihm der Übergang von Scherz und Lust zu Mißbehagen und Krankheit, und wie sich dieses bei einzelnen Gliedern der Gesellschaft gezeigt, reichen Stoff zu mutwilliger Schilderung.

Nachmittags vier Uhr gab der Kapitän dem Schiff eine andere Richtung. Die großen Segel wurden wieder aufgezogen und unsere Fahrt gerade auf die Insel Ustica gerichtet, hinter welcher wir, zu großer Freude, die Berge von Sizilien erblickten. Der Wind besserte sich, wir fuhren schneller auf Sizilien los, auch kamen uns noch einige Inseln zu Gesichte. Der Sonnenuntergang war trübe, das Himmelslicht hinter Nebel versteckt. Den ganzen Abend ziemlich günstiger Wind. Gegen Mitternacht fing das Meer an, sehr unruhig zu werden.

Sonntag den 1. April.

Um drei Uhr morgens heftiger Sturm. Im Schlaf und Halbtraum setzte ich meine dramatischen Pläne fort, indessen auf dem Verdeck große Bewegung war. Die Segel mußten eingenommen werden, das Schiff schwebte auf den hohen Fluten. Gegen Anbruch des Tages legte sich der Sturm, die Atmosphäre klärte sich auf. Nun lag die Insel Ustica völlig links. Eine große Schildkröte zeigte man uns in der Weite schwimmend, durch unsere Fernröhre als ein lebendiger Punkt wohl zu erkennen. Gegen Mittag konnten wir die Küste Siziliens mit ihren Vorgebirgen und Buchten ganz deutlich unterscheiden; aber wir waren sehr unter den Wind gekommen, wir lavierten an und ab. Gegen Nachmittag waren wir dem Ufer näher. Die westliche Küste, vom Lilybäischen Vorgebirge bis Capo Gallo, sahen wir ganz deutlich, bei heiterem Wetter und hell scheinender Sonne.

Eine Gesellschaft von Delphinen begleitete das Schiff an beiden Seiten des Vorderteils und schossen immer voraus. Es war lustig anzusehen, wie sie bald, von den klaren durchscheinenden Wellen überdeckt, hinschwammen, bald mit ihren Rückenstacheln und Floßfedern, grün- und goldspielenden Seiten sich über dem Wasser springend bewegten.

Da wir weit unter dem Winde waren, fuhr der Kapitän gerade auf eine Bucht zu, gleich hinter Capo Gallo. Kniep versäumte die schöne Gelegenheit nicht, die mannigfaltigsten Ansichten ziemlich im Detail zu zeichnen. Mit Sonnenuntergang wendete der Kapitän das Schiff wieder dem hohen Meer zu und fuhr nordostwärts, um die Höhe von Palermo zu erreichen. Ich wagte mich manchmal aufs Verdeck, doch ließ ich meinen dichterischen Vorsatz nicht aus dem Sinne, und ich war das ganze Stück so ziemlich Herr geworden. Bei trüblichem Himmel heller Mondschein, der Widerschein auf dem Meer unendlich schön. Die Maler, um der Wirkung willen, lassen uns oft glauben, der Widerschein der Himmelslichter im Wasser habe zunächst dem Beschauer die größte Breite, wo er die größte Energie hat. Hier aber sah man am Horizont den Widerschein am breitsten, der sich, wie eine zugespitzte Pyramide, zunächst am Schiff in blinkenden Wellen endigte. Der Kapitän veränderte die Nacht noch einigemale das Manöver.

Montag den 2. April, früh 8 Uhr

fanden wir uns Palermo gegenüber. Dieser Morgen erschien für mich höchst erfreulich. Der Plan meines Dramas war diese Tage her im Walfischbauch ziemlich gediehen. Ich befand mich wohl und konnte nun auf dem Verdeck die Küsten Siziliens mit Aufmerksamkeit betrachten. Kniep zeichnete emsig fort, und durch seine gewandte Genauigkeit wurden mehrere Streifen Papier zu einem sehr schätzbaren Andenken dieses verspäteten Landens.

Palermo, Montag den 2. April.

Endlich gelangten wir, mit Not und Anstrengung, nachmittags um drei Uhr in den Hafen, wo uns ein höchst erfreulicher Anblick entgegentrat. Völlig hergestellt wie ich war, empfand ich das größte Vergnügen. Die Stadt gegen Norden gekehrt, am Fuß hoher Berge liegend; über ihr, der Tageszeit gemäß, die Sonne herüberscheinend. Die klaren Schattenseiten aller Gebäude sahen uns an, vom Widerschein erleuchtet. Monte Pellegrino rechts, seine zierlichen Formen im vollkommensten Lichte, links das weit hingestreckte Ufer mit Buchten, Landzungen und Vorgebirgen. Was ferner eine allerliebste Wirkung hervorbrachte, war das junge Grün zierlicher Bäume, deren Gipfel, von hinten erleuchtet, wie große Massen vegetabilischer Johanniswürmer vor den dunklen Gebäuden hin und wider wogten. Ein klarer Duft blaute alle Schatten.

Anstatt ungeduldig ans Ufer zu eilen, blieben wir auf dem Verdeck, bis man uns wegtrieb; wo hätten wir einen gleichen Standpunkt, einen so glücklichen Augenblick so bald wieder hoffen können!

Durch die wunderbare, aus zwei ungeheuern Pfeilern bestehende

Pforte, die oben nicht geschlossen sein darf, damit der turmhohe Wagen der heiligen Rosalia an dem berühmten Feste durchfahren könne, führte man uns in die Stadt und sogleich links in einen großen Gasthof. Der Wirt, ein alter behaglicher Mann, von jeher Fremde aller Nationen zu sehen gewohnt, führte uns in ein großes Zimmer, von dessen Balkon wir das Meer und die Reede, den Rosalienberg und das Ufer überschauten, auch unser Schiff erblickten und unsern ersten Standpunkt beurteilen konnten. Über die Lage unseres Zimmers höchst vergnügt, bemerkten wir kaum, daß im Grunde desselben ein erhöhter Alkoven hinter Vorhängen versteckt sei, wo sich das weitläuftigste Bett ausbreitete, das, mit einem seidenen Thronhimmel prangend, mit den übrigen veralteten stattlichen Mobilien völlig übereinstimmte. Ein solches Prunkgemach setzte uns gewissermaßen in Verlegenheit, wir verlangten herkömmlicherweise Bedingungen abzuschließen. Der Alte sagte dagegen, es bedürfe keiner Bedingung; er wünsche, daß es uns bei ihm wohl gefalle; wir sollten uns auch des Vorsaals bedienen, welcher, kühl und luftig, durch mehrere Balkone lustig, gleich an unser Zimmer stieß.

Wir vergnügten uns an der unendlich mannigfaltigen Aussicht und suchten sie im einzelnen zeichnerisch und malerisch zu entwickeln, denn hier konnte man grenzenlos eine Ernte für den Künstler überschauen.

Der helle Mondschein lockte uns des Abends noch auf die Reede und hielt nach der Rückkehr uns noch eine lange Zeit auf dem Altan. Die Beleuchtung war sonderbar, Ruhe und Anmut groß.

Palermo, Dienstag den 3. April.

Unser erstes war, die Stadt näher zu betrachten, die sehr leicht zu überschauen und schwer zu kennen ist: leicht, weil eine meilenlange Straße vom untern zum obern Tor, vom Meere bis gegen das Gebirg, sie durchschneidet und diese ohngefähr in der

Mitte von einer andern abermals durchschnitten wird; was auf diesen Linien liegt, ist bequem zu finden, das Innere der Stadt hingegen verwirrt den Fremden, und er entwirrt sich nur mit Hilfe eines Führers diesem Labyrinthe.
Gegen Abend schenkten wir unsere Aufmerksamkeit der Kutschenreihe, der bekannten Fahrt vornehmerer Personen, welche sich zur Stadt hinaus auf die Reede begaben, um frische Luft zu schöpfen, sich zu unterhalten und allenfalls zu courtoisieren.
Zwei Stunden vor Nacht war der Vollmond eingetreten und verherrlichte den Abend unaussprechlich. Die Lage von Palermo gegen Norden macht, daß sich Stadt und Ufer sehr wundersam gegen die großen Himmelslichter verhält, deren Widerschein man niemals in den Wellen erblickt. Deswegen wir auch heute, an dem heitersten Tage, das Meer dunkelblau, ernsthaft und zudringlich fanden, anstatt daß es bei Neapel von der Mittagstunde an immer heiterer, luftiger und ferner glänzt.
Kniep hatte mich schon heute manchen Weg und manche Betrachtung allein machen lassen, um einen genauen Kontur des Monte Pellegrino zu nehmen, des schönsten aller Vorgebirge der Welt.

Hier noch einiges zusammenfassend, nachträglich und vertraulich.
Wir fuhren Donnerstag den 29. März mit Sonnenuntergang von Neapel und landeten erst nach vier Tagen um drei Uhr im Hafen von Palermo. Ein kleines Diarium, das ich beilege, erzählt überhaupt unsere Schicksale. Ich habe nie eine Reise so ruhig angetreten als diese, habe nie eine ruhigere Zeit gehabt als auf der durch beständigen Gegenwind sehr verlängerten Fahrt, selbst auf dem Bette im engen Kämmerchen, wo ich mich die ersten Tage halten mußte, weil mich die Seekrankheit stark angriff. Nun denke ich ruhig zu euch hinüber; denn wenn irgend etwas für mich entscheidend war, so ist es diese Reise.

Hat man sich nicht ringsum vom Meere umgeben gesehen, so hat man keinen Begriff von Welt und von seinem Verhältnis zur Welt. Als Landschaftszeichner hat mir diese große simple Linie ganz neue Gedanken gegeben.

Wir haben, wie das Diarium ausweist, auf dieser kurzen Fahrt mancherlei Abwechslungen und gleichsam die Schicksale der Seefahrer im kleinen gehabt. Übrigens ist die Sicherheit und Bequemlichkeit des Paketboots nicht genug zu loben. Der Kapitän ist ein sehr braver und recht artiger Mann. Die Gesellschaft war ein ganzes Theater, gut gesittet, leidlich und angenehm. Mein Künstler, den ich bei mir habe, ist ein munterer, treuer, guter Mensch, der mit der größten Akkuratesse zeichnet; er hat alle Inseln und Küsten, wie sie sich zeigten, umrissen; es wird euch große Freude machen, wenn ich alles mitbringe. Übrigens hat er mir, die langen Stunden der Überfahrt zu verkürzen, das Mechanische der Wasserfarbenmalerei (Aquarell), die man in Italien jetzt sehr hoch getrieben hat, aufgeschrieben; versteht sich den Gebrauch gewisser Farben, um gewisse Töne hervorzubringen, an denen man sich, ohne das Geheimnis zu wissen, zu Tode mischen würde. Ich hatte wohl in Rom manches davon erfahren, aber niemals im Zusammenhange. Die Künstler haben es in einem Lande ausstudiert, wie Italien, wie dieses ist. Mit keinen Worten ist die dunstige Klarheit auszudrücken, die um die Küsten schwebte, als wir am schönsten Nachmittage gegen Palermo anfuhren. Die Reinheit der Konture, die Weichheit des Ganzen, das Auseinanderweichen der Töne, die Harmonie von Himmel, Meer und Erde. Wer es gesehen hat, der hat es auf sein ganzes Leben. Nun versteh ich erst die Claude Lorrain und habe Hoffnung, auch dereinst in Norden aus meiner Seele Schattenbilder dieser glücklichen Wohnung hervorzubringen. Wäre nur alles Kleinliche so rein daraus weggewaschen als die Kleinheit der Strohdächer aus meinen Zeichenbegriffen. Wir wollen sehen, was diese Königin der Inseln tun kann.

Wie sie uns empfangen hat, habe ich keine Worte auszudrücken: mit frisch grünenden Maulbeerbäumen, immer grünendem Oleander, Zitronenhecken usw. In einem öffentlichen Garten stehn weite Beete von Ranunkeln und Anemonen. Die Luft ist mild, warm und wohlriechend, der Wind lau. Der Mond ging dazu voll hinter einem Vorgebirge herauf und schien ins Meer; und diesen Genuß, nachdem man vier Tage und Nächte auf den Wellen geschwebt! Verzeiht, wenn ich mit einer stumpfen Feder aus einer Tuschmuschel, aus der mein Gefährte die Umrisse nachzieht, dieses hinkritzle. Es kommt doch wie ein Lispeln zu euch hinüber, indes ich allen, die mich lieben, ein ander Denkmal dieser meiner glücklichen Stunden bereite. Was es wird, sag ich nicht; wenn ihr es erhaltet, kann ich auch nicht sagen.

Dieses Blatt sollte nun, meine Geliebten, euch des schönsten Genusses, insofern es möglich wäre, teilhaft machen; es sollte die Schilderung der unvergleichlichen, eine große Wassermasse umfassenden Bucht überliefern. Von Osten herauf, wo ein flächeres Vorgebirg weit in die See greift, an vielen schroffen, wohlgebildeten, waldbewachsenen Felsen hin bis an die Fischerwohnungen der Vorstädte herauf, dann an der Stadt selbst her, deren äußere Häuser alle nach dem Hafen schauen, wie unsere Wohnung auch, bis zu dem Tore, durch welches wir hereinkamen. Dann geht es westwärts weiter fort an den gewöhnlichen Landungsplatz, wo kleinere Schiffe anlegen, bis zu dem eigentlichen Hafen an den Molo, die Station größerer Schiffe. Da erhebt sich nun, sämtliche Fahrzeuge zu schützen, in Westen der Monte Pellegrino in seinen schönen Formen, nachdem er ein liebliches, fruchtbares Tal, das sich bis zum jenseitigen Meer erstreckt, zwischen sich und dem eigentlichen festen Land gelassen.
Kniep zeichnete, ich schematisierte, beide mit großem Genuß, und nun, da wir fröhlich nach Hause kommen, fühlen wir beide weder

Kräfte noch Mut, zu wiederholen und auszuführen. Unsere Entwürfe müssen also für künftige Zeiten liegen bleiben, und dieses Blatt gibt euch bloß ein Zeugnis unseres Unvermögens, diese Gegenstände genugsam zu fassen, oder vielmehr unserer Anmaßung, sie in so kurzer Zeit erobern und beherrschen zu wollen.

Mittwoch den 4. April.

Nachmittags besuchten wir das fruchtreiche und angenehme Tal, welches die südlichen Berge herab an Palermo vorbeizieht, durchschlängelt von dem Fluß Oreto. Auch hier wird ein malerisches Auge und eine geschickte Hand gefordert, wenn ein Bild soll gefunden werden; und doch erhaschte Kniep einen Standpunkt, da, wo das gestemmte Wasser von einem halbzerstörten Wehr herunterfließt, beschattet von einer fröhlichen Baumgruppe, dahinter, das Tal hinaufwärts, die freie Aussicht und einige landwirtschaftliche Gebäude.

Die schönste Frühlingswitterung und eine hervorquellende Fruchtbarkeit verbreitete das Gefühl eines belebenden Friedens über das ganze Tal, welches mir der ungeschickte Führer durch seine Gelehrsamkeit verkümmerte, umständlich erzählend, wie Hannibal hier vormals eine Schlacht geliefert und was für ungeheure Kriegstaten an dieser Stelle geschehen. Unfreundlich verwies ich ihm das fatale Hervorrufen solcher abgeschiedenen Gespenster. Es sei schlimm genug, meinte ich, daß von Zeit zu Zeit die Saaten, wo nicht immer von Elefanten, doch von Pferden und Menschen zerstampft werden müßten. Man solle wenigstens die Einbildungskraft nicht mit solchem Nachgetümmel aus ihrem friedlichen Traume aufschrecken. Er verwunderte sich sehr, daß ich das klassische Andenken an so einer Stelle verschmähte, und ich konnte ihm freilich nicht deutlich machen, wie mir bei einer solchen Vermischung des Vergangenen und des Gegenwärtigen zumute sei.

Noch wunderlicher erschien ich diesem Begleiter, als ich auf allen seichten Stellen, deren der Fluß gar viele trocken läßt, nach Steinchen suchte und die verschiedenen Arten derselben mit mir forttrug. Ich konnte ihm abermals nicht erklären, daß man sich von einer gebirgigen Gegend nicht schneller einen Begriff machen kann, als wenn man die Gesteinarten untersucht, die in den Bächen herabgeschoben werden, und daß hier auch die Aufgabe sei, durch Trümmer sich eine Vorstellung von jenen ewig klassischen Höhen des Erd-Altertums zu verschaffen.

Auch war meine Ausbeute aus diesem Flusse reich genug: ich brachte beinah vierzig Stücke zusammen, welche sich freilich in wenige Rubriken unterordnen ließen. Das meiste war eine Gebirgsart, die man bald für Jaspis oder Hornstein, bald für Tonschiefer ansprechen konnte. Ich fand sie teils in abgerundeten, teils unförmigen Geschieben, teils rhombisch gestaltet, von vielerlei Farben. Ferner kamen viele Abänderungen des ältern Kalkes vor, nicht weniger Breccien, deren Bindemittel Kalk, die verbundenen Steine aber bald Jaspis, bald Kalk waren. Auch fehlte es nicht an Geschieben von Muschelkalk.

Die Pferde füttern sie mit Gerste, Häckerling und Kleien; im Frühjahr geben sie ihnen geschoßte grüne Gerste, um sie zu erfrischen, per rinfrescar, wie sie es nennen. Da sie keine Wiesen haben, fehlt es an Heu. Auf den Bergen gibt es einige Weide, auch auf den Äckern, da ein Drittel als Brache liegen bleibt. Sie halten wenig Schafe, deren Rasse aus der Barbarei kommt, überhaupt auch mehr Maultiere als Pferde, weil jenen die hitzige Nahrung besser bekommt als diesen.

Die Plaine, worauf Palermo liegt, sowie außer der Stadt die Gegend Ai Colli, auch ein Teil der Bagaria, hat im Grunde Muschelkalk, woraus die Stadt gebaut ist; daher man denn auch große Steinbrüche in diesen Lagen findet. In der Nähe von Monte Pellegrino sind sie an einer Stelle über funfzig Fuß tief. Die untern Lager sind weißer von Farbe. Man findet darin viel versteinte Korallen und Schaltiere, vorzüglich große Pilger-

muscheln. Das obere Lager ist mit rotem Ton gemischt und enthält wenig oder gar keine Muscheln. Ganz obenauf liegt roter Ton, dessen Lage jedoch nicht stark ist.
Der Monte Pellegrino hebt sich aus allem diesen hervor; er ist ein älterer Kalk, hat viele Löcher und Spaltungen, welche, genau betrachtet, obgleich sehr unregelmäßig, sich doch nach der Ordnung der Bänke richten. Das Gestein ist fest und klingend.

Donnerstag den 5. April.

Wir gingen die Stadt im besondern durch. Die Bauart gleicht meistens der von Neapel, doch stehen öffentliche Monumente, zum Beispiel Brunnen, noch weiter entfernt vom guten Geschmack. Hier ist nicht, wie in Rom, ein Kunstgeist, welcher die Arbeit regelt; nur von Zufälligkeiten erhält das Bauwerk Gestalt und Dasein. Ein von dem ganzen Inselvolke angestaunter Brunnen existierte schwerlich, wenn es in Sizilien nicht schönen bunten Marmor gäbe, und wenn nicht gerade ein Bildhauer, geübt in Tiergestalten, damals Gunst gehabt hätte. Es wird schwer halten, diesen Brunnen zu beschreiben. Auf einem mäßigen Platze steht ein rundes architektonisches Werk, nicht gar stockhoch, Sockel, Mauer und Gesims von farbigem Marmor; in die Mauer sind, in einer Flucht, mehrere Nischen angebracht, aus welchen, von weißem Marmor gebildet, alle Arten Tierköpfe auf gestreckten Hälsen herausschauen: Pferd, Löwe, Kamel, Elefant wechseln miteinander ab, und man erwartete kaum hinter dem Kreise dieser Menagerie einen Brunnen, zu welchem von vier Seiten durch gelassene Lücken marmorne Stufen hinaufführen, um das reichlich gespendete Wasser schöpfen zu lassen.
Etwas Ähnliches ist es mit den Kirchen, wo die Prachtliebe der Jesuiten noch überboten ward, aber nicht aus Grundsatz und Absicht, sondern zufällig, wie allenfalls ein gegenwärtiger Handwerker, Figuren- oder Laubschnitzer, Vergolder, Lackierer und Marmorierer gerade das, was er vermochte,

ohne Geschmack und Leitung an gewissen Stellen anbringen wollte.
Dabei findet man eine Fähigkeit, natürliche Dinge nachzuahmen, wie denn zum Beispiel jene Tierköpfe gut genug gearbeitet sind. Dadurch wird freilich die Bewunderung der Menge erregt, deren ganze Kunstfreude nur darin besteht, daß sie das Nachgebildete mit dem Urbilde vergleichbar findet.
Gegen Abend machte ich eine heitere Bekanntschaft, indem ich auf der langen Straße bei einem kleinen Handelsmanne eintrat, um verschiedene Kleinigkeiten einzukaufen. Als ich vor dem Laden stand, die Ware zu besehen, erhob sich ein geringer Luftstoß, welcher, längs der Straße herwirbelnd, einen unendlichen erregten Staub in alle Buden und Fenster sogleich verteilte. Bei allen Heiligen! sagt mir, rief ich aus, woher kommt die Unreinlichkeit eurer Stadt und ist derselben denn nicht abzuhelfen? Diese Straße wetteifert an Länge und Schönheit mit dem Corso zu Rom. An beiden Seiten Schrittsteine, die jeder Laden- und Werkstattbesitzer mit unablässigem Kehren reinlich hält, indem er alles in die Mitte hinunterschiebt, welche dadurch nur immer unreinlicher wird und euch mit jedem Windshauch den Unrat zurücksendet, den ihr der Hauptstraße zugewiesen habt. In Neapel tragen geschäftige Esel jeden Tag das Kehricht nach Gärten und Feldern; sollte denn bei euch nicht irgend eine ähnliche Einrichtung entstehen oder getroffen werden?
Es ist bei uns nun einmal, wie es ist, versetzte der Mann; was wir aus dem Hause werfen, verfault gleich vor der Türe übereinander. Ihr seht hier Schichten von Stroh und Rohr, von Küchenabgängen und allerlei Unrat; das trocknet zusammen auf und kehrt als Staub zu uns zurück. Gegen den wehren wir uns den ganzen Tag. Aber seht, unsere schönen, geschäftigen, niedlichen Besen vermehren, zuletzt abgestumpft, nur den Unrat vor unsern Häusern.

Capua, Theater

Nach d'Embrûn

Messina, Piazza reale — *Nach Després*

Und, lustig genommen, war es wirklich an dem. Sie haben niedliche Beschen von Zwergpalmen, die man mit weniger Abänderung zum Fächerdienst eignen könnte; sie schleifen sich leicht ab, und die Stumpfen liegen zu Tausenden in der Straße. Auf meine wiederholte Frage, ob dagegen keine Anstalt zu treffen sei, erwiderte er, die Rede gehe im Volke, daß gerade die, welche für Reinlichkeit zu sorgen hätten, wegen ihres großen Einflusses nicht genötigt werden könnten, die Gelder pflichtmäßig zu verwenden, und dabei sei noch der wunderliche Umstand, daß man fürchte, nach weggeschafftem misthaften Geströhde werde erst deutlich zum Vorschein kommen, wie schlecht das Pflaster darunter beschaffen sei, wodurch denn abermals die unredliche Verwaltung einer andern Kasse zutage kommen würde. Das alles aber sei, setzte er mit possierlichem Ausdruck hinzu, nur Auslegung von Übelgesinnten, er aber von der Meinung derjenigen, welche behaupten, der Adel erhalte seinen Karossen diese weiche Unterlage, damit sie des Abends ihre herkömmliche Lustfahrt auf elastischem Boden bequem vollbringen könnten. Und da der Mann einmal im Zuge war, bescherzte er noch mehrere Polizeimißbräuche, mir zu tröstlichem Beweis, daß der Mensch noch immer Humor genug hat, sich über das Unabwendbare lustig zu machen.

Den 6. April.

Die heilige Rosalie, Schutzpatronin von Palermo, ist durch die Beschreibung, welche Brydone von ihrem Feste gegeben hat, so allgemein bekannt geworden, daß es den Freunden gewiß angenehm sein muß, etwas von dem Orte und der Stelle, wo sie besonders verehrt wird, zu lesen.

Der Monte Pellegrino, eine große Felsenmasse, breiter als hoch, liegt an dem nordwestlichen Ende des Golfs von Palermo. Seine schöne Form läßt sich mit Worten nicht beschreiben; eine unvollkommene Abbildung davon findet sich in dem Voyage pittoresque de la Sicile. Er besteht aus einem grauen Kalkstein der früheren Epoche. Die Felsen sind ganz nackt; kein Baum, kein Strauch wächst auf ihnen, kaum daß die flachliegenden Teile mit etwas Rasen und Moos bedeckt sind.

In einer Höhle dieses Berges entdeckte man zu Anfang des vorigen Jahrhunderts die Gebeine der Heiligen und brachte sie nach Palermo. Ihre Gegenwart befreite die Stadt von der Pest, und Rosalie war seit diesem Augenblicke die Schutzheilige des Volks; man baute ihr Kapellen und stellte ihr zu Ehren glänzende Feierlichkeiten an.

Die Andächtigen wallfahrteten fleißig auf den Berg, und man erbaute mit großen Kosten einen Weg, der, wie eine Wasserleitung, auf Pfeilern und Bogen ruht und in einem Zickzack zwischen zwei Klippen hinaufsteigt.

Der Andachtsort selbst ist der Demut der Heiligen, welche sich dahin flüchtete, angemessener als die prächtigen Feste, welche man ihrer völligen Entäußerung von der Welt zu Ehren anstellte. Und vielleicht hat die ganze Christenheit, welche nun achtzehnhundert Jahre ihren Besitz, ihre Pracht, ihre feierlichen Lustbarkeiten auf das Elend ihrer ersten Stifter und eifrigsten Bekenner gründet, keinen heiligen Ort aufzuweisen, der auf eine so unschuldige und gefühlvolle Art verziert und verehrt wäre.

Wenn man den Berg erstiegen hat, wendet man sich um eine Felsenecke, wo man einer steilen Felswand nah gegenübersteht, an welcher die Kirche und das Kloster gleichsam festgebaut sind.

Die Außenseite der Kirche hat nichts Einladendes noch Versprechendes; man eröffnet die Türe ohne Erwartung, wird aber auf das wunderbarste überrascht, indem man hineintritt. Man befindet sich unter einer Halle, welche in der Breite der Kirche hinläuft und gegen das Schiff zu offen ist. Man sieht in derselben die gewöhnlichen Gefäße mit Weihwasser und einige Beichtstühle. Das Schiff der Kirche ist ein offner Hof, der an

der rechten Seite von rauhen Felsen, auf der linken von einer Kontinuation der Halle zugeschlossen wird. Er ist mit Steinplatten etwas abhängig belegt, damit das Regenwasser ablaufen kann; ein kleiner Brunnen steht ohngefähr in der Mitte.
Die Höhle selbst ist zum Chor umgebildet, ohne daß man ihr von der natürlichen rauhen Gestalt etwas genommen hätte. Einige Stufen führen hinauf: gleich steht der große Pult mit dem Chorbuche entgegen, auf beiden Seiten die Chorstühle. Alles wird von dem aus dem Hofe oder Schiff einfallenden Tageslicht erleuchtet. Tief hinten, in dem Dunkel der Höhle, steht der Hauptaltar in der Mitte.
Man hat, wie schon gesagt, an der Höhle nichts verändert; allein da die Felsen immer von Wasser träufeln, war es nötig, den Ort trocken zu halten. Man hat dieses durch bleierne Rinnen bewirkt, welche man an den Kanten der Felsen hergeführt und verschiedentlich miteinander verbunden hat. Da sie oben breit sind und unten spitz zulaufen, auch mit einer schmutzig-grünen Farbe angestrichen sind, so sieht es fast aus, als wenn die Höhle inwendig mit großen Kaktusarten bewachsen wäre. Das Wasser wird teils seitwärts, teils hinten in einen klaren Behälter geleitet, woraus es die Gläubigen schöpfen und gegen allerlei Übel gebrauchen.
Da ich diese Gegenstände genau betrachtete, trat ein Geistlicher zu mir und fragte mich, ob ich etwa ein Genueser sei und einige Messen wollte lesen lassen. Ich versetzte ihm darauf, ich sei mit einem Genueser nach Palermo gekommen, welcher morgen, als an einem Festtage, heraufsteigen würde. Da immer einer von uns zu Hause bleiben müßte, wäre ich heute heraufgegangen, mich umzusehen. Er versetzte darauf, ich möchte mich aller Freiheit bedienen, alles wohl betrachten und meine Devotion verrichten. Besonders wies er mich an einen Altar, der links in der Höhle stund, als ein besonderes Heiligtum, und verließ mich.

Ich sah durch die Öffnungen eines großen, aus Messing getriebenen Laubwerks Lampen unter dem Altar hervorschimmern, kniete ganz nahe davor hin und blickte durch die Öffnungen. Es war inwendig noch ein Gitterwerk von feinem geflochtenen Messingdraht vorgezogen, so daß man nur wie durch einen Flor den Gegenstand dahinter unterscheiden konnte. — Ein schönes Frauenzimmer erblickt ich bei dem Schein einiger stillen Lampen.

Sie lag wie in einer Art von Entzückung, die Augen halb geschlossen, den Kopf nachlässig auf die rechte Hand gelegt, die mit vielen Ringen geschmückt war. Ich konnte das Bild nicht genug betrachten; es schien mir ganz besondere Reize zu haben. Ihr Gewand ist aus einem vergoldeten Blech getrieben, welches einen reich von Gold gewirkten Stoff gar gut nachahmt. Kopf und Hände von weißem Marmor sind, ich darf nicht sagen in einem hohen Stil, aber doch so natürlich und gefällig gearbeitet, daß man glaubt, sie müßte Atem holen und sich bewegen. Ein kleiner Engel steht neben ihr nnd scheint ihr mit einem Lilienstengel Kühlung zuzuwehen.

Unterdessen waren die Geistlichen in die Höhle gekommen, hatten sich auf ihre Stühle gesetzt und sangeu die Vesper.

Ich setzte mich auf eine Bank, gegen dem Altar über, und hörte ihnen eine Weile zu; alsdann begab ich mich wieder zum Altare, kniete nieder und suchte das schöne Bild der Heiligen noch deutlicher gewahr zu werden. Ich überließ mich ganz der reizenden Illusion der Gestalt und des Ortes.

Der Gesang der Geistlichen verklang nun in der Höhle, das Wasser rieselte in das Behältnis gleich neben dem Altare zusammen, die überhangenden Felsen des Vorhofs, des eigentlichen Schiffs der Kirche, schlossen die Szene noch mehr ein. Es war eine große Stille in dieser gleichsam wieder ausgestorbenen Wüste; eine große Reinlichkeit in einer wilden Höhle; der Flitterputz des katholischen, besonders sizilianischen Gottesdienstes hier noch zunächst seiner natürlichen Einfalt; die Illusion, welche die Gestalt der schönen Schläferin hervorbrachte, auch einem geübten Auge noch reizend — genug, ich konnte mich nur mit Schwierigkeit von diesem Orte losreißen und kam erst in später Nacht wieder in Palermo an.

Sonnabend den 7. April.

In dem öffentlichen Garten, unmittelbar an der Reede, brachte ich im stillen die vergnügtesten Stunden zu. Es ist der wunderbarste Ort von der Welt. Regelmäßig angelegt, scheint er uns doch feenhaft; vor nicht gar langer Zeit gepflanzt, versetzt er ins Altertum. Grüne Beeteinfassungen umschließen fremde Gewächse; Zitronenspaliere wölben sich zum niedlichen Laubengange; hohe Wände des Oleanders, geschmückt von tausend roten nelkenhaften Blüten, locken das Auge. Ganz fremde, mir unbekannte Bäume, noch ohne Laub, wahrscheinlich aus wärmern Gegenden, verbreiten seltsame Zweige. Eine hinter dem flachen Raum erhöhte Bank läßt einen so wundersam verschlungenen Wachstum übersehen und lenkt den Blick zuletzt auf große Bassins, in welchen Gold- und Silberfische sich gar lieblich bewegen, bald sich unter bemooste Röhren verbergen, bald wieder scharenweis, durch einen Bissen Brot gelockt, sich versammeln. An den Pflanzen erscheint durchaus ein Grün, das wir nicht gewohnt sind, bald gelblicher, bald blaulicher als bei uns. Was aber dem Ganzen die wundersamste Anmut verlieh, war ein starker Duft, der sich über alles gleichförmig verbreitete, mit so merklicher Wirkung, daß die Gegenstände, auch nur einige Schritte hintereinander entfernt, sich entschiedener hellblau voneinander absetzten, so daß ihre eigentümliche Farbe zuletzt verloren ging oder wenigstens sehr überbläut sie sich dem Auge darstellten.

Welche wundersame Ansicht ein solcher Duft entferntern Gegenständen, Schiffen, Vorgebirgen erteilt, ist für ein malerisches

Auge merkwürdig genug, indem die Distanzen genau zu unterscheiden, ja zu messen sind; deswegen auch ein Spaziergang auf die Höhe höchst reizend ward. Man sah keine Natur mehr, sondern nur Bilder, wie sie der künstlichste Maler durch Lasieren auseinander gestuft hätte.

Aber der Eindruck jenes Wundergartens war mir zu tief geblieben; die schwärzlichen Wellen am nördlichen Horizonte, ihr Anstreben an die Buchtkrümmungen, selbst der eigene Geruch des dünstenden Meeres, das alles rief mir die Insel der seligen Phäaken in die Sinne sowie ins Gedächtnis. Ich eilte sogleich, einen Homer zu kaufen, jenen Gesang mit großer Erbauung zu lesen und eine Übersetzung aus dem Stegreif Kniepen vorzutragen, der wohl verdiente, bei einem guten Glase Wein von seinen strengen heutigen Bemühungen behaglich auszuruhen.

Den 8. April. Ostersonntag.

Nun aber ging die lärmige Freude über die glückliche Auferstehung des Herrn mit Tagesanbruch los. Petarden, Lauffeuer, Schläge, Schwärmer und dergleichen wurden kastenweis vor den Kirchtüren losgebrannt, indessen die Gläubigen sich zu den eröffneten Flügelpforten drängten. Glocken- und Orgelschall, Chorgesang der Prozessionen und der ihnen entgegnenden geistlichen Chöre konnten wirklich das Ohr derjenigen verwirren, die an eine so lärmende Gottesverehrung nicht gewöhnt waren.

Die frühe Messe war kaum geendigt, als zwei wohlgeputzte Laufer des Vizekönigs unsern Gasthof besuchten, in der doppelten Absicht, einmal den sämtlichen Fremden zum Feste zu gratulieren und dagegen ein Trinkgeld einzunehmen, mich sodann zur Tafel zu laden, weshalb meine Gabe etwas erhöht werden mußte.

Nachdem ich den Morgen zugebracht, die verschiedenen Kirchen zu besuchen und die Volksgesichter und Gestalten zu betrachten, fuhr ich zum Palast des Vizekönigs, welcher am obern Ende der Stadt liegt. Weil ich etwas zu früh gekommen, fand ich die

großen Säle noch leer, nur ein kleiner munterer Mann ging auf mich zu, den ich sogleich für einen Malteser erkannte.
Als er vernahm, daß ich ein Deutscher sei, fragte er, ob ich ihm Nachricht von Erfurt zu geben wisse; er habe daselbst einige Zeit sehr angenehm zugebracht. Auf seine Erkundigungen nach der von Dachrödischen Familie, nach dem Koadjutor von Dalberg konnte ich ihm hinreichende Auskunft geben, worüber er sehr vergnügt nach dem übrigen Thüringen fragte. Mit bedenklichem Anteil erkundigte er sich nach Weimar. Wie steht es denn, sagte er, mit dem Manne, der, zu meiner Zeit jung und lebhaft, daselbst Regen und schönes Wetter machte? Ich habe seinen Namen vergessen; genug aber, es ist der Verfasser des Werthers! — Nach einer kleinen Pause, als wenn ich mich bedächte, erwiderte ich: Die Person, nach der Ihr Euch gefällig erkundigt, bin ich selbst! — Mit dem sichtbarsten Zeichen des Erstaunens fuhr er zurück und rief aus: Da muß sich viel verändert haben! — O ja! versetzte ich; zwischen Weimar und Palermo hab ich manche Veränderung gehabt.
In dem Augenblick trat mit seinem Gefolge der Vizekönig herein und betrug sich mit anständiger Freimütigkeit, wie es einem solchen Herrn geziemt. Er enthielt sich jedoch nicht des Lächelns über den Malteser, welcher seine Verwunderung, mich hier zu sehen, auszudrücken fortfuhr. Bei Tafel sprach der Vizekönig, neben dem ich saß, über die Absicht meiner Reise und versicherte, daß er Befehl geben wolle, mich in Palermo alles sehen zu lassen und mich auf meinem Wege durch Sizilien auf alle Weise zu fördern

Montag den 9. April.

Heute den ganzen Tag beschäftigte uns der Unsinn des Prinzen Pallagonia; und auch diese Torheiten waren ganz etwas anders, als wir uns lesend und hörend vorgestellt. Denn bei der größten Wahrheitsliebe kommt derjenige, der vom Absurden Rechenschaft geben soll, immer ins Gedränge: er will einen Begriff davon überliefern, und so macht er es schon zu etwas, da es eigentlich ein Nichts ist, welches für etwas gehalten sein will. Und so muß ich noch eine andere allgemeine Reflexion vorausschicken: daß weder das Abgeschmackteste noch das Vortrefflichste ganz unmittelbar aus einem Menschen, aus einer Zeit hervorspringe, daß man vielmehr beiden mit einiger Aufmerksamkeit eine Stammtafel der Herkunft nachweisen könne.

Jener Brunnen in Palermo gehört unter die Vorfahren der Pallagonischen Raserei, nur daß diese hier, auf eignem Grund und Boden, in der größten Freiheit und Breite sich hervortut. Ich will den Verlauf des Entstehens zu entwickeln suchen.

Wenn ein Lustschloß in diesen Gegenden mehr oder weniger in der Mitte des ganzen Besitztums liegt und man also, um zu der herrschaftlichen Wohnung zu gelangen, durch gebaute Felder, Küchengärten und dergleichen landwirtschaftliche Nützlichkeiten zu fahren hat, erweisen sie sich haushältischer als die Nordländer, die oft eine große Strecke guten Bodens zu einer Parkanlage verwenden, um mit unfruchtbarem Gesträuche dem Auge zu schmeicheln. Diese Südländer hingegen führen zwei Mauern auf, zwischen welchen man zum Schloß gelangt, ohne daß man gewahr werde, was rechts oder links vorgeht. Dieser Weg beginnt gewöhnlich mit einem großen Portal, wohl auch mit einer gewölbten Halle und endigt im Schloßhofe. Damit nun aber das Auge zwischen diesen Mauern nicht ganz unbefriedigt sei, so sind sie oben ausgebogen, mit Schnörkeln und Postamenten verziert, worauf allenfalls hie und da eine Vase steht. Die Flächen sind abgetüncht, in Felder geteilt und angestrichen. Der Schloßhof macht ein Rund von einstöckigen Häusern, wo Gesinde und Arbeitsleute wohnen; das viereckte Schloß steigt über alles empor.

Dies ist die Art der Anlage, wie sie herkömmlich gegeben ist, wie sie auch schon früher mag bestanden haben, bis der Vater des Prinzen das Schloß baute, zwar auch nicht in dem besten,

aber doch erträglichem Geschmack. Der jetzige Besitzer aber, ohne jene allgemeine Grundzüge zu verlassen, erlaubt seiner Lust und Leidenschaft zu mißgestaltetem, abgeschmackten Gebilde den freisten Lauf, und man erzeigt ihm viel zu viel Ehre, wenn man ihm nur einen Funken Einbildungskraft zuschreibt.
Wir treten also in die große Halle, welche mit der Grenze des Besitztums selbst anfängt, und finden ein Achteck, sehr hoch zur Breite. Vier ungeheure Riesen mit modernen zugeknöpften Gamaschen tragen das Gesims, auf welchem, dem Eingang gerade gegenüber, die heilige Dreieinigkeit schwebt.
Der Weg nach dem Schlosse zu ist breiter als gewöhnlich, die Mauer in einen fortlaufenden hohen Sockel verwandelt, auf welchem ausgezeichnete Basamente seltsame Gruppen in die Höhe tragen, indessen in dem Raum von einer zur andern mehrere Vasen aufgestellt sind. Das Widerliche dieser von den gemeinsten Steinhauern gepfuschten Mißbildungen wird noch dadurch vermehrt, daß sie aus dem losesten Muscheltuff gearbeitet sind; doch würde ein besseres Material den Unwert der Form nur desto mehr in die Augen setzen. Ich sagte vorhin Gruppen und bediente mich eines falschen, an dieser Stelle uneigentlichen Ausdrucks: denn diese Zusammenstellungen sind durch keine Art von Reflexion oder auch nur Willkür entstanden, sie sind vielmehr zusammengewürfelt. Jedesmal drei bilden den Schmuck eines solchen viereckten Postaments, indem ihre Basen so eingerichtet sind, daß sie zusammen in verschiedenen Stellungen den viereckigen Raum ausfüllen. Die vorzüglichste besteht gewöhnlich aus zwei Figuren, und ihre Base nimmt den größten vordern Teil des Piedestals ein; diese sind meistenteils Ungeheuer von tierischer und menschlicher Gestalt. Um nun den hintern Raum der Piedestalfläche auszufüllen, bedarf es noch zweier Stücke, das von mittlerer Größe stellt gewöhnlich einen Schäfer oder eine Schäferin, einen Kavalier oder eine Dame, einen tanzenden Affen oder Hund vor. Nun bleibt

auf dem Piedestal noch eine Lücke; diese wird meistens durch einen Zwerg ausgefüllt, wie denn überall dieses Geschlecht bei geistlosen Scherzen eine große Rolle spielt.

Daß wir aber die Elemente der Tollheit des Prinzen Pallagonia vollständig überliefern, geben wir nachstehendes Verzeichnis. Menschen: Bettler, Bettlerinnen, Spanier, Spanierinnen, Mohren, Türken, Buckelige, alle Arten Verwachsene, Zwerge, Musikanten, Pulcinelle, antikkostümierte Soldaten, Götter, Göttinnen, altfranzösisch Gekleidete, Soldaten mit Patrontaschen und Gamaschen, Mythologie mit fratzenhaften Zutaten: Achill und Chiron mit Pulcinell. Tiere: nur Teile derselben, Pferd mit Menschenhänden, Pferdekopf auf Menschenkörper, entstellte Affen, viele Drachen und Schlangen, alle Arten von Pfoten an Figuren aller Art, Verdoppelungen, Verwechslungen der Köpfe. Vasen: alle Arten von Monstern und Schnörkeln, die unterwärts zu Vasenbäuchen und Untersätzen endigen.

Denke man sich nun dergleichen Figuren schockweise verfertigt und ganz ohne Sinn und Verstand entsprungen, auch ohne Wahl und Absicht zusammengestellt, denke man sich diesen Sockel, diese Piedestale und Unformen in einer unabsehbaren Reihe, so wird man das unangenehme Gefühl mitempfinden, das einen jeden überfallen muß, wenn er durch diese Spitzruten des Wahnsinns durchgejagt wird.

Wir nähern uns dem Schlosse und werden durch die Arme eines halbrunden Vorhofs empfangen; die entgegenstehende Hauptmauer, wodurch das Tor geht, ist burgartig angelegt. Hier finden wir eine ägyptische Figur eingemauert, einen Springbrunnen ohne Wasser, ein Monument, zerstreut umherliegende Vasen, Statuen, vorsätzlich auf die Nase gelegt. Wir treten in den Schloßhof und finden das herkömmliche, mit kleinen Gebäuden umgebene Rund in kleineren Halbzirkeln ausgebogt, damit es ja an Mannigfaltigkeit nicht fehle.

Der Boden ist großenteils mit Gras bewachsen. Hier stehen, wie auf einem verfallenen Kirchhofe, seltsam geschnörkelte Marmorvasen vom Vater her, Zwerge und sonstige Ungestalten aus der neuern Epoche zufällig durcheinander, ohne daß sie bis jetzt einen Platz finden können; sogar tritt man vor eine Laube, vollgepfropft von alten Vasen und anderm geschnörkelten Gestein.
Das Widersinnige einer solchen geschmacklosen Denkart zeigt sich aber im höchsten Grade darin, daß die Gesimse der kleinen Häuser durchaus schief nach einer oder der andern Seite hinhängen, so daß das Gefühl der Wasserwage und des Perpendikels, das uns eigentlich zu Menschen macht und der Grund aller Eurhythmie ist, in uns zerrissen und gequält wird. Und so sind denn auch diese Dachreihen mit Hydern und kleinen Büsten, mit musizierenden Affenchören und ähnlichem Wahnsinn verbrämt. Drachen, mit Göttern abwechselnd, ein Atlas, der statt der Himmelskugel ein Weinfaß trägt.
Gedenkt man sich aber aus allem diesen in das Schloß zu retten, welches, vom Vater erbaut, ein relativ vernünftiges äußeres Ansehn hat, so findet man nicht weit vor der Pforte den lorbeerbekränzten Kopf eines römischen Kaisers auf einer Zwerggestalt, die auf einem Delphin sitzt.
Im Schlosse selbst nun, dessen Äußeres ein leidliches Innere erwarten läßt, fängt das Fieber des Prinzen schon wieder zu rasen an, die Stuhlfüße sind ungleich abgesägt, so daß niemand Platz nehmen kann, und vor den sitzbaren Stühlen warnt der Kastellan, weil sie unter ihren Sammetpolstern Stacheln verbergen. Kandelaber von chinesischem Porzellan stehen in den Ecken, welche, näher betrachtet, aus einzelnen Schalen, Ober- und Untertassen u. dgl. zusammengekittet sind. Kein Winkel, wo nicht irgend eine Willkür hervorblickte. Sogar der unschätzbare Blick über die Vorgebirge ins Meer wird durch farbige Scheiben verkümmert, welche durch einen unwahren Ton die Gegend entweder verkälten oder entzünden. Eines Kabinetts

muß ich noch erwähnen, welches aus alten, vergoldeten, zusammengeschnittenen Rahmen aneinander getäfelt ist. Alle die hundertfältigen Schnitzmuster, alle die verschiedenen Abstufungen einer ältern oder jüngern, mehr oder weniger bestaubten und beschädigten Vergoldung bedecken hier, hart aneinander gedrängt, die sämtlichen Wände und geben den Begriff von einem zerstückelten Trödel.

Die Kapelle zu beschreiben, wäre allein ein Heftchen nötig. Hier findet man den Aufschluß über den ganzen Wahnsinn, der nur in einem bigotten Geiste bis auf diesen Grad wuchern konnte. Wie manches Fratzenbild einer irregeleiteten Devotion sich hier befinden mag, geb ich zu vermuten, das Beste jedoch will ich nicht vorenthalten. Flach an der Decke nämlich ist ein geschnitztes Kruzifix von ziemlicher Größe befestigt, nach der Natur angemalt, lackiert, mit untermischter Vergoldung. Dem Gekreuzigten in den Nabel ist ein Haken eingeschraubt; eine Kette aber, die davon herabhängt, befestigt sich in den Kopf eines kniend betenden, in der Luft schwebenden Mannes, der, angemalt und lackiert wie alle übrigen Bilder der Kirche, wohl ein Sinnbild der ununterbrochenen Andacht des Besitzers darstellen soll.

Übrigens ist der Palast nicht ausgebaut: ein großer, von dem Vater bunt und reich angelegter, aber doch nicht widerlich verzierter Saal war unvollendet geblieben; wie denn der grenzenlose Wahnsinn des Besitzers mit seinen Narrheiten nicht zu Rande kommen kann.

Kniepen, dessen Künstlersinn innerhalb dieses Tollhauses zur Verzweiflung getrieben wurde, sah ich zum erstenmal ungeduldig; er trieb mich fort, da ich mir die Elemente dieser Unschöpfung einzeln zu vergegenwärtigen und zu schematisieren suchte. Gutmütig genug zeichnete er zuletzt noch eine von den Zusammenstellungen, die einzige, die noch wenigstens eine Art von Bild gab. Sie stellt ein Pferdweib, auf einem Sessel sitzend, gegen einem unterwärts altmodisch gekleideten, mit Greifenkopf,

Krone und großer Perücke gezierten Kavalier Karte spielend, vor und erinnert an das nach aller Tollheit noch immer höchst merkwürdige Wappen des Hauses Pallagonia: ein Satyr hält einem Weibe, das einen Pferdekopf hat, einen Spiegel vor.

Dienstag den 10. April.

Heute fuhren wir bergauf nach Monreale. Ein herrlicher Weg, welchen der Abt jenes Klosters zur Zeit eines überschwenglichen Reichtums angelegt hat; breit, bequemen Anstiegs, Bäume hie und da, besonders aber weitläufige Spring- und Röhrenbrunnen, beinahe Pallagonisch verschnörkelt und verziert, demohngeachtet aber Tiere und Menschen erquickend.

Das Kloster San Martin, auf der Höhe liegend, ist eine respektable Anlage. Ein Hagestolz allein, wie man am Prinzen Pallagonia sieht, hat selten etwas Vernünftiges hervorgebracht, mehrere zusammen hingegen die allergrößten Werke, wie Kirchen und Klöster zeugen. Doch wirkten die geistlichen Gesellschaften wohl nur deswegen so viel, weil sie noch mehr als irgend ein Familienvater einer unbegrenzten Nachkommenschaft gewiß waren.

Die Mönche ließen uns ihre Sammlungen sehen. Von Altertümern und natürlichen Sachen verwahren sie manches Schöne. Besonders fiel uns auf eine Medaille mit dem Bilde einer jungen Göttin, das Entzücken erregen mußte. Gern hätten uns die guten Männer einen Abdruck mitgegeben; es war aber nichts bei Handen, was zu irgend einer Art von Form tauglich gewesen wäre.

Nachdem sie uns alles vorgezeigt, nicht ohne traurige Vergleichung der vorigen und gegenwärtigen Zustände, brachten sie uns in einen angenehmen kleinen Saal, von dessen Balkon man eine liebliche Aussicht genoß: hier war für uns beide gedeckt, und es fehlte nicht an einem sehr guten Mittagessen. Nach dem aufgetragenen Dessert trat der Abt herein, begleitet von seinen ältesten Mönchen, setzte sich zu uns und blieb wohl eine halbe Stunde, in welcher Zeit wir manche Frage zu beantworten hatten. Wir schieden aufs freundlichste. Die jüngern begleiteten uns nochmals in die Zimmer der Sammlung und zuletzt nach dem Wagen.

Wir fuhren mit ganz andern Gesinnungen nach Hause als gestern. Heute hatten wir eine große Anstalt zu bedauern, die eben zu der Zeit versinkt, indessen an der andern Seite ein abgeschmacktes Unternehmen mit frischem Wachstum hervorsteigt.

Der Weg nach San Martin geht das ältere Kalkgebirg hinauf. Man zertrümmert die Felsen und brennt Kalk daraus, der sehr weiß wird. Zum Brennen brauchen sie eine starke lange Grasart, in Bündeln getrocknet. Hier entsteht nun die Calcara. Bis an die steilsten Höhen liegt roter Ton angeschwemmt, der hier die Dammerde vorstellt, je höher je röter, wenig durch Vegetation geschwärzt. Ich sah in der Entfernung eine Grube fast wie Zinnober.

Das Kloster steht mitten im Kalkgebirg, das sehr quellenreich ist. Die Gebirge umher sind wohlbebaut.

Mittwoch den 11. April.

Nachdem wir nun zwei Hauptpunkte außerhalb der Stadt betrachtet, begaben wir uns in den Palast, wo der geschäftige Laufer die Zimmer und ihren Inhalt vorzeigte. Zu unserm großen Schrecken war der Saal, worin die Antiken sonst aufgestellt sind, eben in der größten Unordnung, weil man eine neue architektonische Dekoration im Werke hatte. Die Statuen waren von ihren Stellen weggenommen, mit Tüchern verhängt, mit Gerüsten verstellt, so daß wir, trotz allem guten Willen unseres Führers und einiger Bemühung der Handwerksleute, doch nur einen sehr unvollständigen Begriff davon erwerben konnten. Am meisten war mir um die zwei Widder von Erz zu tun, welche, auch nur unter diesen Umständen gesehen, den Kunstsinn höchlich erbauten. Sie sind liegend vorgestellt, die eine Pfote vorwärts, als Gegenbilder die Köpfe nach verschiedenen Seiten gekehrt; mächtige Gestalten aus der mythologischen Familie, Phryxus und Helle zu tragen würdig. Die Wolle nicht kurz und kraus, sondern lang und wellenartig herabfallend, mit großer Wahrheit und Eleganz gebildet, aus der besten griechischen Zeit. Sie sollen in dem Hafen von Syrakus gestanden haben.

Nun führte uns der Laufer außerhalb der Stadt in Katakomben, welche, mit architektonischem Sinn angelegt, keineswegs zu Grabplätzen benutzte Steinbrüche sind. In einem ziemlich verhärteten Tuff und dessen senkrecht gearbeiteter Wand sind gewölbte Öffnungen und, innerhalb dieser, Särge ausgegraben, mehrere übereinander, alles aus der Masse, ohne irgend eine Nachhülfe von Mauerwerk. Die oberen Särge sind kleiner, und in den Räumen über den Pfeilern sind Grabstätten für Kinder angebracht.

Donnerstag den 12. April.

Man zeigte uns heute das Medaillenkabinett des Prinzen Torremuzza. Gewissermaßen ging ich ungern hin. Ich verstehe von diesem Fach zu wenig, und ein bloß neugieriger Reisender ist wahren Kennern und Liebhabern verhaßt. Da man aber doch einmal anfangen muß, so bequemte ich mich und hatte davon viel Vergnügen und Vorteil. Welch ein Gewinn, wenn man auch nur vorläufig übersieht, wie die alte Welt mit Städten übersäet war, deren kleinste, wo nicht eine ganze Reihe der Kunstgeschichte, wenigstens doch einige Epochen derselben uns in köstlichen Münzen hinterließ! Aus diesen Schubkasten lacht uns ein unendlicher Frühling von Blüten und Früchten der Kunst, eines in höherem Sinne geführten Lebensgewerbes und was nicht alles noch mehr hervor. Der Glanz der sizilischen

Städte, jetzt verdunkelt, glänzt aus diesen geformten Metallen wieder frisch entgegen.
Leider haben wir andern in unserer Jugend nur die Familienmünzen besessen, die nichts sagen, und die Kaisermünzen, welche dasselbe Profil bis zum Überdruß wiederholen: Bilder von Herrschern, die eben nicht als Musterbilder der Menschheit zu betrachten sind. Wie traurig hat man nicht unsere Jugend auf das gestaltlose Palästina und auf das gestaltverwirrende Rom beschränkt. Sizilien und Neu-Griechenland läßt mich nun wieder ein frisches Leben hoffen.
Daß ich über diese Gegenstände mich in allgemeine Betrachtungen ergehe, ist ein Beweis, daß ich noch nicht viel davon verstehen gelernt habe; doch das wird sich mit dem übrigen nach und nach schon geben.

Heute am Abend ward mir noch ein Wunsch erfüllt, und zwar auf eigene Weise. Ich stand in der großen Straße auf den Schrittsteinen, an jenem Laden mit dem Kaufherrn scherzend; auf einmal tritt ein Laufer, groß, wohlgekleidet, an mich heran, einen silbernen Teller rasch vorhaltend, worauf mehrere Kupferpfennige, wenige Silberstücke lagen. Da ich nicht wußte, was es heißen solle, so zuckte ich, den Kopf duckend, die Achseln, das gewöhnliche Zeichen, wodurch man sich lossagt, man mag nun Antrag oder Frage nicht verstehen oder nicht wollen. Ebenso schnell, als er gekommen, war er fort, und nun bemerkte ich auf der entgegengesetzten Seite der Straße seinen Kameraden in gleicher Beschäftigung.
Was das bedeute, fragte ich den Handelsmann, der mit bedenklicher Gebärde, gleichsam verstohlen, auf einen langen hagern Herrn deutete, welcher in der Straßenmitte, hofmäßig gekleidet, anständig und gelassen über den Mist einherschritt. Frisiert und gepudert, den Hut unter dem Arm, in seidenem Gewande, den Degen an der Seite, ein nettes Fußwerk mit Steinschnallen

Palermo, Ansicht des Hafens *Nach Després*

Palermo, St. Rosalienprozession

Nach Després

geziert, so trat der Bejahrte ernst und ruhig einher; aller Augen waren auf ihn gerichtet.

Dies ist der Prinz Pallagonia, sagte der Händler, welcher von Zeit zu Zeit durch die Stadt geht und für die in der Barbarei gefangenen Sklaven ein Lösegeld zusammenheischt. Zwar beträgt dieses Einsammeln niemals viel, aber der Gegenstand bleibt doch im Andenken, und oft vermachen diejenigen, welche bei Lebzeiten zurückhielten, schöne Summen zu solchem Zweck. Schon viele Jahre ist der Prinz Vorsteher dieser Anstalt und hat unendlich viel Gutes gestiftet.

Statt auf die Torheiten seines Landsitzes, rief ich aus, hätte er hierher jene großen Summen verwenden sollen. Kein Fürst in der Welt hätte mehr geleistet.

Dagegen sagte der Kaufmann: Sind wir doch alle so! unsere Narrheiten bezahlen wir gar gerne selbst, zu unsern Tugenden sollen andere das Geld hergeben.

Freitag den 13. April.

Vorgearbeitet in dem Steinreiche Siziliens hat uns Graf Borck sehr emsig, und wer nach ihm gleichen Sinnes die Insel besucht, wird ihm recht gern Dank zollen. Ich finde es angenehm sowie pflichtmäßig, das Andenken eines Vorgängers zu feiern. Bin ich doch nur ein Vorfahre von künftigen andern, im Leben wie auf der Reise!

Die Tätigkeit des Grafen scheint mir übrigens größer als seine Kenntnisse; er verfährt mit einem gewissen Selbstbehagen, welches dem bescheidenen Ernst zuwider ist, mit welchem man wichtige Gegenstände behandeln sollte. Indessen ist sein Heft in Quart, ganz dem sizilianischen Steinreich gewidmet, mir von großem Vorteil, und ich konnte, dadurch vorbereitet, die Steinschleifer mit Nutzen besuchen, welche, früher mehr beschäftigt, zur Zeit, als Kirchen und Altäre noch mit Marmor und Achaten überlegt werden mußten, das Handwerk doch noch immer forttreiben. Bei ihnen bestellte ich Muster von weichen und harten Steinen; denn so unterscheiden sie Marmor und Achate hauptsächlich deswegen, weil die Verschiedenheit des Preises sich nach diesem Unterschiede richtet. Doch wissen sie, außer diesen beiden, sich noch viel mit einem Material, einem Feuererzeugnis ihrer Kalköfen. In diesen findet sich nach dem Brande eine Art Glasfluß, welcher von der hellsten blauen Farbe zur dunkelsten, ja zur schwärzesten übergeht. Diese Klumpen werden, wie anderes Gestein, in dünne Tafeln geschnitten, nach der Höhe ihrer Farbe und Reinheit geschätzt und anstatt Lapis Lazuli beim Fournieren von Altären, Grabmälern und andern kirchlichen Verzierungen mit Glück angewendet.

Eine vollständige Sammlung, wie ich sie wünsche, ist nicht fertig; man wird sie mir erst nach Neapel schicken. Die Achate sind von der größten Schönheit, besonders diejenigen, in welchen unregelmäßige Flecken von gelbem oder rotem Jaspis mit weißem, gleichsam gefrorenen Quarze abwechseln und dadurch die schönste Wirkung hervorbringen.

Eine genaue Nachahmung solcher Achate, auf der Rückseite dünner Glasscheiben durch Lackfarben bewirkt, ist das einzige Vernünftige, was ich aus dem Pallagonischen Unsinn jenes Tages herausfand. Solche Tafeln nehmen sich zur Dekoration schöner aus als der echte Achat, indem dieser aus vielen kleinen Stücken zusammengesetzt werden muß, bei jenen hingegen die Größe der Tafeln vom Architekten abhängt. Dieses Kunststück verdiente wohl nachgeahmt zu werden.

Italien ohne Sizilien macht gar kein Bild in der Seele: hier ist erst der Schlüssel zu allem.

Vom Klima kann man nicht Gutes genug sagen; jetzt ist's Regenzeit, aber immer unterbrochen, heute donnert und blitzt es, und alles wird mit Macht grün. Der Lein hat schon zum Teil Knoten gewonnen, der andere Teil blüht. Man glaubt in den Gründen kleine Teiche zu sehen, so schön blaugrün liegen die Leinfelder unten. Der reizenden Gegenstände sind unzählige! Und mein Geselle ist ein exzellenter Mensch, der wahre Hoffegut, so wie ich redlich den Treufreund fortspiele. Er hat schon recht schöne Konture gemacht und wird noch das Beste mitnehmen. Welche Aussicht, mit meinen Schätzen dereinst glücklich nach Hause zu kommen!

Vom Essen und Trinken hierzuland hab ich noch nichts gesagt, und doch ist es kein kleiner Artikel. Die Gartenfrüchte sind herrlich, besonders der Salat von Zartheit und Geschmack wie eine Milch; man begreift, warum ihn die Alten lactuca genannt haben. Das Öl, der Wein, alles sehr gut, und sie könnten noch besser sein, wenn man auf ihre Bereitung mehr Sorgfalt verwendete. Fische die besten, zartesten. Auch haben wir diese Zeit her sehr gut Rindfleisch gehabt, ob man es gleich sonst nicht loben will.

Nun vom Mittagessen ans Fenster! auf die Straße! Es ward ein Missetäter begnadigt, welches immer zu Ehren der heilbringenden Osterwoche geschieht. Eine Brüderschaft führt ihn bis unter einen zum Schein aufgebauten Galgen; dort muß er vor der Leiter eine Andacht verrichten, die Leiter küssen und wird dann wieder weggeführt. Es war ein hübscher Mensch vom Mittelstande, frisiert, einen weißen Frack, weißen Hut, alles weiß. Er trug den Hut in der Hand, und man hätte ihm hie und da nur bunte Bänder anheften dürfen, so konnte er als Schäfer auf jede Redoute gehen.

Den 13. und 14. April.

Und so sollte mir denn kurz vor dem Schlusse ein sonderbares Abenteuer beschert sein, wovon ich sogleich umständliche Nachricht erteile.

Schon die ganze Zeit meines Aufenthalts hörte ich an unserm öffentlichen Tische manches über Cagliostro, dessen Herkunft und Schicksale reden. Die Palermitaner waren darin einig, daß ein gewisser Joseph Balsamo, in ihrer Stadt geboren, wegen mancherlei schlechter Streiche berüchtigt und verbannt sei. Ob aber dieser mit dem Grafen Cagliostro nur e i n e Person sei, darüber waren die Meinungen geteilt. Einige, die ihn ehemals gesehen hatten, wollten seine Gestalt in jenem Kupferstiche wiederfinden, der bei uns bekannt genug ist und auch nach Palermo gekommen war.

Unter solchen Gesprächen berief sich einer der Gäste auf die Bemühungen, welche ein palermitanischer Rechtsgelehrter übernommen, diese Sache ins klare zu bringen. Er war durch das französische Ministerium veranlaßt worden, dem Herkommen eines Mannes nachzuspüren, welcher die Frechheit gehabt hatte, vor dem Angesichte Frankreichs, ja man darf wohl sagen der Welt, bei einem wichtigen und gefährlichen Prozesse die albernsten Märchen vorzubringen.

Es habe dieser Rechtsgelehrte, erzählte man, den Stammbaum des Joseph Balsamo aufgestellt und ein erläuterndes Memoire mit beglaubigten Beilagen nach Frankreich abgeschickt, wo man wahrscheinlich davon öffentlichen Gebrauch machen werde.

Ich äußerte den Wunsch, diesen Rechtsgelehrten, von welchem außerdem viel Gutes gesprochen wurde, kennen zu lernen, und der Erzähler erbot sich, mich bei ihm anzumelden und zu ihm zu führen.

Nach einigen Tagen gingen wir hin und fanden ihn mit seinen Klienten beschäftigt. Als er diese abgefertigt und wir das Frühstück genommen hatten, brachte er ein Manuskript hervor, welches den Stammbaum Cagliostros, die zu dessen Begründung nötigen Dokumente in Abschrift und das Konzept eines Memoire enthielt, das nach Frankreich abgegangen war.

Er legte mir den Stammbaum vor und gab mir die nötigen Erklärungen darüber, wovon ich hier so viel anführe, als zu leichterer Einsicht nötig ist.

Joseph Balsamos Urgroßvater mütterlicher Seite war Matthäus Martello. Der Geburtsname seiner Urgroßmutter ist unbekannt. Aus dieser Ehe entsprangen zwei Töchter, eine namens Maria, die an Joseph Bracconeri verheiratet und Großmutter Joseph Balsamos ward. Die andere, namens Vincenza, verheiratete sich an Joseph Cagliostro, der von einem kleinen Orte La Noava, acht Meilen von Messina, gebürtig war. Ich bemerke hier, daß zu Messina noch zwei Glockengießer dieses Namens leben. Die Großtante war in der Folge Pate bei Joseph Balsamo; er erhielt den Taufnamen ihres Mannes und nahm endlich auswärts auch den Zunamen Cagliostro von seinem Großonkel an.

Die Eheleute Bracconeri hatten drei Kinder: Felicitas, Matthäus und Antonia.

Felicitas ward an Peter Balsamo verheiratet, den Sohn eines Bandhändlers in Palermo, Antonin Balsamo, der vermutlich von jüdischem Geschlecht abstammte. Peter Balsamo, der Vater des berüchtigten Josephs, machte Bankerott und starb in seinem fünfundvierzigsten Jahre. Seine Witwe, welche noch gegenwärtig lebt, gab ihm außer dem benannten Joseph noch eine Tochter Johanna Joseph-Maria, welche an Johann Baptista Capitummino verheiratet wurde, der mit ihr drei Kinder zeugte und starb.

Das Memoire, welches uns der gefällige Verfasser vorlas und mir auf mein Ersuchen einige Tage anvertraute, war auf Taufscheine, Ehekontrakte und Instrumente gegründet, die mit Sorgfalt gesammelt waren. Es enthielt ohngefähr die Umstände — wie ich aus einem Auszug, den ich damals gemacht, ersehe — die uns nunmehr aus den römischen Prozeßakten bekannt geworden sind, daß Joseph Balsamo anfangs Juni 1743 zu Palermo geboren, von Vincenza Martello, verheirateter Cagliostro, aus der Taufe gehoben sei, daß er in seiner Jugend das Kleid der barmherzigen Brüder genommen, eines Ordens, der besonders Kranke verpflegt, daß er bald viel Geist und Geschick für die Medizin gezeigt, doch aber wegen seiner übeln Aufführung fortgeschickt worden, daß er in Palermo nachher den Zauberer und Schatzgräber gemacht.

Seine große Gabe, alle Hände nachzuahmen, ließ er nicht unbenutzt (so fährt das Memoire fort). Er verfälschte oder verfertigte vielmehr ein altes Dokument, wodurch das Eigentum einiger Güter in Streit geriet. Er kam in Untersuchung, ins Gefängnis, entfloh und ward ediktaliter zitiert. Er reiste durch Calabrien nach Rom, wo er die Tochter eines Gürtlers heiratete. Von Rom kehrte er nach Neapel unter dem Namen Marchese Pellegrini zurück. Er wagte sich wieder nach Palermo, ward erkannt, gefänglich eingezogen und kam nur auf eine Weise los, die wert ist, daß ich sie umständlich erzähle.

Der Sohn eines der ersten sizilianischen Prinzen und großen Güterbesitzers, eines Mannes, der an dem neapolitanischen Hofe ansehnliche Stellen bekleidete, verband mit einem starken Körper und einer unbändigen Gemütsart allen Übermut, zu dem sich der Reiche und Große ohne Bildung berechtigt glaubt.

Donna Lorenza wußte ihn zu gewinnen, und auf ihn baute der verstellte Marchese Pellegrini seine Sicherheit. Der Prinz zeigte öffentlich, daß er dies angekommene Paar beschütze; aber in welche Wut geriet er, als Joseph Balsamo auf Anrufen der Partei, welche durch seinen Betrug Schaden gelitten, abermals ins Gefängnis gebracht wurde! Er versuchte verschiedene Mittel, ihn zu befrein, und da sie ihm nicht gelingen wollten, drohte er im Vorzimmer des Präsidenten, den Advokaten der Gegenpartei aufs grimmigste zu mißhandeln, wenn er nicht sogleich die Verhaftung des Balsamo wieder aufhöbe. Als der gegenseitige Sachwalter sich weigerte, ergriff er ihn, schlug ihn, warf ihn auf die Erde, trat ihn mit Füßen und war kaum von mehreren Mißhandlungen abzuhalten, als der Präsident selbst auf den Lärm herauseilte und Frieden gebot.

Dieser, ein schwacher, abhängiger Mann, wagte nicht, den Beleidiger zu bestrafen; die Gegenpartei und ihr Sachwalter wurden kleinmütig, und Balsamo ward in Freiheit gesetzt, ohne daß bei den Akten sich eine Registratur über seine Loslassung befindet, weder wer sie verfügt, noch wie sie geschehen.

Bald darauf entfernte er sich von Palermo und tat verschiedene Reisen, von welchen der Verfasser nur unvollständige Nachrichten geben konnte.

Das Memoire endigte sich mit einem scharfsinnigen Beweise, daß Cagliostro und Balsamo eben dieselbe Person sei, eine These, die damals schwerer zu behaupten war, als sie es jetzt ist, da wir von dem Zusammenhang der Geschichte vollkommen unterrichtet sind.

Hätte ich nicht damals vermuten müssen, daß man in Frankreich einen öffentlichen Gebrauch von jenem Aufsatz machen würde, daß ich ihn vielleicht bei meiner Zurückkunft schon gedruckt anträfe, so wäre es mir erlaubt gewesen, eine Abschrift zu nehmen und meine Freunde und das Publikum früher von manchen interessanten Umständen zu unterrichten.

Indessen haben wir das meiste und mehr, als jenes Memoire enthalten konnte, von einer Seite her erfahren, von der sonst nur Irrtümer auszuströmen pflegten. Wer hätte geglaubt, daß Rom einmal zur Aufklärung der Welt, zur völligen Entlarvung eines Betrügers so viel beitragen sollte, als es durch die Herausgabe jenes Auszugs aus den Prozeßakten geschehen ist! Denn obgleich diese Schrift weit interessanter sein könnte und sollte, so bleibt sie doch immer ein schönes Dokument in den Händen eines jeden Vernünftigen, der es mit Verdruß ansehen mußte, daß Betrogene, Halbbetrogene und Betrüger diesen Menschen und seine Possenspiele jahrelang verehrten, sich durch die Gemeinschaft mit ihm über andere erhoben fühlten und von der Höhe ihres gläubigen Dünkels den gesunden Menschenverstand bedauerten, wo nicht geringschätzten.

Wer schwieg nicht gern während dieser Zeit? Und auch nur jetzt, nachdem die ganze Sache geendigt und außer Streit gesetzt ist, kann ich es über mich gewinnen, zu Komplettierung der Akten dasjenige, was mir bekannt ist, mitzuteilen.

Als ich in dem Stammbaume so manche Personen, besonders Mutter und Schwester, noch als lebend angegeben fand, bezeigte ich dem Verfasser des Memoire meinen Wunsch, sie zu sehen und die Verwandten eines so sonderbaren Menschen kennen zu lernen. Er versetzte, daß es schwer sein werde, dazu zu gelangen, indem diese Menschen, arm aber ehrbar, sehr eingezogen lebten, keine Fremden zu sehen gewohnt seien und der argwöhnische Charakter der Nation sich aus einer solchen Erscheinung allerlei deuten werde; doch er wolle mir seinen Schreiber schicken, der bei der Familie Zutritt habe und durch den er die Nachrichten und Dokumente, woraus der Stammbaum zusammengesetzt worden, erhalten.

Den folgenden Tag erschien der Schreiber und äußerte wegen des Unternehmens einige Bedenklichkeiten. Ich habe, sagte er, bisher immer vermieden, diesen Leuten wieder unter die Augen zu treten; denn um ihre Ehekontrakte, Taufscheine und andere Papiere in die Hände zu bekommen und von selbigen legale Kopien machen zu können, mußte ich mich einer eigenen List bedienen. Ich nahm Gelegenheit, von einem Familienstipendio zu reden, das irgendwo vakant war, machte ihnen wahrscheinlich, daß der junge Capitummino sich dazu qualifiziere, daß man vor allen Dingen einen Stammbaum aufsetzen müsse, um zu sehen, inwiefern der Knabe Ansprüche darauf machen könne; es werde freilich nachher alles auf Negoziation ankommen, die ich übernehmen wolle, wenn man mir einen billigen Teil der zu erhaltenden Summe für meine Bemühungen verspräche. Mit Freuden willigten die guten Leute in alles; ich erhielt die nötigen Papiere, die Kopien wurden genommen, der Stammbaum ausgearbeitet, und seit der Zeit hüte ich mich, vor ihnen zu erscheinen. Noch vor einigen Wochen wurde mich die alte Capitummino gewahr, und ich wußte mich nur mit der Langsamkeit, womit hier dergleichen Sachen vorwärts gehen, zu entschuldigen.

So sagte der Schreiber. Da ich aber von meinem Vorsatz nicht abging, wurden wir nach einiger Überlegung dahin einig, daß ich mich für einen Engländer ausgeben und der Familie Nachrichten von Cagliostro bringen sollte, der eben aus der Gefangenschaft der Bastille nach London gegangen war.

Zur gesetzten Stunde, es mochte etwa drei Uhr nach Mittag sein, machten wir uns auf den Weg. Das Haus lag in dem Winkel eines Gäßchens, nicht weit von der Hauptstraße, il Cassaro genannt. Wir stiegen eine elende Treppe hinauf und kamen sogleich in die Küche. Eine Frau von mittlerer Größe, stark und breit, ohne fett zu sein, war beschäftigt, das Küchengeschirr aufzuwaschen. Sie war reinlich gekleidet und schlug, als wir hineintraten, das eine Ende der Schürze hinauf, um vor uns die schmutzige Seite zu verstecken. Sie sah meinen Führer freudig an und sagte: Signor Giovanni, bringen Sie uns gute Nachrichten? haben Sie etwas ausgerichtet?

Er versetzte: In unsrer Sache hat mir's noch nicht gelingen wollen; hier ist aber ein Fremder, der einen Gruß von Ihrem Bruder bringt und Ihnen erzählen kann, wie er sich gegenwärtig befindet.

Der Gruß, den ich bringen sollte, war nicht ganz in unserer Abrede; indessen war die Einleitung einmal gemacht. — Sie kennen meinen Bruder? fragte sie. — Es kennt ihn ganz Europa, versetzte ich; und ich glaube, es wird Ihnen angenehm sein, zu hören, daß er sich in Sicherheit und wohl befindet, da Sie bisher wegen seines Schicksals gewiß in Sorgen gewesen sind. — Treten Sie hinein, sagte sie; ich folge Ihnen gleich. — Und ich trat mit dem Schreiber in das Zimmer.

Es war groß und hoch, daß es bei uns für einen Saal gelten würde; es schien aber auch beinah die ganze Wohnung der Familie zu sein. Ein einziges Fenster erleuchtete die großen Wände, die einmal Farbe gehabt hatten und auf denen schwarze Heiligenbilder in goldnen Rahmen herumhingen. Zwei große Betten ohne Vorhänge standen an der einen Wand, ein braunes Schränkchen, das die Gestalt eines Schreibtisches hatte, an der andern. Alte, mit Rohr durchflochtene Stühle, deren Lehnen ehmals vergoldet gewesen, standen darneben, und die Backsteine des Fußbodens waren an vielen Stellen tief ausgetreten. Übrigens war alles reinlich, und wir näherten uns der Familie, die am andern Ende des Zimmers an dem einzigen Fenster versammelt war.

Indes mein Führer der alten Balsamo, die in der Ecke saß, die Ursache unsers Besuchs erklärte und seine Worte wegen der Taubheit der guten Alten mehrmals laut wiederholte, hatte ich Zeit, das Zimmer und die übrigen Personen zu betrachten. Ein Mädchen von ohngefähr sechzehn Jahren, wohlgewachsen, deren Gesichtszüge durch die Blattern undeutlich geworden waren, stand am Fenster; neben ihr ein junger Mensch, dessen unangenehme, durch die Blattern entstellte Bildung mir auch auffiel. In einem Lehnstuhl saß oder lag vielmehr, gegen dem Fenster über, eine kranke, sehr ungestaltete Person, die mit einer Art Schlafsucht behaftet schien.

Als mein Führer sich deutlich gemacht hatte, nötigte man uns zum Sitzen. Die Alte tat einige Fragen an mich, die ich mir aber mußte dolmetschen lassen, eh ich sie beantworten konnte, da mir der sizilianische Dialekt nicht geläufig war.

Ich betrachtete indessen die alte Frau mit Vergnügen. Sie war von mittlerer Größe, aber wohlgebildet; über ihre regelmäßigen Gesichtszüge, die das Alter nicht entstellt hatte, war der Friede verbreitet, dessen gewöhnlich die Menschen genießen, die des Gehörs beraubt sind; der Ton ihrer Stimme war sanft und angenehm.

Ich beantwortete ihre Fragen, und meine Antworten mußten ihr auch wieder verdolmetscht werden.

Die Langsamkeit unserer Unterredung gab mir Gelegenheit, meine Worte abzumessen. Ich erzählte ihr, daß ihr Sohn in Frankreich losgesprochen worden und sich gegenwärtig in England befinde, wo er wohl aufgenommen sei. Ihre Freude, die sie über diese Nachrichten äußerte, war mit Ausdrücken einer herzlichen Frömmigkeit begleitet, und da sie nun etwas lauter und langsamer sprach, konnt ich sie eher verstehen.

Indessen war ihre Tochter hereingekommen und hatte sich zu meinem Führer gesetzt, der ihr das, was ich erzählt hatte, getreulich wiederholte. Sie hatte eine reinliche Schürze vorgebunden und ihre Haare in Ordnung unter das Netz gebracht. Je mehr ich sie ansah und mit ihrer Mutter verglich, desto auffallender war mir der Unterschied beider Gestalten. Eine lebhafte, gesunde Sinnlichkeit blickte aus der ganzen Bildung der Tochter hervor; sie mochte eine Frau von vierzig Jahren sein. Mit muntern blauen Augen sah sie klug umher, ohne daß ich in ihrem Blick irgend einen Argwohn spüren konnte. Indem sie saß, versprach ihre Figur mehr Länge, als sie zeigte, wenn sie aufstand; ihre Stellung war determiniert, sie saß mit vorwärts gebogenem Körper und die Hände auf die Knie gelegt. Übrigens erinnerte mich ihre mehr stumpfe als scharfe Gesichtsbildung an das Bildnis ihres Bruders, das wir in Kupfer kennen. Sie fragte mich verschiedenes über meine Reise, über meine Absicht, Sizilien zu sehen, und war überzeugt, daß ich gewiß zurückkommen und das Fest der heiligen Rosalie mit ihnen feiern würde.

Da indessen die Großmutter wieder einige Fragen an mich getan hatte und ich ihr zu antworten beschäftigt war, sprach die Tochter halblaut mit meinem Gefährten, doch so, daß ich Anlaß nehmen konnte, zu fragen, wovon die Rede sei. Er sagte darauf, Frau Capitummino erzähle ihm, daß ihr Bruder ihr noch vierzehn Unzen schuldig sei; sie habe bei seiner schnellen Abreise von Palermo versetzte Sachen für ihn eingelöset, seit der Zeit aber weder etwas von ihm gehört, noch Geld noch irgend eine Unterstützung von ihm erhalten, ob er gleich, wie sie höre, große Reichtümer besitze und einen fürstlichen Aufwand mache. Ob ich nicht über mich nehmen wolle, nach meiner Zurückkunft ihn auf eine gute Weise an die Schuld zu erinnern und eine Unterstützung für sie auszuwirken, ja ob ich nicht einen Brief mitnehmen oder allenfalls bestellen wolle? Ich erbot mich dazu. Sie fragte, wo ich wohne, wohin sie mir den Brief zu schicken habe. Ich lehnte ab, meine Wohnung zu sagen, und erbot mich, den andern Tag gegen Abend den Brief selbst abzuholen.

Sie erzählte mir darauf ihre mißliche Lage: sie sei eine Witwe mit drei Kindern, von denen das eine Mädchen im Kloster erzogen werde; die andere sei hier gegenwärtig und ihr Sohn eben in die Lehrstunde gegangen. Außer diesen drei Kindern habe sie ihre Mutter bei sich, für deren Unterhalt sie sorgen müsse, und überdies habe sie aus christlicher Liebe die unglückliche kranke Person zu sich genommen, die ihre Last noch vergrößere; alle ihre Arbeitsamkeit reiche kaum hin, sich und den Ihrigen das Notdürftige zu verschaffen. Sie wisse zwar, daß Gott diese guten Werke nicht unbelohnt lasse, seufze aber doch sehr unter der Last, die sie schon so lange getragen habe.

Die jungen Leute mischten sich auch ins Gespräch, und die Unterhaltung wurde lebhafter. Indem ich mit den andern sprach, hört ich, daß die Alte ihre Tochter fragte, ob ich denn auch wohl ihrer heiligen Religion zugetan sei. Ich konnte bemerken, daß die Tochter auf eine kluge Weise der Antwort auszuweichen suchte, indem sie, so viel ich verstand, der Mutter bedeutete, daß der Fremde gut für sie gesinnt zu sein schiene und daß es sich wohl nicht schicke, jemanden sogleich über diesen Punkt zu befragen.

Da sie hörten, daß ich bald von Palermo abreisen wollte, wurden sie dringender und ersuchten mich, daß ich doch ja wiederkommen möchte; besonders rühmten sie die paradiesischen Tage des Rosalienfestes, dergleichen in der ganzen Welt nicht müsse gesehen und genossen werden.

Mein Begleiter, der schon lange Lust gehabt hatte, sich zu entfernen, machte endlich der Unterredung durch seine Gebärden ein Ende, und ich versprach, den andern Tag gegen Abend wiederzukommen und den Brief abzuholen. Mein Begleiter freute sich, daß alles so glücklich gelungen sei, und wir schieden zufrieden voneinander.

Man kann sich den Eindruck denken, den diese arme, fromme, wohlgesinnte Familie auf mich gemacht hatte. Meine Neugierde war befriedigt; aber ihr natürliches und gutes Betragen hatte einen Anteil in mir erregt, der sich durch Nachdenken noch vermehrte.

Sogleich aber entstand in mir die Sorge wegen des folgenden Tags. Es war natürlich, daß diese Erscheinung, die sie im ersten Augenblick überrascht hatte, nach meinem Abschiede manches Nachdenken bei ihnen erregen mußte. Durch den Stammbaum war mir bekannt, daß noch mehrere von der Familie lebten; es war natürlich, daß sie ihre Freunde zusammenberiefen, um sich in ihrer Gegenwart dasjenige wiederholen zu lassen, was sie Tags vorher mit Verwunderung von mir gehört hatten. Meine Absicht hatte ich erreicht, und es blieb mir nur noch übrig, dieses Abenteuer auf eine schickliche Weise zu endigen. Ich begab mich daher des andern Tags gleich nach Tische allein in ihre Wohnung. Sie verwunderten sich, da ich hineintrat. Der Brief sei noch nicht fertig, sagten sie, und einige ihrer Verwandten wünschten mich auch kennen zu lernen, welche sich gegen Abend einfinden würden. Ich versetzte, daß ich morgen früh schon abreisen müsse, daß ich noch Visiten zu machen, auch einzupacken habe, und also lieber früher als gar nicht hätte kommen wollen.

Indessen trat der Sohn herein, den ich Tags vorher nicht gesehen hatte. Er glich seiner Schwester an Wuchs und Bildung.

Er brachte den Brief, den man mir mitgeben wollte, den er, wie es in jenen Gegenden gewöhnlich ist, außer dem Hause bei einem der öffentlich sitzenden Notarien hatte schreiben lassen. Der junge Mensch hatte ein stilles, trauriges und bescheidenes Wesen, erkundigte sich nach seinem Oheim, fragte nach dessen Reichtum und Ausgaben und setzte traurig hinzu, warum er seine Familie doch so ganz vergessen haben möchte. Es wäre unser größtes Glück, fuhr er fort, wenn er einmal hieher käme und sich unserer annehmen wollte; aber, fuhr er fort, wie hat er Ihnen entdeckt, daß er noch Anverwandte in Palermo habe? Man sagt, daß er uns überall verleugne und sich für einen Mann von großer Geburt ausgebe. Ich beantwortete diese Frage, welche durch die Unvorsichtigkeit meines Führers bei unserm ersten Eintritt veranlaßt worden war, auf eine Weise, die es wahrscheinlich machte, daß der Oheim, wenn er gleich gegen das Publikum Ursache habe, seine Abkunft zu verbergen, doch gegen seine Freunde und Bekannte kein Geheimnis daraus mache.

Die Schwester, welche während dieser Unterredung herbeigetreten war und durch die Gegenwart des Bruders, wahrscheinlich auch durch die Abwesenheit des gestrigen Freundes mehr Mut bekam, fing gleichfalls an, sehr artig und lebhaft zu sprechen. Sie baten sehr, sie ihrem Onkel, wenn ich ihm schriebe, zu empfehlen; ebenso sehr aber, wenn ich diese Reise durchs Königreich gemacht, wiederzukommen und das Rosalienfest mit ihnen zu begehen.

Die Mutter stimmte mit den Kindern ein. Mein Herr, sagte sie, ob es sich zwar eigentlich nicht schickt, da ich eine erwachsene Tochter habe, fremde Männer in meinem Hause zu sehen, und man Ursache hat, sich sowohl vor der Gefahr als der Nachrede zu hüten, so sollen Sie uns doch immer willkommen sein, wenn Sie in diese Stadt zurückkehren.

O ja, versetzten die Kinder; wir wollen den Herrn beim Feste herumführen, wir wollen ihm alles zeigen, wir wollen uns auf die Gerüste setzen, wo wir die Feierlichkeiten am besten sehen können. Wie wird er sich über den großen Wagen und besonders über die prächtige Illumination freuen!

Indessen hatte die Großmutter den Brief gelesen und wieder gelesen. Da sie hörte, daß ich Abschied nehmen wollte, stand sie auf und übergab mir das zusammengefaltete Papier. Sagen Sie meinem Sohn, fing sie mit einer edlen Lebhaftigkeit, ja einer Art von Begeisterung an, sagen Sie meinem Sohn, wie glücklich mich die Nachricht gemacht hat, die Sie mir von ihm gebracht haben; sagen Sie ihm, daß ich ihn so an mein Herz schließe — hier streckte sie die Arme auseinander und drückte sie wieder auf ihrer Brust zusammen — daß ich täglich Gott und unsere heilige Jungfrau für ihn im Gebet anflehe, daß ich ihm und seiner Frau meinen Segen gebe und daß ich nur wünsche, ihn vor meinem Ende noch einmal mit diesen Augen zu sehen, die so viele Tränen über ihn vergossen haben.

Die eigne Zierlichkeit der italienischen Sprache begünstigte die Wahl und die edle Stellung dieser Worte, welche noch überdies von lebhaften Gebärden begleitet wurden, womit jene Nation einen unglaublichen Reiz zu verbreiten gewohnt ist.

Ich nahm nicht ohne Rührung von ihnen Abschied. Sie reichten mir alle die Hände, die Kinder geleiteten mich hinaus, und indes ich die Treppe hinunterging, sprangen sie auf den Balkon des Fensters, das aus der Küche auf die Straße ging, riefen mir nach, winkten mir Grüße zu und wiederholten, daß ich ja nicht vergessen möchte, wiederzukommen. Ich sah sie noch auf dem Balkon stehen, als ich um die Ecke herumging.

Ich brauche nicht zu sagen, daß der Anteil, den ich an dieser Familie nahm, den lebhaften Wunsch in mir erregte, ihr nützlich zu sein und ihrem Bedürfnis zu Hülfe zu kommen. Sie war nun durch mich abermals hintergangen und ihre Hoffnungen auf eine unerwartete Hülfe waren durch die Neugierde des nördlichen Europas auf dem Wege, zum zweitenmal getäuscht zu werden.

Mein erster Vorsatz war, ihnen vor meiner Abreise jene vierzehn Unzen zuzustellen, die ihnen der Flüchtling schuldig geblieben, und durch die Vermutung, daß ich diese Summe von ihm wieder zu erhalten hoffte, mein Geschenk zu bedecken; allein als ich zu Hause meine Rechnung machte, meine Kasse und Papiere überschlug, sah ich wohl, daß in einem Lande, wo durch Mangel von Kommunikation die Entfernung gleichsam ins Unendliche wächst, ich mich selbst in Verlegenheit setzen würde, wenn ich mir anmaßte, die Ungerechtigkeit eines frechen Menschen durch eine herzliche Gutmütigkeit zu verbessern.

Gegen Abend trat ich noch zu meinem Handelsmanne und fragte ihn, wie denn das Fest morgen ablaufen werde, da eine große Prozession durch die Stadt ziehen und der Vizekönig selbst das Heiligste zu Fuß begleiten solle. Der geringste Windstoß müsse ja Gott und Menschen in die dickste Staubwolke verhüllen.

Der muntere Mann versetzte, daß man in Palermo sich gern auf ein Wunder verlasse. Schon mehrmals in ähnlichen Fällen sei ein gewaltsamer Platzregen gefallen und habe die meist abhängige Straße, wenigstens zum Teil, rein abgeschwemmt und der Prozession reinen Weg gebahnt. Auch diesmal hege man die gleiche Hoffnung nicht ohne Grund, denn der Himmel überziehe sich und verspreche Regen auf die Nacht.

Sonntag den 15. April.

Und so geschah es denn auch: der gewaltsamste Regenguß fiel vergangene Nacht vom Himmel. Sogleich morgens eilte ich auf die Straße, um Zeuge des Wunders zu sein. Und es war wirklich seltsam genug. Der zwischen den beiderseitigen Schrittsteinen eingeschränkte Regenstrom hatte das leichteste Kehricht die abhängige Straße herunter, teils nach dem Meere, teils in

Palermo, Die Grotte der hl. Rosalie *Nach Chastelet*

Palermo, Oretho-Tal — *Nach Chastelet*

die Abzüge, insofern sie nicht verstopft waren, fortgetrieben, das gröbere Geströhde wenigstens von einem Orte zum andern geschoben und dadurch wundersame, reine Mäander auf das Pflaster gezeichnet. Nun waren hundert und aber hundert Menschen mit Schaufeln, Besen und Gabeln dahinterher, diese reinen Stellen zu erweitern und in Zusammenhang zu bringen, indem sie die noch übriggebliebenen Unreinigkeiten bald auf diese, bald auf jene Seite häuften. Daraus erfolgte denn, daß die Prozession, als sie begann, wirklich einen reinlichen Schlangenweg durch den Morast gebahnt sah und sowohl die sämtliche langbekleidete Geistlichkeit als der nettfüßige Adel, den Vizekönig an der Spitze, ungehindert und unbesudelt durchschreiten konnte. Ich glaubte die Kinder Israel zu sehen, denen durch Moor und Moder von Engelshand ein trockner Pfad bereitet wurde, und veredelte mir in diesem Gleichnisse den unerträglichen Anblick, so viel andächtige und anständige Menschen durch eine Allee von feuchten Kothaufen durchbeten und durchprunken zu sehen.

Auf den Schrittsteinen hatte man nach wie vor reinlichen Wandel, im Innern der Stadt hingegen, wohin uns die Absicht, verschiedenes bis jetzt Vernachlässigtes zu sehen, gerade heute gehen hieß, war es fast unmöglich durchzukommen, obgleich auch hier das Kehren und Aufhäufen nicht versäumt war.

Diese Feierlichkeit gab uns Anlaß, die Hauptkirche zu besuchen und ihre Merkwürdigkeiten zu betrachten, auch, weil wir einmal auf den Beinen waren, uns nach andern Gebäuden umzusehen; da uns denn ein maurisches, bis jetzt wohlerhaltenes Haus gar sehr ergötzte. Nicht groß, aber mit schönen, weiten und wohlproportionierten, harmonischen Räumen; in einem nördlichen Klima nicht eben bewohnbar, im südlichen ein höchst willkommener Aufenthalt. Die Baukundigen mögen uns davon Grund- und Aufriß überliefern.

Auch sahen wir in einem unfreundlichen Lokal verschiedene Reste antiker marmorner Statuen, die wir aber zu entziffern keine Geduld hatten.

Montag den 16. April.

Da wir uns nun selbst mit einer nahen Abreise aus diesem Paradies bedrohen müssen, so hoffte ich, heute noch im öffentlichen Garten ein vollkommenes Labsal zu finden, mein Pensum in der Odyssee zu lesen und auf einem Spaziergang nach dem Tale, am Fuße des Rosalienbergs, den Plan der Nausikaa weiter durchzudenken und zu versuchen, ob diesem Gegenstande eine dramatische Seite abzugewinnen sei. Dies alles ist, wo nicht mit großem Glück, doch mit vielem Behagen geschehen. Ich verzeichnete den Plan und konnte nicht unterlassen, einige Stellen, die mich besonders anzogen, zu entwerfen und auszuführen.

Dienstag den 17. April.

Es ist ein wahres Unglück, wenn man von vielerlei Geistern verfolgt und versucht wird! Heute früh ging ich mit dem festen, ruhigen Vorsatz, meine dichterischen Träume fortzusetzen, nach dem öffentlichen Garten; allein eh ich mich's versah, erhaschte mich ein anderes Gespenst, das mir schon diese Tage nachgeschlichen. Die vielen Pflanzen, die ich sonst nur in Kübeln und Töpfen, ja die größte Zeit des Jahres nur hinter Glasfenstern zu sehen gewohnt war, stehen hier froh und frisch unter freiem Himmel, und indem sie ihre Bestimmung vollkommen erfüllen, werden sie uns deutlicher. Im Angesicht so vielerlei neuen und erneuten Gebildes fiel mir die alte Grille wieder ein, ob ich nicht unter dieser Schar die Urpflanze entdecken könnte. Eine solche muß es denn doch geben! Woran würde ich sonst erkennen, daß dieses oder jenes Gebilde eine Pflanze sei, wenn sie nicht alle nach einem Muster gebildet wären?

Ich bemühte mich, zu untersuchen, worin denn die vielen abweichenden Gestalten voneinander unterschieden seien. Und ich fand sie immer mehr ähnlich als verschieden, und wollte ich meine botanische Terminologie anbringen, so ging das wohl, aber es fruchtete nicht, es machte mich unruhig, ohne daß es mir weiterhalf. Gestört war mein guter poetischer Vorsatz; der Garten des Alkinous war verschwunden, ein Weltgarten hatte sich aufgetan. Warum sind wir Neueren doch so zerstreut, warum gereizt zu Forderungen, die wir nicht erreichen noch erfüllen können!

Alcamo, Mittwoch den 18. April.

Beizeiten ritten wir aus Palermo. Kniep und der Vetturin hatten sich beim Ein- und Aufpacken vortrefflich erwiesen. Wir zogen langsam die herrliche Straße hinauf, die uns schon beim Besuch auf San Martino bekannt geworden, und bewunderten abermals eine der Prachtfontänen am Wege, als wir auf die mäßige Sitte dieses Landes vorbereitet wurden. Unser Reitknecht nämlich hatte ein kleines Weinfäßchen am Riemen umgehängt, wie unsere Marketenderinnen pflegen, und es schien für einige Tage genugsam Wein zu enthalten. Wir verwunderten uns daher, als er auf eine der vielen Springröhren losritt, den Pfropf eröffnete und Wasser einlaufen ließ. Wir fragten, mit wahrhaft deutschem Erstaunen, was er da vorhabe, ob das Fäßchen nicht voll Wein sei. Worauf er mit großer Gelassenheit erwiderte, er habe ein Dritteil davon leer gelassen, und weil niemand ungemischten Wein trinke, so sei es besser, man mische ihn gleich im ganzen; da vereinigten sich die Flüssigkeiten besser, und man sei ja nicht sicher, überall Wasser zu finden. Indessen war das Fäßchen gefüllt, und wir mußten uns diesen altorientalischen Hochzeitsgebrauch gefallen lassen.
Als wir nun hinter Monreale auf die Höhen gelangten, sahen wir wunderschöne Gegenden, mehr im historischen als ökonomischen Stil. Wir blickten rechter Hand bis ans Meer, das zwischen den wundersamsten Vorgebirgen über baumreiche und baumlose Gestade seine schnurgerade Horizontallinie hinzog und

so, entschieden ruhig, mit den wilden Kalkfelsen herrlich kontrastierte. Kniep enthielt sich nicht, deren in kleinem Format mehrere zu umreißen.
Nun sind wir in Alcamo, einem stillen, reinlichen Städtchen, dessen wohleingerichteter Gasthof als eine schöne Anstalt zu rühmen ist, da man von hier aus den abseits und einsam belegenen Tempel von Segest bequem besuchen kann.

Alcamo, Donnerstag den 19. April.

Die gefällige Wohnung in einem ruhigen Bergstädtchen zieht uns an, und wir fassen den Entschluß, den ganzen Tag hier zuzubringen. Da mag denn vor allen Dingen von gestrigen Ereignissen die Rede sein.
Schon früher leugnete ich des Prinzen Pallagonia Originalität; er hat Vorgänger gehabt und Muster gefunden. Auf dem Wege nach Monreale stehen zwei Ungeheuer an einer Fontäne und auf dem Geländer einige Vasen, völlig als wenn sie der Fürst bestellt hätte.
Hinter Monreale, wenn man den schönen Weg verläßt und in steinige Gebirge kommt, liegen oben auf dem Rücken Steine im Weg, die ich ihrer Schwere und Anwitterung nach für Eisenstein hielt. Alle Landesflächen sind bebaut und tragen besser oder schlechter. Der Kalkstein zeigte sich rot, die verwitterte Erde an solchen Stellen desgleichen. Diese rote, tonigkalkige Erde ist weit verbreitet, der Boden schwer, kein Sand darunter, trägt aber trefflichen Weizen. Wir fanden alte, sehr starke, aber verstümmelte Ölbäume.
Unter dem Obdach einer luftigen, an der schlechten Herberge vorgebauten Halle erquickten wir uns an einem mäßigen Imbiß. Hunde verzehrten begierig die weggeworfenen Schalen unserer Würste; ein Betteljunge vertrieb sie und speiste mit Appetit die Schalen der Äpfel, die wir verzehrten; dieser aber ward gleichfalls von einem alten Bettler verjagt. Handwerksneid ist überall

zu Hause. In einer zerlumpten Toga lief der alte Bettler hin und wider, als Hausknecht oder Kellner. So hatte ich auch schon früher gesehen, daß, wenn man etwas von einem Wirte verlangt, was er grade nicht im Hause hat, so läßt er es durch einen Bettler beim Krämer holen.

Doch sind wir gewöhnlich vor einer so unerfreulichen Bedienung bewahrt, da unser Vetturin vortrefflich ist: Stallknecht, Cicerone, Garde, Einkäufer, Koch und alles.

Auf den höheren Bergen findet sich noch immer der Ölbaum, Caruba, Fraxinus. Ihr Feldbau ist auch in drei Jahre geteilt. Bohnen, Getreide und Ruhe, wobei sie sagen: Mist tut mehr Wunder als die Heiligen. Der Weinstock wird sehr niedrig gehalten.

Die Lage von Alcamo ist herrlich, auf der Höhe, in einiger Entfernung vom Meerbusen; die Großheit der Gegend zog uns an. Hohe Felsen, tiefe Täler dabei, aber Weite und Mannigfaltigkeit. Hinter Monreale rückt man in ein schönes doppeltes Tal, in dessen Mitte sich noch ein Felsrücken herzieht. Die fruchtbaren Felder stehen grün und still, indes auf dem breiten Wege wildes Gebüsch und Staudenmassen wie unsinnig von Blüten glänzt: der Linsenbusch, ganz gelb von Schmetterlingsblumen überdeckt, kein grünes Blatt zu sehen; der Weißdorn, Strauß an Strauß; die Aloes rücken in die Höhe und deuten auf Blüten; reiche Teppiche von amarantrotem Klee, die Insekten-Ophrys, Alpenröslein, Hyazinthen mit geschloßnen Glocken, Borraß, Allien, Asphodelen.

Das Wasser, das von Segest herunterkommt, bringt außer Kalksteinen viele Hornsteingeschiebe; sie sind sehr fest, dunkelblau, rot, gelb, braun, von den verschiedensten Schattierungen. Auch anstehend als Gänge fand ich Horn- oder Feuersteine in Kalkfelsen, mit Sahlband von Kalk. Von solchem Geschiebe findet man ganze Hügel, ehe man nach Alcamo kommt.

Segest, den 20. April.

Der Tempel von Segest ist nie fertig geworden, und man hat den Platz um denselben nie verglichen; man ebnete nur den Umkreis, worauf die Säulen gegründet werden sollten: denn noch jetzt stehen die Stufen an manchen Orten neun bis zehn Fuß in der Erde, und es ist kein Hügel in der Nähe, von dem Steine und Erdreich hätten herunterkommen können. Auch liegen die Steine in ihrer meist natürlichen Lage, und man findet keine Trümmer darunter.

Die Säulen stehen alle; zwei, die umgefallen waren, sind neuerdings wieder hergestellt. Inwiefern die Säulen Sockel haben sollten, ist schwer zu bestimmen und ohne Zeichnung nicht deutlich zu machen. Bald sieht es aus, als wenn die Säule auf der vierten Stufe stände, da muß man aber wieder eine Stufe zum Innern des Tempels hinab; bald ist die oberste Stufe durchschnitten, dann sieht es aus, als wenn die Säulen Basen hätten; bald sind diese Zwischenräume wieder ausgefüllt, und da haben wir wieder den ersten Fall. Der Architekt mag dies genauer bestimmen.

Die Nebenseiten haben zwölf Säulen ohne die Ecksäulen, die vordere und hintere Seite sechs mit den Ecksäulen. Die Zapfen, an denen man die Steine transportiert, sind an den Stufen des Tempels ringsum nicht weggehauen, zum Beweis, daß der Tempel nicht fertig geworden. Am meisten zeigt davon aber der Fußboden: derselbe ist von den Seiten herein an einigen Orten durch Platten angegeben, in der Mitte aber steht noch der rohe Kalkfels höher als das Niveau des angelegten Bodens; er kann also nie geplattet gewesen sein. Auch ist keine Spur von innerer Halle. Noch weniger ist der Tempel mit Stuck überzogen gewesen; daß es aber die Absicht war, läßt sich vermuten: an den Platten der Kapitäle sind Vorsprünge, wo sich vielleicht der Stuck anschließen sollte. Das Ganze ist aus einem travertinähnlichen Kalkstein gebaut, jetzt sehr verfressen. Die Restauration von 1781 hat dem Gebäude sehr wohlgetan. Der Steinschnitt, der die Teile zusammenfügt, ist einfach, aber schön. Die großen besondern Steine, deren Riedesel erwähnt, konnt ich nicht finden; sie sind vielleicht zu Restauration der Säulen verbraucht worden.

Die Lage des Tempels ist sonderbar: am höchsten Ende eines weiten langen Tales, auf einem isolierten Hügel, aber doch noch von Klippen umgeben, sieht er über viel Land in eine weite Ferne, aber nur ein Eckchen Meer. Die Gegend ruht in trauriger Fruchtbarkeit: alles bebaut und fast nirgends eine Wohnung. Auf blühenden Disteln schwärmten unzählige Schmetterlinge. Wilder Fenchel stand, acht bis neun Fuß hoch, verdorrt, von vorigem Jahr her so reichlich und in scheinbarer Ordnung, daß man es für die Anlage einer Baumschule hätte halten können. Der Wind sauste in den Säulen wie in einem Walde, und Raubvögel schwebten schreiend über dem Gebälke.

Die Mühseligkeit, in den unscheinbaren Trümmern eines Theaters herumzusteigen, benahm uns die Lust, die Trümmer der Stadt zu besuchen. Am Fuße des Tempels finden sich große Stücke jenes Hornsteins, und der Weg nach Alcamo ist mit unendlichen Geschieben desselben gemischt. Hiedurch kommt ein Anteil Kieselerde in den Boden, wodurch er lockerer wird. An frischem Fenchel bemerkte ich den Unterschied der unteren und oberen Blätter, und es ist doch nur immer dasselbe Organ, das sich aus der Einfachheit zur Mannigfaltigkeit entwickelt. Man gätet hier sehr fleißig; die Männer gehen wie bei einem Treibjagen das ganze Feld durch. Insekten lassen sich auch sehen. In Palermo hatte ich nur Gewürm bemerkt, Eidechsen, Blutegel, Schnecken nicht schöner gefärbt als unsere, ja nur grau.

Castel Veterano, Sonnabend den 21. April.

Von Alcamo auf Castel Veterano kommt man am Kalkgebirge her über Kieshügel. Zwischen den steilen unfruchtbaren Kalkbergen weite hüglige Täler, alles bebaut, aber fast kein Baum. Die Kieshügel voll großer Geschiebe, auf alte Meeresströmungen hindeutend; der Boden schön gemischt, leichter als bisher, wegen des Anteils von Sand. Salemi blieb uns eine Stunde rechts; hier kamen wir über Gipsfelsen, dem Kalke vorliegend, das Erdreich immer trefflicher gemischt. In der Ferne sieht man das westliche Meer. Im Vordergrund das Erdreich durchaus hüglig. Wir fanden ausgeschlagene Feigenbäume; was aber Lust und Bewunderung erregte, waren unübersehbare Blumenmassen, die sich auf dem überbreiten Wege angesiedelt hatten und in großen, bunten, aneinander stoßenden Flächen sich absonderten und wiederholten. Die schönsten Winden, Hibiskus und Malven, vielerlei Arten Klee herrschten wechselsweise, dazwischen das Allium, Galegagesträuche. Und durch diesen bunten Teppich wand man sich reitend hindurch, denen sich kreuzenden unzähligen schmalen Pfaden nachfolgend. Dazwischen weidet schönes rotbraunes Vieh, nicht groß, sehr nett gebaut; besonders zierliche Gestalt der kleinen Hörner.

Die Gebirge in Nordost stehen alle reihenweis; ein einziger Gipfel, Cuniglione, ragt aus der Mitte hervor. Die Kieshügel zeigen wenig Wasser, auch müssen wenig Regengüsse hier niedergehen: man findet keine Wasserrisse noch sonst Verschwemmtes.

In der Nacht begegnete mir ein eignes Abenteuer. Wir hatten uns in einem freilich nicht sehr zierlichen Lokal sehr müde auf die Betten geworfen; zu Mitternacht wach ich auf und erblicke über mir die angenehmste Erscheinung: einen Stern so schön, als ich ihn nie glaubte gesehen zu haben. Ich erquicke mich an dem lieblichen, alles Gute weissagenden Anblick; bald aber verschwindet mein holdes Licht und läßt mich in der Finsternis allein. Bei Tagesanbruch bemerkte ich erst die Veranlassung dieses Wunders: es war eine Lücke im Dach, und einer der schönsten Sterne des Himmels war in jenem Augenblick durch meinen Meridian gegangen. Dieses natürliche Ereignis jedoch legten die Reisenden mit Sicherheit zu ihren Gunsten aus.

Sciacca, Sonntag den 23. April.

Der Weg hieher, mineralogisch uninteressant, geht immerfort über Kieshügel. Man gelangt ans Ufer des Meers, dort ragen mitunter Kalkfelsen hervor. Alles flache Erdreich unendlich fruchtbar, Gerste und Hafer von dem schönsten Stande; Salsola Kali gepflanzt; die Aloes haben schon höhere Fruchtstämme getrieben als gestern und ehegestern. Die vielerlei Kleearten verließen uns nicht. Endlich kamen wir an ein Wäldchen, buschig, die höheren Bäume nur einzeln; endlich auch Pantoffelholz!

Girgent, den 23. April abends.

Von Sciacca hieher starke Tagreise. Gleich vor genanntem Orte betrachteten wir die Bäder; ein heißer Quell dringt aus dem Felsen, mit sehr starkem Schwefelgeruch; das Wasser schmeckt sehr salzig, aber nicht faul. Sollte der Schwefeldunst nicht im Augenblick des Hervorbrechens sich erzeugen? Etwas höher ist ein Brunnen, kühl, ohne Geruch. Ganz oben liegt das Kloster, wo die Schwitzbäder sind; ein starker Dampf steigt davon in die reine Luft.

Das Meer rollt hier nur Kalkgeschiebe, Quarz und Hornstein sind abgeschnitten. Ich beobachtete die kleinen Flüsse: Caltabellotta und Maccasoli bringen auch nur Kalkgeschiebe, Platani gelben Marmor und Feuersteine, die ewigen Begleiter dieses edlern Kalkgesteins. Wenige Stückchen Lava machten mich aufmerksam, allein ich vermute hier in der Gegend nichts Vulkanisches; ich denke vielmehr, es sind Trümmer von Mühlsteinen, oder zu welchem Gebrauch man solche Stücke aus der Ferne geholt hat. Bei Monte Allegro ist alles Gips; dichter Gips und Fraueneis, ganze Felsen vor und zwischen dem Kalk. Die wunderliche Felsenlage von Caltabellotta!

Girgent, Dienstag den 24. April.

So ein herrlicher Frühlingsblick wie der heutige, bei aufgehender Sonne, ward uns freilich nie durchs ganze Leben. Auf dem hohen, uralten Burgraume liegt das neue Girgent, in einem Umfang groß genug, um Einwohner zu fassen. Aus unsern Fenstern erblicken wir den weiten und breiten sanften Abhang der ehemaligen Stadt, ganz von Gärten und Weinbergen bedeckt, unter deren Grün man kaum eine Spur ehemaliger großer bevölkerten Stadtquartiere vermuten dürfte. Nur gegen das mittägige Ende dieser grünenden und blühenden Fläche sieht man den Tempel der Concordia hervorragen, in Osten die wenigen Trümmer des Junotempels; die übrigen, mit den genannten in grader Linie gelegenen Trümmer anderer heiligen Gebäude bemerkt das Auge nicht von oben, sondern eilt weiter südwärts nach der Strandfläche, die sich noch eine halbe Stunde bis gegen das Meer erstreckt. Versagt ward heute uns in jene so herrlich grünende, blühende, fruchtversprechende Räume zwischen Zweige und Ranken hinabzubegeben; denn unser Führer, ein kleiner guter Weltgeistlicher, ersuchte uns, vor allen Dingen diesen Tag der Stadt zu widmen.

Erst ließ er uns die ganz wohlgebauten Straßen beschauen, dann führte er uns auf höhere Punkte, wo sich der Anblick durch größere Weite und Breite noch mehr verherrlichte, sodann zum Kunstgenuß in die Hauptkirche. Diese enthält einen wohlerhaltenen Sarkophag, zum Altar gerettet: Hippolyt mit seinen Jagdgesellen und Pferden wird von der Amme Phädras aufgehalten, die ihm ein Täfelchen zustellen will. Hier war die Hauptabsicht, schöne Jünglinge darzustellen, deswegen auch die Alte, ganz klein und zwergenhaft, als ein Nebenwerk, das nicht stören soll, dazwischen gebildet ist. Mich dünkt, von halberhabener Arbeit nichts Herrlichers gesehen zu haben, zugleich vollkommen erhalten. Es soll mir einstweilen als ein Beispiel der anmutigsten Zeit griechischer Kunst gelten.

In frühere Epochen wurden wir zurückgeführt durch Betrachtung einer köstlichen Vase von bedeutender Größe und vollkommener Erhaltung. Ferner schienen sich manche Reste der Baukunst in der neuen Kirche hie und da untergesteckt zu haben. Da es hier keine Gasthöfe gibt, so hatte uns eine freundliche Familie Platz gemacht und einen erhöhten Alkoven an einem großen Zimmer eingeräumt. Ein grüner Vorhang trennte uns und unser Gepäck von den Hausgliedern, welche in dem großen Zimmer Nudeln fabrizierten, und zwar von der feinsten, weißesten und kleinsten Sorte, davon diejenigen am teuersten bezahlt werden, die, nachdem sie erst in die Gestalt von gliedslangen Stiften gebracht sind, noch von spitzen Mädchenfingern einmal in sich selbst gedreht, eine schneckenhafte Gestalt annehmen. Wir setzten uns zu den hübschen Kindern, ließen uns die Behandlung erklären und vernahmen, daß sie aus dem besten und schwersten Weizen, grano forte genannt, fabriziert würden. Dabei kommt viel mehr Handarbeit als Maschinen- und Formwesen vor. Und so hatten sie uns denn auch das trefflichste Nudelgericht bereitet, bedauerten jedoch, daß grade von der allervollkommensten Sorte, die außer Girgent, ja außer ihrem Hause nicht gefertigt werden könnte, nicht einmal ein Gericht vorrätig sei. An Weiße und Zartheit schienen diese ihresgleichen nicht zu haben.
Auch den ganzen Abend wußte unser Führer die Ungeduld zu besänftigen, die uns hinabwärts trieb, indem er uns abermals auf die Höhe zu herrlichen Aussichtspunkten führte und uns dabei die Übersicht der Lage gab alle der Merkwürdigkeiten, die wir morgen in der Nähe sehen sollten.

Girgent, Mittwoch den 25. April.

Mit Sonnenaufgang wandelten wir nun hinunter, wo sich bei jedem Schritt die Umgebung malerischer anließ. Mit dem Bewußtsein, daß es zu unsrem Besten gereiche, führte uns der kleine Mann unaufhaltsam quer durch die reiche Vegetation, an tausend

Einzelheiten vorüber, wovon jede das Lokal zu idyllischen Szenen darbot. Hierzu trägt die Ungleichheit des Bodens gar vieles bei, der sich wellenförmig über verborgene Ruinen hinbewegt, die um so eher mit fruchtbarer Erde überdeckt werden konnten, als die vormaligen Gebäude aus einem leichten Muscheltuff bestanden. Und so gelangten wir an das östliche Ende der Stadt, wo die Trümmer des Junotempels jährlich mehr verfallen, weil eben der lockre Stein von Luft und Witterung aufgezehrt wird. Heute sollte nur eine kursorische Beschauung angestellt werden; aber schon wählte sich Kniep die Punkte, von welchen aus er morgen zeichnen wollte.

Der Tempel steht gegenwärtig auf einem verwitterten Felsen; von hier aus erstreckten sich die Stadtmauern gerade ostwärts auf einem Kalklager hin, welches senkrecht über dem flachen Strande, den das Meer, früher und später, nachdem es diese Felsen gebildet und ihren Fuß bespült, verlassen hatte. Teils aus den Felsen gehauen, teils aus denselben erbaut waren die Mauern, hinter welchen die Reihe der Tempel hervorragte. Kein Wunder also, daß der untere, der aufsteigende und der höchste Teil von Girgent zusammen von dem Meere her einen bedeutenden Anblick gewährte.

Der Tempel der Concordia hat so vielen Jahrhunderten widerstanden; seine schlanke Baukunst nähert ihn schon unserm Maßstabe des Schönen und Gefälligen; er verhält sich zu denen von Pästum wie Göttergestalt zum Riesenbilde. Ich will mich nicht beklagen, daß der neuere löbliche Vorsatz, diese Monumente zu erhalten, geschmacklos ausgeführt worden, indem man die Lücken mit blendend weißem Gips ausbesserte; dadurch steht dieses Monument auch auf gewisse Weise zertrümmert vor dem Auge; wie leicht wäre es gewesen, dem Gips die Farbe des verwitterten Steins zu geben! Sieht man freilich den so leicht sich bröckelnden Muschelkalk der Säulen und Mauern, so wundert man sich, daß er noch so lange gehalten. Aber die

Erbauer, hoffend auf eine ähnliche Nachkommenschaft, hatten deshalb Vorkehrung getroffen: man findet noch Überreste eines feinen Tünchs an den Säulen, der zugleich dem Auge schmeicheln und die Dauer verbürgen sollte.

Die nächste Station ward sodann bei den Ruinen des Jupitertempels gehalten. Dieser liegt weit gestreckt, wie die Knochenmasse eines Riesengerippes, inner- und unterhalb mehrerer kleinen Besitzungen, von Zäunen durchschnitten, von höhern und niedern Pflanzen durchwachsen. Alles Gebildete ist aus diesen Schutthaufen verschwunden, außer einem ungeheueren Triglyph und einem Stück einer demselben proportionierten Halbsäule. Jenen maß ich mit ausgespannten Armen und konnte ihn nicht erklaftern; von der Kannelierung der Säule hingegen kann dies einen Begriff geben, daß ich, darin stehend, dieselbe als eine kleine Nische ausfüllte, mit beiden Schultern anstoßend. Zweiundzwanzig Männer im Kreise nebeneinander gestellt, würden ohngefähr die Peripherie einer solchen Säule bilden. Wir schieden mit dem unangenehmen Gefühle, daß hier für den Zeichner gar nichts zu tun sei.

Der Tempel des Herkules hingegen ließ noch Spuren vormaliger Symmetrie entdecken. Die zwei Säulenreihen, die den Tempel hüben und drüben begleiteten, lagen in gleicher Richtung, wie auf einmal zusammen hingelegt, von Norden nach Süden, jene einen Hügel hinaufwärts, diese hinabwärts. Der Hügel mochte aus der zerfallenen Zelle entstanden sein. Die Säulen, wahrscheinlich durch das Gebälk zusammengehalten, stürzten auf einmal, vielleicht durch Sturmwut niedergestreckt, und sie liegen noch regelmäßig, in die Stücke, aus denen sie zusammengesetzt waren, zerfallen. Dieses merkwürdige Vorkommen genau zu zeichnen, spitzte Kniep schon in Gedanken seine Stifte.

Der Tempel des Äskulap, von dem schönsten Johannisbrotbaum beschattet und in ein kleines feldwirtschaftliches Haus beinahe eingemauert, bietet ein freundliches Bild.

Nun stiegen wir zum Grabmal Therons hinab und erfreuten uns der Gegenwart dieses so oft nachgebildet gesehenen Monuments, besonders da es uns zum Vorgrunde diente einer wundersamen Ansicht; denn man schaute von Westen nach Osten an dem Felslager hin, auf welchem die lückenhaften Stadtmauern sowie durch sie und über ihnen die Reste der Tempel zu sehen waren. Unter Hackerts kunstreicher Hand ist diese Ansicht zum erfreulichen Bilde geworden, Kniep wird einen Umriß auch hier nicht fehlen lassen.

Girgent, Donnerstag den 26. April.

Als ich erwachte, war Kniep schon bereit, mit einem Knaben, der ihm den Weg zeigen und die Pappen tragen sollte, seine zeichnerische Reise anzutreten. Ich genoß des herrlichsten Morgens am Fenster, meinen geheimen, stillen, aber nicht stummen Freund an der Seite. Aus frommer Scheu habe ich bisher den Namen nicht genannt des Mentors, auf den ich von Zeit zu Zeit hinblicke und hinhorche; es ist der treffliche von Riedesel, dessen Büchlein ich wie ein Brevier oder Talisman am Busen trage. Sehr gern habe ich mich immer in solchen Wesen bespiegelt, die das besitzen, was mir abgeht; und so ist es grade hier: ruhiger Vorsatz, Sicherheit des Zwecks, reinliche schickliche Mittel, Vorbereitung und Kenntnis, inniges Verhältnis zu einem meisterhaft Belehrenden, zu Winckelmann; dies alles geht mir ab und alles übrige, was daraus entspringt. Und doch kann ich mir nicht feind sein, daß ich das zu erschleichen, zu erstürmen, zu erlisten suche, was mir während meines Lebens auf dem gewöhnlichen Wege versagt war. Möge jener treffliche Mann in diesem Augenblick mitten in dem Weltgetümmel empfinden, wie ein dankbarer Nachfahr seine Verdienste feiert, einsam in dem einsamen Orte, der auch für ihn so viel Reize hatte, daß er sogar hier, vergessen von den Seinigen und ihrer vergessend, seine Tage zuzubringen wünschte.

Nun durchzog ich die gestrigen Wege mit meinem kleinen geistlichen Führer, die Gegenstände von mehrern Seiten betrachtend und meinen fleißigen Freund hie und da besuchend.
Auf eine schöne Anstalt der alten mächtigen Stadt machte mich mein Führer aufmerksam. In den Felsen und Gemäuermassen, welche Girgent zum Bollwerk dienten, finden sich Gräber, wahrscheinlich den Tapfern und Guten zur Ruhestätte bestimmt. Wo konnten diese schöner, zu eigener Glorie und zu ewig lebendiger Nacheifrung, beigesetzt werden!
In dem weiten Raume zwischen den Mauern und dem Meere finden sich noch die Reste eines kleinen Tempels, als christliche Kapelle erhalten. Auch hier sind Halbsäulen mit den Quaderstücken der Mauer aufs schönste verbunden und beides ineinander gearbeitet; höchst erfreulich dem Auge. Man glaubt genau den Punkt zu fühlen, wo die dorische Ordnung ihr vollendetes Maß erhalten hat.
Manches unscheinbare Denkmal des Altertums ward obenhin angesehen, sodann mit mehr Aufmerksamkeit die jetzige Art, den Weizen unter der Erde in großen ausgemauerten Gewölben zu verwahren. Über den bürgerlichen und kirchlichen Zustand erzählte mir der gute Alte gar manches. Ich hörte von nichts, was nur einigermaßen in Aufnahme wäre. Das Gespräch schickte sich recht gut zu den unaufhaltsam verwitternden Trümmern.

Die Schichten des Muschelkalks fallen alle gegen das Meer. Wundersam von unten und hinten ausgefressene Felsbänke, deren Oberes und Vorderes sich teilweise erhalten, so daß sie wie herunterhängende Fransen aussehen. Haß auf die Franzosen, weil sie mit den Barbaresken Frieden haben und man ihnen schuld gibt, sie verrieten die Christen an die Ungläubigen.

Vom Meere her war ein antikes Tor in Felsen gehauen. Die

noch bestehenden Mauern stufenweis auf den Felsen gegründet. Unser Cicerone hieß Don Michael Vella, Antiquar, wohnhaft bei Meister Gerio in der Nähe von St. Maria.

Die Puffbohnen zu pflanzen, verfahren sie folgendermaßen: sie machen in gehöriger Weite voneinander Löcher in die Erde, darein tun sie eine Handvoll Mist, sie erwarten Regen, und dann stecken sie die Bohnen. Das Bohnenstroh verbrennen sie, mit der daraus entstehenden Asche waschen sie die Leinwand. Sie bedienen sich keiner Seife. Auch die äußern Mandelschalen verbrennen sie und bedienen sich derselben statt Soda. Erst waschen sie die Wäsche mit Wasser und dann mit solcher Lauge.

Die Folge ihres Fruchtbaus ist: Bohnen, Weizen, Tumenia; das vierte Jahr lassen sie es zur Wiese liegen. Unter Bohnen werden hier die Puffbohnen verstanden. Ihr Weizen ist unendlich schön. Tumenia, deren Namen sich von Bimenia oder Trimenia herschreiben soll, ist eine herrliche Gabe der Ceres: es ist eine Art von Sommerkorn, das in drei Monaten reif wird. Sie säen es vom ersten Januar bis zum Juni, wo es denn immer zur bestimmten Zeit reif ist. Sie braucht nicht viel Regen, aber starke Wärme; anfangs hat sie ein sehr zartes Blatt, aber sie wächst dem Weizen nach und macht sich zuletzt sehr stark. Das Korn säen sie im Oktober und November, es reift im Juni. Die im November gesäte Gerste ist den ersten Juni reif: an der Küste schneller, in Gebirgen langsamer.

Der Lein ist schon reif. Der Akanth hat seine prächtigen Blätter entfaltet. Salsola fruticosa wächst üppig.
Auf unbebauten Hügeln wächst reichlicher Esparsett. Er wird teilweis verpachtet und bündelweis in die Stadt gebracht. Ebenso verkaufen sie bündelweis den Hafer, den sie aus dem Weizen ausgäten.

Girgenti, Concordia-Tempel — *Nach Després*

Taormina, Theater Nach Cassas

Sie machen artige Einteilungen mit Rändchen in dem Erdreich, wo sie Kohl pflanzen wollen, zum Behuf der Wässerung. An den Feigen waren alle Blätter heraus, und die Früchte hatten angesetzt. Sie werden zu Johanni reif, dann setzt der Baum noch einmal an. Die Mandeln hingen sehr voll; ein gestutzter Karubenbaum trug unendliche Schoten. Die Trauben zum Essen werden an Lauben gezogen, durch hohe Pfeiler unterstützt. Melonen legen sie im März, die im Juni reifen. In den Ruinen des Jupitertempels wachsen sie munter ohne eine Spur von Feuchtigkeit.

Der Vetturin aß mit größtem Appetit rohe Artischocken und Kohlrabi; freilich muß man gestehen, daß sie viel zarter und saftiger sind als wie bei uns. Wenn man durch Äcker kommt, so lassen die Bauern zum Beispiel junge Puffbohnen essen, so viel man will.

Als ich auf schwarze, feste Steine aufmerksam ward, die einer Lava glichen, sagte mir der Antiquar, sie seien vom Ätna; auch am Hafen oder vielmehr Landungsplatz stünden solche.

Der Vögel gibts hier zu Lande nicht viel: Wachteln. Die Zugvögel sind: Nachtigallen, Lerchen und Schwalben. Rinnine, kleine schwarze Vögel, die aus der Levante kommen, in Sizilien hecken und weiter gehen oder zurück. Ridene kommen im Dezember und Januar aus Afrika, fallen auf dem Akragas nieder, und dann ziehen sie sich in die Berge.

Von der Vase des Doms noch ein Wort. Auf derselben steht ein Held in völliger Rüstung, gleichsam als Ankömmling, vor einem sitzenden Alten, der durch Kranz und Zepter als König bezeichnet ist. Hinter diesem steht ein Weib, das Haupt gesenkt, die linke Hand unter dem Kinn; aufmerksam-nachdenkende Stellung. Gegenüber hinter dem Helden ein Alter, gleichfalls bekränzt, er spricht mit einem spießtragenden Manne, der von der Leibwache sein mag. Der Alte scheint den Helden eingeführt zu haben und zu der Wache zu sagen: Laßt ihn nur mit dem König reden, es ist ein braver Mann. Das Rote scheint der Grund dieser Vase, das Schwarze darauf gesetzt. Nur an dem Frauengewande scheint Rot auf Schwarz zu sitzen.

Freitag den 27. April.

Wenn Kniep alle Vorsätze ausführen will, muß er unablässig zeichnen, indes ich mit meinem alten kleinen Führer umherziehe. Wir spazierten gegen das Meer, von woher sich Girgenti, wie uns die Alten versichern, sehr gut ausgenommen habe. Der Blick ward in die Wellenweite gezogen, und mein Führer machte mich aufmerksam auf einen langen Wolkenstreif, der südwärts, einem Bergrücken gleich, auf der Horizontallinie aufzuliegen schien: dies sei die Andeutung der Küste von Afrika, sagte er. Mir fiel indes ein anderes Phänomen als seltsam auf; es war aus leichtem Gewölk ein schmaler Bogen, welcher, mit dem einen Fuß auf Sizilien aufstehend, sich hoch am blauen, übrigens ganz reinen Himmel hinwölbte und mit dem andern Ende in Süden auf dem Meer zu ruhen schien. Von der niedergehenden Sonne gar schön gefärbt und wenig Bewegung zeigend, war er dem Auge eine so seltsame als erfreuliche Erscheinung. Es stehe dieser Bogen, versicherte man mir, gerade in der Richtung nach Malta und möge wohl auf dieser Insel seinen andern Fuß niedergelassen haben; das Phänomen komme manchmal vor. Sonderbar genug wäre es, wenn die Anziehungskraft der beiden Inseln gegeneinander sich in der Atmosphäre auf diese Art kund täte.

Durch dieses Gespräch ward bei mir die Frage wieder rege, ob ich den Vorsatz, Malta zu besuchen, aufgeben sollte. Allein die schon früher überdachten Schwierigkeiten und Gefahren blieben noch immer dieselben, und wir nahmen uns vor, unsern Vetturin bis Messina zu dingen.

Dabei aber sollte wieder nach einer gewissen eigensinnigen Grille gehandelt werden. Ich hatte nämlich auf dem bisherigen Wege in Sizilien wenig kornreiche Gegenden gesehen; sodann war der Horizont überall von nahen und fernen Bergen beschränkt, so daß es der Insel ganz an Flächen zu fehlen schien und man nicht begriff, wie Ceres dieses Land so vorzüglich begünstigt haben sollte. Als ich mich darnach erkundigte, erwiderte man mir, daß ich, um dieses einzusehen, statt über Syrakus quer durchs Land gehen müsse, wo ich denn der Weizenstriche genug antreffen würde. Wir folgten dieser Lockung, Syrakus aufzugeben, indem uns nicht unbekannt war, daß von dieser herrlichen Stadt wenig mehr als der prächtige Name geblieben sei. Allenfalls war sie von Catania aus leicht zu besuchen.

Caltanisetta, Sonnabend den 28. April.

Heute können wir denn endlich sagen, daß uns ein anschaulicher Begriff geworden, wie Sizilien den Ehrennamen einer Kornkammer Italiens erlangen können. Eine Strecke, nachdem wir Girgenti verlassen, fing der fruchtbare Boden an. Es sind keine großen Flächen, aber sanft gegeneinander laufende Berg- und Hügelrücken, durchgängig mit Weizen und Gerste bestellt, die eine ununterbrochene Masse von Fruchtbarkeit dem Auge darbieten. Der diesen Pflanzen geeignete Boden wird so genutzt und so geschont, daß man nirgends einen Baum sieht, ja alle die kleinen Ortschaften und Wohnungen liegen auf Rücken der Hügel, wo eine hinstreichende Reihe Kalkfelsen den Boden ohnehin unbrauchbar macht. Dort wohnen die Weiber das ganze Jahr, mit Spinnen und Weben beschäftigt, die Männer hingegen bringen zur eigentlichen Epoche der Feldarbeit nur Sonnabend und Sonntag bei ihnen zu; die übrigen Tage bleiben sie unten und ziehen sich nachts in Rohrhütten zurück. Und so war denn unser Wunsch bis zum Überdruß erfüllt: wir hätten uns Triptolems Flügelwagen gewünscht, um dieser Einförmigkeit zu entfliehen.

Nun ritten wir bei heißem Sonnenschein durch diese wüste Fruchtbarkeit und freuten uns, in dem wohlgelegenen und wohlgebauten Caltanisetta zuletzt anzukommen, wo wir jedoch abermals vergeblich um eine leidliche Herberge bemüht waren. Die Maultiere stehen in prächtig gewölbten Ställen, die Knechte schlafen auf dem Klee, der den Tieren bestimmt ist, der Fremde aber muß seine Haushaltung von vorn anfangen. Ein allenfalls zu beziehendes Zimmer muß erst gereinigt werden. Stühle und Bänke gibt es nicht, man sitzt auf niedrigen Böcken von starkem Holz; Tische sind auch nicht zu finden.

Will man jene Böcke in Bettfüße verwandeln, so geht man zum Tischler und borgt so viel Bretter, als nötig sind, gegen eine gewisse Miete. Der große Juchtensack, den uns Hackert geliehen, kam diesmal sehr zugute und ward vorläufig mit Häckerling angefüllt.

Vor allem aber mußte wegen des Essens Anstalt getroffen werden. Wir hatten unterwegs eine Henne gekauft; der Vetturin war gegangen, Reis, Salz und Spezereien anzuschaffen: weil er aber nie hier gewesen, so blieb lange unerörtert, wo denn eigentlich gekocht werden sollte, wozu in der Herberge selbst keine Gelegenheit war. Endlich bequemte sich ein ältlicher Bürger, Herd und Holz, Küchen- und Tischgeräte gegen ein billiges herzugeben und uns, indessen gekocht würde, in der Stadt herumzuführen, endlich auf den Markt, wo die angesehnsten Einwohner nach antiker Weise umhersaßen, sich unterhielten und von uns unterhalten sein wollten.

Wir mußten von Friedrich dem Zweiten erzählen, und ihre Teilnahme an diesem großen Könige war so lebhaft, daß wir seinen

Tod verhehlten, um nicht durch eine so unselige Nachricht unsern Wirten verhaßt zu werden.

Geologisches, nachträglich. Von Girgent die Muschelkalkfelsen hinab zeigt sich ein weißliches Erdreich, das sich nachher erklärt: man findet den älteren Kalk wieder und Gips unmittelbar daran. Weite flache Täler, Fruchtbau bis an die Gipfel, oft darüber weg: älterer Kalk mit verwittertem Gips gemischt. Nun zeigt sich ein loseres, gelbliches, leicht verwitterndes neues Kalkgestein; in den geackerten Feldern kann man dessen Farbe deutlich erkennen, die oft ins Dunklere, ja ins Violette zieht. Etwas über halben Weg tritt der Gips wieder hervor. Auf demselben wächst häufig ein schön violettes, fast rosenrotes Sedum und an den Kalkfelsen ein schön gelbes Moos.
Jenes verwitterliche Kalkgestein zeigt sich öfters wieder, am stärksten gegen Caltanisetta, wo es in Lagern liegt, die einzelne Muscheln enthalten; dann zeigt sichs rötlich, beinahe wie Mennige, mit wenigem Violett, wie oben bei San Martino bemerkt worden.
Quarzgeschiebe habe ich nur etwa auf halbem Wege in einem Tälchen gefunden, das, an drei Seiten geschlossen, gegen Morgen und also gegen das Meer zu offen stand.
Links in der Ferne war der hohe Berg bei Cammarata merkwürdig und ein anderer wie ein gestutzter Kegel. Die große Hälfte des Wegs kein Baum zu sehen. Die Frucht stand herrlich, obgleich nicht so hoch wie zu Girgent und am Meeresufer, jedoch so rein als möglich; in den unabsehbaren Weizenäckern kein Unkraut. Erst sahen wir nichts als grünende Felder, dann gepflügte, an feuchtlichen Örtern ein Stückchen Wiese. Hier kommen auch Pappeln vor. Gleich hinter Girgenti fanden wir Äpfel und Birnen, übrigens an den Höhen und in der Nähe der wenigen Ortschaften etwas Feigen.
Diese dreißig Miglien nebst allem, was ich rechts und links

erkennen konnte, ist älterer und neuerer Kalk, dazwischen Gips. Der Verwitterung und Verarbeitung dieser drei untereinander hat das Erdreich seine Fruchtbarkeit zu verdanken. Wenig Sand mag es enthalten, es knirscht kaum unter den Zähnen. Eine Vermutung wegen des Flusses Achates wird sich morgen bestätigen.

Die Täler haben eine schöne Form, und ob sie gleich nicht ganz flach sind, so bemerkt man doch keine Spur von Regengüssen, nur kleine Bäche, kaum merklich, rieseln hin; denn alles fließt gleich unmittelbar nach dem Meere. Wenig roter Klee ist zu sehen; die niedrige Palme verschwindet auch, so wie alle Blumen und Sträuche der südwestlichen Seite. Den Disteln ist nur erlaubt, sich der Wege zu bemächtigen; alles andere gehört der Ceres an. Übrigens hat die Gegend viel Ähnliches mit deutschen hügeligen und fruchtbaren Gegenden, zum Beispiel mit der zwischen Erfurt und Gotha, besonders wenn man nach den Gleichen hinsieht. Sehr vieles mußte zusammenkommen, um Sizilien zu einem der fruchtbarsten Länder der Welt zu machen. Man sieht wenig Pferde auf der ganzen Tour; sie pflügen mit Ochsen, und es besteht ein Verbot, keine Kühe und Kälber zu schlachten. Ziegen, Esel und Maultiere begegneten uns viele. Die Pferde sind meist Apfelschimmel mit schwarzen Füßen und Mähnen; man findet die prächtigsten Stallräume mit gemauerten Bettstellen. Das Land wird zu Bohnen und Linsen gedüngt, die übrigen Feldfrüchte wachsen nach dieser Sömmerung. In Ähren geschoßte, noch grüne Gerste, in Bündeln, roter Klee desgleichen werden dem Vorbeireitenden zu Kauf angeboten.

Auf dem Berg über Caltanisetta fand sich fester Kalkstein mit Versteinerungen; die großen Muscheln lagen unten, die kleinen obenauf. Im Pflaster des Städtchens fanden wir Kalkstein mit Pektiniten.

Hinter Caltanisetta senken sich die Hügel gäh herunter in mancherlei Täler, die ihre Wasser in den Fluß Salso ergießen. Das Erdreich ist rötlich, sehr tonig, vieles lag unbestellt: auf dem bestellten die Früchte ziemlich gut, doch, mit den vorigen Gegenden verglichen, noch zurück.

Castro Giovanni, Sonntag den 29. April.

Noch größere Fruchtbarkeit und Menschenöde hatten wir heute zu bemerken. Regenwetter war eingefallen und machte den Reisezustand sehr unangenehm, da wir durch mehrere stark angeschwollene Gewässer hindurch mußten. Am Fiume Salso, wo man sich nach einer Brücke vergeblich umsieht, überraschte uns eine wunderliche Anstalt. Kräftige Männer waren bereit, wovon immer zwei und zwei das Maultier mit Reiter und Gepäck in die Mitte faßten und so, durch einen tiefen Stromteil hindurch, bis auf eine große Kiesfläche führten; war nun die sämtliche Gesellschaft hier beisammen, so ging es auf eben diese Weise durch den zweiten Arm des Flusses, wo die Männer denn abermals, durch Stemmen und Drängen, das Tier auf dem rechten Pfade und im Stromzug aufrecht erhielten. An dem Wasser her ist etwas Buschwerk, das sich aber landeinwärts gleich wieder verliert. Der Fiume Salso bringt Granit, einen Übergang in Gneis, breccierten und einfärbigen Marmor.

Nun sahen wir den einzeln stehenden Bergrücken vor uns, worauf Castro Giovanni liegt und welcher der Gegend einen ernsten, sonderbaren Charakter erteilt. Als wir den langen, an der Seite sich hinanziehenden Weg ritten, fanden wir den Berg aus Muschelkalk bestehend; große, nur kalzinierte Schalen wurden aufgepackt. Man sieht Castro Giovanni nicht eher, als bis man ganz oben auf den Bergrücken gelangt; denn es liegt am Felsabhang gegen Norden. Das wunderliche Städtchen selbst, der Turm, links in einiger Entfernung das Örtchen Caltascibetta stehen gar ernsthaft gegeneinander. In der Plaine sah man die Bohnen in voller Blüte. Wer hätte sich aber dieses Anblicks erfreuen können! Die Wege waren entsetzlich, noch schrecklicher, weil sie ehemals gepflastert gewesen; und es regnete immerfort. Das alte Enna empfing uns sehr unfreundlich: ein Estrichzimmer mit Läden ohne Fenster, so daß wir entweder im Dunkeln sitzen oder den Sprühregen, dem wir soeben entgangen waren, wieder erdulden mußten. Einige Überreste unseres Reisevorrats wurden verzehrt, die Nacht kläglich zugebracht. Wir taten ein feierliches Gelübde, nie wieder nach einem mythologischen Namen unser Wegeziel zu richten.

Montag den 30. April.

Von Castro Giovanni herab führt ein rauher, unbequemer Stieg; wir mußten die Pferde führen. Die Atmosphäre vor uns tief herab mit Wolken bedeckt, wobei sich ein wunderbar Phänomen in der größten Höhe sehen ließ. Es war weiß und grau gestreift und schien etwas Körperliches zu sein; aber wie käme das Körperliche in den Himmel! Unser Führer belehrte uns, diese unsere Verwunderung gelte einer Seite des Ätna, welche durch die zerrissenen Wolken durchsehe: Schnee und Bergrücken abwechselnd bildeten die Streifen, es sei nicht einmal der höchste Gipfel.

Des alten Enna steiler Felsen lag nun hinter uns; wir zogen durch lange, lange, einsame Täler; unbebaut und unbewohnt lagen sie da, dem weidenden Vieh überlassen, das wir schön braun fanden, nicht groß, mit kleinen Hörnern, gar nett, schlank und munter wie die Hirschchen. Diese guten Geschöpfe hatten zwar Weide genug, sie war ihnen aber doch durch ungeheure Distelmassen beengt und nach und nach verkümmert. Diese Pflanzen finden hier die schönste Gelegenheit, sich zu besamen und ihr Geschlecht auszubreiten; sie nehmen einen unglaublichen Raum ein, der zur Weide von ein paar großen Landgütern hinreichte. Da sie nicht perennieren, so wären sie jetzt, vor der Blüte niedergemäht, gar wohl zu vertilgen.

Indessen wir nun diese landwirtlichen Kriegspläne gegen die Disteln ernstlich durchdachten, mußten wir zu unserer Beschämung bemerken, daß sie doch nicht ganz unnütz seien. Auf einem einsam stehenden Gasthofe, wo wir fütterten, waren zugleich ein paar sizilianische Edelleute angekommen, welche quer durch das Land, eines Prozesses wegen, nach Palermo zogen. Mit Verwunderung sahen wir diese beiden ernsthaften Männer mit scharfen Taschenmessern vor einer solchen Distelgruppe stehen und die obersten Teile dieser emporstrebenden Gewächse niederhauen; sie faßten alsdann diesen stachligen Gewinn mit spitzen Fingern, schälten den Stengel und verzehrten das Innere desselben mit Wohlgefallen. Damit beschäftigten sie sich eine lange Zeit, indessen wir uns an Wein, diesmal ungemischt, und gutem Brot erquickten. Der Vetturin bereitete uns dergleichen Stengelmark und versicherte, es sei eine gesunde, kühlende Speise, sie wollte uns aber so wenig schmecken als der rohe Kohlrabi zu Segeste.

Unterwegs.

In das Tal gelangt, wodurch der Fluß San Paolo sich schlängelt, fanden wir das Erdreich rötlich-schwarz und verwitterlichen Kalk; viel Brache, sehr weite Felder, schönes Tal, durch das Flüßchen sehr angenehm. Der gemischte gute Lehmboden ist mitunter zwanzig Fuß tief und meistens gleich. Die Aloes hatten stark getrieben. Die Frucht stand schön, doch mitunter unrein und, gegen die Mittagseite berechnet, weit zurück. Hie und da kleine Wohnungen; kein Baum als unmittelbar unter Castro Giovanni. Am Ufer des Flusses viel Weide, durch ungeheure Distelmassen eingeschränkt. Im Flußgeschiebe das Quarzgestein wieder, teils einfach, teils breccienartig.

Molimenti, ein neues Örtchen, sehr klug in der Mitte schöner Felder angelegt, am Flüßchen San Paolo. Der Weizen stand in der Nähe ganz unvergleichlich, schon den 20. Mai zu schneiden. Die ganze Gegend zeigt noch keine Spur von vulkanischem Wesen, auch selbst der Fluß führt keine dergleichen Geschiebe. Der Boden, gut gemischt, eher schwer als leicht, ist im ganzen kaffeebraun-violettlich anzusehen. Alle Gebirge links, die den Fluß einschließen, sind Kalk- und Sandstein, deren Abwechselung ich nicht beobachten konnte, welche jedoch, verwitternd, die große, durchaus gleiche Fruchtbarkeit des untern Tales bereitet haben.

Dienstag den 1. Mai.

Durch ein so ungleich angebautes, obwohl von der Natur zu durchgängiger Fruchtbarkeit bestimmtes Tal ritten wir einigermaßen verdrießlich herunter, weil nach so viel ausgestandenen Unbilden unsern malerischen Zwecken gar nichts entgegenkam. Kniep hatte eine recht bedeutende Ferne umrissen; weil aber der Mittel- und Vordergrund gar zu abscheulich war, setzte er, geschmackvoll scherzend, ein Poussinsches Vorderteil daran, welches ihn nichts kostete und das Blatt zu einem ganz hübschen Bildchen machte. Wie viel malerische Reisen mögen dergleichen Halbwahrheiten enthalten!

Unser Reitmann versprach, um unser mürrisches Wesen zu begütigen, für den Abend eine gute Herberge, brachte uns auch wirklich in einen vor wenig Jahren gebauten Gasthof, der auf diesem Wege, gerade in gehöriger Entfernung von Catania gelegen, dem Reisenden willkommen sein mußte, und wir ließen es uns, bei einer leidlichen Einrichtung, seit zwölf Tagen wieder einigermaßen bequem werden. Merkwürdig aber war uns eine Inschrift, an die Wand bleistiftlich mit schönen englischen Schriftzügen geschrieben; sie enthielt folgendes: „Reisende, wer ihr auch seid, hütet euch in Catania vor dem Wirtshause zum goldenen Löwen! Es ist schlimmer, als wenn ihr Zyklopen, Sirenen und Szyllen zugleich in die Klauen fielet." Ob wir nun schon dachten, der wohlmeinende Warner möchte die Gefahr etwas mythologisch vergrößert haben, so setzten wir uns doch fest vor, den goldenen Löwen zu vermeiden, der uns als ein so grimmiges Tier angekündigt war. Als uns daher der Maultiertreibende befragte, wo wir in Catania einkehren wollten, so versetzten wir: Überall, nur nicht im Löwen! Worauf er den Vorschlag tat, da vorlieb zu nehmen, wo er seine Tiere unterstelle; nur müßten wir uns daselbst auch verköstigen, wie wir es schon bisher getan. Wir waren alles zufrieden; dem Rachen des Löwen zu entgehen, war unser einziger Wunsch.

Gegen Hybla Major melden sich Lavageschiebe, welche das Wasser von Norden herunter bringt. Über der Fähre findet man Kalkstein, welcher allerlei Arten Geschiebe, Hornstein, Lava und Kalk verbunden hat, dann verhärtete vulkanische Asche, mit Kalktuff überzogen. Die gemischten Kieshügel dauern immer fort bis gegen Catania; bis an dieselben und über dieselben finden sich Lavaströme des Ätna. Einen wahrscheinlichen Krater läßt man links. (Gleich unter Molimenti rauften die Bauern den Flachs.) Wie die Natur das Bunte liebt, läßt sie hier sehen, wo sie sich an der schwarz-blau-grauen Lava erlustigt: hochgelbes Moos überzieht sie, ein schön rotes Sedum wächst üppig darauf, andere schöne violette Blumen. Eine sorgsame Kultur beweist sich an den Kaktuspflanzungen und Weinranken. Nun drängen sich ungeheuere Lavaflüsse heran. Motta ist ein schöner bedeutender Fels. Hier stehen die Bohnen als sehr hohe Stauden. Die Äcker sind veränderlich, bald sehr kiesig, bald besser gemischt.

Der Vetturin, der diese Frühlingsvegetation der Südostseite lange nicht gesehen haben mochte, verfiel in großes Ausrufen über die Schönheit der Frucht und fragte uns mit selbstgefälligem Patriotismus, ob es in unsern Landen auch wohl solche gäbe. Ihr ist hier alles aufgeopfert; man sieht wenig, ja gar keine Bäume. Allerliebst war ein Mädchen von prächtiger, schlanker Gestalt, eine ältere Bekanntschaft unseres Vetturins, die seinem Maultiere gleichlief, schwatzte und dabei mit solcher Zierlichkeit als möglich ihren Faden spann. Nun fingen gelbe Blumen zu herrschen an. Gegen Misterbianco standen die Kaktus schon wieder in Zäunen; Zäune aber, ganz von diesen wundersam gebildeten Gewächsen, werden in der Nähe von Catania immer regelmäßiger und schöner.

Catania, Mittwoch den 2. Mai.

In unserer Herberge befanden wir uns freilich sehr übel. Die Kost, wie sie der Maultierknecht bereiten konnte, war nicht die beste. Eine Henne, in Reis gekocht, wäre dennoch nicht zu verachten gewesen, hätte sie nicht ein unmäßiger Safran so gelb als ungenießbar gemacht. Das unbequemste Nachtlager hätte uns beinahe genötigt, Hackerts Juchtensack wieder hervorzuholen; deshalb sprachen wir morgens zeitig mit dem freundlichen Wirte. Er bedauerte, daß er uns nicht besser versorgen könne: da drüben aber ist ein Haus, wo Fremde gut aufgehoben sind und alle Ursache haben, zufrieden zu sein. Er zeigte uns ein großes Eckhaus, von welchem die uns zugekehrte Seite viel Gutes versprach. Wir eilten sogleich hinüber, fanden einen rührigen Mann, der sich als Lohnbedienter angab und, in Abwesenheit des Wirts, uns ein schönes Zimmer neben einem Saal anwies, auch zugleich versicherte, daß wir aufs billigste bedient werden sollten. Wir erkundigten uns ungesäumt hergebrachterweise, was für Quartier, Tisch, Wein, Frühstück und sonstiges Bestimmbare zu bezahlen sei. Das war alles billig, und wir schafften eilig unsere Wenigkeiten herüber, sie in die weitläufigen vergoldeten Kommoden einzuordnen. Kniep fand zum ersten Male Gelegenheit, seine Pappe auszubreiten; er ordnete seine Zeichnungen, ich mein Bemerktes. Sodann, vergnügt über die schönen Räume, traten wir auf den Balkon des Saals, der Aussicht zu genießen. Nachdem wir diese genugsam betrachtet und gelobt, kehrten wir um nach unsern Geschäften, und siehe!

da drohte über unserm Haupte ein großer goldner Löwe. Wir sahen einander bedenklich an, lächelten und lachten. Von nun an aber blickten wir umher, ob nicht irgendwo eins der Homerischen Schreckbilder hervorschauen möchte.
Nichts dergleichen war zu sehen; dagegen fanden wir im Saal eine hübsche, junge Frau, die mit einem Kinde von etwa zwei Jahren herumtändelte, aber sogleich von dem beweglichen Halbwirt derb ausgescholten dastand: sie solle sich hinweg verfügen, hieß es; sie habe hier nichts zu tun. Es ist doch hart, daß du mich fortjagst, sagte sie; das Kind ist zu Hause nicht zu begütigen, wenn du weg bist, und die Herrn erlauben mir gewiß, in deiner Gegenwart das Kleine zu beruhigen. Der Gemahl ließ es dabei nicht bewenden, sondern suchte sie fortzuschaffen; das Kind schrie in der Türe ganz erbärmlich, und wir mußten zuletzt ernstlich verlangen, daß das hübsche Madamchen dabliebe.
Durch den Engländer gewarnt, war es keine Kunst, die Komödie zu durchschauen; wir spielten die Neulinge, die Unschuldigen, er aber machte seine liebreiche Vaterschaft auf das beste gelten. Das Kind wirklich war am freundlichsten mit ihm, wahrscheinlich hatte es die angebliche Mutter unter der Türe gekneipt.
Und so war sie auch in der größten Unschuld dageblieben, als der Mann wegging, ein Empfehlungsschreiben an den Hausgeistlichen des Prinzen Biscari zu überbringen. Sie dahlte fort, bis er zurückkam und anzeigte, der Abbé würde selbst erscheinen, uns von dem Näheren zu unterrichten.

Donnerstag den 3. Mai.

Der Abbé, der uns gestern abend schon begrüßt hatte, erschien heute zeitig und führte uns in den Palast, welcher auf einem hohen Sockel einstöckig gebaut ist; und zwar sahen wir zuerst das Museum, wo marmorne und eherne Bilder, Vasen und alle Arten solcher Altertümer beisammenstehen. Wir hatten abermals Gelegenheit, unsere Kenntnisse zu erweitern, besonders aber fesselte uns der Sturz eines Jupiters, dessen Abguß ich schon aus Tischbeins Werkstatt kannte und welcher größere Vorzüge besitzt, als wir zu beurteilen vermochten. Ein Hausgenosse gab die nötigste historische Auskunft, und nun gelangten wir in einen großen hohen Saal. Die vielen Stühle an den Wänden umher zeugten, daß große Gesellschaft sich manchmal hier versammle. Wir setzten uns in Erwartung einer günstigen Aufnahme. Da kamen ein paar Frauenzimmer herein und gingen der Länge nach auf und ab. Sie sprachen angelegentlich miteinander. Als sie uns gewahrten, stand der Abbé auf, ich desgleichen; wir neigten uns. Ich fragte, wer sie seien, und erfuhr, die jüngere sei die Prinzessin, die ältere eine edle Cataniérin. Wir hatten uns wieder gesetzt, sie gingen auf und ab, wie man auf einem Marktplatze tun würde.

Wir wurden zum Prinzen geführt, der, wie man mir schon bemerkt hatte, uns seine Münzsammlung aus besonderem Vertrauen vorwies, da wohl früher seinem Herrn Vater und auch ihm nachher bei solchem Vorzeigen manches abhanden gekommen und seine gewöhnliche Bereitwilligkeit dadurch einigermaßen vermindert worden. Hier konnte ich nun schon etwas kenntnisreicher scheinen, indem ich mich bei Betrachtung der Sammlung des Prinzen Torremuzza belehrt hatte. Ich lernte wieder und half mir an jenem dauerhaften Winckelmannischen Faden, der uns durch die verschiedenen Kunstepochen durchleitet, so ziemlich hin. Der Prinz, von diesen Dingen völlig unterrichtet, da er keine Kenner, aber aufmerksame Liebhaber vor sich sah, mochte uns gern in allem, wonach wir forschten, belehren.

Nachdem wir diesen Betrachtungen geraume Zeit, aber doch noch immer zu wenig gewidmet, standen wir im Begriff, uns zu beurlauben, als er uns zu seiner Frau Mutter führte, woselbst die übrigen kleinern Kunstwerke zu sehen waren.

Wir fanden eine ansehnliche, natürlich-edle Frau, die uns mit den Worten empfing: Sehen Sie sich bei mir um, meine Herrn, Sie finden hier alles noch, wie es mein seliger Gemahl gesammelt und geordnet hat. Dies danke ich der Frömmigkeit meines Sohnes, der mich in seinen besten Zimmern nicht nur wohnen, sondern auch hier nicht das geringste entfernen oder verrücken läßt, was sein seliger Herr Vater anschaffte und aufstellte; wodurch ich den doppelten Vorteil habe, sowohl auf die so lange Jahre her gewohnte Weise zu leben, als auch, wie von jeher, die trefflichen Fremden zu sehen und näher zu kennen, die, unsere Schätze zu betrachten, von so weiten Orten herkommen.

Sie schloß uns darauf selbst den Glasschrank auf, worin die Arbeiten in Bernstein aufbewahrt standen. Der sizilianische unterscheidet sich von dem nordischen darin, daß er von der durchsichtigen und undurchsichtigen Wachs- und Honigfarbe durch alle Abschattungen eines gesättigten Gelbs bis zum schönsten Hyazinthrot hinansteigt. Urnen, Becher und andere Dinge waren daraus geschnitten, wozu man große bewunderungswürdige Stücke des Materials mitunter voraussetzen mußte. An diesen Gegenständen, sowie an geschnittenen Muscheln, wie sie in Trapani gefertigt werden, ferner an ausgesuchten Elfenbeinarbeiten hatte die Dame ihre besondere Freude und wußte dabei manche heitere Geschichte zu erzählen. Der Fürst machte uns auf die ernsteren Gegenstände aufmerksam, und so flossen einige Stunden vergnügt und belehrend vorüber.

Indessen hatte die Fürstin vernommen, daß wir Deutsche seien; sie fragte daher nach Herrn von Riedesel, Bartels, Münter, welche sie sämtlich gekannt und ihren Charakter und Betragen, gar wohl unterscheidend, zu würdigen wußte. Wir trennten uns ungern von ihr, und sie schien uns ungern wegzulassen. Dieser Inselzustand hat doch immer etwas Einsames, nur durch vorübergehende Teilnahme aufgefrischt und erhalten.

Uns führte der Geistliche alsdann in das Benediktinerkloster, in die Zelle eines Bruders, dessen, bei mäßigem Alter, trauriges und in sich zurückgezogenes Ansehen wenig frohe Unterhaltung versprach. Er war jedoch der kunstreiche Mann, der die ungeheuere Orgel dieser Kirche allein zu bändigen wußte. Als er unsere Wünsche mehr erraten als vernommen, erfüllte er sie schweigend: wir begaben uns in die sehr geräumige Kirche, die er, das herrliche Instrument bearbeitend, bis in den letzten Winkel mit leisestem Hauch sowohl als gewaltsamsten Tönen durchsäuselte und durchschmetterte.

Wer den Mann nicht vorher gesehen, hätte glauben müssen, es sei ein Riese, der solche Gewalt ausübe; da wir aber seine Persönlichkeit schon kannten, bewunderten wir nur, daß er in diesem Kampf nicht schon längst aufgerieben sei.

Bald nach dem Tische kam der Abbé mit einem Wagen, da er uns den entferntern Teil der Stadt zeigen sollte. Beim Einsteigen ereignete sich ein wundersamer Rangstreit. Ich war zuerst eingestiegen und hätte ihm zur linken Hand gesessen; er, einsteigend, verlangte ausdrücklich, daß ich herumrücken und ihn zu meiner Linken nehmen sollte; ich bat ihn, dergleichen Zeremonien zu unterlassen. Verzeiht, sagte er, daß wir also sitzen! denn wenn ich meinen Platz zu Eurer Rechten nehme, so glaubt jedermann, daß ich mit Euch fahre; sitze ich aber zur Linken, so ist es ausgesprochen, daß Ihr mit mir fahrt, mit mir nämlich, der ich Euch im Namen des Fürsten die Stadt zeige. Dagegen war freilich nichts einzuwenden, und also geschah es.

Wir fuhren die Straßen hinaufwärts, wo die Lava, welche 1669 einen großen Teil dieser Stadt zerstörte, noch bis auf unsere Tage sichtbar blieb. Der starre Feuerstrom ward bearbeitet wie ein anderer Fels, selbst auf ihm waren Straßen vorgezeichnet und teilweise gebaut. Ich schlug ein unbezweifeltes Stück des Geschmolzenen herunter, bedenkend, daß vor meiner

Catania, Cyclopenfelsen Nach Bosredon

Der Aetna *Nach Chastelet*

Abreise aus Deutschland schon der Streit über die Vulkanität der Basalte sich entzündet hatte. Und so tat ichs an mehreren Stellen, um zu mancherlei Abänderungen zu gelangen.

Wären jedoch Einheimische nicht selbst Freunde ihrer Gegend, nicht selbst bemüht, entweder eines Vorteils oder der Wissenschaft willen, das, was in ihrem Revier merkwürdig ist, zusammenzustellen, so müßte der Reisende sich lang vergebens quälen. Schon in Neapel hatte mich der Lavenhändler sehr gefördert, hier, in einem weit höheren Sinne, der Ritter Goeni. Ich fand in seiner reichen, sehr galant aufgestellten Sammlung die Laven des Ätna, die Basalte am Fuß desselben, verändertes Gestein, mehr oder weniger zu erkennen; alles wurde freundlichst vorgezeigt. Am meisten hatte ich Zeolithe zu bewundern, aus den schroffen, im Meere stehenden Felsen unter Jaci.

Als wir den Ritter um die Mittel befragten, wie man sich benehmen müsse, um den Ätna zu besteigen, wollte er von einer Wagnis nach dem Gipfel, besonders in der gegenwärtigen Jahreszeit, gar nichts hören. Überhaupt, sagte er, nachdem er uns um Verzeihung gebeten, die hier ankommenden Fremden sehen die Sache für allzuleicht an; wir andern Nachbarn des Berges sind schon zufrieden, wenn wir ein paarmal in unserm Leben die beste Gelegenheit abgepaßt und den Gipfel erreicht haben. Brydone, der zuerst durch seine Beschreibung die Lust nach diesem Feuergipfel entzündet, ist gar nicht hinaufgekommen; Graf Borck läßt den Leser in Ungewißheit, aber auch er ist nur bis auf eine gewisse Höhe gelangt; und so könnte ich von mehrern sagen. Für jetzt erstreckt sich der Schnee noch allzuweit herunter und breitet unüberwindliche Hindernisse entgegen. Wenn Sie meinem Rate folgen mögen, so reiten Sie morgen, bei guter Zeit, bis an den Fuß des Monte Rosso. Besteigen Sie diese Höhe! Sie werden von da des herrlichsten Anblicks genießen und zugleich die alte Lava bemerken, welche, dort 1669 entsprungen, unglücklicherweise sich nach der Stadt hereinwälzte.

Die Aussicht ist herrlich und deutlich; man tut besser, sich das übrige erzählen zu lassen.

Catania, Sonnabend den 5. Mai 1787.

Folgsam dem guten Rate, machten wir uns zeitig auf den Weg und erreichten, auf unsern Maultieren immer rückwärts schauend, die Region der durch die Zeit noch ungebändigten Laven. Zackige Klumpen und Tafeln starrten uns entgegen, durch welche nur ein zufälliger Pfad von den Tieren gefunden wurde. Auf der ersten bedeutenden Höhe hielten wir still. Kniep zeichnete mit großer Präzision, was hinaufwärts vor uns lag: die Lavenmassen im Vorgrunde, den Doppelgipfel des Monte Rosso links, gerade über uns die Wälder von Nicolosi, aus denen der beschneite, wenig rauchende Gipfel hervorstieg. Wir rückten dem roten Berge näher, ich stieg hinauf: er ist ganz aus rotem vulkanischen Grus, Asche und Steinen zusammengehäuft. Um die Mündung hätte sich bequem herumgehen lassen, hätte nicht ein gewaltsam stürmender Morgenwind jeden Schritt unsicher gemacht; wollte ich nur einigermaßen fortkommen, so mußte ich den Mantel ablegen, nun aber war der Hut jeden Augenblick in Gefahr, in den Krater getrieben zu werden, und ich hinterdrein. Deshalb setzte ich mich nieder, um mich zu fassen und die Gegend zu überschauen; aber auch diese Lage half mir nichts: der Sturm kam gerade von Osten her, über das herrliche Land, das nah und fern bis ans Meer unter mir lag. Den ausgedehnten Strand von Messina bis Syrakus, mit seinen Krümmungen und Buchten, sah ich vor Augen, entweder ganz frei oder durch Felsen des Ufers nur wenig bedeckt. Als ich ganz betäubt wieder herunterkam, hatte Kniep im Schauer seine Zeit gut angewendet und mit zarten Linien auf dem Papier gesichert, was der wilde Sturm mich kaum sehen, viel weniger festhalten ließ.

In dem Rachen des goldenen Löwen wieder angelangt, fanden

wir den Lohnbedienten, den wir nur mit Mühe uns zu begleiten abgehalten hatten. Er lobte, daß wir den Gipfel aufgegeben, schlug aber für morgen eine Spazierfahrt auf dem Meere, zu den Felsen von Jaci, andringlich vor: das sei die schönste Lustpartie, die man von Catania aus machen könne! man nehme Trank und Speise mit, auch wohl Gerätschaften, um etwas zu wärmen; seine Frau erbiete sich, dieses Geschäft zu übernehmen. Ferner erinnerte er sich des Jubels, wie Engländer wohl gar einen Kahn mit Musik zur Begleitung genommen hätten, welche Lust über alle Vorstellung sei.

Die Felsen von Jaci zogen mich heftig an: ich hatte großes Verlangen, mir so schöne Zeolithe herauszuschlagen, als ich bei Goeni gesehen. Man konnte ja die Sache kurz fassen, die Begleitung der Frau ablehnen. Aber der warnende Geist des Engländers behielt die Oberhand; wir taten auf die Zeolithe Verzicht und dünkten uns nicht wenig wegen dieser Enthaltsamkeit.

Catania, Sonntag den 6. Mai 1787.

Unser geistlicher Begleiter blieb nicht aus. Er führte uns, die Reste alter Baukunst zu sehen, zu welchen der Beschauer freilich ein starkes Restaurationstalent mitbringen muß. Man zeigte die Reste von Wasserbehältern, einer Naumachie und andere dergleichen Ruinen, die aber, bei der vielfachen Zerstörung der Stadt durch Laven, Erdbeben und Krieg, dergestalt verschüttet und versenkt sind, daß Freude und Belehrung nur dem genausten Kenner altertümlicher Baukunst daraus entspringen kann.

Eine nochmalige Aufwartung beim Prinzen lehnte der Pater ab, und wir schieden beiderseits mit lebhaften Ausdrücken der Dankbarkeit und des Wohlwollens.

Taormina, Montag den 7. Mai.

Gott sei Dank, daß alles, was wir heute gesehen, schon genugsam beschrieben ist, mehr aber noch, daß Kniep sich vorgenommen hat, morgen den ganzen Tag oben zu zeichnen. Wenn man die Höhe der Felsenwände erstiegen hat, welche ohnfern des Meerstrandes in die Höhe steilen, findet man zwei Gipfel durch ein Halbrund verbunden. Was dies auch von Natur für eine Gestalt gehabt haben mag, die Kunst hat nachgeholfen und daraus den amphitheatralischen Halbzirkel für Zuschauer gebildet; Mauern und andere Angebäude von Ziegelsteinen, sich anschließend, supplierten die nötigen Gänge und Hallen. Am Fuße des stufenartigen Halbzirkels erbaute man die Szene quer vor, verband dadurch die beiden Felsen und vollendete das ungeheuerste Natur- und Kunstwerk.

Setzt man sich nun dahin, wo ehemals die obersten Zuschauer saßen, so muß man gestehen, daß wohl nie ein Publikum im Theater solche Gegenstände vor sich gehabt. Rechts zur Seite, auf höheren Felsen, erheben sich Kastelle, weiter unten liegt die Stadt, und obschon diese Baulichkeiten aus neueren Zeiten sind, so standen doch vor alters wohl eben dergleichen auf derselben Stelle. Nun sieht man an dem ganzen langen Gebirgsrücken des Ätna hin, links das Meerufer bis nach Catania, ja Syrakus; dann schließt der ungeheure dampfende Feuerberg das weite, breite Bild, aber nicht schrecklich; denn die mildernde Atmosphäre zeigt ihn entfernter und sanfter, als er ist.

Wendet man sich von diesem Anblick in die an der Rückseite der Zuschauer angebrachten Gänge, so hat man die sämtlichen Felswände links, zwischen denen und dem Meere sich der Weg nach Messina hinschlingt. Felsgruppen und Felsrücken im Meere selbst, die Küste von Calabrien in der weitesten Ferne, nur mit Aufmerksamkeit von gelind sich erhebenden Wolken zu unterscheiden.

Wir stiegen gegen das Theater hinab, verweilten in dessen Ruinen, an welchen ein geschickter Architekt seine Restaurationsgabe wenigstens auf dem Papier versuchen sollte, unternahmen sodann, uns durch die Gärten eine Bahn nach der Stadt zu brechen. Allein hier erfuhren wir, was ein Zaun von nebeneinander gepflanzten Agaven für ein undurchdringliches Bollwerk sei: durch die verschränkten Blätter sieht man durch und glaubt auch hindurch dringen zu können, allein die kräftigen Stacheln der Blattränder sind empfindliche Hindernisse; tritt man auf ein solches kolossales Blatt, in Hoffnung, es werde uns tragen, so bricht es zusammen, und anstatt hinüber ins Freie zu kommen, fallen wir einer Nachbarpflanze in die Arme. Zuletzt entwickelten wir uns doch diesem Labyrinthe, genossen weniges in der Stadt, konnten aber vor Sonnenuntergang von der Gegend nicht scheiden. Unendlich schön war es, zu beobachten, wie diese in allen Punkten bedeutende Gegend nach und nach in Finsternis versank.

Unter Taormina, am Meer, Dienstag den 7. Mai 1787.

Kniepen, mir vom Glück zugeführt, kann ich nicht genug preisen, da er mich einer Bürde entledigt, die mir unerträglich wäre, und mich meiner eigenen Natur wiedergibt. Er ist hinaufgegangen, im einzelnen zu zeichnen, was wir obenhin betrachtet. Er wird seine Bleistifte manchmal spitzen, und ich sehe nicht, wie er fertig werden will. Das hätte ich nun auch alles wiedersehen können! Erst wollte ich mit hinaufgehen, dann aber reizte michs, hier zu bleiben; die Enge sucht ich wie der Vogel, der sein Nest bauen möchte. In einem schlechten, verwahrlosten Bauerngarten habe ich mich auf Orangenäste gesetzt und mich in Grillen vertieft. Orangenäste, worauf der Reisende sitzt, klingt etwas wunderbar, wird aber ganz natürlich, wenn man weiß, daß der Orangenbaum, seiner Natur überlassen, sich bald über der Wurzel in Zweige trennt, die mit der Zeit zu entschiedenen Ästen werden.

Und so saß ich, den Plan zu N a u s i k a a weiter denkend, eine dramatische Konzentration der Odyssee. Ich halte sie nicht für unmöglich, nur müßte man den Grundunterschied des Drama und der Epopöe recht ins Auge fassen.

Kniep ist herabgekommen und hat zwei ungeheure Blätter, reinlichst gezeichnet, zufrieden und vergnügt zurückgebracht. Beide wird er zum ewigen Gedächtnis an diesen herrlichen Tag für mich ausführen.

Zu vergessen ist nicht, daß wir auf dieses schöne Ufer unter dem reinsten Himmel von einem kleinen Altan herabschauten, Rosen erblickten und Nachtigallen hörten. Diese singen hier, wie man uns versichert, sechs Monate hindurch.

Aus der Erinnerung.

War ich nun durch die Gegenwart und Tätigkeit eines geschickten Künstlers und durch eigne, obgleich nur einzelne und schwächere Bemühungen gewiß, daß mir von den interessantesten Gegenden und ihren Teilen feste wohlgewählte Bilder, im Umriß und nach Belieben auch ausgeführt, bleiben würden, so gab ich um so mehr einem nach und nach auflebenden Drange nach, die gegenwärtige herrliche Umgebung, das Meer, die Inseln, die Häfen, durch poetische würdige Gestalten zu beleben und mir auf und aus diesem Lokal eine Komposition zu bilden, in einem Sinne und in einem Ton, wie ich sie noch nicht hervorgebracht. Die Klarheit des Himmels, der Hauch des Meeres, die Düfte, wodurch die Gebirge mit Himmel und Meer gleichsam in ein Element aufgelöst wurden: alles dies gab Nahrung meinen Vorsätzen, und indem ich in jenem schönen öffentlichen Garten zwischen blühenden Hecken von Oleander, durch Lauben von fruchttragenden Orangen- und Zitronenbäumen wandelte und zwischen andern Bäumen und Sträuchen, die mir unbekannt waren, verweilte, fühlte ich den fremden Einfluß auf das allerangenehmste.

Ich hatte mir, überzeugt, daß es für mich keinen bessern Kommentar zur Odyssee geben könne, als eben gerade diese lebendige Umgebung, ein Exemplar verschafft und las es nach meiner Art mit unglaublichem Anteil. Doch wurde ich gar bald zu eigner Produktion angeregt, die, so seltsam sie auch im ersten Augenblicke schien, mir doch immer lieber ward und mich endlich ganz beschäftigte. Ich ergriff nämlich den Gedanken, den Gegenstand der Nausikaa als Tragödie zu behandeln.

Es ist mir selbst nicht möglich, abzusehen, was ich daraus würde gemacht haben, aber ich war über den Plan bald mit mir einig. Der Hauptsinn war der, in der Nausikaa eine treffliche, von vielen umworbene Jungfrau darzustellen, die, sich keiner Neigung bewußt, alle Freier bisher ablehnend behandelt, durch einen seltsamen Fremdling aber gerührt, aus ihrem Zustand heraustritt und durch eine voreilige Äußerung ihrer Neigung sich kompromittiert, was die Situation vollkommen tragisch macht. Diese einfache Fabel sollte durch den Reichtum der subordinierten Motive und besonders durch das Meer- und Inselhafte der eigentlichen Ausführung und des besondern Tons erfreulich werden.

Der erste Akt begann mit dem Ballspiel. Die unerwartete Bekanntschaft wird gemacht, und die Bedenklichkeit, den Fremden nicht selbst in die Stadt zu führen, wird schon ein Vorbote der Neigung.

Der zweite Akt exponierte das Haus des Alkinous, die Charaktere der Freier und endigte mit dem Eintritt des Ulysses.

Der dritte war ganz der Bedeutsamkeit des Abenteurers gewidmet, und ich hoffte, in der dialogierten Erzählung seiner Abenteuer, die von den verschiedenen Zuhörern sehr verschieden aufgenommen werden, etwas Künstliches und Erfreuliches zu leisten. Während der Erzählung erhöhen sich die Leidenschaften, und der lebhafte Anteil Nausikaas an dem Fremdling wird durch Wirkung und Gegenwirkung endlich hervorgeschlagen.

Im vierten Akte betätigt Ulysses außer der Szene seine Tapferkeit, indessen die Frauen zurückbleiben und der Neigung, der Hoffnung und allen zarten Gefühlen Raum lassen. Bei den großen Vorteilen, welche der Fremdling davonträgt, hält sich

Nausikaa noch weniger zusammen und kompromittiert sich unwiderruflich mit ihren Landsleuten. Ulyß, der halb schuldig, halb unschuldig dieses alles veranlaßt, muß sich zuletzt als einen Scheidenden erklären, und es bleibt dem guten Mädchen nichts übrig, als im fünften Akte den Tod zu suchen.

Es war in dieser Komposition nichts, was ich nicht aus eignen Erfahrungen nach der Natur hätte ausmalen können. Selbst auf der Reise, selbst in Gefahr, Neigungen zu erregen, die, wenn sie auch kein tragisches Ende nehmen, doch schmerzlich genug, gefährlich und schädlich werden können; selbst in dem Falle, in einer so großen Entfernung von der Heimat abgelegne Gegenstände, Reiseabenteuer, Lebensvorfälle zu Unterhaltung der Gesellschaft mit lebhaften Farben auszumalen, von der Jugend für einen Halbgott, von gesetztern Personen für einen Aufschneider gehalten zu werden, manche unverdiente Gunst, manches unerwartete Hindernis zu erfahren: das alles gab mir ein solches Attachement an diesen Plan, an diesen Vorsatz, daß ich darüber meinen Aufenthalt zu Palermo, ja den größten Teil meiner übrigen sizilianischen Reise verträumte. Weshalb ich denn auch von allen Unbequemlichkeiten wenig empfand, da ich mich auf dem überklassischen Boden in einer poetischen Stimmung fühlte, in der ich das, was ich erfuhr, was ich sah, was ich bemerkte, was mir entgegenkam, alles auffassen und in einem erfreulichen Gefäß bewahren konnte.

Nach meiner löblichen oder unlöblichen Gewohnheit schrieb ich wenig oder nichts davon auf, arbeitete aber den größten Teil bis aufs letzte Detail im Geiste durch, wo es denn, durch nachfolgende Zerstreuungen zurückgedrängt, liegen geblieben, bis ich gegenwärtig nur eine flüchtige Erinnerung davon zurückrufe.

Auf dem Wege nach Messina.

Man hat hohe Kalkfelsen links. Sie werden farbiger und machen schöne Meerbusen; dann folgt eine Art Gestein, das man Tonschiefer oder Grauwacke nennen möchte. In den Bächen finden sich schon Granitgeschiebe. Die gelben Äpfel des Solanum, die roten Blüten des Oleanders machen die Landschaft lustig. Der Fiume Nisi bringt Glimmerschiefer, so wie auch die folgenden Bäche.

Mittwoch den 9. Mai 1787.

Vom Ostwinde bestürmt, ritten wir zwischen dem rechter Hand wogenden Meere und den Felswänden hin, an denen wir vorgestern oben herabgesehen hatten, diesen Tag beständig mit dem Wasser im Kampfe; wir kamen über unzählige Bäche, unter welchen ein größerer, Nisi, den Ehrentitel eines Flusses führt; doch diese Gewässer, so wie das Gerölle, das sie mitbringen, waren leichter zu überwinden als das Meer, das heftig stürmte und an vielen Stellen über den Weg hinweg bis an die Felsen schlug und zurück auf die Wanderer spritzte. Herrlich war das anzusehen, und die seltsame Begebenheit ließ uns das Unbequeme übertragen.
Zugleich sollte es nicht an mineralogischer Betrachtung fehlen. Die ungeheuern Kalkfelsen, verwitternd, stürzen herunter, deren weiche Teile, durch die Bewegung der Wellen aufgerieben, die zugemischten festeren übrig lassen, und so ist der ganze Strand mit bunten, hornsteinartigen Feuersteinen überdeckt, wovon mehrere Muster aufgepackt worden.

Messina, Donnerstag den 10. Mai 1787.

Und so gelangten wir nach Messina, bequemten uns, weil wir keine Gelegenheit kannten, die erste Nacht in dem Quartier des Vetturins zuzubringen, um uns den andern Morgen nach einem bessern Wohnort umzusehen. Dieser Entschluß gab gleich beim Eintritt den fürchterlichsten Begriff einer zerstörten Stadt: denn wir ritten eine Viertelstunde lang an Trümmern nach Trümmern vorbei, ehe wir zur Herberge kamen, die, in diesem ganzen Revier allein wieder aufgebaut, aus den Fenstern des obern Stocks nur eine zackige Ruinenwüste übersehen ließ. Außer dem Bezirk dieses

Gehöftes spürte man weder Mensch noch Tier; es war nachts eine furchtbare Stille. Die Türen ließen sich weder verschließen noch verriegeln; auf menschliche Gäste war man hier so wenig eingerichtet als in ähnlichen Pferdewohnungen; und doch schliefen wir ruhig auf einer Matratze, welche der dienstfertige Vetturin dem Wirte unter dem Leibe weggeschwatzt hatte.

Freitag den 11. Mai 1787.

Heute trennten wir uns von dem wackern Führer, ein gutes Trinkgeld belohnte seine sorgfältigen Dienste. Wir schieden freundlich, nachdem er uns vorher noch einen Lohnbedienten verschafft, der uns gleich in die beste Herberge bringen und alles Merkwürdige von Messina vorzeigen sollte. Der Wirt, um seinen Wunsch, uns loszuwerden, schleunigst erfüllt zu sehen, half Koffer und sämtliches Gepäck auf das schnellste in eine angenehme Wohnung schaffen, näher dem belebten Teile der Stadt, das heißt außerhalb der Stadt selbst. Damit aber verhält es sich folgendermaßen. Nach dem ungeheuern Unglück, das Messina betraf, blieb, nach zwölftausend umgekommenen Einwohnern, für die übrigen dreißigtausend keine Wohnung: die meisten Gebäude waren niedergestürzt, die zerrissenen Mauern der übrigen gaben einen unsichern Aufenthalt. Man errichtete daher eiligst im Norden von Messina, auf einer großen Wiese, eine Bretterstadt, von der sich am schnellsten derjenige einen Begriff macht, der zu Meßzeiten den Römerberg zu Frankfurt, den Markt zu Leipzig durchwanderte; denn alle Kramläden und Werkstätten sind gegen die Straße geöffnet, vieles ereignet sich außerhalb. Daher sind nur wenig größere Gebäude auch nicht sonderlich gegen das Öffentliche verschlossen, indem die Bewohner manche Zeit unter freiem Himmel zubringen. So wohnen sie nun schon drei Jahre, und diese Buden-, Hütten-, ja Zeltwirtschaft hat auf den Charakter der Einwohner entschiedenen Einfluß. Das Entsetzen über jenes ungeheure Ereignis, die Furcht vor einem ähnlichen treibt sie, der Freuden des Augenblicks mit gutmütigem Frohsinn zu genießen. Die Sorge vor neuem Unheil ward am 21. April, also ungefähr vor 20 Tagen, erneuert: ein merklicher Erdstoß erschütterte den Boden abermals. Man zeigte uns eine kleine Kirche, wo eine Masse Menschen, gerade in dem Augenblick zusammengedrängt, diese Erschütterung empfanden. Einige Personen, die darin gewesen, schienen sich von ihrem Schrecken noch nicht erholt zu haben.

Beim Aufsuchen und Betrachten dieser Gegenstände leitete uns ein freundlicher Konsul, der, unaufgefordert, vielfache Sorge für uns trug — in dieser Trümmerwüste mehr als irgendwo dankbar anzuerkennen. Zugleich auch, da er vernahm, daß wir bald abzureisen wünschten, machte er uns einem französischen Kauffahrer bekannt, der im Begriff stehe, nach Neapel zu segeln — doppelt erwünscht, da die weiße Flagge vor den Seeräubern sichert.

Eben hatten wir unserm gütigen Führer den Wunsch zu erkennen gegeben, eine der größern, obgleich auch nur einstöckigen Hütten inwendig, ihre Einrichtung und extemporierte Haushaltung zu sehen, als ein freundlicher Mann sich an uns anschloß, der sich bald als französischer Sprachmeister bezeichnete, welchem der Konsul, nach vollbrachtem Spaziergange, unsern Wunsch, solch ein Gebäude zu sehen, eröffnete mit dem Ersuchen, uns bei sich einzuführen und mit den Seinigen bekannt zu machen.

Wir traten in die mit Brettern beschlagene und gedeckte Hütte. Der Eindruck war völlig wie der jener Meßbuden, wo man wilde Tiere oder sonstige Abenteuer für Geld sehen läßt: das Zimmerwerk an den Wänden wie am Dache sichtbar; ein grüner Vorhang sonderte den vordern Raum, der, nicht gedielt, tennenartig geschlagen schien. Stühle und Tische befanden sich da, nichts weiter von Hausgeräte. Erleuchtet war der Platz von oben durch zufällige Öffnungen der Bretter. Wir diskurierten eine Zeitlang, und ich betrachtete mir die grüne Hülle und das darüber sichtbare innere Dachgebälke, als auf einmal, hüben und drüben des Vorhangs, ein paar allerliebste Mädchenköpfchen neugierig herausguckten, schwarzäugig, schwarzlockig, die aber, sobald sie sich bemerkt sahen, wie der Blitz verschwanden, auf Ansuchen des Konsuls jedoch, nach so viel verflossener Zeit, als nötig war, sich anzuziehen, auf wohlgeputzten und niedlichen Körperchen wieder hervortraten und sich mit ihren bunten Kleidern gar zierlich vor dem grünen Teppich ausnahmen. Aus ihren Fragen konnten wir wohl merken, daß sie uns für fabelhafte Wesen aus einer andern Welt hielten, in welchem liebenswürdigen Irrtum sie unsere Antworten nur mehr bestärken mußten. Auf eine heitere Weise malte der Konsul unsere märchenhafte Erscheinung aus; die Unterhaltung war sehr angenehm, schwer, sich zu trennen. Vor der Tür erst fiel uns auf, daß wir die innern Räume nicht gesehen und die Hauskonstruktion über die Bewohnerinnen vergessen hatten.

Messina, Sonnabend den 12. Mai 1787.

Der Konsul, unter andern, sagte, daß es, wo nicht unumgänglich nötig, doch wohlgetan sei, dem Gouverneur aufzuwarten, der, ein wunderlicher alter Mann, nach Laune und Vorurteil ebensogut schaden als nutzen könne: dem Konsul werde es zugunsten gerechnet, wenn er bedeutende Fremde vorstelle; auch wisse der Ankömmling nie, ob er dieses Mannes auf eine oder andere Weise bedürfe. Dem Freunde zu Gefallen ging ich mit.

Ins Vorzimmer tretend, hörten wir drinne ganz entsetzlichen Lärm; ein Laufer mit Pulcinell-Gebärden raunte dem Konsul ins Ohr: Böser Tag! gefährliche Stunde! Doch traten wir hinein und fanden den uralten Gouverneur, uns den Rücken zugewandt, zunächst des Fensters an einem Tische sitzen. Große Haufen vergilbter alter Briefschaften lagen vor ihm, von denen er die unbeschriebenen Blätter mit größter Gelassenheit abschnitt und seinen haushältischen Charakter dadurch zu erkennen gab. Während dieser friedlichen Beschäftigung schalt und fluchte er fürchterlich auf einen anständigen Mann los, der seiner Kleidung nach mit Malta verwandt sein konnte und sich mit vieler Gemütsruhe und Präzision verteidigte, wozu ihm jedoch wenig Raum blieb. Der Gescholtene und Angeschriene suchte mit Fassung einen Verdacht abzulehnen, den der Gouverneur — so schien es — auf ihn, als einen ohne Befugnis mehrmals An- und Abreisenden, mochte geworfen haben; der Mann berief sich auf seine Pässe und bekannte Verhältnisse in Neapel. Dies aber half alles nichts; der Gouverneur zerschnitt seine alten Briefschaften, sonderte das weiße Papier sorgfältig und tobte fortwährend.

Außer uns beiden standen noch etwa zwölf Personen in einem weiten Kreise, dieses Tiergefechtes Zeugen, uns wahrscheinlich den Platz an der Türe beneidend, als gute Gelegenheit, wenn der Erzürnte allenfalls den Krückenstock erheben und dreinschlagen sollte. Die Gesichtszüge des Konsuls hatten sich bei dieser Szene merklich verlängert; mich tröstete des Laufers possenhafte Nähe, der draußen vor der Schwelle, hinter mir allerlei Faxen schnitt, mich, wenn ich manchmal umblickte, zu beruhigen, als habe das so viel nicht zu bedeuten.

Auch entwirrte sich der gräßliche Handel noch ganz gelinde: der Gouverneur schloß damit, es halte ihn zwar nichts ab, den Betretenen einzustecken und in Verwahrung zappeln zu lassen, allein es möge diesmal hingehen; er solle die paar bestimmten Tage in Messina bleiben, alsdann aber sich fortpacken und niemals wiederkehren. Ganz ruhig, ohne die Miene zu verändern, beurlaubte sich der Mann, grüßte anständig die Versammlung und uns besonders, die er durchschneiden mußte, um zur Türe zu gelangen. Als der Gouverneur, ihm noch etwas nachzuschelten, sich ingrimmig umkehrte, erblickte er uns, faßte sich sogleich, winkte dem Konsul, und wir traten an ihn heran.

Ein Mann von sehr hohem Alter, gebückten Hauptes, unter grauen struppigen Augenbrauen schwarze tiefliegende Blicke hervorsendend; nun ein ganz anderer als kurz zuvor. Er hieß mich zu sich sitzen, fragte, in seinem Geschäft ununterbrochen fortfahrend, nach mancherlei, worüber ich ihm Bescheid gab; zuletzt fügte er hinzu, ich sei, solange ich hier bliebe, zu seiner Tafel geladen. Der Konsul, zufrieden wie ich, ja noch zufriedener, weil er die Gefahr, der wir entronnen, besser kannte, flog die Treppe hinunter, und mir war alle Lust vergangen, dieser Löwenhöhle je wieder nah zu treten.

Messina, Sonntag den 13. Mai 1787

Zwar bei hellstem Sonnenschein in einer angenehmern Wohnung erwachend, fanden wir uns doch immer in dem unseligen Messina. Einzig unangenehm ist der Anblick der sogenannten Palazzata, einer sichelförmigen Reihe von wahrhaften Palästen, die, wohl in der Länge einer Viertelstunde, die Reede einschließen und bezeichnen. Alles waren steinerne, vierstockige Gebäude, von welchen mehrere Vorderseiten bis aufs Hauptgesims noch völlig stehen, andere bis auf den dritten, zweiten, ersten Stock heruntergebrochen sind, so daß diese ehemalige Prachtreihe nun aufs widerlichste zahnlückig erscheint und auch durchlöchert; denn der blaue Himmel schaut beinahe durch alle Fenster. Die inneren eigentlichen Wohnungen sind sämtlich zusammengestürzt.

An diesem seltsamen Phänomen ist Ursache, daß, nach der von Reichen begonnenen architektonischen Prachtanlage, weniger begüterte Nachbarn, mit dem Scheine wetteifernd, ihre alten, aus größern und kleinern Flußgeschieben und vielem Kalk zusammengekneteten Häuser hinter neuen, aus Quaderstücken aufgeführten Vorderseiten versteckten. Jenes an sich schon unsichere Gefüge mußte, von der ungeheuern Erschütterung aufgelöst und zerbröckelt, zusammenstürzen; wie man denn unter manchen bei so großem Unglück vorgekommenen wunderbaren Rettungen auch folgendes erzählt: der Bewohner eines solchen Gebäudes sei im furchtbaren Augenblick gerade in die Mauervertiefung eines Fensters getreten, das Haus aber hinter ihm völlig zusammengestürzt; und so habe er, in der Höhe gerettet, den Augenblick seiner Befreiung aus diesem luftigen Kerker beruhigt abgewartet. Daß jene aus Mangel naher Bruchsteine so schlechte Bauart hauptsächlich schuld an dem völligen Ruin der Stadt gewesen, zeigt die Beharrlichkeit solider Gebäude. Der Jesuiten Kollegium und Kirche, von tüchtigen Quadern aufgeführt, stehen noch unverletzt in ihrer anfänglichen Tüchtigkeit. Dem sei aber, wie ihm wolle, Messinas Anblick ist äußerst verdrießlich und erinnert an die Urzeiten, wo Sikaner und Sikuler diesen unruhigen Erdboden verließen und die westliche Küste Siziliens bebauten.

Und so brachten wir unseren Morgen zu, gingen dann, im Gasthof ein frugales Mahl zu verzehren. Wir saßen noch ganz vergnügt beisammen, als der Bediente des Konsuls atemlos hereinsprang und mir verkündigte, der Gouverneur lasse mich in der ganzen Stadt suchen; er habe mich zur Tafel geladen, und nun bleibe ich aus. Der Konsul lasse mich aufs inständigste bitten, auf der Stelle hinzugehen, ich möchte gespeist haben oder nicht, möchte aus Vergessenheit oder aus Vorsatz die Stunde versäumt haben. Nun fühlte ich erst den unglaublichen Leichtsinn, womit ich die Einladung des Zyklopen aus dem Sinne geschlagen, froh, daß ich das erstemal entwischt. Der Bediente ließ mich nicht zaudern, seine Vorstellungen waren die dringendsten und triftigsten: der Konsul riskiere, hieß es, daß jener wütende Despot ihn und die ganze Nation auf den Kopf stelle.

Indessen ich nun Haare und Kleider zurecht putzte, faßte ich mir ein Herz und folgte mit heiterm Sinne meinem Führer, Odysseus den Patron anrufend und mir seine Vorsprache bei Pallas Athene erbittend.

In der Höhle des Löwen angelangt, ward ich vom lustigen

Laufer in einen großen Speisesaal geführt, wo etwa vierzig Personen, ohne daß man einen Laut vernommen hätte, an einer länglichrunden Tafel saßen. Der Platz zur Rechten des Gouverneurs war offen, wohin mich der Laufer geleitete.

Nachdem ich den Hausherrn und die Gäste mit einer Verbeugung gegrüßt, setzte ich mich neben ihn, entschuldigte mein Außenbleiben mit der Weitläufigkeit der Stadt und dem Irrtum, in welchen mich die ungewöhnliche Stundenzahl schon mehrmals geführt. Er versetzte mit glühendem Blick, man habe sich in fremden Landen nach den jedesmaligen Gewohnheiten zu erkundigen und zu richten. Ich erwiderte, dies sei jederzeit mein Bestreben; nur hätte ich gefunden, daß bei den besten Vorsätzen man gewöhnlich die ersten Tage, wo uns ein Ort noch neu und die Verhältnisse unbekannt seien, in gewisse Fehler verfalle, welche unverzeihlich scheinen müßten, wenn man nicht die Ermüdung der Reise, die Zerstreuung durch Gegenstände, die Sorge für ein leidliches Unterkommen, ja sogar für eine weitere Reise als Gründe der Entschuldigung möchte gelten lassen.

Er fragte darauf, wie lange ich hier zu bleiben gedächte. Ich versetzte, daß ich mir einen recht langen Aufenthalt wünsche, damit ich ihm die Dankbarkeit für die mir erwiesene Gunst durch die genaueste Befolgung seiner Befehle und Anordnungen betätigen könnte. Nach einer Pause fragte er sodann, was ich in Messina gesehen habe. Ich erzählte kürzlich meinen Morgen mit einigen Bemerkungen und fügte hinzu, daß ich am meisten bewundert die Reinlichkeit und Ordnung in den Straßen dieser zerstörten Stadt. Und wirklich war bewundernswürdig, wie man die sämtlichen Straßen von Trümmern gereinigt, indem man den Schutt in die zerfallenen Mauerstätten selbst geworfen, die Steine dagegen an die Häuser angereiht und dadurch die Mitte der Straßen frei, dem Handel und Wandel offen wieder übergeben. Hiebei konnte ich dem Ehrenmanne mit der Wahrheit schmeicheln, indem ich ihm ver-

Catania, Platz des Obelisken — Nach Duplessys Berteaux

Catania, Marktplatz — Nach Després

sicherte, daß alle Messineser dankbar erkennten, diese Wohltat seiner Vorsorge schuldig zu sein. — Erkennen sie es? brummte er. Haben sie doch früher genug über die Härte geschrien, mit der man sie zu ihrem Vorteile nötigen mußte. — Ich sprach von weisen Absichten der Regierung, von höhern Zwecken, die erst später eingesehen und geschätzt werden könnten, und dergleichen. Er fragte, ob ich die Jesuitenkirche gesehen habe, welches ich verneinte; worauf er mir denn zusagte, daß er mir sie wolle zeigen lassen, und zwar mit allem Zubehör.

Während diesem durch wenige Pausen unterbrochenen Gespräche sah ich die übrige Gesellschaft in dem tiefsten Stillschweigen nicht mehr sich bewegen, als nötig, die Bissen zum Munde zu bringen. Und so standen sie, als die Tafel aufgehoben und der Kaffee gereicht war, wie Wachspuppen rings an den Wänden. Ich ging auf den Hausgeistlichen los, der mir die Kirche zeigen sollte, ihm zum voraus für seine Bemühungen zu danken; er wich zur Seite, indem er demütig versicherte, die Befehle Ihro Exzellenz habe er ganz allein vor Augen. Ich redete darauf einen jungen nebenstehenden Fremden an, dem es auch, ob er gleich ein Franzose war, nicht ganz wohl in seiner Haut zu sein schien; denn auch er war verstummt und erstarrt wie die ganze Gesellschaft, worunter ich mehrere Gesichter sah, die der gestrigen Szene mit dem Malteserritter bedenklich beigewohnt hatten.

Der Gouverneur entfernte sich, und nach einiger Zeit sagte mir der Geistliche, es sei nun an der Stunde, zu gehen. Ich folgte ihm, die übrige Gesellschaft hatte sich stille, stille verloren. Er führte mich an das Portal der Jesuitenkirche, das, nach der bekannten Architektur dieser Väter, prunkhaft und wirklich imposant in die Luft steht. Ein Schließer kam uns schon entgegen und lud zum Eintritt; der Geistliche hingegen hielt mich zurück mit der Weisung, daß wir zuvor auf den Gouverneur zu warten hätten. Dieser fuhr auch bald heran, hielt auf dem Platze ohnfern der Kirche und winkte, worauf wir drei ganz nah an seinem Kutschenschlag uns vereinigten. Er gebot dem Schließer, daß er mir nicht allein die Kirche in allen ihren Teilen zeigen, sondern auch die Geschichte der Altäre und anderer Stiftungen umständlich erzählen solle; ferner habe er auch die Sakristeien aufzuschließen und mich auf alles das darin enthaltene Merkwürdige aufmerksam zu machen. Ich sei ein Mann, den er ehren wolle, der alle Ursache haben solle, in seinem Vaterlande rühmlich von Messina zu sprechen. Versäumen Sie nicht, sagte er darauf zu mir gewandt mit einem Lächeln, insofern seine Züge dessen fähig waren, versäumen Sie nicht, solange Sie hier sind, zur rechten Stunde an Tafel zu kommen, Sie sollen immer wohl empfangen sein. — Ich hatte kaum Zeit, ihm hierauf verehrlich zu erwidern. Der Wagen bewegte sich fort.

Von diesem Augenblick an ward auch der Geistliche heiterer; wir traten in die Kirche. Der Kastellan, wie man ihn wohl in diesem entgottesdiensteten Zauberpalaste nennen dürfte, schickte sich an, die ihm scharf empfohlene Pflicht zu erfüllen, als der Konsul und Kniep in das leere Heiligtum hereinstürzten, mich umarmten und eine leidenschaftliche Freude ausdrückten, mich, den Sie schon in Gewahrsam geglaubt, wiederzusehen. Sie hatten in Höllenangst gesessen, bis der gewandte Laufer, wahrscheinlich vom Konsul gut pensioniert, einen glücklichen Ausgang des Abenteuers unter hundert Possen erzählte, worauf denn ein erheiternder Frohsinn sich über die beiden ergoß, die mich sogleich aufsuchten, als die Aufmerksamkeit des Gouverneurs wegen der Kirche ihnen bekannt geworden.

Indessen standen wir vor dem Hochaltare, die Auslegung alter Kostbarkeiten vernehmend. Säulen von Lapis Lazuli, durch bronzene, vergoldete Stäbe gleichsam kanneliert, nach florentinischer Art eingelegte Pilaster und Füllungen; die prächtigen sizilianischen Achate in Überfluß, Erz und Vergoldung sich wiederholend und alles verbindend.

Nun war es aber eine wunderbare kontrapunktische Fuge, wenn Kniep und der Konsul die Verlegenheit des Abenteuers, der Vorzeiger dagegen die Kostbarkeiten der noch wohl erhaltenen Pracht verschränkt vortrugen, beide von ihrem Gegenstand durchdrungen; wobei ich denn das doppelte Vergnügen hatte, den Wert meines glücklichen Entkommens zu fühlen und zugleich die sizilianischen Gebirgsprodukte, um die ich mir schon manche Mühe gegeben, architektonisch angewendet zu sehen.

Die genaue Kenntnis der einzelnen Teile, woraus dieser Prunk zusammengesetzt war, verhalf mir zur Entdeckung, daß der sogenannte Lapis Lazuli jener Säulen eigentlich nur Calcara sei, aber freilich von so schöner Farbe, als ich sie noch nicht gesehn, und herrlich zusammengefügt. Aber auch so blieben diese Säulen noch immer ehrwürdig; denn es setzt eine ungeheure Menge jenes Materials voraus, um Stücke von so schöner und gleicher Farbe aussuchen zu können, und dann ist die Bemühung des Schneidens, Schleifens und Polierens höchst bedeutend. Doch was war jenen Vätern unüberwindlich?

Der Konsul hatte indessen nicht aufgehört, mich über mein bedrohliches Schicksal aufzuklären. Der Gouverneur nämlich, mit sich selbst unzufrieden, daß ich von seinem gewaltsamen Betragen gegen den Quasi-Malteser gleich beim ersten Eintritt Zeuge gewesen, habe sich vorgenommen, mich besonders zu ehren, und sich darüber einen Plan festgesetzt, dieser habe durch mein Außenbleiben gleich zu Anfang der Ausführung einen Strich erlitten. Nach langem Warten sich endlich zur Tafel setzend, habe der Despot sein ungeduldiges Mißvergnügen nicht verbergen können, und die Gesellschaft sei in Furcht gestanden, entweder bei meinem Kommen oder nach aufgehobener Tafel eine Szene zu erleben.

Indessen suchte der Küster immer wieder das Wort zu erhaschen, öffnete die geheimen Räume, nach schönen Verhältnissen gebaut, anständig, ja prächtig verziert; auch war darin noch manches

bewegliche Kirchengeräte übrig geblieben, dem Ganzen gemäß geformt und geputzt. Von edlen Metallen sah ich nichts, so wenig als von ältern und neuern echten Kunstwerken.
Unsere italienisch-deutsche Fuge — denn Pater und Küster psalmodierten in der ersten, Kniep und Konsul in der zweiten Sprache — neigte sich zu Ende, als ein Offizier sich zu uns gesellte, den ich bei Tafel gesehen. Er gehörte zum Gefolge des Gouverneurs. Dies konnte wieder einige Besorgnis erregen, besonders da er sich erbot, mich an den Hafen zu führen, wo er mich an Punkte bringen wolle, die Fremden sonst unzugänglich seien. Meine Freunde sahen sich an; ich ließ mich jedoch nicht abhalten, allein mit ihm zu gehen. Nach einigen gleichgültigen Gesprächen begann ich ihn zutraulich anzureden und gestand, bei Tafel gar wohl bemerkt zu haben, daß mehrere stille Beisitzer mir durch ein freundliches Zeichen zu verstehen gegeben, daß ich nicht unter weltfremden Menschen allein, sondern unter Freunden, ja Brüdern mich befinde und deshalb nichts zu besorgen habe. Ich halte für Pflicht, ihm zu danken und um Erstattung gleichen Danks an die übrigen Freunde zu ersuchen. Hierauf erwiderte derselbe, daß sie mich um so mehr zu beruhigen gesucht, als sie bei Kenntnis der Gemütsart ihres Vorgesetzten für mich eigentlich nichts befürchtet hätten; denn eine Explosion wie die gegen den Malteser sei nur selten, und gerade wegen einer solchen mache sich der würdige Greis selbst Vorwürfe, hüte sich lange, lebe dann eine Weile in einer sorglosen Sicherheit seiner Pflicht, bis er denn endlich, durch einen unerwarteten Vorfall überrascht, wieder zu neuen Heftigkeiten hingerissen werde. Der wackere Freund setzte hinzu, daß ihm und seinen Genossen nichts wünschenswerter wäre, als mit mir sich genauer zu verbinden; weshalb ich die Gefälligkeit haben möchte, mich näher zu bezeichnen, wozu sich heute nacht die beste Gelegenheit finden werde. Ich wich diesem Verlangen höflich aus, indem ich ihn bat, mir eine Grille zu verzeihen:

ich wünsche nämlich auf Reisen bloß als Mensch angesehen zu werden; könne ich als ein solcher Vertrauen erregen und Teilnahme erlangen, so sei es mir angenehm und erwünscht; in andere Verhältnisse einzugehen, verböten mir mancherlei Gründe.

Überzeugen wollt ich ihn nicht; denn ich durfte ja nicht sagen, was eigentlich mein Grund war. Merkwürdig genug aber schien mirs, wie schön und unschuldig die wohldenkenden Männer unter einem despotischen Regiment sich zu eignem und zu der Fremdlinge Schutz verbündet hatten. Ich verhehlte ihm nicht, daß ich ihre Verhältnisse zu andern deutschen Reisenden recht wohl kenne, verbreitete mich über die löblichen Zwecke, die erreicht werden sollten, und setzte ihn immer mehr in Erstaunen über meine vertrauliche Hartnäckigkeit. Er versuchte alles mögliche, mich aus meinem Inkognito hervorzuziehen, welches ihm nicht gelang, teils weil ich, einer Gefahr entronnen, mich nicht zwecklos in eine andere begeben konnte, teils weil ich gar wohl bemerkte, die Ansichten dieser wackern Insulaner seien von den meinigen so sehr verschieden, daß ihnen mein näherer Umgang weder Freude noch Trost bringen könne.

Dagegen wurden abends mit dem teilnehmenden und tätigen Konsul noch einige Stunden verbracht, der denn auch die Szene mit dem Malteser aufklärte. Es sei dieser zwar kein eigentlicher Abenteurer, aber ein unruhiger Ortwechsler. Der Gouverneur, aus einer großen Familie, wegen Ernst und Tüchtigkeit verehrt, wegen bedeutender Dienste geschätzt, stehe doch im Rufe unbegrenzten Eigenwillens, zaumloser Heftigkeit und ehernen Starrsinns. Argwöhnisch als Greis und Despot, mehr besorgt als überzeugt, daß er Feinde bei Hofe habe, hasse er solche hin und wider ziehende Figuren, die er durchaus für Spione halte. Diesmal sei ihm der Rotrock in die Quer gekommen, da er nach einer ziemlichen Pause sich wieder einmal im Zorn habe ergehen müssen, um die Leber zu befreien.

Messina und auf der See, Montag, 13. Mai 1787.

Beide wir erwachten mit gleicher Empfindung, verdrießlich, daß wir, durch den ersten wüsten Anblick von Messina zur Ungeduld gereizt, uns entschlossen hatten, mit dem französischen Kauffahrer die Rückfahrt abzuschließen. Nach dem glücklich beendigten Abenteuer mit dem Gouverneur, bei dem Verhältnis zu wackern Männern, denen ich mich nur näher zu bezeichnen brauchte, aus dem Besuch bei meinem Bankier, der auf dem Lande in der angenehmsten Gegend wohnte, ließ sich für einen längern Aufenthalt in Messina das Angenehmste hoffen. Kniep, von ein paar hübschen Kindern wohl unterhalten, wünschte nichts mehr als die längere Dauer des sonst verhaßten Gegenwindes. Indessen war die Lage unangenehm: alles mußte gepackt bleiben und wir jeden Augenblick bereit sein, zu scheiden.

So geschah denn auch dieser Aufruf gegen Mittag; wir eilten an Bord und fanden unter der am Ufer versammelten Menge auch unsern guten Konsul, von dem wir dankbar Abschied nahmen. Der gelbe Laufer drängte sich auch herbei, seine Ergötzlichkeiten abzuholen. Dieser ward nun belohnt und beauftragt, seinem Herrn unsere Abreise zu melden und mein Außenbleiben von Tafel zu entschuldigen. Wer absegelt, ist entschuldigt! rief er aus; sodann, mit einem seltsamen Sprung sich umkehrend, war er verschwunden.

Im Schiffe selbst sah es nun anders aus als auf der neapolitanischen Korvette, doch beschäftigte uns, bei allmählicher Entfernung vom Ufer, die herrliche Ansicht des Palastzirkels, der Zitadelle, der hinter der Stadt aufsteigenden Berge. Kalabrien an der andern Seite. Nun der freie Blick in die Meerenge nord- und südwärts, bei einer ausgedehnten, an beiden Seiten schön beuferten Breite. Als wir dieses nach und nach anstaunten, ließ man uns links, in ziemlicher Ferne, einige Bewegung im Wasser, rechts aber, etwas näher, einen vom Ufer sich auszeichnenden Felsen bemerken, jene als Charybdis, diesen als

Szylla. Man hat sich bei Gelegenheit beider, in der Natur so weit auseinander stehenden, von dem Dichter so nah zusammen gerückten Merkwürdigkeiten über die Fabelei der Poeten beschwert und nicht bedacht, daß die Einbildungskraft aller Menschen durchaus Gegenstände, wenn sie sich solche bedeutend vorstellen will, höher als breit imaginiert und dadurch dem Bilde mehr Charakter, Ernst und Würde verschafft. Tausendmal habe ich klagen hören, daß ein durch Erzählung gekannter Gegenstand in der Gegenwart nicht mehr befriedige; die Ursache hievon ist immer dieselbe: Einbildung und Gegenwart verhalten sich wie Poesie und Prosa, jene wird die Gegenstände mächtig und steil denken, diese sich immer in der Fläche verbreiten. Landschaftsmaler des sechzehnten Jahrhunderts, gegen die unsrigen gehalten, geben das auffallendste Beispiel. Eine Zeichnung von Jodocus Momper neben einem Kniepschen Kontur würden den ganzen Kontrast sichtbar machen.

Mit solchen und ähnlichen Gesprächen unterhielten wir uns, indem selbst für Kniep die Küsten, welche zu zeichnen er schon Anstalt getroffen hatte, nicht reizend genug waren.

Mich aber befiel abermals die unangenehme Empfindung der Seekrankheit, und hier war dieser Zustand nicht wie bei der Überfahrt durch bequeme Absonderung gemildert; doch fand sich die Kajüte groß genug, um mehrere Personen einzunehmen, auch an guten Matratzen war kein Mangel. Ich nahm die horizontale Stellung wieder an, in welcher mich Kniep gar vorsorglich mit rotem Wein und gutem Brot ernährte. In dieser Lage wollte mir unsere ganze sizilianische Reise in keinem angenehmen Lichte erscheinen. Wir hatten doch eigentlich nichts gesehen als durchaus eitle Bemühungen des Menschengeschlechts, sich gegen die Gewaltsamkeit der Natur, gegen die hämische Tücke der Zeit und gegen den Groll ihrer eigenen feindseligen Spaltungen zu erhalten. Die Karthager, Griechen und Römer und so viele nachfolgende Völkerschaften haben gebaut und zerstört. Selinunt liegt methodisch umgeworfen; die Tempel von Girgenti nieder-zulegen waren zwei Jahrtausende nicht hinreichend, Catania und Messina zu verderben wenige Stunden, wo nicht gar Augenblicke. Diese wahrhaft seekranken Betrachtungen eines auf der Woge des Lebens hin und wider Geschaukelten ließ ich nicht Herrschaft gewinnen.

Auf der See, Dienstag den 13. Mai.

Meine Hoffnung, diesmal schneller nach Neapel zu gelangen oder von der Seekrankheit eher befreit zu sein, war nicht ein-getroffen. Verschiedenemal versuchte ich, durch Kniep angeregt, auf das Verdeck zu treten, allein der Genuß eines so mannig-faltigen Schönen war mir versagt; nur einige Vorfälle ließen mich meinen Schwindel vergessen. Der ganze Himmel war mit einem weißlichen Wolkendunst umzogen, durch welchen die Sonne, ohne daß man ihr Bild hätte unterscheiden können, das Meer überleuchtete, welches die schönste Himmelsbläue zeigte, die man nur sehen kann. Eine Schar Delphine begleitete das Schiff, schwimmend und springend blieben sie ihm immer gleich. Mich deucht, sie hatten das aus der Tiefe und Ferne ihnen als ein schwarzer Punkt erscheinende Schwimmgebäude für irgend einen Raub und willkommene Zehrung gehalten. Vom Schiff aus wenigstens behandelte man sie nicht als Geleitsmänner, sondern wie Feinde: einer ward mit dem Harpun getroffen, aber nicht herangebracht.

Der Wind blieb ungünstig, den unser Schiff, in verschiedenen Richtungen fortstreichend, nur überlisten konnte. Die Ungeduld hierüber ward vermehrt, als einige erfahrne Reisende versicherten: weder Hauptmann noch Steurer verstünden ihr Handwerk; jener möge wohl als Kaufmann, dieser als Matrose gelten, für den Wert so vieler Menschen und Güter seien sie nicht geeignet ein-zustehen.

Ich ersuchte diese übrigens braven Personen, ihre Besorgnisse geheim zu halten. Die Anzahl der Passagiere war groß, darunter Weiber und Kinder von verschiedenem Alter; denn alles hatte sich auf das französische Fahrzeug gedrängt, die Sicherheit der weißen Flagge vor Seeräubern, sonst nichts weiter bedenkend. Ich stellte vor, daß Mißtrauen und Sorge jeden in die peinlichste Lage versetzen würde, da bis jetzt alle in der farb- und wappenlosen Leinwand ihr Heil gesehen.

Und wirklich ist zwischen Himmel und Meer dieser weiße Zipfel als entscheidender Talisman merkwürdig genug. Wie sich Abfahrende und Zurückbleibende noch mit geschwungenen weißen Taschentüchern begrüßen und dadurch wechselseitig ein sonst nie zu empfindendes Gefühl der scheidenden Freundschaft und Neigung erregen, so ist hier in dieser einfachen Fahne der Ursprung geheiligt; eben als wenn einer sein Taschentuch an eine Stange befestigte, um der ganzen Welt anzukündigen, es komme ein Freund über Meer.

Mit Wein und Brot von Zeit zu Zeit erquickt, zum Verdruß des Hauptmanns, welcher verlangte, daß ich essen sollte, was ich bezahlt hatte, konnte ich doch auf dem Verdeck sitzen und an mancher Unterhaltung teilnehmen. Kniep wußte mich zu erheitern, indem er nicht, wie auf der Korvette, über die treffliche Kost triumphierend meinen Neid zu erregen suchte, mich vielmehr diesmal glücklich pries, daß ich keinen Appetit habe.

Montag den 14. Mai.

Und so war der Nachmittag vorbeigegangen, ohne daß wir unsern Wünschen gemäß in den Golf von Neapel eingefahren wären. Wir wurden vielmehr immer westwärts getrieben, und das Schiff, indem es sich der Insel Capri näherte, entfernte sich immer mehr von dem Kap Minerva. Jedermann war verdrießlich und ungeduldig: wir beiden aber, die wir die Welt mit malerischen Augen betrachteten, konnten damit sehr zufrieden sein; denn bei Sonnenuntergang genossen wir des herrlichsten

Anblicks, den uns die ganze Reise gewährt hatte. In dem glänzendsten Farbenschmuck lag Kap Minerva mit den daranstoßenden Gebirgen vor unsern Augen, indes die Felsen, die sich südwärts hinabziehen, schon einen blaulichen Ton angenommen hatten. Vom Kap an zog sich die ganze erleuchtete Küste bis Sorrent hin. Der Vesuv war uns sichtbar, eine ungeheure Dampfwolke über ihm aufgetürmt, von der sich ostwärts ein langer Streif weit hinzog, so daß wir den stärksten Ausbruch vermuten konnten. Links lag Capri, steil in die Höhe strebend; die Formen seiner Felswände konnten wir durch den durchsichtigen bläulichen Dunst vollkommen unterscheiden. Unter einem ganz reinen, wolkenlosen Himmel glänzte das ruhige, kaum bewegte Meer, das, bei einer völligen Windstille, endlich wie ein klarer Teich vor uns lag. Wir entzückten uns an dem Anblick, Kniep trauerte, daß alle Farbenkunst nicht hinreiche, diese Harmonie wiederzugeben, so wie der feinste englische Bleistift die geübteste Hand nicht in den Stand setze, diese Linien nachzuziehen. Ich dagegen, überzeugt, daß ein weit geringeres Andenken, als dieser geschickte Künstler zu erhalten vermochte, in der Zukunft höchst wünschenswert sein würde, ich ermunterte ihn, Hand und Auge zum letztenmal anzustrengen; er ließ sich bereden und lieferte eine der genausten Zeichnungen, die er nachher kolorierte und ein Beispiel zurückließ, daß bildlicher Darstellung das Unmögliche möglich wird. Den Übergang vom Abend zur Nacht verfolgten wir mit ebenso begierigen Augen. Capri lag nun ganz finster vor uns, und zu unserm Erstaunen entzündete sich die Vesuvische Wolke sowie auch der Wolkenstreif je länger je mehr, und wir sahen zuletzt einen ansehnlichen Strich der Atmosphäre im Grunde unseres Bildes erleuchtet, ja wetterleuchten.

Über diese uns so willkommenen Szenen hatten wir unbemerkt gelassen, daß uns ein großes Unheil bedrohe; doch ließ uns die Bewegung unter den Passagieren nicht lange in Ungewißheit. Sie, der Meeresereignisse kundiger als wir, machten dem Schiffsherrn und seinem Steuermanne bittre Vorwürfe, daß über ihre Ungeschicklichkeit nicht allein die Meerenge verfehlt sei, sondern auch die ihnen anvertraute Personenzahl, Güter und alles umzukommen in Gefahr schwebe. Wir erkundigten uns nach der Ursache dieser Unruhe, indem wir nicht begriffen, daß bei völliger Windstille irgend ein Unheil zu befürchten sei. Aber eben diese Windstille machte jene Männer trostlos: wir befinden uns, sagten sie, schon in der Strömung, die sich um die Insel bewegt und durch einen sonderbaren Wellenschlag so langsam als unwiderstehlich nach den schroffen Felsen hinzieht, wo uns auch nicht ein Fußbreit Vorsprung oder Bucht zur Rettung gegeben ist.

Aufmerksam durch diese Reden, betrachteten wir nun unser Schicksal mit Grauen; denn obgleich die Nacht die zunehmende Gefahr nicht unterscheiden ließ, so bemerkten wir doch, daß das Schiff, schwankend und schwippend, sich den Felsen näherte, die immer finsterer vor uns standen, während über das Meer hin noch ein leichter Abendschimmer verbreitet lag. Nicht die geringste Bewegung war in der Luft zu bemerken. Schnupftücher und leichte Bänder wurden von jedem in die Höhe und ins Freie gehalten, aber keine Andeutung eines erwünschten Hauches zeigte sich. Die Menge ward immer lauter und wilder. Nicht etwa betend knieten die Weiber mit ihren Kindern auf dem Verdeck, sondern, weil der Raum zu eng war, sich darauf zu bewegen, lagen sie gedrängt aneinander. Sie noch mehr als die Männer, welche besonnen auf Hülfe und Rettung dachten, schalten und tobten gegen den Kapitän. Nun ward ihm alles vorgeworfen, was man auf der ganzen Reise schweigend zu erinnern gehabt: für teures Geld einen schlechten Schiffsraum, geringe Kost, ein zwar nicht unfreundliches, aber doch stummes Betragen. Er hatte niemand von seinen Handlungen Rechenschaft gegeben, ja selbst noch den letzten Abend ein hartnäckiges

Stillschweigen über seine Manövres beobachtet. Nun hieß er und der Steuermann hergelaufene Krämer, die, ohne Kenntnis der Schiffskunst, sich aus bloßem Eigennutz den Besitz eines Fahrzeuges zu verschaffen gewußt und nun durch Unfähigkeit und Ungeschicklichkeit alle, die ihnen anvertraut, zugrunde richteten. Der Hauptmann schwieg und schien immer noch auf Rettung zu sinnen; mir aber, dem von Jugend auf Anarchie verdrießlicher gewesen als der Tod selbst, war es unmöglich, länger zu schweigen. Ich trat vor sie hin und redete ihnen zu, mit ungefähr ebensoviel Gemütsruhe als den Vögeln von Malcesine. Ich stellte ihnen vor, daß gerade in diesem Augenblick ihr Lärmen und Schreien denen, von welchen noch allein Rettung zu hoffen sei, Ohr und Kopf verwirrten, so daß sie weder denken noch sich untereinander verständigen könnten. Was euch betrifft, rief ich aus, kehrt in euch selbst zurück und dann wendet euer brünstiges Gebet zur Mutter Gottes, auf die es ganz allein ankommt, ob sie sich bei ihrem Sohne verwenden mag, daß er für euch tue, was er damals für seine Apostel getan, als auf dem stürmenden See Tiberias die Wellen schon in das Schiff schlugen, der Herr aber schlief; der jedoch, als ihn die Trost- und Hülflosen aufweckten, sogleich dem Winde zu ruhen gebot, wie er jetzt der Luft gebieten kann, sich zu regen, wenn es anders sein heiliger Wille ist.

Diese Worte taten die beste Wirkung. Eine unter den Frauen, mit der ich mich schon früher über sittliche und geistliche Gegenstände unterhalten hatte, rief aus: Ah! il Barlamé! benedetto il Barlamé! Und wirklich fingen sie, da sie ohnehin schon auf den Knien lagen, ihre Litaneien mit mehr als herkömmlicher Inbrunst leidenschaftlich zu beten an. Sie konnten dies mit desto größerer Beruhigung tun, als die Schiffsleute noch ein Rettungsmittel versuchten, das wenigstens in die Augen fallend war: sie ließen das Boot hinunter, das freilich nur sechs bis acht Männer fassen konnte, befestigten es durch ein langes Seil an das Schiff, welches die Matrosen durch Ruderschläge nach sich zu ziehen kräftig bemüht waren. Auch glaubte man einen Augenblick, daß sie es innerhalb der Strömung bewegten, und hoffte es bald aus derselben herausgerettet zu sehen. Ob aber gerade diese Bemühungen die Gegengewalt der Strömung vermehrt oder wie es damit beschaffen sein mochte, so ward mit einmal an dem langen Seile das Boot und seine Mannschaft im Bogen rückwärts nach dem Schiffe geschleudert, wie die Schmitze einer Peitsche, wenn der Fuhrmann einen Zug tut. Auch diese Hoffnung ward aufgegeben! — Gebet und Klagen wechselten ab, und der Zustand wuchs um so schauerlicher, da nun oben auf den Felsen die Ziegenhirten, deren Feuer man schon längst gesehen hatte, hohl aufschrien, da unten strande das Schiff! Sie riefen einander noch viel unverständliche Töne zu, in welchen einige, mit der Sprache bekannt, zu vernehmen glaubten, als freuten sie sich auf manche Beute, die sie am andern Morgen aufzufischen gedächten. Sogar der tröstliche Zweifel, ob denn auch wirklich das Schiff dem Felsen sich so drohend nähere, war leider nur zu bald gehoben, indem die Mannschaft zu großen Stangen griff, um das Fahrzeug, wenn es zum Äußersten käme, damit von den Felsen abzuhalten, bis denn endlich auch diese brächen und alles verloren sei. Immer stärker schwankte das Schiff, die Brandung schien sich zu vermehren, und meine durch alles dieses wiederkehrende Seekrankheit drängte mir den Entschluß auf, hinunter in die Kajüte zu steigen. Ich legte mich halb betäubt auf meine Matratze, doch aber mit einer gewissen angenehmen Empfindung, die sich vom See Tiberias herzuschreiben schien: denn ganz deutlich schwebte mir das Bild aus Merians Kupferbibel vor Augen. Und so bewährt sich die Kraft aller sinnlich-sittlichen Eindrücke jedesmal am stärksten, wenn der Mensch ganz auf sich selbst zurückgewiesen ist. Wie lange ich so in halbem Schlafe gelegen, wüßte ich nicht zu sagen; aufgeweckt aber ward ich durch ein gewaltsames Getöse über mir: ich konnte deutlich vernehmen, daß es die großen Seile waren, die man auf dem Verdeck hin und wider schleppte; dies gab mir Hoffnung, daß man von den Segeln Gebrauch mache. Nach einer kleinen Weile sprang Kniep herunter und kündigte mir an, daß man gerettet sei: der gelindeste Windeshauch habe sich erhoben; in dem Augenblick sei man bemüht gewesen, die Segel aufzuziehen, er selbst habe nicht versäumt, Hand anzulegen. Man entferne sich schon sichtbar vom Felsen, und obgleich noch nicht völlig außer der Strömung, hoffe man nun doch, sie zu überwinden. Oben war alles stille; sodann kamen mehrere der Passagiere, verkündigten den glücklichen Ausgang und legten sich nieder.

Als ich früh am vierten Tage unserer Fahrt erwachte, befand ich mich frisch und gesund, so wie ich auch bei der Überfahrt zu eben dieser Epoche gewesen war; so daß ich also auf einer längern Seereise wahrscheinlich mit einer dreitägigen Unpäßlichkeit meinen Tribut würde bezahlt haben.

Vom Verdeck sah ich mit Vergnügen die Insel Capri in ziemlicher Entfernung zur Seite liegen und unser Schiff in solcher Richtung, daß wir hoffen konnten, in den Golf hineinzufahren; welches denn auch bald geschah. Nun hatten wir die Freude, nach einer ausgestandenen harten Nacht dieselben Gegenstände, die uns abends vorher entzückt hatten, in entgegengesetztem Lichte zu bewundern. Bald ließen wir jene gefährliche Felseninsel hinter uns. Hatten wir gestern die rechte Seite des Golfs von weitem bewundert, so erschienen nun auch die Kastelle und die Stadt gerade vor uns, sodann links der Posilip und die Erdzungen, die sich bis gegen Procida und Ischia erstrecken. Alles war auf dem Verdeck, voran ein für seinen Orient sehr eingenommener griechischer Priester, der den Landesbewohnern, die ihr herrliches Vaterland mit Entzücken begrüßten, auf ihre Frage, wie sich denn Neapel zu Konstantinopel verhalte, sehr pathetisch antwortete: Anche questa è una citta! Auch dieses ist eine Stadt!

Wir langten zur rechten Zeit im Hafen an, umsummt von Menschen; es war der lebhafteste Augenblick des Tages. Kaum waren unsere Koffer und sonstigen Gerätschaften ausgeladen und standen am Ufer, als gleich zwei Lastträger sich derselben bemächtigten; und kaum hatten wir ausgesprochen, daß wir bei Moriconi logieren würden, so liefen sie mit dieser Last wie mit einer Beute davon, so daß wir ihnen durch die menschenreichen Straßen und über den bewegten Platz nicht mit den Augen folgen konnten. Kniep hatte das Portefeuille unter dem Arm, und wir hätten wenigstens die Zeichnungen gerettet, wenn jene Träger, weniger ehrlich als die neapolitanischen armen Teufel, uns um dasjenige gebracht hätten, was die Brandung verschont hatte.

Neapel

An Herder

Neapel, den 17. Mai 1787.

Hier bin ich wieder, meine Lieben, frisch und gesund. Ich habe die Reise durch Sizilien leicht und schnell getrieben; wenn ich wiederkomme, sollt ihr beurteilen, wie ich gesehen habe. Daß ich sonst so an den Gegenständen klebte und haftete, hat mir nun eine unglaubliche Fertigkeit verschafft, alles gleichsam vom Blatt wegzuspielen, und ich finde mich recht glücklich, den großen, schönen, unvergleichbaren Gedanken von Sizilien so klar, ganz und lauter in der Seele zu haben. Nun bleibt meiner Sehnsucht kein Gegenstand mehr im Mittag, da ich auch gestern von Pästum zurückgekommen bin. Das Meer und die Inseln haben mir Genuß und Leiden gegeben, und ich kehre befriedigt zurück. Laßt mich jedes Detail bis zu meiner Wiederkehr aufsparen! Auch ist hier in Neapel kein Besinnens; diesen Ort werde ich euch nun besser schildern, als es meine ersten Briefe taten. Den ersten Juni reise ich nach Rom, wenn mich nicht eine höhere Macht hindert, und anfangs Juli denke ich von dort wieder abzugehen.

Ich muß euch so bald als möglich wiedersehen, es sollen gute Tage werden. Ich habe unsäglich aufgeladen und brauche Ruhe, es wieder zu verarbeiten.

Für alles, was du Liebes und Gutes an meinen Schriften tust, danke ich dir tausendmal; ich wünschte immer etwas Besseres auch dir zur Freude zu machen. Was mir auch von dir begegnen wird und wo, soll mir willkommen sein: wir sind so nah in unsern Vorstellungsarten, als es möglich ist, ohne eins zu sein, und in den Hauptpunkten am nächsten. Wenn du diese Zeit her viel aus dir selbst geschöpft hast, so hab ich viel erworben, und ich kann einen guten Tausch hoffen.

Ich bin freilich, wie du sagst, mit meiner Vorstellung sehr ans Gegenwärtige geheftet, und je mehr ich die Welt sehe, desto weniger kann ich hoffen, daß die Menschheit je eine weise, kluge, glückliche Masse werden könne. Vielleicht ist unter den Millionen Welten eine, die sich dieses Vorzugs rühmen kann; bei der Konstitution der unsrigen bleibt mir so wenig für sie als für Sizilien bei der seinigen zu hoffen.

In einem beiliegenden Blatte sag ich etwas über den Weg nach Salern und über Pästum selbst; es ist die letzte und fast möcht ich sagen herrlichste Idee, die ich nun nordwärts vollständig mitnehme. Auch ist der mittlere Tempel nach meiner Meinung allem vorzuziehen, was man noch in Sizilien sieht.

Was den Homer betrifft, ist mir wie eine Decke von den Augen gefallen. Die Beschreibungen, die Gleichnisse usw. kommen uns poetisch vor und sind doch unsäglich natürlich, aber freilich mit einer Reinheit und Innigkeit gezeichnet, vor der man erschrickt. Selbst die sonderbarsten erlogenen Begebenheiten haben eine Natürlichkeit, die ich nie so gefühlt habe als in der Nähe der beschriebenen Gegenstände. Laß mich meinen Gedanken kurz so ausdrücken: *sie* stellten die Existenz dar, *wir* gewöhnlich den Effekt; *sie* schilderten das Fürchterliche, *wir* schildern fürchterlich; *sie* das Angenehme, *wir* angenehm usw. Daher kommt alles

Segesta, Das Innere des Tempels *Nach Berteaux*

Girgenti, Ansicht der Tempelruinen

Nach Allix

Übertriebene, alles Manierierte, alle falsche Grazie, aller Schwulst. Denn wenn man den Effekt und auf den Effekt arbeitet, so glaubt man ihn nicht fühlbar genug machen zu können. Wenn, was ich sage, nicht neu ist, so hab ich es doch bei neuem Anlaß recht lebhaft gefühlt. Nun ich alle diese Küsten und Vorgebirge, Golfe und Buchten, Inseln und Erdzungen, Felsen und Sandstreifen, buschige Hügel, sanfte Weiden, fruchtbare Felder, geschmückte Gärten, gepflegte Bäume, hängende Reben, Wolkenberge und immer heitere Ebnen, Klippen und Bänke und das alles umgebende Meer mit so vielen Abwechselungen und Mannigfaltigkeiten im Geiste gegenwärtig habe, nun ist mir erst die Odyssee ein lebendiges Wort.

Ferner muß ich dir vertrauen, daß ich dem Geheimnis der Pflanzenzeugung und -organisation ganz nahe bin und daß es das Einfachste ist, was nur gedacht werden kann. Unter diesem Himmel kann man die schönsten Beobachtungen machen. Den Hauptpunkt, wo der Keim steckt, habe ich ganz klar und zweifellos gefunden; alles übrige seh ich auch schon im ganzen, und nur noch einige Punkte müssen bestimmter werden. Die Urpflanze wird das wunderlichste Geschöpf von der Welt, um welches mich die Natur selbst beneiden soll. Mit diesem Modell und dem Schlüssel dazu kann man alsdann noch Pflanzen ins Unendliche erfinden, die konsequent sein müssen, das heißt: die, wenn sie auch nicht existieren, doch existieren könnten und nicht etwa malerische oder dichterische Schatten und Scheine sind, sondern eine innerliche Wahrheit und Notwendigkeit haben. Dasselbe Gesetz wird sich auf alles übrige Lebendige anwenden lassen.

Den 18. Mai.

Tischbein, der nach Rom wieder zurückgekehrt ist, hat, wie wir merken, hier in der Zwischenzeit so für uns gearbeitet, daß wir seine Abwesenheit nicht empfinden sollen. Er scheint seinen sämtlichen hiesigen Freunden so viel Zutrauen zu uns eingeflößt zu haben, daß sie sich alle offen, freundlich und tätig gegen uns erweisen, welches ich besonders in meiner gegenwärtigen Lage sehr bedarf, weil kein Tag vergeht, wo ich nicht jemand um irgend eine Gefälligkeit und Beistand anzurufen hätte. Soeben bin ich im Begriff, ein summarisches Verzeichnis aufzusetzen von dem, was ich noch zu sehen wünschte; da denn die Kürze der Zeit Meisterin bleiben und andeuten wird, was denn auch wirklich nachgeholt werden könne.

Den 22. Mai.

Heute begegnete mir ein angenehmes Abenteuer, welches mich wohl zu einigem Nachdenken bewegen konnte und des Erzählens wert ist.

Eine Dame, die mich schon bei meinem ersten Aufenthalt vielfach begünstigt, ersuchte mich, abends Punkt fünf Uhr bei ihr einzutreffen: es wolle mich ein Engländer sprechen, der mir über meinen Werther etwas zu sagen habe.

Vor einem halben Jahre würde hierauf, und wäre sie mir doppelt wert gewesen, gewiß eine abschlägliche Antwort erfolgt sein; aber daran, daß ich zusagte, konnte ich wohl merken, meine sizilianische Reise habe glücklich auf mich gewirkt, und ich versprach, zu kommen.

Leider aber ist die Stadt zu groß und der Gegenstände so viel, daß ich eine Viertelstunde zu spät die Treppe hinaufstieg und eben an der verschlossenen Türe auf der Schilfmatte stand, um zu klingeln, als die Türe schon aufging und ein schöner Mann in mittlern Jahren heraustrat, den ich sogleich für den Engländer erkannte. Er hatte mich kaum angesehen, als er sagte: Sie sind der Verfasser des Werther! — Ich bekannte mich dazu und entschuldigte mich, nicht früher gekommen zu sein.

Ich konnte nicht einen Augenblick länger warten, versetzte derselbe: was ich Ihnen zu sagen habe, ist ganz kurz und kann ebensogut hier auf der Schilfmatte geschehen. Ich will nicht wiederholen, was Sie von Tausenden gehört; auch hat das Werk nicht so heftig auf mich gewirkt als auf andere; so oft ich aber daran denke, was darzu gehörte, um es zu schreiben, so muß ich mich immer aufs neue verwundern.

Ich wollte irgend etwas dankbar dagegen erwidern, als er mir ins Wort fiel und ausrief: Ich darf keinen Augenblick länger säumen, mein Verlangen ist erfüllt, Ihnen dies selbst gesagt zu haben. Leben Sie recht wohl und glücklich! — Und so fuhr er die Treppe hinunter. Ich stand einige Zeit über diesen ehrenvollen Text nachdenkend und klingelte endlich. Die Dame vernahm mit Vergnügen unser Zusammentreffen und erzählte manches Vorteilhafte von diesem seltenen und seltsamen Manne.

Freitag den 25. Mai.

Mein lockeres Prinzeßchen werde ich wohl nicht wiedersehen; sie ist wirklich nach Sorrent und hat mir die Ehre angetan, vor ihrer Abreise auf mich zu schelten, daß ich das steinige und wüste Sizilien ihr habe vorziehen können. Einige Freunde gaben mir Auskunft über diese sonderbare Erscheinung. Aus einem guten, doch unvermögenden Hause geboren, im Kloster erzogen, entschloß sie sich, einen alten und reichen Fürsten zu heiraten, und man konnte sie um so eher dazu überreden, als die Natur sie zu einem zwar guten, aber zur Liebe völlig unfähigen Wesen gebildet hatte. In dieser reichen, aber durch Familienverhältnisse höchst beschränkten Lage suchte sie sich durch ihren Geist zu helfen und, da sie in Tun und Lassen gehindert war, wenigstens ihrem Mundwerk freies Spiel zu geben. Man versicherte mir, daß ihr eigentlichster Wandel ganz untadelig sei, daß sie sich aber fest vorgesetzt zu haben scheine, durch ein unbändiges Reden allen Verhältnissen ins Angesicht zu schlagen. Man bemerkte scherzend, daß keine Zensur ihre Diskurse, wären sie schriftlich verfaßt, könne durchgehen lassen, weil sie durchaus nichts vorbringe, als was Religion, Staat oder Sitten verletze.

Man erzählte die wunderlichsten und artigsten Geschichten von ihr, wovon eine hier stehen mag, ob sie gleich nicht die anständigste ist.

Kurz vor dem Erdbeben, das Kalabrien betraf, war sie auf die dortigen Güter ihres Gemahls gezogen. Auch in der Nähe ihres Schlosses war eine Baracke gebaut, das heißt ein hölzernes, einstöckiges Haus, unmittelbar auf den Boden aufgesetzt, übrigens tapeziert, möbliert und schicklich eingerichtet. Bei den ersten Anzeigen des Erdbebens flüchtete sie dahin. Sie saß auf dem Sofa, Knötchen knüpfend, vor sich ein Nähtischchen, ihr gegenüber ein Abbé, ein alter Hausgeistlicher. Auf einmal wogte der Boden, das Gebäude sank an ihrer Seite nieder, indem die entgegengesetzte sich emporhob; der Abbé und das Tischchen wurde also auch in die Höhe gehoben. Pfui! rief sie, an der sinkenden Wand mit dem Kopf gelehnt: schickt sich das für einen so ehrwürdigen Mann? Ihr gebärdet Euch ja, als wenn Ihr auf mich fallen wolltet. Das ist ganz gegen alle Sitte und Wohlstand!

Indessen hatte das Haus sich wieder niedergesetzt, und sie wußte sich vor Lachen nicht zu lassen über die närrische, lüsterne Figur, die der gute Alte sollte gespielt haben, und sie schien über diesen Scherz von allen Kalamitäten, ja dem großen Verlust, der ihre Familie und so viel tausend Menschen betraf, nicht das mindeste zu empfinden. Ein wundersam glücklicher Charakter, dem noch eine Posse gelingt, indem ihn die Erde verschlingen will.

Sonnabend den 26. Mai.

Genau betrachtet, möchte man doch wohl gut heißen, daß es so viele Heilige gibt: nun kann jeder Gläubige den seinigen auslesen und mit vollem Vertrauen sich gerade an den wenden, der ihm eigentlich zusagt. Heute war der Tag des meinigen, den ich denn, ihm zu Ehren, nach seiner Weise und Lehre andächtigmunter beging.

Philippus Neri steht in hohem Ansehn und zugleich heiterm Andenken; man wird erbaut und erfreut, wenn man von ihm und seiner hohen Gottesfurcht vernimmt; zugleich aber hört man auch von seiner guten Laune sehr viel erzählen. Seit seinen ersten Jugendjahren fühlte er die brünstigsten Religionstriebe, und im Laufe seines Lebens entwickelten sich in ihm die höchsten Gaben des religiösen Enthusiasmus: die Gabe des unwillkürlichen Gebets, der tiefen wortlosen Anbetung, die Gabe der Tränen, der Ekstase und zuletzt sogar des Aufsteigens vom Boden und Schwebens über demselben, welches vor allen für das Höchste gehalten wird.

Zu so vielen geheimnisvollen, seltsamen Innerlichkeiten gesellte er den klarsten Menschenverstand, die reinste Würdigung oder vielmehr Abwürdigung der irdischen Dinge, den tätigsten Beistand, in leiblicher und geistiger Not, seinem Nebenmenschen gewidmet. Streng beobachtete er alle Obliegenheiten, wie sie auch an Festen, Kirchenbesuchen, Beten, Fasten und sonst von dem gläubigen, kirchlichen Manne gefordert werden. Ebenso beschäftigte er sich mit Bildung der Jugend, mit musikalischer und rednerischer Übung derselben, indem er nicht allein geistliche, sondern auch geistreiche Themata vorlegte und sonst aufregende Gespräche und Disputationen veranlaßte. Hiebei möchte denn wohl das Sonderbarste scheinen, daß er das alles aus eignem Trieb und Befugnis tat und leistete, seinen Weg viele Jahre stetig verfolgte, ohne zu irgend einem Orden oder Kongregation zu gehören, ja ohne die geistliche Weihe zu haben.

Doch bedeutender muß es auffallen, daß gerade dies zu Luthers Zeit geschah und daß mitten in Rom ein tüchtiger, gottesfürchtiger, energischer, tätiger Mann gleichfalls den Gedanken hatte, das Geistliche, ja das Heilige mit dem Weltlichen zu verbinden, das Himmlische in das Säkulum einzuführen und dadurch ebenfalls eine Reformation vorzubereiten. Denn hier liegt doch ganz allein der Schlüssel, der die Gefängnisse des Papsttums öffnen und der freien Welt ihren Gott wiedergeben soll.

Der päpstliche Hof jedoch, der einen so bedeutenden Mann in der Nähe, im Bezirk von Rom, unter seinem Gewahrsam hatte, ließ nicht nach, bis dieser, der ohnehin ein geistliches Leben führte, schon seine Wohnung in Klöstern nahm, daselbst lehrte, ermunterte, ja sogar wo nicht einen Orden, doch eine freie Versammlung zu stiften im Begriff war, endlich beredet ward, die Weihe zu nehmen und alle die Vorteile damit zu empfangen, die ihm denn doch bisher auf seinem Lebenswege ermangelt hatten.
Will man auch seine körperliche wunderbare Erhebung über den Boden, wie billig, in Zweifel ziehen, so war er doch dem Geiste nach hoch über dieser Welt erhoben und deswegen ihm nichts so sehr zuwider als Eitelkeit, Schein, Anmaßung, gegen die er auch immer, als gegen die größten Hindernisse eines wahren gottseligen Lebens, kräftig wirkte, und zwar, wie uns manche Geschichte überliefert, immer mit gutem Humor.
Er befindet sich zum Beispiel eben in der Nähe des Papstes, als diesem berichtet wird, daß in der Nähe von Rom eine Klosterfrau mit allerlei wunderlichen geistlichen Gaben sich hervortue. Die Wahrhaftigkeit dieser Erzählungen zu untersuchen, erhält Neri den Auftrag. Er setzt sich sogleich zu Maultier und ist bei sehr bösem Wetter und Weg bald im Kloster. Eingeführt unterhält er sich mit der Äbtissin, die ihm von allen diesen Gnadenzeichen mit vollkommener Beistimmung genauste Kenntnis gibt. Die geforderte Nonne tritt ein, und er, ohne sie weiter zu begrüßen, reicht ihr den kotigen Stiefel hin, mit dem Ansinnen, daß sie ihn ausziehen solle. Die heilige, reinliche Jungfrau tritt erschrocken zurück und gibt ihre Entrüstung über dieses Zumuten mit heftigen Worten zu erkennen. Neri erhebt sich ganz gelassen, besteigt sein Maultier und findet sich wieder vor dem Papst, ehe dieser es nur vermuten konnte; denn wegen Prüfung solcher Geistesgaben sind katholischen Beichtvätern bedeutende Vorsichtsmaßregeln aufs genauste vorgeschrieben, weil die Kirche zwar die Möglichkeit solcher himmlischen Begünsti-

gungen zugibt, aber die Wirklichkeit derselben nicht ohne die genaueste Prüfung zugesteht. Dem verwunderten Papste eröffnete Neri kürzlich das Resultat. Sie ist keine Heilige, ruft er aus, sie tut keine Wunder! denn die Haupteigenschaft fehlt ihr, die Demut.

Diese Maxime kann man als leitendes Prinzip seines ganzen Lebens ansehen; denn, um nur noch eins zu erzählen, als er die Kongregation der Padri dell' Oratorio gestiftet hatte, die sich bald ein großes Ansehen erwarb und gar vielen den Wunsch einflößte, Mitglied derselben zu werden, kam ein junger römischer Prinz, um Aufnahme bittend, welchem denn auch das Noviziat und die demselben angewiesene Kleidung zugestanden wurde. Da aber selbiger nach einiger Zeit um wirklichen Eintritt nachsuchte, hieß es, daß vorher noch einige Prüfungen zu bestehen seien, wozu er sich denn auch bereit erklärte. Da brachte Neri einen langen Fuchsschwanz hervor und forderte, der Prinz solle diesen sich hinten an das lange Röckchen anheften lassen und ganz ernsthaft durch alle Straßen von Rom gehen. Der junge Mann entsetzte sich, wie oben die Nonne, und äußerte: er habe sich gemeldet, nicht um Schande, sondern um Ehre zu erlangen. Da meinte denn Vater Neri, dies sei von ihrem Kreise nicht zu erwarten, wo die höchste Entsagung das erste Gesetz bleibe. Worauf denn der Jüngling seinen Abschied nahm.

In einem kurzen Wahlspruch hatte Neri seine Hauptlehre verfaßt: Spernere mundum, spernere te ipsum, spernere te sperni. Und damit war freilich alles gesagt. Die beiden ersten Punkte bildet sich ein Hypochondrist wohl manchmal ein erfüllen zu können; um aber sich zum dritten zu bequemen, müßte man auf dem Wege sein, ein Heiliger zu werden.

Den 27. Mai.

Die sämtlichen lieben Briefe vom Ende des vorigen Monats habe ich gestern alle auf einmal von Rom her durch Graf Frieß erhalten und mir mit Lesen und Wiederlesen etwas Rechts zugute getan. Das sehnlich erwartete Schächtelchen war auch dabei, und ich danke tausendmal für alles.

Nun wird es aber bald Zeit, daß ich von hier flüchte; denn indem ich mir Neapel und seine Umgebungen noch recht zu guter Letzt vergegenwärtigen, den Eindruck erneuern und über manches abschließen möchte, so reißt der Strom des Tages mich fort, und nun schließen auch vorzügliche Menschen sich an, die ich als alte und neue Bekannte uhnmöglich so geradezu abweisen kann. Ich fand eine liebenswürdige Dame, mit der ich vorigen Sommer in Karlsbad die angenehmsten Tage verlebt hatte. Um wie manche Stunde betrogen wir die Gegenwart in heiterster Erinnerung. Alle die Lieben und Werten kamen wieder an die Reihe, vor allem der heitere Humor unseres teuren Fürsten. Sie besaß das Gedicht noch, womit ihn bei seinem Wegritt die Mädchen von Engelhaus überraschten. Es rief die lustigen Szenen alle zurück, die witzigen Neckereien und Mystifikationen, die geistreichen Versuche, das Vergeltungsrecht aneinander auszuüben. Schnell fühlten wir uns auf deutschem Boden, in der besten deutschen Gesellschaft, eingeschränkt von Felswänden, durch ein seltsames Lokal zusammengehalten, mehr noch durch Hochachtung, Freundschaft und Neigung vereinigt. Sobald wir jedoch ans Fenster traten, rauschte der neapolitanische Strom wieder so gewaltsam an uns vorbei, daß jene friedlichen Erinnerungen nicht festzuhalten waren.

Der Bekanntschaft des Herzogs und der Herzogin von Ursel konnt ich ebensowenig ausweichen. Treffliche Personen von hohen Sitten, reinem Natur- und Menschensinn, entschiedener Kunstliebe, Wohlwollen für Begegnende. Eine fortgesetzte und wiederholte Unterhaltung war höchst anziehend.

Hamilton und seine Schöne setzten gegen mich ihre Freundlichkeit fort. Ich speiste bei ihnen, und gegen Abend produzierte Miß Harte auch ihre musikalischen und melischen Talente.

Auf Antrieb Freund Hackerts, der sein Wohlwollen gegen mich steigert und mir alles Merkwürdige zur Kenntnis bringen möchte, führte uns Hamilton in sein geheimes Kunst- und Gerümpelgewölbe. Da sieht es denn ganz verwirrt aus, die Produkte aller Epochen zufällig durcheinander gestellt: Büsten, Torse, Vasen, Bronze, von sizilianischen Achaten allerlei Hauszierat, sogar ein Kapellchen, Geschnitztes, Gemaltes, und was er nur zufällig zusammenkaufte. In einem langen Kasten an der Erde, dessen aufgebrochenen Deckel ich neugierig beiseite schob, lagen zwei ganz herrliche Kandelaber von Bronze. Mit einem Wink machte ich Hackerten aufmerksam und lispelte ihm die Frage zu, ob diese nicht ganz denen in Portici ähnlich seien. Er winkte mir dagegen Stillschweigen; sie mochten sich freilich aus den pompejischen Grüften seitwärts hieher verloren haben. Wegen solcher und ähnlicher glücklichen Erwerbnisse mag der Ritter diese verborgenen Schätze nur wohl seinen vertrautesten Freunden sehen lassen.

Auffallend war mir ein aufrechtstehender, an der Vorderseite offener, inwendig schwarz angestrichener Kasten, von dem prächtigsten goldenen Rahmen eingefaßt. Der Raum groß genug, um eine stehende menschliche Figur aufzunehmen, und demgemäß erfuhren wir auch die Absicht. Der Kunst- und Mädchenfreund, nicht zufrieden, das schöne Gebild als bewegliche Statue zu sehen, wollte sich auch an ihr als an einem bunten, unnachahmbaren Gemälde ergötzen, und so hatte sie manchmal innerhalb dieses Rahmens, auf schwarzem Grund vielfarbig gekleidet, die antiken Gemälde von Pompeji und selbst neuere Meisterwerke nachgeahmt. Diese Epoche schien vorüber zu sein, auch war der Apparat schwer zu transportieren und ins rechte Licht zu setzen; uns konnte also ein solches Schauspiel nicht zuteil werden.

Hier ist der Ort, noch einer andern entschiedenen Liebhaberei der Neapolitaner überhaupt zu gedenken. Es sind die Kripp-

chen (presepe), die man zu Weihnachten in allen Kirchen sieht, eigentlich die Anbetung der Hirten, Engel und Könige vorstellend, mehr oder weniger vollständig, reich und kostbar zusammengruppiert. Diese Darstellung ist in dem heitern Neapel bis auf die flachen Hausdächer gestiegen; dort wird ein leichtes, hüttenartiges Gerüst erbaut, mit immergrünen Bäumen und Sträuchen aufgeschmückt. Die Mutter Gottes, das Kind und die sämtlichen Umstehenden und Umschwebenden, kostbar ausgeputzt, auf welche Garderobe das Haus große Summen verwendet. Was aber das Ganze unnachahmlich verherrlicht, ist der Hintergrund, welcher den Vesuv mit seinen Umgebungen einfaßt.
Da mag man nun manchmal auch lebende Figuren zwischen die Puppen mit eingemischt haben, und nach und nach ist eine der bedeutendsten Unterhaltungen hoher und reicher Familien geworden, zu ihrer Abendergötzung auch weltliche Bilder, sie mögen nun der Geschichte oder der Dichtkunst angehören, in ihren Palästen aufzuführen.
Darf ich mir eine Bemerkung erlauben, die freilich ein wohlbehandelter Gast nicht wagen sollte, so muß ich gestehen, daß mir unsere schöne Unterhaltende doch eigentlich als ein geistloses Wesen vorkommt, die wohl mit ihrer Gestalt bezahlen, aber durch keinen seelenvollen Ausdruck der Stimme, der Sprache sich geltend machen kann. Schon ihr Gesang ist nicht von zusagender Fülle.
Und so mag es sich auch am Ende mit jenen starren Bildern verhalten. Schöne Personen gibts überall, tief empfindende, zugleich mit günstigen Sprachorganen versehene viel seltener, am allerseltensten solche, wo zu allem diesen noch eine einnehmende Gestalt hinzutritt.

Auf Herders dritten Teil freu ich mich sehr. Hebet mir ihn auf, bis ich sagen kann, wo er mir begegnen soll. Er wird gewiß den schönen Traumwunsch der Menschheit, daß es dereinst besser mit ihr werden sollte, trefflich ausgeführt haben. Auch, muß ich selbst sagen, halt ich es für wahr, daß die Humanität endlich siegen wird; nur fürcht ich, daß zu gleicher Zeit die Welt ein großes Hospital und einer des andern humaner Krankenwärter sein werde.

Den 28. Mai.

Der gute und so brauchbare Volkmann nötigt mich von Zeit zu Zeit, von seiner Meinung abzugehen. Er spricht zum Beispiel, daß dreißig- bis vierzigtausend Müßiggänger in Neapel zu finden wären; und wer sprichts ihm nicht nach! Ich vermutete zwar sehr bald nach einiger erlangter Kenntnis des südlichen Zustandes, daß dies wohl eine nordische Ansicht sein möchte, wo man jeden für einen Müßiggänger hält, der sich nicht den ganzen Tag ängstlich abmüht. Ich wendete deshalb vorzügliche Aufmerksamkeit auf das Volk, es mochte sich bewegen oder in Ruhe verharren, und konnte zwar sehr viel übelgekleidete Menschen bemerken, aber keine unbeschäftigten.

Ich fragte deswegen einige Freunde nach den unzähligen Müßiggängern, welche ich doch auch wollte kennen lernen, sie konnten mir aber solche ebensowenig zeigen, und so ging ich, weil die Untersuchung mit Betrachtung der Stadt genau zusammenhing, selbst auf die Jagd aus.

Ich fing an, mich in dem ungeheuren Gewirre mit den verschiedenen Figuren bekannt zu machen, sie nach ihrer Gestalt, Kleidung, Betragen, Beschäftigung zu beurteilen und zu klassifizieren. Ich fand diese Operation hier leichter als irgendwo, weil der Mensch sich hier mehr selbst gelassen ist und sich seinem Stande auch äußerlich gemäß bezeigt.

Ich fing meine Beobachtung bei früher Tageszeit an, und alle die Menschen, die ich hie und da stillstehen oder ruhen fand, waren Leute, deren Beruf es in dem Augenblick mit sich brachte.

Die Lastträger, die an verschiedenen Plätzen ihre privilegierten

Stände haben und nur warten, bis sich jemand ihrer bedienen will; die Calessaren, ihre Knechte und Jungen, die bei den einspännigen Kaleschen auf großen Plätzen stehen, ihre Pferde besorgen und einem jeden, der sie verlangt, zu Diensten sind; Schiffer, die auf dem Molo ihre Pfeifen rauchen; Fischer, die an der Sonne liegen, weil vielleicht ein ungünstiger Wind weht, der ihnen auf das Meer auszufahren verbietet. Ich sah auch wohl noch manche hin und wider gehen, doch trug meist ein jeder ein Zeichen seiner Tätigkeit mit sich. Von Bettlern war keiner zu bemerken als ganz alte, völlig unfähige und krüppelhafte Menschen. Je mehr ich mich umsah, je genauer ich beobachtete, desto weniger konnt ich, weder von den geringen noch von der mittlern Klasse, weder am Morgen noch den größten Teil des Tages, ja von keinem Alter und Geschlecht eigentliche Müßiggänger finden.

Ich gehe in ein näheres Detail, um das, was ich behaupte, glaubwürdiger und anschaulicher zu machen. Die kleinsten Kinder sind auf mancherlei Weise beschäftigt. Ein großer Teil derselben trägt Fische zum Verkauf von Santa Lucia in die Stadt; andere sieht man sehr oft in der Gegend des Arsenals, oder wo sonst etwas gezimmert wird, wobei es Späne gibt, auch am Meere, welches Reiser und kleines Holz auswirft, beschäftigt, sogar die kleinsten Stückchen in Körbchen aufzulesen. Kinder von einigen Jahren, die nur auf der Erde so hinkriechen, in Gesellschaft älterer Knaben von fünf bis sechs Jahren, befassen sich mit diesem kleinen Gewerbe. Sie gehen nachher mit dem Körbchen tiefer in die Stadt und setzen sich mit ihren kleinen Holzportionen gleichsam zu Markte. Der Handwerker, der kleine Bürger kauft es ihnen ab, brennt es auf seinem Dreifuß zu Kohlen, um sich daran zu erwärmen, oder verbraucht es in seiner sparsamen Küche.

Andere Kinder tragen das Wasser der Schwefelquellen, welches besonders im Frühjahr sehr stark getrunken wird, zum Verkauf herum. Andere suchen einen kleinen Gewinn, indem sie Obst, gesponnenen Honig, Kuchen und Zuckerware einkaufen und wieder, als kindische Handelsleute, den übrigen Kindern anbieten und verkaufen; allenfalls nur, um ihren Teil daran umsonst zu haben. Es ist wirklich artig anzusehen, wie ein solcher Junge, dessen ganzer Kram und Gerätschaft in einem Brett und Messer besteht, eine Wassermelone oder einen halben gebratenen Kürbis herumträgt, wie sich um ihn eine Schar Kinder versammlet, wie er sein Brett niedersetzt und die Frucht in kleine Stücke zu zerteilen anfängt. Die Käufer spannen sehr ernsthaft, ob sie auch für ihr klein Stückchen Kupfergeld genug erhalten sollen, und der kleine Handelsmann traktiert gegen die Begierigen die Sache ebenso bedächtig, damit er ja nicht um ein Stückchen betrogen werde. Ich bin überzeugt, daß man bei längerem Aufenthalt noch manche Beispiele solches kindlichen Erwerbes sammeln könnte.

Eine sehr große Anzahl von Menschen, teils mittlern Alters, teils Knaben, welche meistenteils sehr schlecht gekleidet sind, beschäftigen sich, das Kehricht auf Eseln aus der Stadt zu bringen. Das nächste Feld um Neapel ist nur ein Küchengarten, und es ist eine Freude, zu sehen, welche unsägliche Menge von Küchengewächsen alle Markttage hereingeschafft wird und wie die Industrie der Menschen sogleich die überflüssigen, von den Köchen verworfenen Teile wieder in die Felder bringt, um den Zirkel der Vegetation zu beschleunigen. Bei der unglaublichen Konsumtion von Gemüse machen wirklich die Strünke und Blätter von Blumenkohl, Broccoli, Artischocken, Kohl, Salat, Knoblauch einen großen Teil des neapolitanischen Kehrichts aus; diesem wird denn auch besonders nachgestrebt. Zwei große biegsame Körbe hängen auf dem Rücken eines Esels und werden nicht allein ganz voll gefüllt, sondern noch auf jeden mit besonderer Kunst ein Haufen aufgetürmt. Kein Garten kann ohne einen solchen Esel bestehen. Ein Knecht, ein Knabe, manchmal der

Patron selbst, eilen des Tags so oft als möglich nach der Stadt, die ihnen zu allen Stunden eine reiche Schatzgrube ist. Wie aufmerksam diese Sammler auf den Mist der Pferde und Maultiere sind, läßt sich denken. Ungern verlassen sie die Straße, wenn es Nacht wird, und die Reichen, die nach Mitternacht aus der Oper fahren, denken wohl nicht, daß schon vor Anbruch des Tages ein emsiger Mensch sorgfältig die Spuren ihrer Pferde aufsuchen wird. Man hat mir versichert, daß ein paar solche Leute, die sich zusammentun, sich einen Esel kaufen und einem größern Besitzer ein Stückchen Krautland abpachten, durch anhaltenden Fleiß in dem glücklichen Klima, in welchem die Vegetation niemals unterbrochen wird, es bald so weit bringen, daß sie ihr Gewerbe ansehnlich erweitern.

Ich würde zu weit aus meinem Wege gehen, wenn ich hier von der mannigfaltigen Krämerei sprechen wollte, welche man mit Vergnügen in Neapel, wie in jedem andern großen Orte, bemerkt; allein ich muß doch hier von den Herumträgern sprechen, weil sie der letztern Klasse des Volks besonders angehören. Einige gehen herum mit Fäßchen Eiswasser, Gläsern und Zitronen, um überall gleich Limonade machen zu können, einen Trank, den auch der Geringste nicht zu entbehren vermag; andere mit Kredenztellern, auf welchen Flaschen mit verschiedenen Likören und Spitzgläsern in hölzernen Ringen, vor dem Fallen gesichert, stehen; andere tragen Körbe allerlei Backwerks, Näscherei, Zitronen und anderes Obst umher, und es scheint, als wolle jeder das große Fest des Genusses, das in Neapel alle Tage gefeiert wird, mitgenießen und vermehren.

Wie diese Art Herumträger geschäftig sind, so gibt es noch eine Menge kleine Krämer, welche gleichfalls herumgehen und, ohne viele Umstände, auf einem Brett in einem Schachteldeckel ihre Kleinigkeiten, oder auf Plätzen geradezu auf flacher Erde ihren Kram ausbieten. Da ist nicht von einzelnen Waren die Rede, die man auch in größern Läden fände; es ist der eigentliche

Trödelkram. Kein Stückchen Eisen, Leder, Tuch, Leinewand, Filz usw., das nicht wieder als Trödelware zu Markte käme und das nicht wieder von einem oder dem andern gekauft würde. Noch sind viele Menschen der niedern Klasse bei Handelsleuten und Handwerkern als Beiläufer und Handlanger beschäftigt.

Es ist wahr, man tut nur wenig Schritte, ohne einem sehr übel gekleideten, ja sogar einem zerlumpten Menschen zu begegnen, aber dies ist deswegen noch kein Faulenzer, kein Tagedieb! Ja ich möchte fast das Paradoxon aufstellen, daß zu Neapel verhältnismäßig vielleicht noch die meiste Industrie in der ganz niedern Klasse zu finden sei. Freilich dürfen wir sie nicht mit einer nordischen Industrie vergleichen, die nicht allein für Tag und Stunde, sondern am guten und heitern Tage für den bösen und trüben, im Sommer für den Winter zu sorgen hat. Dadurch, daß der Nordländer zur Vorsorge, zur Einrichtung von der Natur gezwungen wird, daß die Hausfrau einsalzen und räuchern muß, um die Küche das ganze Jahr zu versorgen, daß der Mann den Holz- und Fruchtvorrat, das Futter für das Vieh nicht aus der Acht lassen darf usw., dadurch werden die schönsten Tage und Stunden dem Genuß entzogen und der Arbeit gewidmet. Mehrere Monate lang entfernt man sich gern aus der freien Luft und verwahrt sich in Häusern vor Sturm, Regen, Schnee und Kälte; unaufhaltsam folgen die Jahreszeiten aufeinander, und jeder, der nicht zugrunde gehen will, muß ein Haushälter werden. Denn es ist hier gar nicht die Frage, ob er entbehren *wolle*: er darf nicht entbehren wollen, er *kann* nicht entbehren wollen, denn er kann nicht entbehren; die Natur zwingt ihn, zu schaffen, vorzuarbeiten. Gewiß haben die Naturwirkungen, welche sich Jahrtausende gleichbleiben, den Charakter der in so manchem Betracht ehrwürdigen nordischen Nationen bestimmt. Dagegen beurteilen wir die südlichen Völker, mit welchen der Himmel so gelinde umgegangen ist, aus unserm Gesichtspunkte zu streng. Was Herr von Pauw in seinen Recherches sur les Grecs bei Gelegenheit, da er von den zynischen Philosophen spricht, zu äußern wagt, paßt völlig hieher. Man mache sich, glaubt er, von dem elenden Zustande solcher Menschen nicht den richtigsten Begriff; ihr Grundsatz, alles zu entbehren, sei durch ein Klima sehr begünstigt, das alles gewährt. Ein armer, uns elend scheinender Mensch könne in den dortigen Gegenden die nötigsten und nächsten Bedürfnisse nicht allein befriedigen, sondern die Welt aufs schönste genießen; und ebenso möchte ein sogenannter neapolitanischer Bettler die Stelle eines Vizekönigs in Norwegen leicht verschmähen und die Ehre ausschlagen, wenn ihm die Kaiserin von Rußland das Gouvernement von Sibirien übertragen wollte.

Gewiß würde in unsern Gegenden ein zynischer Philosoph schlecht ausdauern, da hingegen in südlichen Ländern die Natur gleichsam dazu einladet. Der zerlumpte Mensch ist dort noch nicht nackt; derjenige, der weder ein eigenes Haus hat noch zur Miete wohnt, sondern im Sommer unter den Überdächern auf den Schwellen der Paläste und Kirchen, in öffentlichen Hallen die Nacht zubringt und sich bei schlechtem Wetter irgendwo gegen ein geringes Schlafgeld untersteckt, ist deswegen noch nicht verstoßen und elend; ein Mensch noch nicht arm, weil er nicht für den andern Tag gesorgt hat. Wenn man nur bedenkt, was das fischreiche Meer, von dessen Produkten sich jene Menschen gesetzmäßig einige Tage der Woche nähren müssen, für eine Masse von Nahrungsmitteln anbietet; wie allerlei Obst und Gartenfrüchte zu jeder Jahreszeit in Überfluß zu haben sind, wie die Gegend, worin Neapel liegt, den Namen Terra di Lavoro (nicht das Land der A r b e i t, sondern das Land des A c k e r b a u e s) sich verdienet hat und die ganze Provinz den Ehrentitel der glücklichen Gegend (Campagna felice) schon Jahrhunderte trägt: so läßt sich wohl begreifen, wie leicht dort zu leben sein möge.

Überhaupt würde jenes Paradoxon, welches ich oben gewagt

Posilippo, von oberhalb der Grotte Pozzuoli — *Nach Le Roy*

Neapel, Capo di Mergellina

Nach Dambrun

habe, zu manchen Betrachtungen Anlaß geben, wenn jemand ein ausführliches Gemälde von Neapel zu schreiben unternehmen sollte; wozu denn freilich kein geringes Talent und manches Jahr Beobachtung erforderlich sein möchte. Man würde alsdann im ganzen vielleicht bemerken, daß der sogenannte Lazarone nicht um ein Haar untätiger ist als alle übrigen Klassen, zugleich aber auch wahrnehmen, daß alle in ihrer Art nicht arbeiten, um bloß zu leben, sondern um zu genießen, und daß sie sogar bei der Arbeit des Lebens froh werden wollen. Es erklärt sich hiedurch gar manches: daß die Handwerker beinahe durchaus gegen die nordischen Länder sehr zurück sind; daß Fabriken nicht zustande kommen; daß, außer Sachverwaltern und Ärzten, in Verhältnis zu der großen Masse von Menschen wenig Gelehrsamkeit angetroffen wird, so verdiente Männer sich auch im einzelnen bemühen mögen; daß kein Maler der neapolitanischen Schule jemals gründlich gewesen und groß geworden ist; daß sich die Geistlichen im Müßiggange am wohlsten sein lassen und auch die Großen ihre Güter meist nur in sinnlichen Freuden, Pracht und Zerstreuung genießen mögen.

Ich weiß wohl, daß dies viel zu allgemein gesagt ist und daß die Charakterzüge jeder Klasse nur erst nach einer genauern Bekanntschaft und Beobachtung rein gezogen werden können; allein im ganzen würde man doch, glaube ich, auf diese Resultate treffen.

Ich kehre wieder zu dem geringen Volke in Neapel zurück. Man bemerkt bei Ihnen, wie bei frohen Kindern, denen man etwas aufträgt, daß sie zwar ihr Geschäft verrichten, aber auch zugleich einen Scherz aus dem Geschäft machen. Durchgängig ist diese Klasse von Menschen eines sehr lebhaften Geistes und zeigt einen freien richtigen Blick. Ihre Sprache soll figürlich, ihr Witz sehr lebhaft und beißend sein. Das alte Atella lag in der Gegend von Neapel, und wie ihr geliebter Pulcinell noch jene Spiele fortsetzt, so nimmt die ganz gemeine Klasse von Menschen noch jetzt Anteil an dieser Laune.

Plinius, im fünften Kapitel des dritten Buchs seiner Naturgeschichte, hält Kampanien allein einer weitläufigen Beschreibung wert.

„So glücklich, anmutig, selig sind jene Gegenden," sagt er, „daß man erkennt, an diesem Orte habe die Natur sich ihres Werks erfreut. Denn diese Lebensluft, diese immer heilsame Milde des Himmels, so fruchtbare Felder, so sonnige Hügel, so unschädliche Waldungen, so schattige Haine, so nutzbare Wälder, so luftige Berge, so ausgebreitete Saaten, solch eine Fülle von Reben und Ölbäumen, so edle Wolle der Schafe, so fette Nacken der Stiere, so viel Seen, so ein Reichtum von durchwässernden Flüssen und Quellen, so viele Meere, so viele Hafen! Die Erde selbst, die ihren Schoß überall dem Handel eröffnet und, gleichsam dem Menschen nachzuhelfen begierig, ihre Arme in das Meer hinausstreckt.

„Ich erwähne nicht die Fähigkeiten der Menschen, ihre Gebräuche, ihre Kräfte, und wie viele Völker sie durch Sprache und Hand überwunden haben."

„Von diesem Lande fällten die Griechen, ein Volk, das sich selbst unmäßig zu rühmen pflegte, das ehrenvollste Urteil, indem sie einen Teil davon Großgriechenland nannten."

Neapel, den 29. Mai.

Eine ausgezeichnete Fröhlichkeit erblickt man überall mit dem größten teilnehmenden Vergnügen. Die vielfarbigen bunten Blumen und Früchte, mit welchen die Natur sich ziert, scheinen den Menschen einzuladen, sich und alle seine Gerätschaften mit so hohen Farben als möglich aufzuputzen. Seidene Tücher und Binden, Blumen auf den Hüten schmücken einen jeden, der es einigermaßen vermag. Stühle und Kommoden in den geringsten Häusern sind auf vergoldetem Grund mit bunten Blumen geziert; sogar die einspännigen Kaleschen hochrot angestrichen, das Schnitzwerk vergoldet, die Pferde davor mit gemachten Blumen, hochroten Quasten und Rauschgold ausgeputzt. Manche haben Federbüsche, andere sogar kleine Fähnchen auf den Köpfen, die sich im Laufe nach jeder Bewegung drehen. Wir pflegen gewöhnlich die Liebhaberei zu bunten Farben barbarbisch und geschmacklos zu nennen, sie kann es auch auf gewisse Weise sein und werden; allein unter einem recht heitern und blauen Himmel ist eigentlich nichts bunt, denn nichts vermag den Glanz der Sonne und ihren Widerschein im Meer zu überstrahlen. Die lebhafteste Farbe wird durch das gewaltige Licht gedämpft, und weil alle Farben, jedes Grün der Bäume und Pflanzen, das gelbe, braune, rote Erdreich in völliger Kraft auf das Auge wirken, so treten dadurch selbst die farbigen Blumen und Kleider in die allgemeine Harmonie. Die scharlachnen Westen und Röcke der Weiber von Nettuno, mit breitem Gold und Silber besetzt, die andern farbigen Nationaltrachten, die gemalten Schiffe, alles scheint sich zu beeifern, unter dem Glanze des Himmels und des Meeres einigermaßen sichtbar zu werden.

Und wie sie leben, so begraben sie auch ihre Toten; da stört kein schwarzer, langsamer Zug die Harmonie der lustigen Welt.

Ich sah ein Kind zu Grabe tragen. Ein rotsammetner, großer, mit Gold breit gestickter Teppich überdeckte eine breite Bahre; darauf stand ein geschnitztes, stark vergoldetes und versilbertes Kästchen, worin das weißgekleidete Tote mit rosafarbnen Bändern ganz überdeckt lag. Auf den vier Ecken des Kästchens waren vier Engel, ohngefähr jeder zwei Fuß hoch, welche große Blumenbüschel über das ruhende Kind hielten und, weil sie unten nur an Drähten befestigt waren, so wie die Bahre sich bewegte, wackelten und mild belebende Blumengerüche auszustreuen schienen. Die Engel schwankten um desto heftiger, als der Zug sehr über die Straße wegeilte und die vorangehenden Priester und die Kerzenträger mehr liefen als gingen.

Es ist keine Jahreszeit, wo man sich nicht überall von Eßwaren umgeben sähe, und der Neapolitaner freut sich nicht allein des

Essens, sondern er will auch, daß die Ware zum Verkauf schön aufgeputzt sei.
Bei Santa Lucia sind die Fische nach ihren Gattungen meist in reinlichen und artigen Körben, Krebse, Austern, Scheiden, kleine Muscheln, jedes besonders aufgetischt und mit grünen Blättern unterlegt. Die Läden von getrocknetem Obst und Hülsenfrüchten sind auf das mannigfaltigste herausgeputzt. Die ausgebreiteten Pomeranzen und Zitronen von allen Sorten, mit dazwischen hervorstechendem grünen Laub, dem Auge sehr erfreulich. Aber nirgends putzen sie mehr als bei den Fleischwaren, nach welchen das Auge des Volks besonders lüstern gerichtet ist, weil der Appetit durch periodisches Entbehren nur mehr gereizt wird.
In den Fleischbänken hängen die Teile der Ochsen, Kälber, Schöpse niemals aus, ohne daß neben dem Fette zugleich die Seite oder die Keule stark vergoldet sei. Es sind verschiedene Tage im Jahr, besonders die Weihnachtsfeiertage, als Schmausfeste berühmt; alsdann feiert man eine allgemeine Cocagna, wozu sich fünfhunderttausend Menschen das Wort gegeben haben. Dann ist aber auch die Straße Toledo und neben ihr mehrere Straßen und Plätze auf das appetitlichste verziert. Die Butiken, wo grüne Sachen verkauft werden, wo Rosinen, Melonen und Feigen aufgesetzt sind, erfreuen das Auge auf das allerangenehmste. Die Eßwaren hängen in Girlanden über die Straßen hinüber; große Paternoster von vergoldeten, mit roten Bändern geschnürten Würsten; welsche Hähne, welche alle eine rote Fahne unter dem Bürzel stecken haben. Man versicherte, daß deren dreißigtausend verkauft worden, ohne die zu rechnen, welche die Leute im Hause gemästet hatten. Außer diesem werden noch eine Menge Esel, mit grüner Ware, Kapaunen und jungen Lämmern beladen, durch die Stadt und über den Markt getrieben, und die Haufen Eier, welche man hier und da sieht, sind so groß, daß man sich ihrer niemals so viel beisammen gedacht

hat. Und nicht genug, daß alles dieses verzehrt wird; alle Jahre reitet ein Polizeidiener mit einem Trompeter durch die Stadt und verkündigt auf allen Plätzen und Kreuzwegen, wie viel tausend Ochsen, Kälber, Lämmer, Schweine usw. der Neapolitaner verzehrt habe. Das Volk höret aufmerksam zu, freut sich unmäßig über die großen Zahlen, und jeder erinnert sich des Anteils an diesem Genusse mit Vergnügen.

Was die Mehl- und Milchspeisen betrifft, welche unsere Köchinnen so mannigfaltig zu bereiten wissen, ist für jenes Volk, das sich in dergleichen Dingen gerne kurz faßt und keine wohleingerichtete Küche hat, doppelt gesorgt. Die Makkaroni, ein zarter, stark durchgearbeiteter, gekochter, in gewisse Gestalten gepreßter Teig von feinem Mehle, sind von allen Sorten überall um ein geringes zu haben. Sie werden meistens nur in Wasser abgekocht, und der geriebene Käse schmälzt und würzt zugleich die Schüssel. Fast an der Ecke jeder großen Straße sind die Backwerksverfertiger mit ihren Pfannen voll siedenden Öls, besonders an Fasttagen beschäftigt, Fische und Backwerk einem jeden nach seinem Verlangen sogleich zu bereiten. Diese Leute haben einen unglaublichen Abgang, und viele tausend Menschen tragen ihr Mittag- und Abendessen von da auf einem Stückchen Papier davon.

Den 30. Mai.

Nachts durch die Stadt spazierend, gelangt ich zum Molo. Dort sah ich mit einem Blick den Mond, den Schein desselben auf den Wolkensäumen, den sanft bewegten Abglanz im Meere, heller und lebhafter auf dem Saum der nächsten Welle. Und nun die Sterne des Himmels, die Lampen des Leuchtturms, das Feuer des Vesuvs, den Widerschein davon im Wasser und viele einzelne Lichter ausgesät über die Schiffe. Eine so mannigfaltige Aufgabe hätte ich wohl von van der Neer gelöst sehen mögen.

Donnerstag den 31. Mai.

Ich hatte das römische Fronleichnamfest und dabei besonders die nach Raffael gewirkten Teppiche so fest in den Sinn gefaßt, daß ich mir alle diese herrlichen Naturerscheinungen, ob sie schon in der Welt ihresgleichen nicht haben können, keineswegs irren ließ, sondern die Anstalten zur Reise hartnäckig fortsetzte. Ein Paß war bestellt, ein Vetturin hatte mir den Mietpfennig gegeben; denn es geschieht dort zur Sicherheit der Reisenden umgekehrt als bei uns. Kniep war beschäftigt, sein neues Quartier zu beziehen, an Raum und Lage viel besser als das vorige.

Schon früher, als diese Veränderung im Werke war, hatte mir der Freund einigemal zu bedenken gegeben, es sei doch unangenehm und gewissermaßen unanständig, wenn man in ein Haus ziehe und gar nichts mitbringe; selbst ein Bettgestell flöße den Wirtsleuten schon einigen Respekt ein. Als wir nun heute durch den unendlichen Trödel der Kastellweitung hindurchgingen, sah ich so ein paar eiserne Gestelle, bronzeartig angestrichen, welche ich sogleich feilschte und meinem Freund als künftigen Grund zu einer ruhigen und soliden Schlafstätte verehrte. Einer der allezeit fertigen Träger brachte sie nebst den erforderlichen Brettern in das neue Quartier, welche Anstalt Kniepen so sehr freute, daß er sogleich von mir weg- und hier einzuziehen gedachte, große Reißbretter, Papier und alles Nötige schnell anzuschaffen besorgt war. Einen Teil der Konturen, in beiden Sizilien gezogen, übergab ich ihm nach unserer Verabredung.

Den 1. Juni.

Die Ankunft des Marquis Lucchesini hat meine Abreise auf einige Tage weiter geschoben; ich habe viel Freude gehabt, ihn kennen zu lernen. Er scheint mir einer von denen Menschen zu sein, die einen guten moralischen Magen haben, um an dem

großen Welttische immer mitgenießen zu können; anstatt daß unsereiner, wie ein wiederkäuendes Tier, sich zuzeiten überfüllt und dann nichts weiter zu sich nehmen kann, bis es eine wiederholte Kauung und Verdauung geendigt hat. Sie gefällt mir auch recht wohl; sie ist ein wackres, deutsches Wesen.
Ich gehe nun gern aus Neapel, ja ich muß fort. Diese letzten Tage überließ ich mich der Gefälligkeit, Menschen zu sehen. Ich habe meist interessante Personen kennen lernen und bin mit den Stunden, die ich ihnen gewidmet, sehr zufrieden; aber noch vierzehn Tage, so hätte es mich weiter und weiter und abwärts von meinem Zwecke geführt. Und dann wird man hier immer untätiger. Seit meiner Rückkunft von Pästum habe ich, außer den Schätzen von Portici, wenig gesehen, und es bleibt mir manches zurück, um dessentwillen ich nicht den Fuß aufheben mag. Aber jenes Museum ist auch das α und ω aller Antiquitätensammlungen; da sieht man recht, was die alte Welt an freudigem Kunstsinn voraus war, wenn sie gleich in strenger Handwerksfertigkeit weit hinter uns zurückblieb.

Der Lohnbediente, welcher mir den ausgefertigten Paß zustellte, erzählte zugleich, meine Abreise bedauernd, daß eine starke Lava, aus dem Vesuv hervorgebrochen, ihren Weg nach dem Meer zu nehme; an den steileren Abhängen des Berges sei sie beinahe schon herab und könne wohl in einigen Tagen das Ufer erreichen. Nun befand ich mich in der größten Klemme. Der heutige Tag ging auf Abschiedsbesuche hin, die ich so vielen wohlwollenden und befördernden Personen schuldig war; wie es mir morgen ergehen wird, sehe ich schon. Einmal kann man sich auf seinem Wege den Menschen doch nicht völlig entziehen; was sie uns aber auch nutzen und zu genießen geben, sie reißen uns doch zuletzt von unsern ernstlichen Zwecken zur Seite hin, ohne daß wir die ihrigen fördern. Ich bin äußerst verdrießlich.

Abends.

Auch meine Dankbesuche waren nicht ohne Freude und Belehrung: man zeigte mir noch manches freundlich vor, was man bisher verschoben oder versäumt. Cavaliere Venuti ließ mir sogar noch verborgene Schätze sehen. Ich betrachtete abermals mit großer Verehrung seinen, obgleich verstümmelten, doch unschätzbaren Ulysses. Er führte mich zum Abschied in die Porzellanfabrik, wo ich mir den Herkules möglichst einprägte und mir an den kampanischen Gefäßen die Augen noch einmal recht voll sah. Wahrhaft gerührt und freundschaftlich Abschied nehmend, vertraute er mir dann noch zuletzt, wo ihn eigentlich der Schuh drücke, und wünschte nichts mehr, als daß ich noch eine Zeitlang mit ihm verweilen könnte. Mein Bankier, bei dem ich gegen Tischzeit eintraf, ließ mich nicht los. Das wäre nun alles schön und gut gewesen, hätte nicht die Lava meine Einbildungskraft an sich gezogen. Unter mancherlei Beschäftigungen, Zahlungen und Einpacken kam die Nacht heran; ich aber eilte schnell nach dem Molo. Hier sah ich nun alle die Feuer und Lichter und ihre Widerscheine, nur bei bewegtem Meer noch schwankender, den Vollmond in seiner ganzen Herrlichkeit neben dem Sprühfeuer des Vulkans, und nun die Lava, die neulich fehlte, auf ihrem glühenden ernsten Wege. Ich hätte noch hinausfahren sollen, aber die Anstalten waren zu weitschichtig, ich wäre erst am Morgen dort angekommen. Den Anblick, wie ich ihn genoß, wollte ich mir durch Ungeduld nicht verderben: ich blieb auf dem Molo sitzen, bis mir, uhngeachtet des Zu- und Abströmens der Menge, ihres Deutens, Erzählens, Vergleichens, Streitens, wohin die Lava strömen werde, und was dergleichen Unfug noch mehr sein mochte, die Augen zufallen wollten.

Sonnabend den 2. Juni.

Und so hätte ich auch diesen schönen Tag zwar mit vorzüglichen Personen vergnüglich und nützlich, aber doch ganz gegen

meine Absichten und mit schwerem Herzen zugebracht. Sehnsuchtsvoll blickte ich nach dem Dampfe, der, den Berg herab langsam nach dem Meere ziehend, den Weg bezeichnete, welchen die Lava stündlich nahm. Auch der Abend sollte nicht frei sein. Ich hatte versprochen, die Herzogin von Giovine zu besuchen, die auf dem Schlosse wohnte, wo man mich denn viele Stufen hinauf durch manche Gänge wandern ließ, deren oberste verengt waren durch Kisten, Schränke und alles Mißfällige eines Hofgarderobewesens. Ich fand in einem großen und hohen Zimmer, das keine sonderliche Aussicht hatte, eine wohlgestaltete junge Dame von sehr zarter und sittlicher Unterhaltung. Als einer gebornen Deutschen war ihr nicht unbekannt, wie sich unsere Literatur zu einer freieren, weit umherblickenden Humanität gebildet: Herders Bemühungen, und was ihnen ähnelte, schätzte sie vorzüglich, auch Garvens reiner Verstand hatte ihr aufs innigste zugesagt. Mit den deutschen Schriftstellerinnen suchte sie gleichen Schritt zu halten, und es ließ sich wohl bemerken, daß es ihr Wunsch sei, eine geübte und belobte Feder zu führen. Dahin bezogen sich ihre Gespräche und verrieten zugleich die Absicht, auf die Töchter des höchsten Standes zu wirken. Ein solches Gespräch kennt keine Grenzen. Die Dämmerung war schon eingebrochen, und man hatte noch keine Kerzen gebracht. Wir gingen im Zimmer auf und ab, und sie, einer durch Läden verschlossenen Fensterseite sich nähernd, stieß einen Laden auf, und ich erblickte, was man in seinem Leben nur einmal sieht. Tat sie es absichtlich, mich zu überraschen, so erreichte sie ihren Zweck vollkommen. Wir standen an einem Fenster des oberen Geschosses, der Vesuv gerade vor uns; die herabfließende Lava, deren Flamme bei längst niedergegangener Sonne schon deutlich glühte und ihren begleitenden Rauch schon zu vergolden anfing; der Berg gewaltsam tobend, über ihm eine ungeheure feststehende Dampfwolke, ihre verschiedenen Massen bei jedem Auswurf blitzartig gesondert und körperhaft erleuchtet. Von da herab bis gegen das Meer ein Streif von Gluten und glühenden Dünsten; übrigens Meer und Erde, Fels und Wachstum deutlich in der Abenddämmerung, klar friedlich, in einer zauberhaften Ruhe. Dies alles mit einem Blick zu übersehen und den hinter dem Bergrücken hervortretenden Vollmond als die Erfüllung des wunderbarsten Bildes zu schauen, mußte wohl Erstaunen erregen.

Dies alles konnte von diesem Standpunkt das Auge mit einmal fassen, und wenn es auch die einzelnen Gegenstände zu mustern nicht imstande war, so verlor es doch niemals den Eindruck des großen Ganzen. War unser Gespräch durch dieses Schauspiel unterbrochen, so nahm es eine desto gemütlichere Wendung. Wir hatten nun einen Text vor uns, welchen Jahrtausende zu kommentieren nicht hinreichen. Je mehr die Nacht wuchs, desto mehr schien die Gegend an Klarheit zu gewinnen, der Mond leuchtete wie eine zweite Sonne; die Säulen des Rauchs, dessen Streifen und Massen durchleuchtet, bis ins einzelne deutlich, ja man glaubte mit halbweg bewaffnetem Auge die glühend ausgeworfenen Felsklumpen auf der Nacht des Kegelberges zu unterscheiden. Meine Wirtin — so will ich sie nennen, weil mir nicht leicht ein köstlicheres Abendmahl zubereitet war — ließ die Kerzen an die Gegenseite des Zimmers stellen, und die schöne Frau, vom Monde beleuchtet, als Vordergrund dieses unglaublichen Bildes, schien mir immer schöner zu werden, ja ihre Lieblichkeit vermehrte sich besonders dadurch, daß ich in diesem südlichen Paradiese eine sehr angenehme deutsche Mundart vernahm. Ich vergaß, wie spät es war, so daß sie mich zuletzt aufmerksam machte: sie müsse mich, wiewohl ungerne, entlassen; die Stunde nahe schon, wo ihre Galerien klostermäßig verschlossen würden. Und so schied ich zaudernd von der Ferne und von der Nähe, mein Geschick segnend, das mich für die widerwillige Artigkeit des Tages noch schön am Abend belohnt hatte. Unter den freien Himmel gelangt, sagte ich mir vor, daß ich in der Nähe dieser größern Lava doch nur die Wiederholung jener kleinern würde gesehen haben und daß mir ein solcher Überblick, ein solcher Abschied aus Neapel nicht anders als auf diese Weise hätte werden können. Anstatt nach Hause zu gehen, richtete ich meine Schritte nach dem Molo, um das große Schauspiel mit einem andern Vordergrund zu sehen; aber ich weiß nicht, ob die Ermüdung nach einem so reichen Tage oder ein Gefühl, daß man das letzte, schöne Bild nicht verwischen müsse, mich wieder nach Moriconi zurückzog, wo ich denn auch Kniepen fand, der aus seinem neu bezogenen Quartier mir einen Abendbesuch abstattete. Bei einer Flasche Wein besprachen wir unsere künftigen Verhältnisse; ich konnte ihm zusagen, daß er, sobald ich etwas von seinen Arbeiten in Deutschland vorzeigen könne, gewiß dem trefflichen Herzog Ernst von Gotha empfohlen sein und von dort Bestellungen erhalten würde. Und so schieden wir mit herzlicher Freude, mit sicherer Aussicht künftiger wechselseitig wirkender Tätigkeit.

Sonntag den 3. Juni. Dreieinigkeitsfest.

Und so fuhr ich denn durch das unendliche Leben dieser unvergleichlichen Stadt, die ich wahrscheinlich nicht wiedersehen sollte, halb betäubt hinaus; vergnügt jedoch, daß weder Reue noch Schmerz hinter mir blieb. Ich dachte an den guten Kniep und gelobte ihm auch in der Ferne meine beste Vorsorge.

An den äußersten Polizeischranken der Vorstadt störte mich einen Augenblick ein Marqueur, der mir freundlich ins Gesicht sah, aber schnell wieder hinwegsprang. Die Zollmänner waren noch nicht mit dem Vetturin fertig geworden, als aus der Kaffeebudentüre, die größte chinesische Tasse voll schwarzen Kaffee auf einem Präsentierteller tragend, Kniep heraustrat. Er nahte sich dem Wagenschlag langsam mit einem Ernst, der, von Herzen gehend, ihn sehr gut kleidete. Ich war erstaunt und gerührt, eine solche erkenntliche Aufmerksamkeit hat nicht ihresgleichen. Sie haben, sagte er, mir so viel Liebes und Gutes, auf mein ganzes Leben Wirksames erzeigt, daß ich Ihnen hier ein Gleichnis anbieten möchte, was ich Ihnen verdanke.

Da ich in solchen Gelegenheiten ohnehin keine Sprache habe, so brachte ich nur sehr lakonisch vor, daß er durch seine Tätigkeit mich schon zum Schuldner gemacht und durch Benutzung und Bearbeitung unserer gemeinsamen Schätze mich noch immer mehr verbinden werde.

Wir schieden, wie Personen selten voneinander scheiden, die sich zufällig auf kurze Zeit verbunden. Vielleicht hätte man viel mehr Dank und Vorteil vom Leben, wenn man sich wechselsweise gerade heraus spräche, was man voneinander erwartet. Ist das geleistet, so sind beide Teile zufrieden, und das Gemütliche, was das Erste und Letzte von allem ist, erscheint als reine Zugabe.

Unterwegs, am 4., 5. und 6. Juni.

Da ich diesmal allein reise, habe ich Zeit genug, die Eindrücke der vergangenen Monate wieder hervorzurufen; es geschieht mit vielem Behagen. Und doch tritt gar oft das Lückenhafte der Bemerkungen hervor, und wenn die Reise dem, der sie vollbracht hat, in einem Flusse vorüberzuziehen scheint und in der Einbildungskraft als eine stetige Folge hervortritt, so fühlt man doch, daß eine eigentliche Mitteilung unmöglich sei. Der Erzählende muß alles einzeln hinstellen; wie soll daraus in der Seele des dritten ein Ganzes gebildet werden?

Deshalb konnte mir nichts Tröstlicheres und Erfreulicheres begegnen, als die Versicherungen eurer letzten Briefe: daß ihr euch fleißig mit Italien und Sizilien beschäftigt, Reisebeschreibungen leset und Kupferwerke betrachtet; das Zeugnis, daß dadurch meine Briefe gewinnen, ist mein höchster Trost. Hättet ihr es früher getan oder ausgesprochen, ich wäre noch eifriger gewesen, als ich war. Daß treffliche Männer, wie Bartels,

Münter, Architekten verschiedener Nationen vor mir hergingen, die gewiß äußere Zwecke sorgfältiger verfolgten als ich, der ich nur die innerlichsten im Auge hatte, hat mich oft beruhigt, wenn ich alle meine Bemühungen für unzulänglich halten mußte.

Überhaupt, wenn jeder Mensch nur als ein Supplement aller übrigen zu betrachten ist und am nützlichsten und liebenswürdigsten erscheint, wenn er sich als einen solchen gibt, so muß dieses vorzüglich von Reiseberichten und Reisenden gültig sein. Persönlichkeit, Zwecke, Zeitverhältnisse, Gunst und Ungunst der Zufälligkeiten, alles zeigt sich bei einem jeden anders. Kenn ich seine Vorgänger, so werd ich auch an ihm mich freuen, mich mit ihm behelfen, seinen Nachfolger erwarten und diesem, wäre mir sogar inzwischen das Glück geworden, die Gegend selbst zu besuchen, gleichfalls freundlich begegnen.